江苏文库

研究编

江苏文化

专门史

江苏文脉整理与研究工程

江苏民间信仰史

叶舟 王聪明 高明 著

江苏人民出版社

图书在版编目(CIP)数据

江苏民间信仰史 / 叶舟,等,著. -- 南京 : 江苏人民出版社,2025.3
(江苏文库. 研究编)
ISBN 978 - 7 - 214 - 29005 - 2

Ⅰ. ①江… Ⅱ. ①叶… Ⅲ. ①信仰—民族文化—研究—江苏 Ⅳ. ①B933

中国国家版本馆 CIP 数据核字(2024)第 030920 号

书　　　名　江苏民间信仰史
著　　　者　叶　舟　王聪明　高　明
出 版 统 筹　张　凉
责 任 编 辑　朱　超　贺银垠
责 任 监 制　王　娟
装 帧 设 计　姜　嵩
出 版 发 行　江苏人民出版社
地　　　址　南京市湖南路 1 号 A 楼,邮编:210009
照　　　排　江苏凤凰制版有限公司
印　　　刷　苏州市越洋印刷有限公司
开　　　本　718 毫米×1 000 毫米　1/16
印　　　张　23.75　插页 4
字　　　数　342 千字
版　　　次　2025 年 3 月第 1 版
印　　　次　2025 年 3 月第 1 次印刷
标 准 书 号　ISBN 978 - 7 - 214 - 29005 - 2
定　　　价　88.00 元

(江苏人民出版社图书凡印装错误可向承印厂调换)

江苏文脉整理与研究工程

总主编

信长星　许昆林

第二届学术指导委员会

主　任　莫砺锋

委　员　（按姓氏笔画排序）
邬书林　宋镇豪　张岂之　茅家琦
郁贤皓　袁行霈　莫砺锋　赖永海

编纂出版委员会

主　　编　徐　缨　夏心旻

副 主 编　梁　勇　赵金松　章朝阳　樊和平　程章灿

编　　委　（按姓氏笔画排序）

马　欣　　王　江　　王卫星　　王月清　　王华宝
王建朗　　王燕文　　双传学　　左健伟　　田汉云
朱玉麒　　朱庆葆　　全　勤　　刘　东　　刘西忠
江庆柏　　许佃兵　　许益军　　孙　逊　　孙　敏
孙真福　　李　扬　　李贞强　　李昌集　　佘江涛
沈卫荣　　张乃格　　张伯伟　　张爱军　　张新科
武秀成　　范金民　　尚庆飞　　罗时进　　周　琪
周　斌　　周建忠　　周新国　　赵生群　　赵金松
胡发贵　　胡阿祥　　钟振振　　姜　建　　姜小青
贺云翔　　莫砺锋　　夏心旻　　徐　俊　　徐　海
徐　缨　　徐小跃　　徐之顺　　徐兴无　　陶思炎
曹玉梅　　章朝阳　　梁　勇　　彭　林　　蒋　寅
程章灿　　傅康生　　焦建俊　　赖永海　　熊月之
樊和平

分卷主编　徐小跃　姜小青（书目编）
　　　　　周勋初　程章灿（文献编）
　　　　　莫砺锋　徐兴无（精华编）
　　　　　茅家琦　江庆柏（史料编）
　　　　　左健伟　张乃格（方志编）
　　　　　王月清　张新科（研究编）

出版说明

　　江苏文化源远流长、历久弥新,文化经典与历史文献层出不穷,典藏丰富;文化巨匠代有人出、彪炳史册,在中华民族乃至整个人类文明的发展史上有着相当重要的地位。为科学把握江苏文化的内涵与特征,在新时代彰显江苏文化对中华文化的贡献,江苏省委、省政府决定组织实施"江苏文脉整理与研究工程",以梳理江苏文脉资源,总结江苏文化发展的历史规律,再现江苏历史上的文化高地,为当代江苏构筑新的文化高地把准脉动、探明趋势、勾画蓝图。

　　组织编纂大型江苏历史文献总集《江苏文库》,是"江苏文脉整理与研究工程"的重要工作。《文库》以"编纂整理古今文献,梳理再现名人名作,探究追溯文化脉络,打造江苏文化名片"为宗旨,分六编集中呈现:

　　(一)书目编。完整著录历史上江苏籍学人的著述及其历史记录,全面反映江苏图书馆的图书典藏情况。

　　(二)文献编。收录历代江苏籍学人的代表性著作,集中呈现自历史开端至一九一一年的江苏文化文本,呈现江苏文化的整体景观。

　　(三)精华编。选取历代江苏籍学人著述中对中外文化产生重要影响、在文化学术史上具有经典性代表性的作品进行整理,并从中选取十余种,组织海外汉学家翻译成各国文字,作为江苏对外文化交流的标志性文化成果。

　　(四)方志编。从江苏现存各级各类旧志中选择价值较高、保存较好的志书,以充分发挥地方志资治、存史、教化等作用,保存江苏的地方文献与历史文化记忆。

（五）史料编。收录有关江苏地方史料类文献，反映江苏各地历史地理、政治经济、文化教育、宗教艺术、社会生活、风土民情等。

（六）研究编。组织、编纂当代学者研究、撰写的江苏文化研究著作。

文献、史料、方志三编属于基础文献，以影印方式出版，旨在提供原始文献，以满足学术研究需要；书目、精华、研究三编，以排印方式出版，既能满足学术研究的基本需求，又能满足全民阅读的基本需求。

"江苏文脉整理与研究工程"工作委员会

江苏文库·研究编编纂人员

主　编

王月清　张新科

副主编

徐之顺　姜　建　王卫星　胡发贵　胡传胜　刘西忠

4

一脉千古成江河

——江苏文库·研究编序言

樊和平

　　"江苏文脉整理与研究工程"是江苏文化史上继往开来的一个浩大工程。与当下方兴未艾的全国性"文库热"相比，江苏文脉工程有三个基本特点：一是全面系统的整理；二是"整理"与"研究"同步；三是以"文脉"为主题。在"书目编—文献编—精华编—史料编—方志编—研究编"的体系结构中，"研究编"是十分独特的板块，因为它是试图超越"修典"而推进文化传承创新的一种学术努力。

　　"盛世修典"之说不知起源于何时，不过语词结构已经表明"盛世"与"修典"之间的某种互释甚至共谋，以及由此而衍生的复杂文化心态。历史已经表明，"修典"在建构巨大历史功勋的同时，也包含内在的巨大文化风险，最基本的是"入典"的选择风险。《四库全书》的文化贡献不言自明，但最终其收书的数量竟与禁书、毁书、改书的数量大致相当，还有高出近一倍的书目被宣判为无价值。"入典"可能将一个时代的局限甚至选择者个人的局限放大为历史的文化局限，也可能由此扼杀文化多样性而产生文化专断。另一个更为潜在和深刻的风险，是对待传统的文化态度。文献整理，尤其是地域典籍的整理，在理念和战略上面临的最大考验，是以何种心态对待文化传统。当今之世，无论对个体还是社会，传统已经不仅是文化根源，而且是文化和经济发展的资源甚至资本。然而一旦传统成为资源和资本，邂逅市场逻辑的推波助澜，就面临沦为消费和运作对象的风险，从而以一种消费主义和工具主义的文化态度对待文化传统和文献整理。当传统成为消费和运作的对象,其文化价值不仅可能被误读误用,而且也可能在对传统的消费中使文化坐吃山空,造就出文化上的纨绔子弟,更可能在市场运作中使文化不断被糟蹋。"江苏文脉整理与研究工程"的"整理工程"以全面系统的整理的战略应对可能存在的第一种风险,即入典选择的风险;以"研究工程"应对第二种可能的风险,即消费主义与工具主义的风险。我们不仅是既往传统的继承者,更应当是未来传统的创造者;现代人的使命,不仅是继承优秀传统,更应当创造新的优秀传统,这便是传统的创造性转化与创新性发展的真义。诚然,创造传统任重道远,需要经过坚忍不拔的卓越努力和大浪淘沙般的历史积淀,但对"江苏文脉整理与研究工程"而言,无论如何必须在"整理"的同时开启"研究"的千里之行,在研究中继承和发展传统。这便是"研究编"的价值和使命所在,也是"江苏文脉整理与研究工程"在"文库热"中于顶层设计层面的拔群之处。

一 倾听来自历史深处的文化脉动

20 世纪是文化大发现的世纪,20 世纪以来西方世界最重要的战略,就是文化战略。20 世纪 20 年代,德国社会学家马克斯·韦伯的《新教伦理与资本主义精神》,揭示了西方资本主义文明的文化密码,这就是"新教伦理"及其所造就的"资本主义精神",由此建构"新教伦理+资本主义"的所谓"理想类型",为西方资本主义进行了文化论证尤其是伦理论证,奠定了 20 世纪以后西方中心论的文化基础。20 世纪 70 年代,哈佛大学教授丹尼尔·贝尔的《资本主义文化矛盾》,揭示了当代资本主义最深刻的矛盾不是经济矛盾,也不是政治矛盾,而是"文化矛盾",其集中表现是宗教释放的伦理冲动与市场释放的经济冲动分离与背离,进而对现代西方文明发出文化预警。20 世纪 70 年代之后,亨廷顿的《文明的冲突与世界秩序的重建》将当今世界的一切冲突归结为文明冲突、文化冲突,将文化上升为西方世界尤其是美国国家战略的高度。以上三部曲构成西方世界尤其是美国文化帝国主义的国家文化战略,正如一些西方学者所发现的那样,时至今日,文化帝国主义被另一个概念代替——"全球化",显而易见,全球化不仅是一种浪潮,更是一种思潮,是西方世界的国家文化战略。文化虽然受经济发展制约甚至被经济发展水平所决定,但回顾从传统到现代的中国文明史,文化问题不仅逻辑地而且历史地成为文明发展的最高最难的问题,正因为如此,文化自信才成为比理论自信、道路自信、制度自信更具基础意义的最重要的自信。

在全球化背景下,文脉整理与研究具有重大的国家文化战略意义,不仅必要,而且急迫。文化遵循与经济社会不同的规律,全球化在造就广泛的全球市场并使全球成为一个"地球村"的同时,内在的最大文明风险和文化风险便是同质性。全球化催生的是一个文化上的独生子女,其可能的镜像是:一种文化风险将是整个世界的风险,一次文化失败将是整个人类的文化失败。文化的本质是什么? 梁漱溟先生说,文化就是人的生活的根本样法,文化就是"人化"。丹尼尔·贝尔指出,文化是为人的生命过程提供解释系统,以对付生存困境的一种努力。据此,文化的同质化,最终导致的将是人的同质化,将是民族文化或西方学者所说地方性知识的消解和消失;同时,由于文化是人类应对生存困境的大智慧,或治疗生活世界痼疾的抗体,它所建构的是与自然世界相对应的精神世界和意义世界,文化的同质性将导致人类在面临重大生存困境时智慧资源的贫乏和生命力的苍白,从而将整个人类文明推向空前的高风险。应对全球化的挑战和西方文化帝国主义的国家战略,"江苏文脉整理与研究工程"是整个中华民族浩大文化工程的一部分和具体落实,其战略意义决不止于保存文化记忆的自持和自赏,在这个全球化的高风险正日益逼近的时代,完整地保存地方文化物种,认同文化血脉,畅通文化命脉,不仅可以让我们在遭遇全球化的滔滔洪水之时可以于故乡文化的山脉之巅"一览众山小"地建设自己的精神家园和文化根据地,而且可以在患上全球化的文化感冒甚至某种文化瘟疫之后,不致乞求"西方药"来治"中国病",而是根据自己的文化基因和文化命理,寻找强化自身的文化抗体和文化免疫力之道,其深远意义,犹如在今天经过独生子女时代穿越时光隧道,回首当年我们的"兄弟姐妹那么多"

和父辈们儿孙满堂的那种天伦风光,不只是因为寂寞,而且是为了中华民族大家庭的文化安全和对未来文化风险的抗击能力。

"江苏文脉整理与研究工程"是以江苏这一特殊地域文化为对象的一次集体文化自觉和文化自信,与其他同类文化工程相比,其最具标识意义的是"文脉"理念。"文脉"是什么?它与"文献"和文化传统的关系到底如何?这是"文脉工程"必须解决的基本问题。

庞朴先生曾对"文化传统"与"传统文化"两个概念进行了审慎而严格的区分,认为"传统文化"可能是历史上曾经存在过的一切文化现象,而"文化传统"则是一以贯之的文化道统。在逻辑和历史两个维度,文化成为传统都必须同时具备三个条件:历史上发生的,一以贯之的,在现实生活中依然发挥作用的。传统当然发生于历史,但历史上发生的一切,从《道德经》《论语》到女人裹小脚,并不都成为传统,即便当今被考古或历史研究所不断发现的现象,也只能说是"文化遗存",文化成为传统必须在历史长河中一以贯之而成为道统或法统,孔子提供的儒家学说,老子提供的道家智慧,之所以成为传统,就是因为它们始终与中国人的生活世界和精神世界相伴随,并成为人的生命和生活的文化指引。然而,文化并不只存在于文献典籍之中,否则它只是精英们的特权,作为"人的生活的根本样法"和"对付生存困境"的解释系统,它必定存在于芸芸众生的生命和生活之中,由此才可能,也才真正成为传统。《论语》与《道德经》之所以成为传统,不只是因为它们作为经典至今还为人们所学习和研究,而且因为在中国人精神的深层结构中,即便在未读过它们的田夫村妇身上,也存在同样的文化基因。中国人在得意时是儒家,"明知不可为而偏为之";在失意时是道家,"后退一步天地宽";在绝望时是佛家,"四大皆空",从而建立了与自给自足的自然经济结构相匹合的自给自足的文化精神结构,在任何境遇下都不会丧失安身立命的精神基地,这就是传统。文化传统必须也必定是"活"的,是在现实中依然发挥作用的,是构成现代人的文化基因的生命因子。这种与人的生活和生命同在的文化传统就是"脉",就是"文脉"。

文脉以文献、典籍为载体,但又不止于文献和典籍,而是与负载它的生命及其现实生活息息相关。"文脉"是什么?"文脉"对历史而言是

"血脉",对未来而言是"命脉",对当下而言是"山脉"。"江苏文脉"就是江苏人的文化血脉、文化命脉、文化山脉,是历史、现在、未来江苏人特殊的文化生命、文化标识、文化家园,以及生生不息的文化记忆和文化动力。虽然它们可能以诸种文化典籍和文化传统的方式呈现和延续,但"文脉工程"致力探寻和发现的则是跃动于这些典籍和传统,也跃动于江苏人生命之中的那种文化脉动。"江苏文脉整理与研究工程"的最大特点就在于它是"文脉工程"而不是一般的"文化工程",更不是"文库工程"。"文化工程""文库工程"可能只是一般的文化挖掘与整理,而"文脉工程"则是与地域的文化生命深切相通,贯穿地域的历史、现在与未来的生命工程。

　　"江苏文脉整理与研究工程"是"整理"与"研究"的璧合,在"研究工程"中能否、如何倾听到来自历史深处的文化脉动,关键是处理好"文献"与"文脉"的关系。"整理工程"是对文脉的客观呈现,而"研究工程"则是对文脉的自觉揭示,若想取得成功,必须学会在"文献"中倾听和发现"文脉"。"文献"如何呈现"文脉"? 文献是人类文明尤其是人类文化记忆的特殊形态,也是人类信息交换和信息传播的特殊方式。回首人类文明史,到目前为止,大致经历了三种信息方式。最基本也是最原初的是口口交流的信息方式,在这种信息方式中,信息发布者和信息传播者都同时在场,它是人的生命直接和整体在场并对话的信息传播方式,是从语言到身体、情感的全息参与,是生命与生命之间的直接沟通,但具有很大的时空局限。印刷术的产生大大扩展了人类信息交换的广度和深度,不仅可以以文字的方式与不在场的对象交换信息,而且可以以文献的方式与不同时代、不同时空的人们交换信息,这便是第二种信息方式,即以印刷为媒介的信息方式或印刷信息方式。第三种信息方式便是现代社会以电子网络技术为媒介的信息方式,即电子信息方式。文献与典籍是印刷信息方式的特殊形态,它将人类文化史和文明史上具有特殊价值的信息以印刷媒介的方式保存下来,供后人学习和研究,从而积淀为传统。文字本质上是人的生命的表达符号,所谓"诗言志"便是指向生命本身。然而由于它以文字为中介,一旦成为文献,便离开原有的时空背景,并与创作它的生命个体相分离,于是便需要解读,在解读中便可能发生误读,但无论如何,解读的对象并不只是文字本身,而是文字背后的生命现象。

文献尤其是典籍是不同时代人们对于文化精华的集体记忆,它们不仅经受过不同时代人们的共同选择,而且经受过大浪淘沙的历史洗礼,因而其中不仅有创造它的那个个体或文化英雄如老子、孔子的生命表达,而且有传播和接受它的那个民族的文化脉动,是负载它的那个民族的文化生命,这种文化生命一言以蔽之便是文化传统。正因为如此,作为集体记忆的精华,文献和典籍是个体和集体的文化脉动的客观形态,关键在于,必须学会倾听和揭示来自远方的生命旋律。由于它们巨大的时空跨度,往往不能直接把脉,而需要具有一种"悬丝诊脉"的卓越倾听能力。同时,为了把握真实的文化脉动,不仅需要对文献和典籍即"文本"进行研究,而且需要对创造它们的主体包括创作的个体和传播接受的集体的生命即"人物"进行研究。正如席勒所说,每个人都是时代的产儿,那些卓越的哲学家和有抱负的文学家却可能成为一切时代的同代人。文字一旦成为文献或典籍,便意味着创作它的个体成为一切时代的同代人,但无论如何,文献和它们的创造者首先是某个时代的产儿,因而要在浩如烟海的文献和典籍中倾听到来自传统深处的文化脉动,还需要将它们还原到民族的文化生命之中,形成文化发展的"精神的历史"。由此,文本研究、人物研究、学派流派研究、历史研究,便成为"文脉研究工程"的学术构造和逻辑结构。

二 中国文化传统中的江苏文脉

江苏文脉是中国文化传统的一部分,二者之间的关系并不只是部分与整体的关系,借助宋明理学的话语,是"理一"与"分殊"的关系。文脉与文化传统是民族生命的文化表达和自觉体现,如果只将它们理解为部分与整体的关系,那么江苏文脉只是中国文化传统或整个中华文化脉统中的一个构造,只是中华文化生命体中的一个器官。朱熹曾以佛家的"月映万川"诠释"理一分殊"。朗月高照,江河湖泊中水月熠熠,此番景象的哲学本真便是"一月普现一切水，一切水月一月摄"。天空中的"一月"与江河中的"一切水月"之间的关系是"分享"关系，不是分享了"一月"的某一部分，而是全部。江苏文脉与中国文化传统之间的关系便是"理一分殊"，中国文化传统是"理一"，江苏文脉是"分殊"，正因为如此，关于江苏文脉的研究必须在与整个中国文化传统的关系中整体性地把握和展开。其中，文化与地域的关系、江苏文化在中华文化发展中的贡献和地位，是两个基本课题。

到目前为止的一切人类文明的大格局基本上都是由以山河为标志的地理环境造就的，从轴心文明时代的四大文明古国，到"五大洲四大洋"的地理区隔，再到中国山东—山西、广东—广西、河南—河北，江苏的苏南—苏北的文化与经济差异，山河在其中具有基础性意义。在这个意义上，可以将在此以前的一切文明称为"山河文明"。如今，科技经济发展迎来一个"高"时代：高铁、高速公路、电子高速公路……正在并将继续推倒由山河造就的一切文明界碑，即将造就甚至正在造就一个"后山河时代"。"后山河时代"的最后一道屏障，"山河时代"遗赠给"后山河时代"的最宝贵的文明资源，便是地域文化。在这个意义上，江苏文脉的整理与研究，不仅可以为经过全球化席卷之后的同质化世界留下弥足珍贵的"文化大熊猫"，而且可以在未来的芸芸众生饱尝"独上高楼，望尽天涯路"的孤独之后，缔造一个"蓦然回首"的文化故乡，从中可以鸟瞰文化与世界关系的真谛。江苏独特的地域环境与江苏文化、江苏文脉之间的关系，已经不是所谓"一方水土一方人"所能表达，可以说，地脉、水脉、山脉与江苏文脉之间的关系，已经是一脉相承。

我们通过考察和反思发现，水系，地势，山势，大海，是对江苏文脉尤其是文化性格产生重大影响的地理因素。露水不显山，大江大河入大海，低平而辽阔，黄河改道，这一切的一切与其说是自然画卷和自然事件，不如说是江苏文脉的大地摇篮和文化宿命的历史必然，它们孕生和哺育了江苏文明，延绵了江苏文脉。历史学家发现，江苏是中国唯一同时拥有大海、大江、大湖、大平原的省份，有全国第一大河长江，第二大河黄河（故道），第三大河淮河，世界第一大人工河大运河，全国第三大淡水湖太湖，全国第四大淡水湖洪泽湖。江苏也是全国地势最低平的一个省区,绝大部分地区在海拔 50 米以下,少量低山丘陵大多分布于省际边缘,最高峰即连云港云台山的玉女峰也只有 625 米。丰沛而开放的水系和低平而辽阔的地势馈赠给江苏的不只是得天独厚的宜居,更沉潜、更深刻的是独特的文化性格和文脉传统,它们是对江苏地域文化产生重大影响的两个基本自然元素。

不少学者指证江苏文化具有水文化特性,而在众多水系中又具长江文化的特性。"水"的文化特性是什么?"老聃贵柔",老子尚水,以水演绎世界真谛和人生大智慧。"天下莫柔弱于水,而攻坚强者莫之能胜。"柔弱胜刚强,是水的品质和力量。西方文明史上第一个哲学家和科学家泰勒斯向全世界宣告的第一个大智慧便是:水是万物的始基。辽阔的平原在中国也许还有很多,却没有像江苏这样"处下"。老子也曾以大海揭示"处下"的智慧:"江海所以能为百谷王者,以其善下之,故能为百谷王。"历史上江苏的文化作品、江苏人的文化性格,相当程度上演绎了这种"水性"与"处下"的气质与智慧。历史上相当时期黄河曾经从江苏入海,然而黄河改道、黄河夺淮,几番自然力量或人力所为,最终黄河在江苏留下的只是一个"故道"的背影。黄河在江苏的改道当然是一个自然事件或历史事件,但我们也可能甚至毋宁将它当作一个文化事件,数次改道,偶然之中有必然,从中可以发现和佐证江苏文脉的"长江"守望和江南气质。不仅江苏的地脉"露水不显山",而且江苏的文化作品,江苏人的文化性格,一句话,江苏文脉,也是"露水不显山",虽不是"壁立千仞",却是"有容乃大"。一般说来,充沛的水系,广阔的平原,往往造就自给自足的自我封闭,然而,江苏东临大海,无论长江、淮河,还是历史上的黄河,都从这里入大海,归大海,不只昭示江苏的开放,而且演绎江苏文化、江苏文脉、江苏人海纳百川的博大和静水深流的仁厚。

黄河与长江好似中华文脉的动脉与静脉,也好似人的身体中的任督二脉,以长江文化为基色的江苏文化在中华文脉的缔造和绵延中作出了杰出贡献。有学者指出,在中国文明史上,长江文化每每在黄河文化衰弱之后承担起"救亡图存"的重任。人们常说南京古都不少为小朝廷,其实这正是"救亡图存"的反证,"天下兴亡,匹夫有责"的口号首先由江苏人顾炎武喊出,偶然之中有必然。学界关于江苏文化有三次高峰或三次大贡献,与两次大贡献之说。第一次高峰是开启于秦汉之际的汉文化,第二次高峰是六朝文化,第三次高峰是明清文化。人们已对六朝文化与明清文化两大高峰对中国文化的贡献基本达成共识,但江苏的汉文化高峰及其贡献也应当得到承认,而且三次文化高峰都发生于中国社会的大转折时期,对中国文化的承续作出了重大贡献。在秦汉之际的大变革和大一统国家的建构中,不仅在江苏大地上曾经演绎了波澜壮阔的对后来中国文明产生深远影响的历史史诗,而且演绎这些历史史诗的主角刘邦、项羽、韩信等都是江苏人,他们虽然自身不是文化人,但无疑对中国文化产生了深远影响。董仲舒提出"罢黜百家,独尊儒术"的主张,奠定了大一统的思想和文化基础,他本人虽不是江苏人,却在江苏留下印迹十多年。江苏的汉文化高峰对中国文化的最大贡献,一言概之即"大一统",包括政治上的大一统和思想文化上的大一统。六朝被公认为中国文化发展的高峰,不少学者将它与古罗马文明相提并论,而六朝文化的中心在江苏、在南京。以南京为核心的六朝文化发生于三国之后的大动乱,它接纳大量流入南方的北方士族,使南北方文化合流,为保存和发展中国文化作出了杰出贡献。明朝是中国历史上第一次在南京,也是第一次在江苏建立统一的帝国都城,江苏的经济文化在全国处于举足轻重的地位,扬州学派、泰州学派、常州学派,形成明清时代中国文化的江苏气象,形成江苏文化对中国文化的第三次重大贡献。三大高峰是江苏的文化贡献,在重大历史转折关头或者民族国家危难之际挺身而出,海纳百川,则是江苏文化的精神和品质,这就是江苏文脉。也正因为如此,江苏文化和江苏文脉在"匹夫有责"的担当精神中总是透逸出某种深沉的忧患意识。

江苏文脉对中国文化的独特贡献及其特殊精神气质在文化经典中得到充分体现。中国四大文学名著,其中三大名著的作者都来自江苏,这就是《西游记》《红楼梦》《水浒》,其实《三国演义》也与江苏深切相关,虽然罗贯中不是江苏人,但却以江苏为重要的时空背景之一。四大名著中不仅有明显的江苏文化的元素,甚至有深刻的江苏地域文化的基因。《西游记》到底是悲剧还是喜剧?仔细反思便会发现,《西游记》就是文学版的《清明上河图》。《清明上河图》表面呈现一幅盛世生活画卷,实际却是一幅"盛世危情图",空虚的城防,懈怠的守城士兵……被繁华遗忘的是正在悄悄到来的深刻危机。《西游记》以唐僧西天取经渲染大唐的繁盛和开放,然而在经济的极盛之巅,中国人的精神世界却空前贫乏,贫乏得需要派一个和尚不远万里,请来印度的佛教,坐上中国意识形态的宝座,入主中国人的精神世界。口袋富了,脑袋空了,这是不折不扣的悲剧。然而,《西游记》的智慧,江苏文化的智慧,是将悲剧当作喜剧写,在喜剧的形式中潜隐悲剧的主题,就像《清明上河图》将空虚的城防和懈怠的士兵淹没于繁华的海洋一样。《西游记》喜剧与悲剧的二重性,隐喻了江苏文脉的忧患意识,而在对大唐盛世,对唐僧取经的一片颂歌中,深藏悲剧的潜主题,正是江苏文脉"匹夫有责"的担当精神和文化智慧的体现。鲁迅说,悲剧将人生的有价值的东西毁灭给人看。《西游记》是在喜剧形式的背后撕碎了大唐时代人的精神世界的深刻悲剧。把悲剧当作喜剧写,喜剧当作悲剧读,正是江苏文化、江苏文脉的大智慧和特殊气质所在,也是当今江苏文脉转化发展的重要创新点所在。正因为如此,"江苏文脉研究"必须以深刻的哲学洞察力和深厚的文化功力,倾听来自历史深处的江苏文化的脉动,读懂江苏,触摸江苏文脉。

三　通血脉,知命脉,仰望山脉

江苏文化的巨大魅力和强大生命力,是在数千年发展中已经形成一种传统、一种脉动,不仅是一种客观呈现的文化,而且是一种深植个体生命和集体记忆的生生不息的文脉。这种文化和文脉不仅成为共同的价值认同,而且已经成为一种地域文化胎记。在精神领域,在文化领域,江苏不仅有灿若星河的文学家,而且有彪炳史册的思想家、学问家,更有数不尽的才子骚客。长江在这片土地上流连,黄河在这片土地上改道,淮河在这片土地上滋润,太湖在这片土地上一展胸怀。一代代中国人,一代代江苏人,在这里缔造了文化长江、文化黄河、文化淮河、文化太湖,演绎了波澜壮阔的历史诗篇,这便是江苏文脉。

为了在全球化时代完整地保存江苏文脉这一独特地域文化的集体记忆,以在"后山河时代"为人类缔造精神家园提供根源与资源,为了继承弘扬并创造性转化、创新性发展中国优秀传统文化,2016 年江苏启动了"江苏文脉整理与研究工程"。根据"文脉"的理念,我们将研究工程或"研究编"的顶层设计以一句话表达:"通血脉,知命脉,仰望山脉。"由此将整个工程分为五个结构:江苏文化通史,江苏历代文化名人传,江苏文化专门史,江苏地方文化史,江苏文化史专题。

"江苏文化通史"的要义是"通血脉",关键词是"通"。"通"的要义,首先是江苏文化与中国文明的息息相通,与人类文明的息息相通,由此才能有民族感或"中国感",也才有世界眼光,因而必须进行关于"中国文化传统中的江苏文脉"的整体性研究;其次是江苏文脉中诸文化结构之间的"通",由此才是"江苏",才有"江苏味";再次是历史上各个重要历史时期文化发展之间的"通",由此才能构成"史",才有历史感;最后是与江苏人的生命与生活的"通",由此"江苏文脉"才能真正成为江苏人的文化血脉、文化命脉和文化山脉。达到以上"四通","江苏文化通史"才是真正的"通"史。

"江苏文化专门史"和"江苏文化史专题"的要义是"知命脉",关键词是"专",即"专门"与"专题"。"江苏文化专门史"在框架上分为物质文化史、精神文化史、制度文化史、特色文化史等,深入研究各类专门史,总体思路是系统研究和特色研究相结合,系统研究整体性地呈现江苏历史上的重要文化史,如哲学史、文学史、艺术史等,为了保证基本的完整性,我们根据国务院学科分类目录进行选择;特色研究着力研究历史上具有江苏特色的历史,如民间工艺史、昆曲史等。"江苏文化史专题"着力研究江苏历史上具有全国性影响的各种学派、流派,如扬州学派、泰州学派、常州学派等。

"江苏地方文化史"的要义是"血脉延伸和勾连",关键词是"地方"。"江苏地方文化史"以现省辖市区域划分为界,13 市各市一卷。每卷上编为地方文化通史,讲述地方整体历史脉络中的文化历史分期演化和内在结构流变,注重把握文化运动规律和发展脉络,定位于地方文化总体性研究；下编为地方文化专题史，按照科学技术、教育科举、文学语言、宗教文化等专题划分，以一定逻辑结构聚焦对地方文化板块加以具体呈现，定位于凸显文化专题特色。每卷都是对一个地方文化的总结和梳理，这是江苏文化血脉的伸展和渗入，是江苏文化多样性、丰富性的生动呈现和重要载体。

"江苏历代文化名人传"的要义是"仰望山脉"，关键词是"文化"。它不是一般性地为江苏历朝历代的"名人"作传，而只是为文化意义上的名人作传。为此，传主或者自身就是文化人并为中国文化的发展、为江苏文脉的积累积淀作出了重要贡献；或者虽然自身主要不是文化人而是政治家、社会活动家等，但对中国文化发展具有重大影响。如何对历史人物进行文化倾听、文化诠释、文化理解，是"文化名人传"的最大难点，也是其最有意义的方面。江苏历史上的文化名人汗牛充栋，"文化名人传"计划为 100 位江苏文化名人作传，为呈现江苏文化名人的整体画卷，同时编辑出版一部"江苏文化名人辞典"，集中介绍历史上的江苏文化名人 1000 位左右。

一脉千古成江河，"茫茫九派流中国"。江苏文脉研究的千里之行已经迈出第一步，历史馈赠我们一次千载难逢的宝贵机遇，让我们巡天遥看，一览江苏数千年文化银河的无限风光，对创造江苏文化、缔造江苏文脉的先行者们献上心灵的鞠躬。面对奔涌如黄河、悠远如长江的江苏文脉，我们惟有以跋涉探索之心，怵惕敬畏之情，且行且进，循着爱因斯坦的"引力波"，不断走近并播放来自江苏文脉深处的或澎湃，或激越，或温婉静穆的天籁之音。

我们一直在努力；

我们将一直努力！

目　录

绪　论

　　江苏是古老中华文明的发祥地之一,在中华民族形成的历史和中华文明发展史上都有着举足轻重的地位。民间信仰是江苏历史文化的重要组成部分,其品类繁盛、文化地理特征鲜明、影响广泛,与江苏人民的生产生活融为一体,并与从国家到地方各级政府的政治策略互动互构。本书以江苏地区民间信仰的形成、发展、变迁为研究重点,对江苏地区民间信仰的历史、国家与民间信仰之间的关系、民间神祇的兴起发展变化、信仰仪式的形成等内容进行全面讨论,并对民间信仰与江苏地区发展变迁之间的关系进行深入研究。梁启超曾言:"做中国宗教史,依我看来,应该这样做:某地方供祀某种神最多,可以研究各地方的心理;某时代供祀某种神最多,可以研究各时代的心理,这部分的叙述才是宗教史最主要的。"①民间信仰之所以受到学术界的重视,便是因为其在揭示中国社会的内在秩序和运行法则等方面具有独特的价值,对研究地域文化和传统中国社会有着非常重要的意义,这也是本书研究的价值所在。在讨论本书研究的问题之前,首先要对相关的概念及其定义、属性作一划分。

---

① 梁启超:《中国历史研究法》,东方出版社 2012 年版,第 294 页。

第一节　概念与定义

1892 年，今天被译为"民间信仰""民间宗教""大众宗教"的 Popular Religion，Folk Religion，Popular Belief，Folk Belief 等学术名词开始在英语学术界出现。[①] 据铃木岩弓的研究，"民间信仰"这一汉文概念最早出现在日本学者姉崎正治于明治三十年（1897）在《哲学杂志》第 12 卷第 130 号上发表的《中奥民间信仰》一文。姉崎正治这篇文章认为，在日本，民间信仰其实是指当地民间存在的不同于正统的、有组织的宗教的信仰习惯，这些信仰习惯不仅包括"原始宗教的残存"和"自生性的信仰"，还包括"组织宗教的衍化、曲解、混淆"。

对中国民间信仰的研究滥觞于晚清时期来华的西方传教士，他们主要是将中国民间社会的信仰与习俗贴上"迷信"或"邪教"的标签加以批判，推动其传教事业。如卢公明（Justus Doolittle）的《中国人的社会生活》（*Social Life of the Chinese*）、戴遂良（Leon Wieger）的《中国宗教信仰与哲学思想史》（*Histoire des Croyances religieuses et opinions philosophiques en Chine depuis l'origine jusqu'a nos jours*）、禄是遒（Henri Dore）的《中国民间崇拜》（*Recherches Sur Les Supersitition En Chine*）等，都是传教士记录和研究中国民间信仰的代表性作品。荷兰籍汉学家高延（J. J. M De Grood）的《中国的宗教系统及其古代形式、变迁、历史及现状》（*The Reigious System of China*）是较早对中国民间信仰进行系统学术调查和研究的著作。此后，法国人类学家葛兰言（Marcel Granet）的《古代中国的节庆与歌谣》（*Fetes et chansons anciennes de la Chine*）及《中国人的宗教》（*La Reilgion des Chinois*）继续开展这一方面的研究，并向前推进了一大步。

中国学者对民间信仰的研究，大致可以追溯到 20 世纪初。1904 年，江苏人（徐）卓呆在《续无鬼论演义》一文中最早使用"迷信"概念指称民间信仰（《安徽俗话报》第 11 期），此后，"迷信"一词开始逐渐在文

---

① 参见高丙中：《作为非物质文化遗产研究课题的民间信仰》，《江西社会科学》2007 年第 3 期。

章中予以使用。除了"迷信",还有人使用如"民间的信仰""民众信仰""民间宗教""民信""俗信和迷信"等术语。1937 年杨成志发表的《安南人的信仰》一文中出现了"民间信仰"一词,这是国内较早使用这一概念的文章。同样在 20 世纪 30 年代,由于梁启超从日本引入了"民间信仰"这一概念,"民间信仰"一词很快被广泛采用。①

在 20 世纪 30 年代以后的很长一段时间里,由于民间信仰作为"迷信"的代表,不断受到从上到下的各种批判和否定,相关的研究也一度被"打入冷宫"。由于当时特殊的政治社会环境,民间信仰一度成为比较敏感的话题,根据朱海滨的研究,甚至"民间信仰"一词也很少出现在公开出版物中。②

改革开放后,与民间信仰相关的习俗呈现出一种复兴的景象,随着思想的开放、社会的进步,人们对宗教以及民间信仰的态度也日益客观、理性,对包括民间信仰等在内的中华民族特有的传统文化的形式及其意义和价值也有了越来越深刻的认识。国内众多学者开始用"民间信仰""民间宗教"等概念来替代具有意识形态和理性判断意味的"迷信",以保证其学术研究的中立性。从此,民间信仰研究日益活跃起来,并有了不断的开拓和进展。

自 20 世纪后半期,特别是 20 世纪 80 年代以来,中外学者在民间信仰研究领域取得了许多优秀的成果,特别是在理解民间信仰的概念、民间信仰与区域历史、民间信仰与官方意识之间的关系方面有着突出的贡献。③

杨庆堃的《中国社会中的宗教:宗教的现代社会功能与其历史因素之研究》将中国宗教分为制度性宗教和分散性宗教两种类型。英国学者王斯福的《帝国的隐喻:中国民间宗教》对民间宗教与国家的意识形态、行政等级之间的差异性给予了特别的关注。日本学者渡边欣雄的《汉族的民俗宗教——社会人类学的研究》则从世界观和祭祀仪式两方面讨论了汉族民俗宗教的特点。金泽的《中国民间信仰》从灵魂信仰与

---

① 参见陶思炎、[日]铃木岩弓:《中日民间信仰研究的历史回顾》,《民间文学论坛》1997 年第 4 期。
② 朱海滨:《民间信仰——中国最重要的宗教传统》,《江汉论坛》2009 年第 3 期。
③ 关于这方面的研究概况,可参看蒋竹山:《宋至清代的国家与祠神信仰研究的回顾与讨论》,《新史学》1997 年第 2 期。

自然崇拜、人生三部曲、群体的信仰与祭仪、巫术与禁忌、民间信仰与传统文化等不同角度进行了分析论证,认为民间信仰是民众精神生活和民俗文化的重要组成部分。乌丙安的《中国民间信仰》论述了民间信仰和宗教信仰十个方面的区别,并对各种信仰习俗进行了全面系统的阐述。程民生的《神人同居的世界:中国人与中国祠神文化》对神祠在中国传统社会的发展历程及其影响做了较为深入的研究。侯杰和范丽珠所著的《世俗与神圣:中国民众宗教意识》则对中国民众宗教意识的发展演变进行了讨论。此外,如李乔的《中国行业神崇拜》、宗力和刘群主编的《中国民间诸神》、宋兆麟的《巫与民间信仰》、刘锡诚主编的“中国民间信仰传说丛书”、王景琳等编的《中国民间信仰风俗辞典》、郭于华的《死的困扰与生的执著:中国民间丧葬仪礼与传统生死观》等,都是有代表性的整体研究成果;韦思谛主编的《中国大众宗教》代表了海外对中国民间信仰研究的基本水准。断代的研究成果也非常丰富,如早期信仰研究的代表作蒲慕州的《追寻一己之福——中国古代的信仰世界》、研究宋代民间信仰的韩森的《变迁之神:南宋时期的民间信仰》等,明清时期的民间信仰研究成果则更为丰富。2010年之后,上海人民出版社陆续出版了“民间信仰与中国社会研究系列”丛书,集中了目前民间信仰研究的最新成果,其中:《中国古代民间信仰:远古—隋唐五代》《中国近世民间信仰:宋元明清》概述了中国民间信仰的发展历程;《中国民间信仰研究述评》总结了中国民间信仰的研究历程;《民间信仰与社会生活》《四大菩萨与民间信仰》《道教与民间信仰》则从不同角度讨论了民间信仰的个案。

编纂《中国民间崇拜》的禄是遒长期在江苏地区传教,曾经到江苏苏州、常州、镇江、南通、泰兴、宿迁、徐州、连云港等地收集资料。《中国民间崇拜》中保留了大量一手文献,很多民间信仰的规矩、礼仪、祭拜、符号都有赖于该书才得以保留。如江苏茅山编印的符箓图册仅收录了十几幅,而该书则收录了一百多幅。可以说,该书是收集以江苏为主的中国民间信仰资料最早最完整的文献。此后,中国学者如顾颉刚、费孝通在20世纪二三十年代开始逐步运用人类学、民俗学的方法研究各地的民间信仰,其中费孝通在《江村经济》中对开弦弓村民间信仰的研究,是对江苏地区民间信仰进行的较早的学术讨论。

今天,关于江苏地区民间信仰的整体研究比较有代表性的是日本学者滨岛敦俊的《明清江南农村社会与民间信仰》、王健的《利害相关:明清以来江南苏松地区民间信仰研究》、孙跃的《清代长江三角洲地区民间信仰研究》、姜彬主编的《吴越民间信仰习俗》。分类研究中有何彬的《江浙汉族丧葬文化》、姜彬主编的《稻作文化与江南民俗》、顾希佳的《东南蚕桑文化》《太湖流域民间信仰中的神灵体系》《江南民间信仰沿革》、蔡丰明的《江南民间社戏》等。学术界对江苏民间信仰的研究集中于以下几个方面:在民间信仰与社会控制方面,吴建华的《汤斌毁"淫祠"事件》和蒋竹山的《汤斌禁毁五通神事件——清初政治菁英打击通俗文化的个案》专门对清代江宁巡抚汤斌在江南毁五通神事件进行剖析,冯贤亮的《明清江南的正统寺庙、民间信仰与政府控制》、华琛的《神的标准化:在中国南方沿海地区对崇拜天后的鼓励》、巫仁恕的《节庆、信仰与抗争:明清城隍信仰与城市群众的集体抗议行为》等也是较有代表性的作品。在民间信仰与地域社会变迁方面,则有万志英的《财富的法术:江南社会史上的五通神》及樊树志的《江南市镇的民间信仰与奢侈风尚》等。在民间信仰与民众生活及心态方面,有赵世瑜的《明清时期江南庙会与华北庙会的几点比较》、小田的《在神圣与凡俗之间——江南庙会论考》等。此外涉及江苏各地民间信仰研究的均为零散的单篇文章,另外姜彬主编的《中国民间文化》1994年民间俗神信仰专题和1995年地方神信仰专题中也有多篇文章涉及江苏地区。

毋庸讳言,江苏地区民间信仰的研究成果绝大部分仍然停留在个案研究的起步阶段,民间信仰的文献资料也没有得到充分整理。省内各地的研究集中于淮安、扬州等运河沿线城市,苏北地区的民间信仰研究则相对薄弱①;在时段上则偏重于明清时期,对明清之前和近代以来

---

① 参见[韩]曹永宪:《徽州商人的淮、扬进出和水神祠庙》,刘海平主编:《文化自觉与文化认同:东亚视角》,上海外语教育出版社2008年版;王元林:《明清淮安府相关水神祠庙分布初探》,《第二届"运河之都——淮安"全国学术研讨会论文集》,中国书籍出版社2010年版;褚福楼:《明清时期金龙四大王信仰地理研究》,硕士学位论文,暨南大学,2010年;胡梦飞:《明清时期苏北地区水神信仰的历史考察——以运河沿线区域为中心》,《江苏社会科学》2013年第3期;王聪明:《明清漕运与淮安天妃信仰的变迁》,《安徽史学》2014年第6期。

的变迁过程均缺乏全面系统的深度讨论。

对于民间信仰,各个学者有不同的定义,较通行的是钟敬文在《民俗学概论》一书中对民间信仰的界定:"民俗信仰又称民间信仰,是在长期的历史发展过程中,在民众中自发产生的一套神灵崇拜观念、行为习惯和相应的仪式制度"①。这当中阐述了民间信仰的几个关键要素,即:民间信仰是自发产生的,民间信仰本质上是一种神灵崇拜,民间信仰的研究范围包括观念、习惯、仪式,民间信仰的主体是民众。不管采用哪种概述,大部分学者认为,民间信仰主要指为普通民众所信奉的信仰形式,非官方、较少文本传承性、口头相传是其主要特点。

第二节　几个重要的关系

由于不同时代、不同学科领域的学者对民间信仰给出了不同的定义,所以在该概念的使用中存在混淆和歧义的情况。有些学者对这一概念提出了异议,并引入了一些新的名词,如日本人类学家渡边欣雄引入了"民俗宗教"的概念②,劳格文、欧大年、丁荷生等人则提出了 local religion("地方宗教"或者"地方信仰")这一名词,以强调将民间信仰放入地方社会脉络中进行考察③。但是迄今为止,学术界还没有在"民间信仰"这一概念上达成共识。因此,我们在讨论"民间信仰"这一概念时,必须先厘清一系列关系。

一是民间信仰与宗教之间的关系。

姊崎正治在提出"民间信仰"这一概念时,认为民间信仰是与制度性宗教相对立的信仰习惯。其实,持有传统古典宗教学学术观念的西方学者大多不承认中国民间的信仰、仪式和象征是宗教——没有系统的经典,没有完整的神祇谱系,仪式也是不规范和非聚集性的,所以不

---

① 钟敬文主编:《民俗学概论》,上海文艺出版社 1998 年版,第 187 页。
② [日]渡边欣雄,周星译:《汉族的民俗宗教——社会人类学的研究》,天津人民出版社 1998 年版,第 3 页。
③ 参见徐天基、罗丹:《西方汉学传统中的中国宗教研究》,《民族艺术》2012 年第 4 期。

能被视作一种制度化的、系统化的宗教,而就是多神信仰、万物有灵论、自然崇拜、巫术的总和。如著名人类学家弗雷泽在其名著《金枝》(中国民间文艺出版社 1987 年版)中就持这种观点。德国社会学家韦伯在《儒教与道教》一书中也认为,中国本土的宗教是儒教和道教,民间只有不属于宗教范畴的巫术和习俗,这些民间巫术和习俗是道教的延伸,自身并不形成独立的宗教体系。① 韦伯将宗教和巫术进行区别,其实是西方宗教学理论的反映。他的观点对后来学者判断民间信仰和宗教之间的关系产生了很大影响。例如,赵世瑜认为:"所谓民间宗教,指的是不被官方认可的、由民众组织和参与的宗教体系和组织,它们有自己的组织系统、自己的教义,在思想内容上与官方认可的佛教、道教有一定的联系,可是往往被官方视为危险的邪教和异端。而所谓民间信仰,则指普通百姓所具有的神灵信仰,包括围绕这些信仰而建立的各种仪式活动。它们往往没有组织系统、教义和特定的戒律,既是一种集体的心理活动和外在的行为表现,也是人们日常生活的一个组成部分。"②

需要注意的是,在西方的学术范畴中,中国学术界所说的民间信仰应该写作 folk religion,popular religion,其实可译作"民俗宗教""民间宗教""大众宗教"等。所以,所谓的民间信仰其实相当于国内外学者从广义上理解的"民间宗教"。高延在《中国宗教体系》一书中就认为,中国民间存在的信仰与仪式是中国古典文化传统的实践内容,其实是一个系统化的宗教。和他的观念类似的是,正如王铭铭介绍的,功能主义学派的人类学家如拉得克利夫-布朗在《宗教与社会》中也认为中国民间信仰(仪式)是与宗教具有同等地位和功能的体系。人类学家弗里德曼也说过,"中国存在一个宗教","在表面的多样性背后,中国(民间)宗教有其秩序。在观念的层面,中国人的信仰、表象、分类原则等等表现一定的系统化特征;在实践和组织的层面,他们的仪式、聚会、等级等等也具有系统性。所以,我们可以说有一个中国宗教体系存在"。③

---

① 参见〔德〕马克斯·韦伯,洪天富译:《儒教与道教》,江苏人民出版社 2010 年版,第 231 页。
② 赵世瑜:《狂欢与日常——明清以来的庙会与民间社会》,生活·读书·新知三联书店 2002 年版,第 13 页。
③ 王铭铭:《社会人类学与中国研究》,生活·读书·新知三联书店 1997 年版,第 155 页。

　　20世纪40年代,陈荣捷提出把中国宗教分为两个层次,即寻常百姓的层次和知识已开者的层次,前者就是民间宗教。① 杨庆堃在《中国社会中的宗教:宗教的现代社会功能与其历史因素之研究》一书中,将中国的宗教划分成两种形态:一种是制度性宗教(institutional religion),另一种则是分散性宗教(diffused religion)。制度性宗教有独特的神学或宇宙解释系统,由独立的人事组织进行神学观点的阐释,负责祭祀活动,其自身可独立于世俗体系之外;分散性宗教"无论是其精神内核、还是形式化仪轨组织均与世俗制度和社会秩序有机地整合在一起,成为结构的一部分"②,在传统中国社会无处不在,尤其是渗透到基层社会之中,成为维系世俗制度和社会秩序的重要力量。该书对分散性宗教的论述极具启发性,逐渐为不少研究者所认同。欧大年在为该书中译本作序时指出:"我们不能以西方基督教模式的宗教理解来判断中国人的信仰活动。我们对中国宗教的研究,应当是以中国的历史和社会的分类为基础的,而不应该受来自于其他什么地方门户之见的限制。"③

　　宋代以来的方志中,往往专设"祠庙"或"神祠"一门,记载那些佛教寺院、道教宫观之外的地方性宗教活动场所,祠庙之中所供奉的通常被称为"祠神"。至于这些祠神与佛教、道教诸多寺观中的诸神有何区别,古人很少讨论,但既然这些方志作者习惯性地将神祠置于寺院、宫观之后,应该可以判断传统社会中士人认为民间信仰和制度性宗教之间是有一定的区别的。但是唐宋以后,佛教、道教这样的制度性宗教也日益走向平民化、世俗化,与民间信仰互动越来越频繁,界限逐渐模糊,呈现出你中有我、我中有你的状况。寺院中的观音大士、道观中的真武大帝虽然与民间信仰中的龙王、妈祖等神祇有一定的区别,但无疑都是民间信仰的重要对象。更不用说,很多民间神祇其实脱胎于佛道信仰,彼此难分。而且,佛教、道教的诸神及教义一旦被纳入民间信仰的范畴,就

---

① 参见陈荣捷:《现代中国的宗教趋势》,台湾文殊出版社1987年版,第137页。

② [美]杨庆堃,范丽珠等译:《中国社会中的宗教:宗教的现代社会功能与其历史因素之研究》,上海人民出版社2007年版,第10页。

③ [美]杨庆堃,范丽珠等译:《中国社会中的宗教:宗教的现代社会功能与其历史因素之研究》,上海人民出版社2007年版,第16页。

和职业宗教人士的理解有很大不同，与民间信仰更为接近。可以这么说，民间信仰中的神明，无论是供奉在乡间土庙还是供奉在城中寺观，在信众心中都只是具体的参拜和祈求对象，和职业宗教人士的组织、教义其实关系并不大。

从这个角度来看，如果将杨庆堃的观点进一步引申的话，非制度性只是民间信仰的内核之一，分散性或者说叫弥散性，即对社会各个方面极强的渗透性才是中国民间信仰的重要特征。这种渗透性主要围绕着人们的日常生活，所以赵世瑜才强调民间信仰是"人们日常生活的一个组成部分"[①]。渡边欣雄曾提出"民俗宗教"的概念，重点就是强调民间信仰因人们的日常生活而起，融入生活之中，并构成了人们的惯习。余欣提出"民生宗教"[②]，应该也是基于类似的想法。

二是"大传统"与"小传统"、"精英"与"民间"的关系。

有众多研究者将民间信仰归属于小传统的文化范畴，将之与大传统文化中的制度性宗教或者所谓经文宗教（textual religion）相区别。所谓大小传统文化观，首见于美国芝加哥大学人类学教授罗伯特·芮德菲尔德（Robert Redfield）所著的《农民社会与文化：人类学对文明的一种诠释》。该书将世界上某些地方的社会文明分成大传统与小传统，前者主要集中于城市中的精英阶层，而后者则存在于广大乡村农民之中。对于中国的宗教，芮氏则认为应该分成"平民信仰"与"士族信仰"两种。自这一命题提出之后，许多人便把经文宗教称为"大传统"、民间信仰称为"小传统"，并认为民间信仰或"小传统"是乡村社会中一般民众尤其是农民的文化，而士族信仰或"大传统"则是指以都市为中心、以士绅阶层和政府为发明者与支撑力量的文化。

但正如王铭铭指出的，这样的分类没有注意到各自存在的内部分化，并把小传统看成是被动的、没有体系的文化。[③] 如果认真考察中国历史，就会知道：在中国作为"精英阶层"的"士"之所以成为"士农工商"

---

① 赵世瑜：《狂欢与日常——明清以来的庙会与民间社会》，生活·读书·新知三联书店 2002 年版，第 13 页。
② 参见余欣：《神道人心——唐宋之际敦煌民生宗教社会史研究》，中华书局 2006 年版。
③ 参见王铭铭：《社会人类学与中国研究》，生活·读书·新知三联书店 1997 年版，第 158 页。

绪
论

四民之首是因为其占有优越的文化资源,但是自魏晋南北朝后,随着门阀士族的消亡、科举制的出现,"士"不再是一个固定不变的世袭阶层,很多"士"出身于平民阶层,不可能另立其宗教信仰。钱穆早就明确地说:"中国士传统并不成为一宗教。"①因此,正如《中国近世民间信仰:宋元明清》一书所指出的,民间信仰的"民间"并不完全与官方、精英相对应,实则亦有"民之间"的含义。② "民"者,民众也,人民也。民间信仰的受众自然就既包括以士农工商为主体的民众,也包括各级官僚、帝王将相,可以说,所有的中国人其实都是民间信仰的受众和信奉者。而所谓的"间",有从上到下各个阶层、各类群体共享的意思。民间信仰是一个大众化的开放场域,供奉神明的场所对所有人敞开,所有人也均可参与。

还有一点值得注意,王斯福在《帝国的隐喻:中国民间宗教》中曾认为,在中国的民间信仰体系中,民间信仰诸神其实是现实的隐喻,或者说是以现实为基础的想象,所以诸神之间的关系亦有人间官僚体系映射的成分。③ 但事实上,中国实行的祠神封赐制度虽然使这些民间信仰诸神获封字数不等的侯、公、王等封号,但这并不意味着这些不同封赐等级的祠神之间存在明确的上下级关系。在明清时期,东岳大帝是一个区域最高等级的神祇,镇城隍的等级要低于府、县的城隍,所以会存在下级神向上级神"解钱粮"即上贡的行为,但这些等级也非如官僚体系那般固定和明确。即使是佛道诸神,在进入民间信仰的文化场域之后,原先在宗教体系中具有的等级也明显淡化,神祇本身的特质被最大限度地放大。从某种程度来说,诸神平等、诸神狂欢其实是中国民间信仰的特征之一。

三是民间信仰与国家、社会之间的关系。

"国之大事,在祀与戎。"自国家产生以来,历代统治者都非常重视民间信仰活动,并通过控制民间信仰来影响地方社会;同时,民间信仰也常常以其特有的方式参与国家政治生活,并与地方政治形成密切的互动关系。赵世瑜曾提出,中国历史上的统治者是把"祀"放在"礼"之中:合乎礼的祀就是"正祀",否则就是"淫祀";而与礼相应的范畴是"法",与礼相对

---

① 钱穆:《国史新论》,生活·读书·新知三联书店 2001 年版,第 204 页。
② 参见王见川、皮庆生:《中国近世民间信仰:宋元明清》,上海人民出版社 2010 年版,第 4 页。
③ 参见[英]王斯福,赵旭东译:《帝国的隐喻:中国民间宗教》,江苏人民出版社 2018 年版。

的范畴是"俗",淫祀或民间宗教就是属于"俗"的范畴。①

　　但是,"正祀"与"淫祀"的区分是否就意味着官方(或国家)宗教与民间信仰(或宗教)之间存在二元对立关系呢? 现在大多数研究者认为两者既有对立又有互动。对"正祀"和"淫祀"都不宜以静态观念去分析,而应从动态的视角去探究。儒家经典对祭祀对象与祭祀主体有明确的规定,如《礼记·曲礼下》云:天子祭天地,祭四方,祭山川,祭五祀,岁遍;诸侯方祀,祭山川,祭五祀,岁遍;大夫祭五祀,岁遍;士祭其先。那么,什么样的神祇可以纳入祭祀对象的范围?《礼记·祭法》规定了立祀的条件:"法施于民则祀之,以死勤事则祀之,以劳定国则祀之,能御大灾则祀之,能捍大患则祀之。"所以,合乎礼而纳入祀典的就是"正祀"。而且,即使列入正祀的也有一定的等级。《周礼·春官·肆师》载:"肆师之职,掌立国祀之礼,以佐大宗伯。立大祀,用玉帛、牲牷。立次祀,用牲币。立小祀,用牲。以岁时序其祭祀及其祈珥。"郑玄后注曰:"大祀乃天地、宗庙;次祀乃日月星辰、社稷、五祀、五岳;小祀乃司命、司中、风师、雨师、山川、百物。"也就是说,依据所祀神灵的地位和神力大小以及主祭者身份进行划分。隋代《开皇礼》将祭祀对象详细地按大、中、小三祀分门别类排列,此后,唐、宋、元、明、清基本继承了这一等级性规定,只是略加损益。斯蒂芬·福伊希特旺(王斯福)根据《大清会典》指出清代官方祭祀可以分为:大祀,祭该朝历任帝王、先祖及有功政治家及将士;中祀,祭历代帝王、孔子及门徒、贤官、智者及德妇等;群祀,祭关帝、火神、龙王等。② 在这些纳入国家祀典的大、中、小三祀之外的就是淫祀。《礼记·曲礼》称:"非其所祭而祭之,名曰淫祀。"孙希旦在《礼记集解》中更明确地作了解释:"非所祭而祭之,谓非所当祭之鬼而祭之也。淫,过也。或其神不在祀典。"所以,淫祀的定义有两种。一是未列入祀典。唐赵璘在《因话录》中便称:"若妖神淫祠,无名而设……虽岳海镇渎、名山大川、帝王先贤,不当所立之处,不在典籍,则淫祠也。昔

① 参见赵世瑜:《狂欢与日常——明清以来的庙会与民间社会》,生活·读书·新知三联书店 2002 年版,第 81 页。
② 参见[英]斯蒂芬·福伊希特旺,徐自立译:《学宫与城隍》,[美]施坚雅主编,叶光庭等译,陈桥驿校:《中华帝国晚期的城市》,中华书局 2000 年版,第 703—704 页。

之为人,生无功德可称,死无节行可奖,则淫祠也。"二是越份祭之。关于"越份祭之",元代谢应芳在《辨惑编》中有很清楚的说明:"今以一夫之微,而欲僭王侯公卿之祭,其越分踰礼为何如哉?"

但是随着时间的推移,传统等级秩序很容易被冲破。鲁国大夫季氏就因擅自越级到泰山祭祀而引起孔子的责难,不过这也说明这种情况并非少见。如周振鹤所研究的,秦汉时期,统治者特别热衷于鬼神之祀,加上方士的成仙鼓吹和播弄,"许多神祠随时随地而立,不少民间信仰也变成国家宗教"①。一些官方祭祀的对象,也可以变成民间信仰崇拜的神灵。如按上引《礼记》所言,只有地方诸侯、长官有权祭祀东岳泰山,但下文将及,至北宋真宗封禅之后,一方面东岳位势日隆,被加封为天齐仁圣帝,祭祀之仪式、冠冕服饰、祭器等皆达到前所未有的等级;另一方面,"四方万里,不以道途为劳,往奉祠事,往往规模岱岳,立为别庙多矣"②,东岳大帝成了各地民间信仰的对象之一。正如蒲慕州指出的,"所谓官方和民间的差别,也许只是崇拜者的仪节和崇拜目的的不同,而不在其根本的宇宙观和道德观,两者的崇拜是可以重叠的。"③

更重要的是,统治者的目的在于"礼俗,以驭其民",即通过推进神道设教政策,千方百计地对民间信仰加以利用,以控制人民、维系稳定。传统社会的国家政权对民间信仰的态度从来都不是放任不管,而是一方面加以引导、规范,将一些符合统治秩序和儒家伦理道德的民间信仰纳入国家祀典,另一方面对其中破坏政治秩序,与儒家伦理道德有冲突,甚至对统治造成威胁的民间信仰及其行为予以严厉打击和禁止。总体来说,历代统治者对于民间信仰往往采取"修其教,不易其俗;齐其政,不易其宜"的态度,既有引导和利用,也有禁毁和批判,其标准在于是否有益于维持统治者自身的地位和利益。但是,即使是国家统治者内部也并非铁板一块,如历代的毁祠运动,其实施效果本身就存疑,且

---

① 周振鹤:《秦汉宗教地理略说》,复旦大学历史系中国思想文化史研究室编辑:《中国文化研究集刊》第3辑,复旦大学出版社1986年版,第70页。
② (宋)魏邦哲:《重修东岳庙记》,(宋)郑虎臣辑:《吴都文粹》卷三,《景印文渊阁四库全书》第1358册,台北商务印书馆1986年版。
③ 蒲慕州:《追寻一己之福——中国古代的信仰世界》,上海古籍出版社2007年版,第114页。

朝廷、地方政府、士绅的态度往往不同。皇帝虽然就其权力、地位来说，高高居于社会的顶端，代表着国家意志，但由于历代皇帝或是"长于深宫之中，生于妇人之手"，见识短浅，或是武人起家，残暴空虚，他们成为国家的统治者或是因为世袭，或是出于掠夺，一方面对权力疯狂追求，一方面时刻担心权力失去。因此，他们对于儒家世界观的认识和认同当然无法与士大夫们相提并论，无数皇帝沉迷于巫术、方术、佛教、道教，追求长生不老。他们的这种做法与国家既定信仰政策自然就会存在冲突，但国家体系又根本无法对其有所控制，更何况上有所好、下必效之，自然而然，国家的信仰政策会随着皇帝的喜好而不断转移。而为了维护地方和自身的利益，地方官员和士绅们对国家政策或阳奉阴违或左顾右盼，甚至以各种方式支持或参与民间寺庙祠观的修建也是所在多有。所以，在讨论民间信仰与国家、社会之间的关系时，既要关注国家、朝廷、政府对民间信仰的管控，也不能忽视皇帝个人喜好对政策的转移，以及地方政府和士绅们对民间信仰的参与、改造等活动。

民间信仰普遍存在于社会生活的各个方面，从日常生活的婚丧嫁娶、求医问药，到生产活动的作物丰歉、贸易盈亏，再到政治皇权的争名夺利、开疆拓土，从上到下，从南到北，各个领域，各个地区，无所不在。一般而言，每当瘟疫流行、灾荒不断、兵匪为害时，不要说无助的普通人，害怕保不住帝位的天子、担心要丢掉官位的大臣都会向神祇求助。平时他们也都会为不同的目的向不同的神明祈祷，做生意想发财的时候敬财神，想要孩子的时候敬送子娘娘。一旦遇到大规模的水旱灾害，朝廷、地方与民间百姓更是齐心合力，共同参与。而神祇能否满足人们的要求，即是否"灵验"，则是其被立祠崇奉乃至香火鼎盛的关键。所以，政府往往一方面取缔淫祠，一方面给予"灵验"的祠庙赐额褒崇，一个淫祀可能会一夜之间变成正祀。当以"灵验"作为"请敕加封"的依据时，正祀与淫祀的区别又在何处呢？这也正是屡次取缔淫祀却收效甚微的原因之一。当然，朝廷的关注点其实是落到了如何保证国家对民间信仰的控制上，即所谓"示朝廷祭祀驭神之意"①。

---

① （清）徐松辑：《宋会要辑稿》礼二〇之一三，绍圣二年十二月二十三日条，中华书局 1957 年版。

第一章　江苏民间信仰的源起

从考古发现可知,在亘古通今的中华文明出现之前,还有更古老的早期人类生活在我们这片沃土之上。中国是类人猿最早的发祥地,特别是在长江及淮河流域,最早的类人猿大概距今有 4500 万年。1977年,宿迁泗洪双沟镇发现有距今 1000 万年的"双沟醉猿"的臼齿化石,后又在泗洪松林庄再次发现,同时又发现了森林古猿类——江淮宽齿猿化石。① 1985 年,在江苏溧阳上黄镇水母山发现了"中华曙猿",表明高级灵长类起源于亚洲而不是非洲的可能性更大。这些证明江苏地区是类人猿的最早发祥地之一,为探究人类祖先的起源提供了线索。

考古学把距今 300 万—1 万年这一时段称为旧石器时代。旧石器时代的古人类生息繁衍了上百万年的时间,与我们文明社会的历史相比,他们谱写了更古老、更漫长的历史。根据近年来的考古资料,至少在距今 35 万年前,就有人类在江苏这片沃土上活动。1993 年,在南京汤山镇雷公山葫芦洞中发现了Ⅰ号、Ⅱ号两块晚期直立人颅骨化石。综合多种年代测定方法,研究者得出了南京人生活的地质年代为中更新世中期,绝对年代约距今 35 万年的初步结论。② 南京直立人的发现,将江苏人类活动的历史提前到和北京人相当的年代,江苏成为我国晚

---

① 参见邹厚本主编:《江苏考古五十年》,南京出版社 2000 年版。参阅齐陶等:《江苏溧阳上黄中始新世哺乳动物群的发现与意义》,《古脊椎动物学报》1996 年第 3 期;李传夔:《江苏泗洪中新世长臂猿类化石》,《古脊椎动物与古人类》1978 年第 3 期;林一璞、顾玉珉、葛治功:《1981 年江苏泗洪考察与发掘简报》,《人类学学报》1983 年第 1 期;顾玉珉、林一璞:《记江苏泗洪首次发现森林古猿类化石》,《人类学学报》1983 年第 4 期。

② 参见吴汝康、李星学主编:《南京直立人》,江苏科学技术出版社 2002 年版,第 82—83 页。

期直立人的发祥地之一,江苏的历史自此追溯到旧石器时代。

学者们认为,旧石器中期以前的先民,刚刚脱离动物界不久,还没有产生称得上观念形态的文化。如元谋人、蓝田人、北京人、马坝人、长阳人、丁村人等,从他们的头骨构造和生活遗存推断,他们的大脑结构简单,语言极不发达,感情也不复杂,生活在原始人群之中,其精神世界是贫乏的,处于蒙昧未开的混沌状态。[1] 一般认为,在旧石器时代晚期,远古社会的人类开始萌发原始崇拜和原始信仰。[2] 江苏先民在认识自然、改造自然的过程中,逐渐提升了自身的脑力活动水平,从而摆脱了混沌模糊的状态,产生了原始崇拜和原始信仰。不过,这种原始崇拜和原始信仰还没有太多的考古证据。虽然江苏境内分布着旧石器时代晚期的诸多石器地点,但更多可能只是"早期人类制作石器的场所","缺少人类居住的遗迹和明显的文化层"[3],更遑论佐证原始崇拜和原始信仰了。

大约在距今 1 万年前后,末次冰期消退,全球气候变暖,进入了地质时期最年轻的全新世。正是从这一阶段起,人类加速进化发展,石器磨制和制陶技术迅速兴起,旧石器时代也行至尾声。更重要的是,人类诞生以来一直依靠的狩猎—采集经济模式,逐渐被新兴的农业—畜牧业模式替代,人类跨入了新石器时代,开始成了地球上最具影响力的生物。

江苏境内的新石器文化主要出现在距今 7000 年以后,目前发现的文化遗址约 300 处,其中经过发掘的遗址已近 100 处。目前,不仅建立起江苏境内新石器时代考古学文化的区系类型框架,而且确认了江苏新石器文化在中国史前文化中所占有的极其重要的地位。[4]

根据现在的考古资料,新石器时代江苏各个区域已经出现了明显的区别。苏北的北端淮北地区和苏南的南端苏锡常地区发展差异最为明显;宁镇地区处于二者的过渡地段,但也有明显的特点;中部的江淮

---

[1] 参见牟钟鉴、张践:《中国宗教通史》(修订版)上卷,中国社会科学出版社 2007 年版,第 3 页。
[2] 参见马新、贾艳红、李浩:《中国古代民间信仰:远古—隋唐五代》,上海人民出版社 2010 年版,第 2 页。
[3] 王健:《江苏通史·先秦卷》,凤凰出版社 2012 年版,第 55 页。
[4] 参见邹厚本主编:《江苏考古五十年》,南京出版社 2000 年版,第 49 页。

地区遗址较少,序列也不完整,受外来文化影响较大。在苏北地区,淮河以北属于海岱文化区,有丰富的大汶口文化和龙山文化遗址,典型的有:距今8000多年的江苏最早的新石器时代泗洪顺山集文化遗址,距今6000多年的大汶口文化早期邳州刘林、大墩子等文化遗址,距今5000多年的大汶口中晚期新沂花厅遗址,以及距今4000多年的属于龙山文化的连云港藤花落遗址等。江淮地区有:1951年发现了距今6000年的淮安青莲岗新石器文化遗址,青莲岗文化由此命名;1973年在江淮东部发现了距今6000—5000年的海安青墩文化遗址;1993年在高邮发现了6000多年前的龙虬庄文化遗址。① 在长江以南,新石器文化更加丰富。宁镇地区有在南京发现的北阴阳营文化遗址;苏锡常所在的太湖流域的新石器文化按时代顺序可以划分出马家浜文化、崧泽文化、良渚文化三个依次递进发展的不同类型。②

正是从上述古人类文化遗址中,可以窥见江苏地区原始崇拜和原始信仰的起源与萌动。

第一节　考古所见江苏地区的原始信仰

远古时期,随着先民逐步摆脱蒙昧,人们不仅认识、利用自然,而且不断追寻关于自身的种种问题。生老病死是每个人一生必须要经历的,但早期人类对这些基本生理现象还不能完全理解,他们给出的解释就是灵魂不灭。著名人类学家爱德华·泰勒提出了"万物有灵"理论,他在《原始文化》一书中对这一观念的产生作了深入的分析:"处在低级文化阶段上的能独立思考的人……他们力求了解,第一,是什么构成生和死的肉体之间的差别,是什么引起清醒、梦、失神、疾病和死亡? 第二,出现在梦幻中的人的形象究竟是怎么回事? 看到这两类现象,古代的蒙昧人——哲学家们大概首先就自己做出了显而易见的推论,每个

① 参见邹厚本主编:《江苏考古五十年》,南京出版社2000年版,第108页。
② 参见邹厚本主编:《江苏考古五十年》,南京出版社2000年版,第55页。

人都有生命,也有幽灵。"①恩格斯在此基础上作了著名的经典性论述:
"在远古时代,人们还完全不知道自己身体的构造,并且受梦中景象的
影响,于是就产生一种观念:他们的思维和感觉不是他们身体的活动,
而是一种独特的、寓于这个身体之中而在人死亡时就离开身体的灵魂
的活动。从这个时候起,人们不得不思考这种灵魂对外部世界的关系。
既然灵魂在人死时离开肉体而继续活着,那就没有理由去设想它本身
还会死亡;这样就产生了灵魂不死的观念"②。

　　灵魂观念的产生,其实源于对死亡的恐惧和反抗,这也是一切宗教
最重要的心理根源。正如卡西尔所言:"在某种意义上,整个神话可以
被解释为就是对死亡现象的坚定而顽强的否定","原始宗教或许是我
们在人类文化中可以看到的最坚定最有力的对生命的肯定"。③ 在灵魂
不灭观念形成之后,就产生了活人与死去的灵魂之间的关系问题。人
死之后并不是消失,而是变成鬼魂,活人和鬼魂之间可以进行交往和沟
通,所以就必须有安葬和祭拜的仪式,以祈求死去的亲人能用其超凡的
力量保佑生者幸福平安,由此也逐渐发展成祖先崇拜。在原始社会,人
类在观察、认识自然的过程中,发现世间万物处于不断变化之中,比如
太阳的东升西落、风雨雷电的发生以及花草树木的荣枯等,火山喷发、
地震、洪灾、瘟疫等各种灾难更让他们觉得恐慌。既然人是有灵魂的,
那么世间万物,如日月星辰、山川河流、草木鸟兽都应该有灵魂,这样就
由灵魂不灭观念发展出万物有灵论,由此又逐渐产生了对各种自然物、
自然力的崇拜。

一、灵魂崇拜

　　灵魂崇拜主要反映在墓葬形制与葬俗上,这是了解原始信仰中灵
魂崇拜的重要依据。

　　最早的墓葬出现于旧石器时代晚期的山顶洞遗址中。在山顶洞遗

① [英]爱德华・泰勒,连树声译,谢继胜等校:《原始文化》,上海文艺出版社 1992 年版,第 416 页。
② [德]恩格斯:《路德维希・费尔巴哈和德国古典哲学的终结》,《马克思恩格斯选集》第 4 卷,人民出版社 2012 年版,第 229—230 页。
③ [德]恩斯特・卡西尔,甘阳译:《人论》,上海译文出版社 1985 年版,第 107—108 页。

址中,上室是居住之处,在此发现了骨针、装饰品和少量石器;在下室发现了三个完整的人头骨和一些躯干骨,周围散布着赤铁矿的粉末及骨珠、骨管等装饰品,可以判断这里可能是专门的墓地。

新石器时代中期前后,江苏境内的史前先民们在死后大多被埋到同一氏族划定的公共区域,形成公共墓地。公共墓地一般和居住区明显地分开,并大多位于地势较高的台地。公共墓地制度是先民们将生者与死者在空间上加以区别的重要手段,它的存在以氏族和部落存在为前提。万物有灵、灵魂不灭在葬俗上的体现就是视死如生。既然灵魂不灭,同一氏族和部落的人的灵魂就应该永远在一起。公共墓地制度确保了这一点,同时这一制度让氏族和部落的死者与生者联系在了一起,也就增强了氏族和部落的凝聚力。

在同一时期,埋葬制度开始出现,埋葬具有统一规划。公共墓地中的墓葬往往朝向同一个方向,反映了同一个地区或同一个部落人们的共同信仰。宁镇地区北阴阳营文化、三星村文化的墓葬绝大多数朝向东北。江淮地区青莲岗文化、龙虬庄文化、青墩文化的墓葬均朝向东方。苏南崧泽文化、良渚文化的墓葬大多朝向东或东北方向。苏北地区北辛文化的墓葬主要朝向东方,大汶口文化早期的墓葬主要朝向北方,而大汶口文化中期的墓葬主要朝向东方。在连云港二涧遗址的七座墓葬中,能够判断葬式的两座墓葬,都是仰身伸直式的。[1] 邳州刘林遗址中的 52 座墓葬,基本上都是仰身直肢的葬式。[2] 埋葬制度的出现以及葬式的规范,是原始宗教逐渐成熟的标志。葬式与朝向的相同,表示这群人属于同一氏族,而且更深一层的意思可能是,便于让死者的灵魂在进入彼世后,可以找到自己的族群归宿。当然,正如信仰不是固定不变的,葬式和朝向也不是一成不变的,随着时间的推移,信仰也会发生变化,葬式和朝向自然就会发生变化。如马家浜文化早期墓葬主要流行单人俯身葬,但是到骆驼墩遗址的葬式,已经开始由以俯身葬为主向以仰身直肢葬为主转变。[3] 这一点在北阴阳营文化的葬式中也有体

① 参见王英、尤振尧:《江苏连云港市二涧村遗址第二次发掘》,《考古》1962 年第 3 期。
② 参见江苏省文物工作队:《江苏邳县刘林新石器时代遗址第一次发掘》,《考古学报》1962 年第 1 期。
③ 参见南京博物院考古研究所:《江苏宜兴市骆驼墩新石器时代遗址的发掘》,《考古》2003 年第 7 期。

现,根据考古发掘可知,这里仰身直肢葬式的最多,但还有很少的俯身葬。

在苏南的常州圩墩村遗址、吴县草鞋山遗址,江淮的龙虬庄遗址,苏北北辛文化的连云港二涧遗址、灌云大伊山石棺墓遗址、沭阳万北遗址等发现的史前时代墓葬中,都有用陶钵盖在死者头上的现象。丁义珍等人认为,钵是半球形的,代表着苍穹,用钵覆盖死者的头说明史前人类已开始崇拜苍天。[①] 龙虬庄遗址中还发现了大量无头葬个体。有人认为,这是因为先民认为头颅是神灵和灵魂的居所,所以人死后应该将头归还于神灵;但更多的人认为,这是由战争导致的非正常死亡引发的。[②] 这一情况只能存疑。

由于灵魂不灭观念的存在,先民们必然会想象此世与彼世应该一样,灵魂或者鬼魂同样需要各种生活用品,同样需要生产工具进行劳作,这种视死如生的原则使他们相信应该给死者一定的随葬品以满足他们在彼世的需求。江苏境内史前墓地的墓葬中普遍发现有随葬品,既有日常的生活用品,也有生产工具,甚至还有简单的装饰品。

以刘林墓葬为例,不同的墓葬之中随葬品的种类和数量是有差异的。随葬品以陶制的生活器物居多,比如陶鼎、陶碗、陶罐、陶杯、陶盆、陶甂等,这些生活器物大多放置于身体两侧,以便死者在另一个世界继续使用。再比如,在阜宁东园村新石器时代遗址中,发掘出八座墓葬,其中仅一座墓葬规模略小,没有随葬品,其余七座墓葬均有随葬品,包括石凿、(石)斧、陶釜、陶鼎、小口壶、曲腹壶、贯耳壶、纺轮等。[③] 东园村遗址和青莲岗遗址中均出土穿孔石斧,轻薄平滑,做工精良,斧刃没有砍损的痕迹,显然并非用于生产的劳动工具,而是专门放置于墓葬中的随葬品。[④] 另外,青莲岗遗址中出土不少陶器,包括陶壶、陶碗、陶杯、陶钵、陶盆、陶盘、陶印模、陶杵、陶纺轮以及陶器碎片等。这些陶器应该是日常生活用的器具,不过从这些陶器的颜色仍可推知青莲岗人有灵

---

① 参见丁义珍、刘凤桂:《江苏沿海原始墓地红陶钵盖头葬俗初探》,《东南文化》1988年第2期。
② 参见崔英杰:《江淮东部史前文化与社会研究》,博士学位论文,山东大学,2007年。
③ 参见朱国平、梁建民等:《江苏阜宁县东园新石器时代遗址》,《考古》2004年第6期。
④ 参见华东文物工作队:《淮安县青莲岗新石器时代遗址调查报告》,《考古学报》第9册,1955年。

魂崇拜——这些陶器及碎片主要有红、灰、灰红、砖红色,有的陶件甚至是大红色。在陶器上涂以红色,形成一层红色的陶衣,格外鲜艳夺目,这既说明青莲岗人已具备一定的审美观念和思想,更重要的是,红色象征着血液,是人类生息繁衍的重要表征,在陶器等物件上涂抹红色,反映出他们对生命的重视乃至崇拜。进一步来说,象征血液的红色,是人存活的标志,可以把活着的人与逝去的人紧密地联系在一起,涂抹红色是灵魂崇拜的一种形式,这背后同样是灵魂不灭的观念。

随葬品的摆放也形成一定的模式,根据北阴阳营的考古发掘报告,该处遗址"遗物放置位置相对固定,大体有规律可循"。就随葬的玉器而言,"玦多出于人骨的耳边,当为耳饰;璜形为半环,两端有孔,多出于人骨的颚下,当为项锟;管是圆柱形,上下有孔可通,均为玉制,多出于人骨的胸前或腰际,当为佩饰品;珠和坠的形状有长、圆、三角等种,大小各不相同,都有孔,出土时有的和管在一起"。另外,还有一些玛瑙石子和雨花石被放入死者口中,作为玉琀使用,可能具有殓尸功能,也应该与原始信仰有关。①

总体来讲,江苏新石器时代早期遗址中发现的墓葬数量不多,用于随葬的物品大多比较质朴,数量相对较少,同一墓地的墓葬与墓葬之间随葬品的数量和质量相差不大。到了新石器时代中期,随葬品数量增加了不少,同一墓地墓葬的随葬品开始出现了分化,有的墓葬随葬几十件随葬品,有的墓葬则一无所有。到了新石器时代晚期,墓葬随葬品分化加剧,同一墓地中,一部分小墓没有任何随葬品,而规模较大的墓葬则有数百件随葬品,其中还包含了整套的礼器和象征财富权力的特殊物品,同一社会中成员身份地位的高低贵贱一目了然。

以刘林墓地为例,第二次发掘共清理出五个墓区,每一墓区实际上就是一处家族墓地②,其中一区家族墓墓均随葬品量是二区、四区的147%,五区家族墓是二区、四区的174%,而三区家族墓是二区的236%,可见其分化的加剧。刘林、大墩子等遗址还有儿童厚葬的现象

---

① 参见南京博物院:《北阴阳营:新石器时代及商周时期遗址发掘报告》,文物出版社1993年版。
② 参见南京博物院:《江苏邳县刘林新石器时代遗址第二次发掘》,《考古学报》1965年第2期。

存在,显然只有在家庭非常富足的情况下,才会这样做。①

随葬品的分化在苏南的良渚文化时期更加明显。研究者认为,良渚文化的高端墓葬以随葬玉器为主,极少普通生活用具,低端则以陶器最多,均为生活用器,等级差别十分明显。② 这些玉器随葬品大都精美却无实用价值,可以认为是史前人类用于举行某种仪式时使用的礼器,并且在一定程度上代表着地位和权力。

随葬品的另一个变化就是明器的出现。明器,又称冥器,是专门为随葬而制作的器物。前述青莲岗等遗址出土的石斧其实就是明器。龙虬庄遗址也发现了不少小陶器,多模仿实用器物,但形制小了许多,主要有鼎、钵、盆、壶、罐、豆。崧泽文化晚期墓葬中也发现了不少器形很小的鼎、杯等小陶器,发掘者认为这些小陶器是专为陪葬制作的明器。江苏邳州大墩子遗址墓还出土了三件陶屋模型。③ 这些房屋模型勾勒出史前人类的房屋形态,属于极其难得的文物。④ 明器的出现,说明史前先民的灵魂观念有了进一步的发展,即:现实世界和灵魂世界同形不同质,鬼魂所需要的物品不必为有使用价值的日常器物,有形即可。

总之,江苏新石器时期的墓葬形制直观反映出先民对待死亡及死后灵魂的意识观念,无论是葬式、朝向还是随葬品,均为后人窥视当时的意识形态和信仰状况提供了一种参照。

二、自然崇拜

自然崇拜是远古人类较早出现的原始崇拜之一。一般来说,自然崇拜是将支配早期人类生活的自然力、自然物人格化,并作为崇拜对象,包括对天地山川、日月星辰、风雨雷电、飞禽走兽、花草树木等的祭祀和崇拜。

太阳是人们最熟悉的自然物之一,黑夜白天的更替、四季的轮转都和太阳有关,因此太阳崇拜形成较早,在全世界都很普遍。对太阳的崇

① 参见马新:《原始聚落与公共权力的生成》,《山东大学学报(哲学社会科学版)》2008 年第 3 期。
② 参见王芬:《海岱和太湖地区宗教信仰与礼制的比较分析》,《江汉考古》2010 年第 1 期。
③ 参见南京博物院:《江苏邳县四户镇大墩子遗址探掘报告》,《考古学报》1964 年第 2 期。
④ 参见王健:《江苏通史·先秦卷》,凤凰出版社 2012 年版,第 92 页。

拜,在连云港岩画中体现得尤为突出,比如将军崖岩画中的太阳图以及在东磊山上发现的太阳石岩画等,学者认为"都应是少昊氏族的先民日崇拜意识的遗迹"①。连云港先民认少昊为祖先,可见这是一个崇拜太阳的氏族。将军崖岩画中的人物都朝东,而如前所述,高邮龙虬庄遗址、连云港二涧遗址、灌云大伊山墓地与沭阳万北遗址等墓葬群中,其多具尸骸的头顶朝向也均是东方。② 因为太阳是从东方升起的,所以有学者将尸骸向东安葬的形式,解读为对太阳的崇拜。③

从太阳崇拜开始,逐渐发展成对日月星辰的崇拜,江苏连云港将军崖岩画的星云图案就是这种崇拜的反映。其中有一处长达 6.23 米的带状星云图案,李洪甫认为好像挂在长空中的一条银河星带,中间又用短线分为四个部分,似表示太空星云的周期变化。左上角 B1 似有一个宽 14 厘米的人面或兽面,可能表示先民用人或动物祭祀日月天体的活动。B61、B63 是呈三角形排列的三个太阳图,三个太阳图的圆心连起来就是一个直角三角形。B3、B8、B12、B37 形似月亮,可能表示月亮位置的变动。④

江苏境内很多新石器时代遗址出土的陶器上发现八角星纹符号,其基本形制为中部有一个封闭的心,围绕着中心向周边伸出八个呈放射状的锐角。如海岱地区邳州大墩子遗址出土的陶盆的腹部,江淮青墩遗址出土的纺轮、龙虬庄遗址出土的彩陶的内壁,江南马家浜文化武进潘家塘出土的纺轮、良渚文化江苏澄湖出土的黑陶鱼篓罐上都有发现。学者们也多认为这和太阳崇拜有密切关系。⑤

在旧石器时代,动物崇拜已经出现,不过当时动物崇拜的对象大多是猪等家畜。进入新石器时代,猪等家畜虽然仍在原始信仰中占据重要位置,但其地位已经改变,成为陪葬品的一部分。北辛文化时期,开始出现用兽牙随葬的现象,如苏北灌云大伊山墓地就发现过随葬的兽

---

① 李洪甫:《论中国东南地区的岩画》,《东南文化》1994 年第 4 期。
② 参见龙虬庄遗址考古队:《龙虬庄:江淮东部新石器时代遗址发掘报告》,科学出版社 1999 年版,第 495 页。
③ 参见范荧:《上海民间信仰研究》,上海人民出版社 2006 年版,第 28 页。
④ 参见李洪甫:《将军崖岩画遗迹的初步探索》,《文物》1981 年第 7 期。
⑤ 参见栾丰实:《中国史前文化中的八角星图案初探》,《南艺学报》2010 年第 1 期。

牙,大汶口文化时期用兽牙随葬更为多见。刘林遗址的一条灰沟的底部集中堆放了20件猪牙床。[①] 在文化层中出土的猪牙床达170多件、牛牙及牛牙床30件、狗牙床12件、羊牙床8件。在泗洪顺山集第一期文化遗址中,发现一个兽坑,坑内有一副完整的狗骨架。有学者认为,这个兽坑可能为祭祀坑,先民们希望通过祭祀祈求房屋长久稳固。[②] 刘林、大墩子早期墓中有用整狗随葬的现象。如刘林遗址第一次发掘的M25"在胫骨旁侧卧着一只随葬的狗架"[③]。在第二次发掘中发现"七具狗架,其中六具都是随人殉葬,一具是单独埋葬的。随葬的狗架都是侧卧在人骨架的腿部之上,头向与人架相一致"[④]。在大墩子遗址的M44中有一只狗殉葬,而M40中则有三只狗殉葬[⑤],另外在武进圩墩遗址中也出土有狗骨架和猪下颌骨。[⑥] 有人称这开了后世商人"以犬为牲"的先河。在一些大汶口文化遗址中还发现专门的狗坑。大汶口文化中期以后的墓葬较为盛行殉猪,葬猪头,或葬下颌骨,或葬半只猪身。在花厅墓地北区中,就有专门埋有两只老年整猪骨架和两个完整猪头的猪坑。[⑦]

关于家畜陪葬有很多种解释:有人认为这是以动物为牺牲来供奉和祭祀先人、安抚逝者灵魂的做法,可划归于祖先崇拜的范畴,也有人认为这种做法的目的是通神,是基于对自然力量的崇拜与信仰而形成的。但无论如何,家畜随葬现象的出现是和生产力发展到一定程度密切相关的。

在新石器时代,人们崇拜的动物更多地向力量型和能力型转变[⑧],猛虎、飞禽、蛇、龟等凭借各自的能力,逐渐成为人类的崇拜对象。鸟崇

① 参见赵辉:《六千年前的大汶口文化》,山东省水下考古研究中心等:《考古学视野下古代泰山文明学术研讨会论文集》,上海古籍出版社2021年版,第182页。
② 参见南京博物院、泗洪县博物馆:《顺山集——泗洪县新石器时代遗址考古发掘报告》,科学出版社2016年版,第57页。
③ 江苏省文物工作队:《江苏邳县刘林新石器时代遗址第一次发掘》,《考古学报》1962年第1期。
④ 南京博物院:《江苏邳县刘林新石器时代遗址第二次发掘》,《考古学报》1965年第2期。
⑤ 参见南京博物院:《江苏邳县四户镇大墩子遗址探掘报告》,《考古学报》1964年第2期。
⑥ 参见常州市博物馆:《江苏常州圩墩村新石器时代遗址的调查和试掘》,《考古》1974年第2期。
⑦ 参见南京博物院:《1987年江苏新沂花厅遗址的发掘》,《文物》1990年第2期。
⑧ 参见马新、贾艳红、李浩:《中国古代民间信仰:远古—隋唐五代》,上海人民出版社2010年版,第20页。

拜在江苏先民中尤为突出。顺山集遗址中就发现了一件鸟形塑,红陶,鸟首形,有突出形似喙部。① 虽不清楚这件陶器的具体用途,但有可能为后世鸟纹的使用打下了基础。此后,苏州梅堰遗址出土了鸟形象材料十余件,包括鸟形陶壶、鬶形器等;常州圩墩遗址出土了鸟形陶器;吴县越城遗址出土的折肩折腹壶中有鸟纹;吴县草鞋山出土了鸟纹陶器和鸟形器;海安青墩出土了拟鸟形的鬶形器;北阴阳营遗址出土了带有鸟尾状把手的三足罐和盉形器。到良渚文化时期,更是出土了大量鸟形玉饰,如昆山赵陵山遗址出土了鸟形玉饰,高淳朝墩头出土了鸟面玉饰等。很多学者都认为这是东南地区鸟崇拜的体现,而黄厚明认为这是太阳、鸟、生殖崇拜的多元一体。②

兽崇拜在这一时期也有体现。如江苏常州圩墩遗址出土的一件陶壶,形似"一只昂首张口伫立的动物";另出土两件器物,"形似猫头"。③朝墩头也出现过兽面玉雕。④

这一时期还出现了异兽崇拜和人兽崇拜,有学者认为由对某种动物本身的崇拜向异兽与人兽崇拜的发展,是各民族动物崇拜的必然趋势。⑤ 如吴县草鞋山墓葬出土的四足兽形器,其造型既似一个爬行类动物,又似一个兽、畜类动物,就是异兽崇拜的体现。张陵山遗址出土的玉蛙是蝉与蛙合体的玉雕。朝墩头出土的一件玉组合器,由玉质的人、鸟面、兽面以及其他饰件组成。吴县澄湖古井出土的良渚文化黑陶罐,在罐的腹部细刻有兽面、鱼、鸟和蛇的组合图案,将天上、地上、水中不同种类的动物刻在一幅图案内,俨然是一幅群神荟萃图。⑥ 花厅遗址出土了两件玉琮,呈白色短筒形,在玉琮的表面以阴线刻技法,雕刻出人

① 参见南京博物院、泗洪县博物馆:《顺山集——泗洪县新石器时代遗址考古发掘报告》,科学出版社 2016 年版,第 279 页。
② 参见石兴邦:《我国东方沿海和东南地区古代文化中鸟类图像与鸟祖崇拜的有关问题》,田昌五、石兴邦主编:《中国原始文化论集——纪念尹达八十诞辰》,文物出版社 1989 年版;黄厚明:《中国东南沿海地区史前文化中的鸟形象研究》,博士学位论文,南京艺术学院,2004;黄厚明:《良渚文化鸟形玉器的宗教文化功能》,《中国历史文物》2006 年第 6 期。
③ 参见江苏圩墩遗址考古发掘队:《常州圩墩遗址第五次发掘报告》,《东南文化》1995 年第 4 期。
④ 参见谷建祥:《高淳县朝墩头新石器时代至周代遗址》,《中国考古学年鉴 1990》,文物出版社 1991 年版。
⑤ 参见马新:《原始崇拜体系与中国文化精神的起点》,《史学月刊》2006 年第 8 期。
⑥ 参见王书敏:《史前太湖流域的原始宗教》,《中原考古》2006 年第 3 期。

面纹和兽面纹,其中人面纹在上、兽面纹在下。① 这种人兽崇拜逐渐发展成为人兽合一的祖神崇拜。

随着农业生产的出现和发展,人类的生活方式趋向定居,农耕与土地受到越来越多的重视。为了祈求农业丰收、过上安居富足的生活,人类心中逐渐产生自然崇拜的另一种主要形式——土地崇拜。

土地崇拜最早从植物崇拜开始。有学者认为将军崖岩画中最高的一幅形象再现了原始人类植物崇拜的观念。陈春会认为,这幅图形象地表现了植物神的形状。原始人类把它们想象成与人一样的形状,主宰着植物的生长,人们为了祈求谷物丰收,把它们画在祭坛上,进行祭祀。② 旁边是太阳照耀下的田野风光,似羊的图案正是田野中的羊牛类动物,三点一组或两点一组表现的是动物或动物的足迹。③

人们认为农作物是土地的恩赐,由此产生了土地崇拜。而随着农业的发展,土地崇拜自然就衍化发展成对作物收成的祈祷。有学者认为连云港将军崖岩画就是社祭的遗存。据《左传·僖公·僖公十九年》记载:"宋公使邾文公用鄫子于次睢之社,欲以属东夷。"按地望分析,连云港地区应该就是"次睢之社"所在。古人曾"以石为社",这正是东夷族的传统,所谓"立大石为社神,三小石为之足,崇祀以为社"。可见,在当时的人类心目中,通过将三块小石置于底部,在其上垒以一块大石,就算祭祀社神也就是土地神。④ 这一社祭的遗存在下文将及的商代江苏徐州铜山县丘湾遗址中体现得更为明显。

三、祖先崇拜

如果说灵魂崇拜是来自人们对往何处去的疑问和探讨,祖先崇拜则是人们对自己从何处来的追寻和想象。从某种角度来看,祖先崇拜其实是自然崇拜和灵魂崇拜进一步融合发展的结果,换句话说,人类的祖先崇拜经历了一个从物到人的变化过程。起初,人们认为某些动植

---

① 参见卢建英:《花厅墓地出土玉器浅析》,《华夏考古》2009 年第 3 期。
② 参见陈春会:《考古学与先秦宗教思想论纲》,博士学位论文,西北大学,2002 年。
③ 参见陈春会:《前诸子时代的思想学说》,陕西人民出版社 2011 年版,第 42 页。
④ 参见李洪甫:《论中国东南地区的岩画》,《东南文化》1994 年第 4 期。

物对于自己的命运至关重要,将其想象、塑造为氏族部落的崇拜对象,逐渐发展为将之尊崇为氏族的祖先。如龙虬庄遗址中发现了在仰韶文化遗址中常见的人面鱼纹。① 顾名思义,人面鱼纹是一种特别的纹样,既包括人面形象,也包括鱼形纹样,是人和鱼的相互融合。它包含一种鱼生人的信仰逻辑,即人是从鱼演化而来的。这种纹样说明鱼在人的心目中的重要地位——把鱼当作崇拜和祭祀的对象,甚至把鱼当作氏族图腾加以崇拜,这是祖先崇拜的早期形式之一。

在苏北沿海如连云港一带,远古时期曾盛行以鸟作为氏族部落的崇拜对象。《禹贡》中记载"羽山之谷,雉具五色",此处的"羽山"指云台山,云台山山谷中有各式各样的鸟禽,它们的羽毛五彩斑斓。在将军崖岩画等古遗迹中,出现了很多与鸟有关的图案和形象,比如鸟头形鼎足、鸟头形器钮等。这些充分说明古代云台山地区先民的鸟图腾崇拜,并且建立了一个名曰少昊的鸟王国,"鸟王国国家的一切都离不开鸟,它拥有一个健全的鸟的官制和国家机构"②。在这种以鸟为图腾的崇拜之下,形成了东海神信仰。③《山海经·大荒东经》中记载:"东海之渚中有神,人面鸟身,珥两黄蛇,践两黄蛇,名曰'禺䝞'。黄帝生禺䝞,禺䝞生禺京。禺京处北海,禺䝞处东海,是惟海神。"东海神人面鸟身,与前述人面鱼纹有异曲同工之妙。所谓"人面鸟身",就是人与鸟融合而成的统一体,这也反映了人对自身祖先的认知,即人是从鸟演化过来的,鸟是他们的共同祖先。连云港地处东方,这里的先民对太阳有深厚的崇拜之情,而鸟历来被视为太阳的象征,可见:鸟与太阳互为依托,共同构成连云港先民的信仰世界。同时,连云港境内的云台山,原本孤悬于海中,古人对虚无缥缈和神秘莫测的海山充满敬畏,于是产生了对东海神的信仰和崇拜。东海神的信仰又与鸟图腾崇拜结合在一起,形成了连云港上古时期颇具特色的祖先崇拜模式。

良渚文化遗址中出土了大量鸟纹和鸟形玉器,特别是著名的反山、

---

① 参见龙虬庄遗址考古队:《龙虬庄:江淮东部新石器时代遗址发掘报告》,科学出版社 1999 年版,第 497 页。
② 李洪甫:《连云港地方史稿》,上海社会科学院出版社 1990 年版,第 19 页。
③ 参见王元林、李华云:《东海神的崇拜与祭祀》,《烟台大学学报(哲学社会科学版)》2008 年第 2 期。

瑶山玉琮上的人、兽、鸟纹合体曾引起轰动。关于其含义,学术界有多种观点,但大部分学者认为这是鸟祖的体现。[1] 正是借助这一形象,良渚人完成了从自然鸟神崇拜向鸟祖崇拜的转变。有学者认为,这可以释为"皇",即《诗经·大雅·皇矣》所云"皇矣上帝,临下有赫"中的上帝,指高祖兼为自然神主宰的天帝,就是祖神。[2]

　　人类视某种动物为自己的祖先,不仅是其智识水平有限导致的结果,也是因为当时人类的命运是建立在与自然界,特别是与动物界的亲密关系基础之上的。随着农业生产方式和人类定居生活的不断发展及生活水准的提升,人类对于祖先的认识也逐渐进入新的阶段,即开始关注先祖的灵魂对于子孙后代的荫庇和护佑。祖先崇拜是灵魂崇拜的具体表现形式,因为人类相信死去的人只是肉体不复存在,他们的灵魂是永恒存在的,活着的人在梦境中遇到逝去的人就是明证。同时,活着的人相信逝去的人会给他们带来某种影响,这种影响并非完全正面的、积极的,也有可能是负面的、消极的,甚至是令人害怕的。因此,在活着的人的心目中,就形成了或善或恶的鬼神形象。也就是说,他们既祈求善良的鬼神能够荫护、庇佑自己,同时也希望凶恶的鬼神能够远离自己,在这种趋福避害的天性支配之下,人们便在生活中对他们加以祭祀和崇拜,于是就形成了一种新的祖先崇拜。

第二节　创世神话的形成

　　创世神话是神话的分支类型之一,主要是关于万物起源的神话,包括天地开辟、人类起源、民族诞生、文化发端、宇宙万物肇始的神话等。不同的国家和民族都在讲述事物的起源,因而形成了不同内涵的创世神话。创世神话是人类追寻自身与宇宙由来的初次尝试,也是人类自觉的重要标志之一。它往往与原始的自然崇拜、生殖崇拜、动物崇拜、

① 参见黄厚明:《中国东南沿海地区史前文化中的鸟形象研究》,博士学位论文,南京艺术学院,2004 年。
② 参见马新、贾艳红、李浩:《中国古代民间信仰:远古—隋唐五代》,上海人民出版社 2010 年版,第 26 页。

图腾崇拜等连在一起、密不可分,可以说是共生关系。从后世各民族流传的创世神话来看,关于人类与自然生成的神话主要有混沌与开天辟地型、天降地出型、植物生成型、动物化生型、蛋生型等。①

最早的创世神话的传播是以口口相传的方式,因为没有文字,自然也就留不下什么记载,但是,在这一历史时期所遗存的种种图案中,我们已能比较清楚地看到创世神话的萌生。有学者认为,连云港将军崖岩画第一组画面的图案反映的是"花生人说"的创世神话:"连云港将军崖石刻岩画,底部是草,生出一根长茎,茎上是一朵花,在花朵中心花蕊部分是画有眉眼、鼻嘴的人面。……这幅画的花朵即是人面,但也有未形成的人面,有的只有眼睛和鼻子。"②同样,前文所及江苏地区大量的鸟形器、鸟形饰物和鸟纹,既是鸟祖崇拜的体现,同时也是以飞禽化生为主要母题的创世神话的反映。

值得注意的是,在近世民族学调查中,人们发现这一文化传统普遍存在于太平洋沿岸的众多地区。石兴邦指出:东太平洋沿岸地区鸟崇拜可能源起于包括江苏地区在内的中国东部沿海,以后逐渐向四周发展,向西与中原地区的仰韶文化接触,向西南可到江河流域,东北到渤海湾及朝鲜半岛,彼此间的关系都很密切。在这一文化系统中还有其他几种文化因素,如拔牙习俗、陶凿的使用以及穿孔石钺和有段石锛的使用及传播,其规律、范围和路线大体都是类同的。③

中国创世神话在原始社会末期(包括母系氏族公社后期和父系氏族时期),进入它的第三个发展阶段即成熟期,我国现存的创世神话,绝大多数都产生于这一时期。从天地开辟这一创世神话开始,到日月星辰的来源、人类的起源、洪水滔天、兄妹婚等,组成了有系统的创世史诗或散文体创世神话。④ 比如,夸父追日,女娲炼石补天、抟土造人,后羿射日,大禹治水,盘古开天地,神农尝百草,共工触不周山等。这些创世

---

① 参见陶阳、钟秀:《中国创世神话》,上海人民出版社 1989 年版,第 210—229 页;刘锡诚:《中国原始艺术》,上海文艺出版社 1998 年版,第 425—452 页。
② 陶阳、钟秀:《中国创世神话》,上海人民出版社 1989 年版,第 218 页。
③ 参见石兴邦:《我国东方沿海和东南地区古代文化中鸟类图像与鸟祖崇拜的有关问题》,田昌五、石兴邦主编:《中国原始文化论集——纪念尹达八十诞辰》,文物出版社 1989 年版。
④ 参见陶阳、钟秀:《中国创世神话》,上海人民出版社 1989 年版,第 1—3、15—27 页。

神话是上古先民对征服自然的想象,充满令人振奋的进击动力和拼搏精神。

江苏地区的创世神话,比较具有典型意义的是大禹治水。据传,在4000多年以前的尧舜时期,气候变暖,冰雪逐渐融化,上古先民们遭遇了一场长达百年的洪水灾难。据《史记·夏本纪》言,尧帝开始向各个部落的首领征求善于治水的人才,首领们向尧帝推荐了鲧,起初尧帝并不同意选用鲧,后来在首领们的劝说之下才愿意派鲧治水,不过鲧治水没有成功。舜登上帝位之后,巡视发现"鲧之治水无状,乃殛鲧于羽山以死"。鲧死去以后,舜任用他的儿子禹治理洪水。《史记》引《夏书》对大禹治水过程的记载,较翔实:

> 禹抑洪水十三年,过家不入门。陆行载车,水行载舟,泥行蹈毳,山行即桥。以别九州,随山浚川,任土作贡。通九道,陂九泽,度九山。然河菑衍溢,害中国也尤甚。唯是为务。故道河自积石历龙门,南到华阴,东下砥柱,及孟津、雒汭,至于大邳。于是禹以为河所从来者高,水湍悍,难以行平地,数为败,乃厮二渠以引其河。北载之高地,过降水,至于大陆,播为九河,同为逆河,入于勃海。

图1.1 禹王治水图卷(局部)[(宋)赵伯驹绘,台北故宫博物院藏]

大禹采用疏导的方法,率领民众栉风沐雨多年,终于平息了这场汹涌滔天的大洪水,使得百姓过上了安居乐业的生活。对于大禹治水的地域范围,历来多有探讨。① 徐旭生等学者认为,大禹治水的范围主要是黄河下游,淮河流域的一部分可能也包括在内,其他地方应该不会有洪水。② 近有学者依据出土文献和考古发现进一步指出,大禹治水以兖州为主要地域,豫州、冀州、青州、徐州乃至更远的扬州、荆州、雍州部分地区也有施工。兖州以外的这些区域,大禹可能曾经涉足过,当地治水可能接受大禹的领导,或者效仿大禹,因而后人遂将之统称为"大禹治水"。③

可见,江苏地区即便是大禹治水施工的外围区域,同样留下了诸多与大禹治水相关的文献记载。《尚书·禹贡》中明确记载:夏禹"导淮自桐柏,东会泗、沂,东入于海"。《孟子》也记载了夏禹治理淮泗诸水之事,曰:"禹疏九河,瀹济、漯而注诸海,决汝、汉,排淮、泗而注之江,然后中国可得而食也。"虽然《尚书》与《孟子》在导淮、泗水入海还是入江上有所差异,不过大禹治理淮河当属事实。在大禹治水之后,淮河流域的农业生产条件逐渐改善。《尚书·禹贡》中又载"淮沂其乂,蒙羽其艺",《尚书正义》将"乂"解释为"治",意思是淮水和沂水已经得到妥善治理,蒙山和羽山也都已经得以种植耕作。可见,鲁南、苏北地区的原始农业已初具规模,这与大禹治水后农田耕作环境改善应当有较紧密的关系。《尚书·禹贡》也记载,在太湖流域,大禹疏导太湖水系,"三江既入,震泽底平"。意即大禹开凿三江后,洪水始得通畅、排入江海,不致泛滥成灾,太湖周边因之得以安定。所谓三江,一般认为是太湖和海隔绝以后所形成的娄江、吴淞江和东江等三条通道。这也表明,那时太湖流域一带已被纳入夏代国家版图,得到了一定程度的管辖和治理。

因受惠于大禹治水,江苏地区逐渐出现了跟大禹有关的信仰。禹王庙是禹王信仰兴起和发展的载体,江苏地区先后出现多座禹王庙。其中,扬州江都县的禹王庙应该是较早修建的一座。史载:"江都县治

---

① 参见李殿元:《"禹"身份研究》,西南交通大学出版社 2019 年版,第 32—33 页。
② 参见徐旭生:《中国古史的传说时代》,广西师范大学出版社 2003 年版,第 161—162 页。
③ 参见张磊:《大禹治水地域范围新论——以出土文献和考古发现为参照》,《古代文明》2015 年第 1 期。

之西,故有禹王庙,不知建自何时。庙右偏浮山出土面石质如铁,相传下有沸泉,大禹以是镇蛟龙者"①。位于江都县浮山后面的禹王庙的始建时间不能确知,不过从利用沸泉镇制蛟龙的传说中可以看出大禹治水在这座禹王庙的映射和表达。大禹治水的美名在苏北地区不断被传颂,邓汉仪作诗曰:"淮海扬州地,难忘夏禹功。四围连屃气,片石镇蛟宫。代改碑亭肃,年深庙貌崇。应修禋祀礼,不与醮坛同。"②这首诗作既彰显苏北人民对夏禹治水的深切追念,也意在辨明对大禹的祭祀属于官方正统礼仪,与所谓的民间淫祀活动并不类同。

扬州境内还有一座重要的禹王庙,位于高邮临泽镇境内。明隆庆五年(1571),省祭官王体重建禹王庙,山阴人柳文作记文曰:"邮地当江淮之交,禹所排而注者,南条之水,于此敷治。神功可思,故庙而祀之"③。关于禹王庙修建的缘起,当地还有一则民间传说。据说,"大禹治水途经临泽一带,一天在野外支锅做饭,突然发现旁边地下冒水,水流很急,周围很快变成一片汪洋,老百姓无计可施,纷纷逃命。这时大禹运起神功,将做饭的铁锅反扣于洞口,堵住了水流,免除了一场灾难"④。用铁锅堵塞洪水的说法不可能属实,仅是为了彰显夏禹治水的神功勋绩。

除了扬州境内修建禹王庙、祭祀大禹外,淮安、盐城、徐州等地均留存与大禹有关的文化遗迹。淮安境内的禹王庙,最初修建于洪泽湖大堤之上,诗曰:"古庙临洪泽,禹王明德传。勤劳乘四载,典礼肃千年。堤畔云为树,庭前浪拍天。经行高涧路,瞻拜一凄然"⑤。由"经行高涧路"一句可以判断,这就是位于高良涧的禹王庙。相传古代的高良涧,"是禹王治水时所设收粮点,故原名'交粮站'"⑥。在禹王设站收粮的背

① (清)魏禧:《魏叔子文集》卷十《善德纪闻录叙》附录,《续修四库全书》集部别集类第1408册,上海古籍出版社2002年版,第612页。
② 邓汉仪:《慎墨堂诗拾》卷五《浮山禹庙》,《泰州文献》第4辑第46册,凤凰出版社2015年版,第555页。
③ (明)柳文:《重建夏禹王庙记》,嘉庆《高邮州志》卷十一上《记》,《中国地方志集成·江苏府县志辑》第46册,江苏古籍出版社1990年版,第505页。
④ 倪文才:《临泽"夏禹王庙"的前世今生》,《高邮日报》2013年11月27日。
⑤ (清)黄达:《一楼集》卷六《禹王庙》,《四库未收书辑刊》第10辑第15册,北京出版社2000年版,第628页。
⑥ 洪泽湖志编纂委员会编:《洪泽湖志》,方志出版社2003年版,第190页。

后,还有其他的传说故事在高良涧一带流传,述说大禹的千秋功德。又据《续纂淮关统志》记载:"禹王庙,本在高堰湖堤。乾隆三十二年,两江总督大学士高晋、总河李弘,移建于玄帝山右"①。玄帝山位于清江浦,乾隆年间高良涧禹王庙迁至清江浦,并修建宫庙以妥大禹神灵,即禹王宫和禹王台。盐城境内跟大禹有关的遗迹,较知名的是位于响水云梯关附近的禹王庙。云梯关地处淮河入海口,自从黄河夺淮以后,当地水患趋向严重,治河官员经常到云梯关勘察,以治水名扬天下的大禹自然受到他们的青睐。清康熙三十九年(1700),河道总督张鹏翮奏请在云梯关修建禹王庙。乾隆初年,河道总督完颜伟在禹王庙内增建平成台。包括云梯关禹王庙在内,苏北地区禹王庙的修建大多是以更加有效地治理水害为目的。

在太湖流域同样有禹王庙。太湖东南西北有四"峏"。顾震涛的《吴门表隐》卷三言:"太湖中有四峏,山甚小而不没,称地肺。"《初学记》卷五引《三秦记》称,"地名曰地肺,可避洪水"。"峏"便与大禹治水故事相联系。陈玉瑎在《七十二峰记》中说:"西洞庭之东有鼋,有禹期,鼋与洞庭接趾,独禹期索不可得,俗有呼峏者立禹庙,意其是乎。"民间相传,"峏"又作鼇,是太湖中的水怪,后被禹收服,锁在太湖上,身体就成了"四峏",北峏即头,西峏即尾。南峏在西山消夏湾的众安州,东峏即西华止山的三洋洲,西峏即西山郑泾角头洲,北峏即太湖中央的平台山。今仅存西峏一庙,位于郑泾西山的角头洲,始建于后梁大同三年(537),重建于清嘉庆十四年(1809)。四峏中以北峏禹王庙为最。金友理在《太湖备考》卷一六中言:"太湖中小山之名峏者有四,其上皆有禹王庙,惟北峏最称灵异,六桅渔船岁时祭献,以祈神贶。……庙之右有铁色沙粒如菜子亩许,不堪种植,相传神禹铸铁釜,覆孽龙于此……"②每逢农历十月,太湖渔民会在禹王庙集会两天,是为禹王会,由此开始冬捕,每船将捕到的第一条大鱼送到禹王庙献祭,称"献头鱼"。另外,正月初一至十二,有祭峏的仪式。③

---

① 《续纂淮关统志》卷一二《寺观》,《四库全书存目丛书》史部第 273 册,齐鲁书社 1997 年版。
② (清)金友理撰,薛正兴校点:《太湖备考》卷一六,江苏古籍出版社 1998 年版,第 553—554 页。
③ 参见蔡利民、陈俊才:《太湖渔民的保护神:夏禹》,《中国民间文化》第 18 辑,学林出版社 1995 年版。

除了禹王庙,太湖流域还有很多与禹相关的地名。如吴县西北望亭镇的太湖村,有个叫下圩田的地方,实际应为"夏禹奠",田中有三条土埂,各长 85 米、阔 20 米、高 3 米,间隔水稻田各 20 米,形似八卦符号,结合其地名,有学者认为这应是上古祭祀禹的地方。另外,在太湖附近还有禹期山,《吴郡志》言:"禹期山,在太湖中,旧说禹导吴江,以泄具区,会诸侯于此。"

值得注意的是,在大禹治水的神话中,还有擒伏淮河水怪无支祁的传说。该故事见于《太平广记》卷四六七"李汤"条所引《戎幕闲谈》[①],大意是:唐代宗永泰年间,李汤做楚州刺史,听说有渔人见到淮阴龟山下水中有大铁锁,于是用一头牛把大铁锁拉出来。霎时风涛大作,出现像猿猴一样的怪兽,高五丈许,"白首长臂,雪牙金爪",闯上岸来,"张目若电,顾视人群,欲发狂怒"。围观的人四散奔逃,怪兽慢慢拉着锁,拖着牛入水而去,竟不复返。当时李汤及楚州知名之士,皆错愕不知其由。其后李公佐访古东吴,泛洞庭,登包山,入灵洞,探仙书,得《岳渎经》第八卷,乃知其故。下面就是《岳渎经》所记的禹擒水怪无支祁的神话:

> 禹理水,三至桐柏山。惊风走雷,石号水鸣。禹怒,召集百灵,因囚鸿蒙氏、章商氏、兜卢氏、犁娄氏,乃获淮涡水神,名无支祁,善应对言语,辨江淮之浅深,原隰之远近,形若猿猴,缩鼻高额,青躯白首,金目雪牙,颈伸百尺,力逾九象,搏击腾踔,疾奔轻利。禹授之庚辰以战,颈锁大索,鼻穿金铃,徙淮阴龟山之足下,俾淮水永安流注海也。[②]

日后,无支祁的故事还和泗洲大圣的传说联系在一起,最后甚至演变成《西游记》中孙悟空的原型。其实,禹王庙以及大禹传说故事不仅是大禹信仰和崇拜兴起和发展的表征,也反映了大禹治水这一创世神话流衍与传播,并逐渐嵌入江苏社会发展的肌理的过程。无支祁的故事起于淮阴,访于太湖,有人认为太湖中的所谓"峁",有可能是无支祁,可见禹的传说流播于江苏南北,互有关联,这本身就说明了很多问题。无论是大禹治水的创世神话,还是禹王庙与大禹信仰,均可作出这样的解读:江

---

① (宋)李昉:《太平广记》卷四六七,中华书局 1961 年版,第 3845 页。
② (明)冯梦龙评纂,孙大鹏点校:《太平广记钞》第 4 册卷七十八,长江出版社 2019 年版,第 1226 页。

苏民众希望借助大禹治水的神功,护佑自己过上安定祥和的生活。

伴随着创世神话的成熟,加上先民们智识水平的提高,最初的宇宙观也开始形成。学者们认为,考古遗址中出土的旋涡纹就是"混沌"概念的体现,而八角星纹则有可能是两仪四象的表达。有考古报告将出土于昆山赵陵山 56 号墓的一件陶器盖上的刻纹与《太极图》类比,称之为"源极图"①,更有学者将之提高到哲学的层面,认为该图案是良渚文化先民的时间无始终、空间无边际的朦胧时空观念的一种哲学体现②。出土于赵陵山 81 号墓的黄色泥质陶盘的底部中心图案与太极八卦极为近似,这种条状刻画极可能就是八卦中卦象的雏形,外侧绞索状纹饰表示连绵不绝、无穷无尽,则可理解成生命连绵不绝、生生不息。③

第三节　巫的出现与早期民间信仰的形成

在人类文明起源的初期,社会维持在相对公平的关系之中,人与人之间、聚落与聚落之间,均没有明显的区别和差异,社会全体共同劳作、平均分配。新石器时代中期以后,随着生产力水平的提升,社会结构、社会组织逐渐发生剧烈的变动,社会阶层分化的趋势逐渐增强,相对简单、平等的人际关系被打破,公共资源和权力被私人占据和垄断。当然,这种被私人占据和垄断的资源和权力,不仅局限于世俗领域,在宗教信仰领域亦较明显,巫的发展和分化就是社会阶层分化的主要表现之一。《国语·楚语下》载:"及少昊之衰也,九黎乱德,民神杂糅,不可方物。夫人作享,家为巫史,无有要质。民匮于祀,而不知其福。烝享无度,民神同位。民渎齐盟,无有严威。神狎民则,不蠲其为。嘉生不降,无物以享。祸灾荐臻,莫尽其气。"

当少昊政权趋向衰败时,以九黎为代表的苗民地区发起叛乱,造成

---

① 参见南京博物院:《赵陵山——1990～1995 年度发掘报告》上册,文物出版社 2012 年版,第 348—349 页。
② 参见李之龙:《良渚文化社会形态探析》,《考古》2002 年第 9 期。
③ 参见左骏:《重说赵陵山遗址》,《中国文化遗产》2013 年第 1 期。

了"民神杂糅""家为巫史"的祭祀状态,即人与神灵之间的交流几乎是没有限制的,每个人都可以表达自己的诉求和愿望。颛顼等人从"古者民神不杂"的角度出发,认为"民神杂糅"对于神灵祭祀颇为不利,于是对宗教祭祀进行改革,也就是"绝地天通",阻断普通民众与神灵沟通的渠道,由重和黎来专门掌管宗教和祭祀活动,他们成为"巫"这一社会阶层的始祖。

随着等级观念的不断发展,"巫"的职能逐渐专业化,依赖于这一群体较高的知识水平,凌驾于一般民众之上,对宗教和祭祀活动形成垄断的局面,从而造成了上层社会与民间社会不同的信仰维度。

祭祀活动在新石器时代前期的遗存中就有发现,只不过在这一时期巫还没有从一般民众中脱离,所利用的祭祀法器也相对朴素。如马家浜文化金坛三星村遗址出土的刻纹板状骨器就被认为很可能与原始巫术、宗教、卜筮等有关。[①] 在苏北地区,至迟在北辛文化时期,就在一些遗址中发现人们有意识地使用龟甲器。所谓"龟甲器"是一种用龟的背甲和腹甲制作成的器具,将龟甲器随身带入墓葬之中,是大汶口文化的特点之一,在邳县刘林和大墩子两个大汶口文化早期遗址中就发现了一些用龟甲随葬的墓。比如,刘林遗址出土了九件完整的穿孔龟甲,此外在灰土层中也有穿孔或未穿孔的龟甲出土。栾丰实认为,大汶口文化的龟甲器,"应当是巫医行医的工具,既是驱魔疗疾的作法之器,又是存放医用器具的容器"[②]。这些龟甲"除了食用之外,绝大部分是出自龟灵信仰,用于贞卜,祈求平安长寿"[③]。可见,这些龟甲大多用于祭祀活动之中,先民利用龟甲祈愿纳福,这种信仰活动由民间社会中的普通巫主持执行,可被视为早期民间信仰生成与发展的主要形式之一。另外,在苏北大汶口文化、龙山文化以及江淮龙虬庄遗址墓葬中死者手边往往放有獐牙,有时还为獐牙特意安了骨柄。很多学者认为獐牙有可能是辟邪用具。无论是使用骨器、獐牙还是用龟甲器随葬,都表明这些

---

① 参见江苏省三星村联合考古队:《江苏金坛三星村新石器时代遗址》,《文物》2004 年第 2 期。
② 转引自马新、贾艳红、李浩:《中国古代民间信仰:远古—隋唐五代》,上海人民出版社 2010 年版,第 49 页。
③ 杨伯达:《中国史前玉器史》,故宫出版社 2016 年版,第 274—275 页。

墓主人可能是专门从事巫术活动的神职人员。根据考古发现得出的统计结果,这类人员的社会地位在普通社会成员之上,但低于当时的社会上层人士。这种职业分工的产生,或许暗示着当时社会已经开始分化,出现了专门从事精神领域活动的职业。①

大约到了新石器时代中期,祭祀观念逐渐成熟,祭坛和祭祀坑逐渐产生,这是巫对宗教权力垄断的重要表征。比如,在马家浜文化晚期宜兴骆驼墩遗址的墓葬区附近发现了约20平方米的祭祀区。② 到了约相当于崧泽文化末期至良渚文化初期的邱承墩遗址,祭祀遗迹更加丰富。这里有东西并列的两处祭祀遗迹,是太湖地区首次发现的祭祀遗址,发掘者提出了这种并列的祭祀遗址是否象征阴阳、生殖崇拜的思考。③ 这一祭祀遗迹表明,当时的人们已经有了礼制、祭祀的观念,并形成了某种特定的祭祀仪式。

到了良渚文化时期,祭祀场所的考古发现更加丰富。在江苏的昆山赵陵山、吴县草鞋山、武进寺墩等,都有规模较大的祭祀遗址发现。这些遗址大多平面呈方形、立面呈覆斗形,规模巨大、宏伟壮观。如赵陵山的祭祀遗址是一个由三层土台构成的人工堆筑的土丘,其上发现有祭坛,从里到外分别由四种颜色的土质堆积筑成,在近200平方米的早期祭台附近有一组灰坑,应该是祭祀的遗迹。在晚期祭台M68、M69之间发现一个倒扣在地面上的鼎。④

学者认为良渚祭坛有四个特点。一是数量多;二是层次分明,有大型遗址,也有中小型遗址;三是存在等级差别,大致可以分三到四个等级;四是有从遗址内部向遗址之外发展移动的趋向,特别是最高等级遗址群的祭坛,开始分布到一些离遗址不远的山丘之上。⑤

正如马新所指出的,祭坛出现意味着这一地区的聚落拥有同一个

---

① 参见栾丰实:《大汶口文化的骨牙雕筒、龟甲器和獐牙勾形器》,《海岱地区考古研究》,山东大学出版社1997年版,第181—200页。
② 参见南京博物院考古研究所:《江苏宜兴市骆驼墩新石器时代遗址的发掘》,《考古》2003年第7期。
③ 参见南京博物院、江苏省考古研究所、无锡市锡山区文物管理委员会:《邱承墩——太湖西北部新石器时代遗址发掘报告》,科学出版社2010年版。
④ 参见南京博物院:《赵陵山——1990～1995年度发掘报告》上册,文物出版社2012年版,第34—40页。
⑤ 参见王芬:《海岱和太湖地区宗教信仰与礼制的比较分析》,《江汉考古》2010年第1期。

宗教信仰体系,举行一致的祭祀仪式,信奉同一神灵和祖先,这无疑会增强内部的凝聚力,强化认同感,促进社会的整合。而祭坛与祭祀中心开始离开生产与生活区域,表明其已经逐渐远离普通民众,成为上层统治者的专有祭祀,普通民众的信仰和上层的信仰已经开始出现分化。[1]

从考古发现来看,良渚文化的祭祀仪式主要有人牲、人殉、燎祭、玉敛葬等不同的形式。如在赵陵山一些较大型的墓葬中都发现有人牲,位于墓地西北区的丛葬墓群则可能是专门为一些大中型墓葬而设的人牲墓葬。[2] 昆山少卿山遗址人工堆筑土台的北部边缘发现有三个祭祀坑,在其中一个坑中发现了一个完整的人头骨。[3]

武进寺墩三号墓共出土随葬品 100 多件,玉琮和玉璧等大件玉制礼器就有 57 件,都围绕叠放在死者周围,其中一部分玉器和石器随葬品有明显火烧过的痕迹。学者认为这里曾举行某种葬仪。其过程是:先于死者的头前和脚后各铺上 10 余件玉璧,然后放火燃烧,等火将灭未灭时,将死者安放于葬地,再围绕四周放置玉琮,并在头前脚后放置陶器和其他玉石器,而将最好的两件玉璧摆在死者的胸腹之上,最后覆土掩埋。[4] 这种葬仪就是所谓的“燎祭”。《说文》言:“祡,烧柴尞祭天也”。一般认为,燎祭在殷商祭祀制度中,仅限于积薪而燎之。良渚的燎祭显然要复杂很多,但本质上都是通过这一火烧仪式,与上天沟通,帮助死者灵魂升天。

相对而言,苏北地区的遗址中祭祀场所较少,在大汶口文化晚期新沂花厅遗址中发现在两群墓葬之间有一块平铺的长方形石台,应该是花厅墓地的祭台,同时还存在以男女少年做人殉的情况。[5] 不过,很多学者认为花厅遗址受到了良渚文化的影响[6],其祭台的存在是否也同样受到良渚文化的影响,尚只能存疑。

---

① 参见马新:《关于民间信仰史研究中的几个问题》,《民俗研究》2010 年第 1 期。
② 参见南京博物院:《赵陵山——1990～1995 年度发掘报告》上册,文物出版社 2012 年版,第 34—40 页。
③ 参见苏州博物馆、昆山县文管会:《江苏省昆山县少卿山遗址》,《文物》1988 年第 1 期。
④ 参见汪遵国、李文明、钱锋:《1982 年江苏常州武进寺墩遗址的发掘》,《考古》1984 年第 2 期。
⑤ 参见南京博物院花厅考古队:《江苏新沂花厅遗址 1987 年发掘纪要》,《东南文化》1988 年第 4 期。
⑥ 参见高广仁:《花厅墓地“文化两合现象”的分析》,《东南文化》2000 年第 9 期。

　　值得注意的是,新石器时代晚期连云港藤花落遗址中发现一处大型公共活动遗址群,包括高土台、房址、红烧土广场、烧土堆和祭祀坑等。其中,高土台是这处祭祀遗迹的中心建筑,平面呈现"回"字形,红烧土堆积分布在高土台周围。这处遗迹经人工有意铺垫而成,表面较为平整,起伏很小,是一处专门用来祭祀的场所,周围形成了较为集中的祭祀区。诚如藤花落遗址考古报告所示:"城址内祭祀区的形成,说明当时氏族公共权力集中,部落贵族通过祭祀活动掌握氏族公共权力,通过神权进一步强化王权,他们逐渐成为社会的管理阶层,成为掌握主要公共资源和权力的贵族"[①]。

　　总之,这种大型祭坛形成的祭祀区域,是上层统治者专门祭祀的场所,与普通民众的生活和信仰距离较远,于是社会就形成了并存的两套祭祀体系。在这一背景下,作为神人沟通媒介的巫发生分化,即掌握高级祭祀权力的上层巫与活跃在民间社会的普通巫医群体。

　　考古证明,无论是苏南还是苏北,无论有无祭祀场所,巫都是存在的。关于巫的形成与发展,可以从随葬品的角度进一步加以认识。在邳州刘林的 52 座墓葬中,随葬品的数量多寡不一,多则达到几十件,少的仅有几件,有的甚至完全没有。[②] 由此可以推测,墓葬主人的身份、财富等并不对等,随葬品的多寡是社会阶层分化的重要表现,而巫无疑拥有更多的随葬品。又如大墩子遗址第 44 号墓,高广仁分析,由于随葬品数量较多,而且其中一些物品不可能为一般氏族成员所拥有,所以这些墓主必定是凌驾于族众之上的酋长、军事头领或巫师。[③]

　　这在良渚文化中有着更加鲜明的体现。如前所言武进寺墩三号墓,其墓主为年龄在 20 岁左右的青年男性,有随葬品上百件,其中玉琮、玉璧等大件玉制礼器 57 件,这就是学者所言的璧琮殓尸现象。如此复杂的玉敛葬除了良渚文化最核心的反山、瑶山遗址群之外,是绝无仅有的一个,可见墓主地位之高。这位墓主非常年轻,可以推

① 南京博物院、连云港市博物馆:《藤花落:连云港市新石器时代遗址考古发掘报告》,第 450 页。
② 参见龙虬庄遗址考古队:《龙虬庄——江淮东部新石器时代遗址发掘报告》,科学出版社 1999 年版,第 38—39 页。
③ 参见高广仁:《大汶口文化社会发展的两段论》,《海岱区先秦考古论集》,科学出版社 2000 年版。

断,他应该是权力极高的祭司,即所谓的"权巫",而且可能是通过世袭获得的。

一般而言,一种信仰活动需要三个必备的条件,即祭祀的场所、主祭的人和能够通天的法器。以良渚文化为例,有了祭祀的场所、主祭的权巫,自然就有通天的法器,而这一法器就是玉器。大汶口文化一般墓葬以陶制的生活器物为主,但在有些墓葬中则发掘出相对贵重的玉器,比如刘林墓葬中出土的玉环、玉管、玉珮、玉镯等。新沂花厅墓地中出土的玉器,更加受到考古学界的重视,包括玉琮、玉瑗、玉环、玉镯、玉管、玉珠、玉坠、玉锥形器等,另有少量的玉璧和玉钺随葬。① 对于玉琮、玉璧的功能,《周礼》中曾记载曰:"驵圭、璋、璧、琮、琥、璜之渠眉,疏璧、琮以殓尸"。玉璧和玉琮是死者遗体入殓时的礼器,这种入殓仪式必然涉及原始宗教的内容,而巫是这种入殓仪式的主导者,他们正是通过对这些礼器的拥有与使用,来完成人类的原始宗教信仰仪式,同时也建立起自身尊贵的社会地位。青莲岗遗址中也出土了一定数量的玉器,这些玉器"磨制光滑圆润,已脱离实用功能,可能是氏族首领、贵族拥有财

图 1.2　良渚武进寺墩遗址人面兽面组合纹玉琮(常州博物馆提供)

① 参见栾丰实:《花厅墓地初论》,《东南文化》1992 年第 1 期。

富或权力的象征",因而具有一定的原始宗教意义。① 可见,这些人依凭玉器与神灵沟通,从而成为掌管祭祀仪式和宗教事务的人,玉璧和玉琮等玉器就成为其拥有权力和身份的象征。

寺墩遗址出土的最大的一件玉琮高 33.5 厘米,琮身横道分为 15 节。另一件玉琮高 23 厘米,雕刻兽面纹。由于琮的基本形制与中国历史上的"天圆地方"观念暗合,再加上多数出自大型墓葬之中,所以不少人比较赞同张光直的观点,认为:"琮是天地贯通的象征,也便是贯通天地的一项手段或法器"②。如果是这样的话,玉琮则是一种独特的中介器具,专用于沟通天地。既然天上的神的法力是无穷的,那么掌握贯通天地权力的人则成为神在人间的代言人,其地位自然非同寻常。《周礼·春官·大宗伯》载:"以玉作六器,以礼天地四方,以苍璧礼天,以黄琮礼地,以青圭礼东方,以赤璋礼南方,以白虎礼西方,以玄璜礼北方"。故一般认为,玉璧是用来祭天的礼器,也仅见于高等级的大型贵族墓葬之中。

很多学者意识到,有些良渚文化遗址本身就是一个大玉琮。如把寺墩遗址的"布局结构,与玉琮的形制作一对照,便会发现两者极为相似。可以有把握地说,寺墩古国是依照玉琮的形制来设计这座城的,寺墩遗址本身就是一个大玉琮"。遗址形似玉琮,显然是有意为之,应该是人们希望通过这样的设计,使本族获取上天的保佑,可以永续繁荣。③

当时的良渚社会,已经是一个相当复杂的社会,甚至已经接近早期国家的门槛。由于"良渚文化迄今尚未发现有类于中央集权形态的遗存(如王陵)存在的迹象"④,还不能断言良渚已经出现中原夏朝那样的早期国家,众多学者认为其当属于前国家政治组织酋邦或古国。在这种情况下,良渚社会已经出现了掌握世俗社会权力的权贵阶层甚至个

---

① 参见刘振永:《淮安市博物馆藏几件青莲岗文化玉石器》,《中原文物》2018 年第 4 期。
② 张光直:《谈"琮"及其在中国古史上的意义》,文物出版社编辑部编:《文物与考古论集》,文物出版社 1986 年版,第 254 页。
③ 参见车广锦:《玉琮与寺墩遗址》,《中国文物报》1995 年 12 月 31 日。
④ 张驰:《良渚文化大墓试析》,《考古学研究》,1997 年,第 64 页。

人,其宗教已经从原始崇拜逐步发展为人为宗教。这种宗教是对等级社会与不同社会阶层间不平等关系的强调和固定,并愈来愈规范化、制度化和神圣化。但这不等于普通人没有信仰的权力。如前述栾丰实指出的,大汶口文化的龟甲器,是一种底层巫医行医的工具,即巫医施展法术驱除病魔的作法之器。① 同样,在良渚文化等级较低的遗址中,随葬玉器不仅数量甚少,而且主要是管、珠、坠类的小型装饰品,但这些小饰品也是这些普通人祈福攘灾的寄托所在。在权巫谋求上天神佑,祈祷上天认可其权力的同时,这些普通人更加关心生产与生活所需的实际功效。虽然这一时期上层社会的信仰与崇拜依然是主导力量,但民间信仰自其生成之日起,就有着自己的生命力和影响力。

第四节　原始信仰的分化与融合

有学者研究认为,包括江苏在内的东部沿海地区的史前文化系统,存在两种发展模式:一种是非同一谱系的诸考古学文化多源演进,即同一地区的考古学文化各有其不同的来源,如宁镇地区、江淮地区的里下河平原、苏北平原等均属于此类;一种是同一谱系的诸考古学文化依次演进,即同一地区存在的考古学文化有渊源关系,如环太湖地区和包括淮北在内的海岱地区。② 大致而言,淮北地区受到了山东和中原的新石器文化的影响,形成了北辛—大汶口—山东龙山文化的完整序列,虽然也曾经受到良渚文化的影响,但基本上保持了自身的特色。环太湖的苏锡常地区则和浙江杭嘉湖地区及上海共同形成了马家浜—崧泽文化—良渚文化序列。这一南一北的两种文化形成了鲜明的对照。

如前所述,海岱地区的宗教遗存发现较少,祭坛一类遗存更加稀少,至少在淮北地区尚未发现。根据学者研究,海岱地区新石器时代的

---

① 参见栾丰实:《大汶口文化的骨牙雕筒、龟甲器和獐牙勾形器》,《海岱地区考古研究》,山东大学出版社 1997 年版,第 181—200 页。
② 参见高蒙河:《长江下游考古时代的环境研究》,博士学位论文,复旦大学,2003 年,第 29 页。

信仰体系的核心是祖灵崇拜,而祖灵崇拜主要体现在棺椁制度上。从大汶口文化开始,直到龙山文化时期,棺椁制度经历了单棺、两重棺椁和三重棺椁的发展历程,成为规范人们行为和标示身份的重要礼制。这里的礼器均与日常生产、生活有关,陶器在礼器中始终占有相当重要的地位。

相对而言,苏南地区从马家浜、崧泽文化时期开始,虽然也出现木质葬具,开始了使用棺或椁的历程,但直到良渚文化时期,似乎并没有形成海岱地区那样的棺椁制度。从礼器的载体来看,虽然良渚文化也有陶质礼器,但地位最高且数量最多的是玉器。多数学者把琮的有无作为判断良渚文化贵族身份地位等级的依据之一。所以有学者认为,良渚文化是宗教型社会,祭神是最重要的制度和行为,也是整个社会正常运转的基础。良渚文明跨越式发展到极高水平,最终又很快衰落,也有可能导源于此。相对而言,淮北地区形成的是世俗型社会,信仰系统中世俗的祖先崇拜占主导地位。两个地区的远古社会在走向复杂化的进程中,各自创造了不同的发展模式,开辟了既有联系又有质的区别的通向文明社会之路。①

环太湖和淮北地区的发展模式依托自身进化系统的连续性,向外辐射的能力比较强,对周边地区的文化产生了较大影响。随着时间的推移,这两个文化系统的影响范围不断扩大,逐渐产生了交集,两种文化因素往往同时存在,并且相互作用、相互融合。例如,太湖地区的文化大约在崧泽文化中期,便出现了向西、向北扩张的迹象,在江淮东部和淮河以北的小徐庄遗址中都可见其影响;至良渚文化早期,宁镇地区和江淮东部地区在其冲击下,均出现了文化断层现象,良渚文化的影响甚至到达了淮河以北,新沂花厅遗址有可能是良渚文化与大汶口文化发生文化碰撞所形成的典型遗址。② 宁镇地区和里下河平原地区因为介于两者之间,就成了文化交集区,成为文化交流的主要通道,多种文

① 参见王芬:《海岱和太湖地区宗教信仰与礼制的比较分析》,《江汉考古》2010 年第 1 期。
② 参见张敏:《从青莲岗文化的命名谈淮河流域与长江流域原始文化的相互关系》,《郑州大学学报(哲学社会科学版)》2005 年第 2 期。

化在此你来我往、相互交流碰撞。①

　　俞伟超指出:"在距今 5000—4000 年前,我国的文明曙光时代,以东方的龙山文化和东南的良渚文化的光芒最亮。"②作为龙山文化一份子的淮北与整个海岱地区一起,一直稳定发展,又由于有与中原文化系统相似的祖灵崇拜和敬事祖先的传统,夏以后,很快就与中原文化融为一体。③ 良渚文化后期,太湖东南部浙北(余杭)的中心出现衰落,太湖西北部今常州寺墩一带成为新的中心,这一带临江靠海,更有利于向长江以北发展。此后,良渚文化越过长江,先发展至宁镇一带,再逐步发展到苏北和山东地区,甚至在商代文化中都可以看到其痕迹。很多学者认为,夏商周三代的中原文化中的不少因素实源于长江流域的文化。比如,夏商周最流行的器物纹饰饕餮纹,很可能由江浙一带良渚文化玉器上的神秘纹饰(神徽)蜕变而成;在大汶口文化中晚期和龙山文化中,发现了一些良渚文化的典型器物,如段石锛、贯耳壶、玉笄等;商文化中的许多玉礼器,其雏形都与良渚文化有关。良渚文化神秘消失,但良渚文明的曙光却播撒中原,汇入中华文明的主流之中。

　　良渚文化的影响也并非单向。良渚文化骤衰之后,在大致相同的地域兴起的是得名于上海广富林遗址的广富林文化。这一文化实际上是在龙山文化的强烈影响下形成的,其分布范围包括今天的皖东及江浙沪,这表明,良渚文化衰落后,来自中原地区的一种文化进入江浙等地,把新的元素注入当地。在广富林文化之后,太湖流域出现的还有发源于宁镇地区的点将台文化和湖熟文化,其遗址中出土的一些陶器"具有明显的中原文化的特征",而广富林文化的后续马桥文化中也存在"大批类似于二里头文化的因素",这些足以证明在青铜时代江苏地区同中原地区在文化上的密切交往。江苏的民间信仰也正是在各种文化不断融合、交流之中逐渐形成、壮大、发展的。

---

① 参见高蒙河:《长江下游考古时代的环境研究》,博士学位论文,复旦大学,2003 年,第 29 页。
② 俞伟超:《龙山文化与良渚文化衰变的奥秘》,《文物天地》1992 年第 3 期。
③ 参见王芬:《海岱和太湖地区宗教信仰与礼制的比较分析》,《江汉考古》2010 年第 1 期。

第二章　先秦至两汉江苏的民间信仰

　　先秦至两汉时期，整个国家的信仰体系发生了重大的变化。随着王朝政权的建立和社会等级制的不断完善，原始社会众神平等、互不隶属的信仰格局被神祇之间的等级秩序取代。神权和政权合一，上层垄断了祭祀权，王既是政治领袖，又是权巫，重大的祭祀仪式仍由他们亲自主持。周王朝成立后，继承了前代的神权政治思想，神道设教，但也汲取了殷商灭亡的教训，提出了以德配天的君权神授说，形成了敬天保民的思想。自周公"制礼作乐"开始，理性的礼乐文明逐渐取代了之前的巫术神鬼，所谓"鬼神非人实亲，惟德是依"，"非德，民不和，神不享矣。神所冯依，将在德矣"（《左传·僖公·僖公五年》）。"子不语怪力乱神"，在儒家的倡导下，士人们开始对神仙鬼怪逐步采取更加理性的态度，中国的信仰体系随之从一统神权、神灵高高在上，开始进入了众声喧哗的多元化发展阶段。神开始依附于人、服务于人，实用主义开始成为信仰最重要的基础。

　　先秦至两汉时期是江苏地区扭转华夏边缘地位的发展时期。在这一时期，江苏地区通过与中原的交流和融合，最终汇聚到中华文明的主流大潮之中。在先秦时期，发源于黄河流域的华夏文明逐渐占据主流、中心的地位，当时人们认为黄河流域地处天下之中，故称"中原"，而周边则是"蛮夷戎狄"，即所谓野蛮人。从这一立场来看，江苏即为当时的蛮夷地区。夏、商、周三代，由于南北文化的不断交流与融合，江苏地区的北部出现了邳（薛）、大彭、徐、干等方国，苏南地区则出现了吴、宜等方国。这些方国一方面臣服于中原王朝，接受先进文化的熏陶，另一方面则保有自身特点,表现出鲜明的文化个性。从春秋时期开始,随着吴国的崛起,江苏地区逐渐从华夏边缘开始进入中华文明的主流大潮。至秦汉时期,江苏全境纳入统一的多民族中央集权国家的统治范围,但是由于仍属偏远地区,中央鞭长莫及,实际的控制力不免薄弱,这种环境为诸多政治流亡者、反叛分子提供了活动的空间,也为江苏地区民间信仰的多元发展提供了可能。丰邑人张道陵创立道教便是植根于江苏丰富的民间信仰沃土,同时又改变了包括江苏在内的整个中国民间信仰的体系。

第一节　徐偃王、太伯与江苏先秦早期国家的形成

夏商时期,江苏境内的文化发展出现低谷,进入了一个逐步由中原文化主导的新时期,其文明演进受到了中心位于中原的夏、商、西周的制约和影响。以中原为中心的统一王朝向四周扩张疆域,势力范围逐步影响到东南。相当于夏商时期,宁镇地区的湖熟文化和苏南的马桥文化已经进入青铜时代。到了商周之交,“太伯奔吴”,北方周文化一支向东南迁移,在太湖流域的荆蛮之地建立了勾吴政权,早期国家在江苏境内出现。周灭商后,随着周初分封,吴国成为周王朝在东南地区的重要诸侯国。西周中期,在淮夷聚居的淮河流域,徐国逐渐成为强大的国家,徐偃王征服了周边 36 国,成为盛极一时的方伯。强大后的徐国对周王朝叛服无定,一度溯淮而上,向西进攻,直逼东都洛邑,引起周室的震动,最后被周王调动诸侯军队平定,徐国渐趋衰落。先秦时期,长江南北分布着一些方国,西周以后,多数被北部的徐国和南部的吴国控制,江苏境内的政治格局逐步由分散的方国林立,走向南、北局部的统一,从而为春秋后期吴国统一江苏境内大部分地区奠定了基础。进入文明时代以后,随着人类征服自然的能力的增强,祖先崇拜占据了非常重要的地位。那些为氏族部落的生存发展作出过突出贡献或在征服自然的斗争中功绩卓著的先祖受到后世子孙的顶礼膜拜、隆重祭祀。徐国和吴国是江苏境内早期国家的代表,徐偃王和太伯作为这两个国家

的重要人物，自然在江苏民间信仰史上地位超然。

古徐国的历史记载最早可上溯至西周。"徐人""徐戎"是东夷部落，一直活跃在苏皖北部的淮河流域。[①] 但是更多人认为徐人来自山东。司马迁《史记》云：

> 秦之先，帝颛顼之苗裔孙曰女修。女修织，玄鸟陨卵，女修吞之，生子大业。大业取少典之子，曰女华。女华生大费，与禹平水土。已成，帝锡玄圭。禹受曰："非予能成，亦大费为辅。"帝舜曰："咨尔费，赞禹功，其赐尔皂游。尔后嗣将大出。"乃妻之姚姓之玉女。大费拜受，佐舜调驯鸟兽，鸟兽多驯服，是为柏翳。舜赐姓嬴氏。大费生子二人：一曰大廉，实鸟俗氏；二曰若木，实费氏。

"大费"，据《索隐》："此则秦、赵之祖，嬴姓之先，一名伯翳，《尚书》谓之'伯益'，《系本》《汉书》谓之'伯益'是也。"《索隐》又云："若木以王父字为费氏也。"《正义》："《列女传》云：'陶子生五岁而佐禹。'曹大家注云：'陶子者，皋陶之子伯益也。'按此，即知大业是皋陶。"伯益名大费，以居费地得名，费地，在今山东费县西北。所以唐人林宝所撰的《元和姓纂·九鱼》曰："徐，嬴姓，伯益之后。夏时，受封于徐。"南宋郑樵所撰的《通志·氏族略》云："伯益佐禹有功，封其子若木于徐。"所以学者认为，徐人的先辈可能早先主要活动在山东地区。[②]

《逸周书·作洛解》云："周公立，相天子，三叔及殷东徐、奄及熊盈以畔。"整理本《竹书纪年》记载，周成王二年（前1041），"奄人、徐人及淮夷入于邶以叛"。周公东征，其子伯禽被封于奄之故地，建立了鲁国。此后，徐人继续与周对抗。《尚书·周书·费誓》云："徂兹淮夷、徐戎并兴。"《书序》云："鲁侯伯禽宅曲阜，徐、夷并兴，东郊不开。"鲁国是周室在东方的重要基地，其立国之后自然会与周边的徐、夷发生矛盾，大概在此时，徐国遂南走淮河流域。不过从中也可以看出，当时徐国就是东方较有实力的政治实体。此后的历史中，"古徐国"的身影时常见于各类典籍。据《竹书纪年》，周穆王六年（前971），"徐子诞来朝，赐命为

---

① 参见贺云翱：《徐国史初探》，《历史与文化》，中国人事出版社1996年版，第40页。
② 王健：《江苏通史·先秦卷》，凤凰出版社2012年版，第166页。

伯",周穆王十四年(前963),"王帅楚子伐徐戎",三十五年(前942)"荆人入徐"。周穆王被册封为"徐伯",说明徐国已得到周室认可。又如《诗经·大雅·常武》云:"率彼淮浦,省此徐土。不留不处,三事就绪","徐方绎骚,震惊徐方,如雷如霆,徐方震惊","四方既平,徐方来庭。徐方不回,王曰还归"。《诗经·毛序》称:"常武,召穆公美宣王也。有常德以立武事,因以为戒然。"孔颖达疏解云:"言征伐徐国,使之来庭。"《诗经》所叙之事当是周宣王伐徐。周宣王是西周第十一代君主,于公元前827年至前781年在位。此时徐国已然势大,迫使宣王亲自征伐。

徐偃王是徐国历史上最有名的首领。[①] 其事迹战国前典籍失载,战国后始见于诸子之书。佚书《尸子》说:"徐偃王有筋而无骨。"(《史记·秦本纪》集解引;《山海经·大荒北经》"有继无民"条下郭注亦引此,但无"而"字。)"徐偃王好怪,没深水而得怪鱼,入深山而得怪兽者,多列于庭。"(《山海经·南山经》"猨翼之山"条下引)。《荀子·非相篇》说:"徐偃王之状,目可瞻马"。杨倞注云:"其状偃仰而不能俯,故谓之偃王。周穆王使楚诛之。瞻马,言不能俯视细物,远望才见马。"《韩非子·五蠹》记载稍详:"徐偃王处汉东,地方五百里,行仁义。割地而朝者三十有六国。荆文王恐其害己也,举兵伐徐,遂灭之。"《史记》云:"徐偃王作乱,造父为缪王御,长驱归周"。《淮南子·人间训》亦云:"昔徐偃王好行仁义,陆地之朝者三十二国。王孙厉谓楚庄王曰:'王不伐徐,必反朝徐。'王曰:'偃王有道之君也,好行仁义。不可伐。'"

到了《后汉书》中,徐偃王事迹才稍具完整性,然亦十分简约,略谓:

后徐夷僭号,乃率九夷以伐宗周,西至河上。穆王畏其方炽,乃分东方诸侯命徐偃王主之。偃王处潢池东,地方五百里。行仁

[①] 早在1943年,徐旭生在其《中国古史的传说时代》中以一章的篇幅对徐偃王生平进行了考证,并对徐楚两国在淮南的势力消长做了讨论。龚维英《徐偃王年代考》(《安徽史学》1960年第3期)进一步考证认为,徐偃王应该与楚庄王同时,生活在公元前7世纪晚期。20世纪80年代后,地方史学者结合浙江的徐偃王遗迹对徐国族群的南迁路线做了推测,如:李光云的《徐偃王和他的遗迹》(《文史杂志》1991年第1期);朱颖、陶和平的《徐偃王在舟山史迹考》(《浙江海洋学院学报》2002年第1期)等。也有学者对徐偃王的种种传说作出解释,如:董楚平的《绍兴306号墓国属问题研究:兼及浙江徐偃王传说》(《绍兴文理学院学报》2006年第12期);孔令远的《徐偃王的传说及相关问题》(《重庆师范大学学报(哲学社会科学版)》2009年第1期)等。

义,陆地而朝者三十有六国。穆王后得骥骤之乘,乃使造父御以告楚,令伐徐,一日而至。于是楚文王大举兵而灭之。偃王仁而无权,不忍斗其人,故致于败。乃北走彭城武原县东山下,百姓随之者以万数,因名其山为徐山。

记载徐偃王事迹最详的文献,当数《徐偃王志》(或称《徐偃王传》)。《徐偃王志》原书已佚,西晋张华《博物志》引其文:

> 徐君宫人娠而生卵,以为不祥,弃之水滨。独孤母有犬名鹄苍,猎于水滨,得所弃卵,衔以来归。独孤母以为异,覆暖之,遂烊成儿,生时正偃,故以为名。徐君宫中闻之,乃更录取。长而仁智,袭君徐国。后鹄苍临死生角而九尾,实黄龙也。偃王又葬之徐界中,今见云狗袭。偃王既主其国,仁义著闻。欲舟行上国,乃沟陈、蔡之间,得朱弓矢,以己得知瑞,遂因名为号,自称徐偃王。江淮诸侯皆伏从,伏从者三十六国。周王闻,遣使乘驷,一日至楚,使伐之,偃王仁,不忍闻言,其民为楚所败,逃走彭城武原县东山下。百姓随之者以万数,后遂名其山为徐山。山上立石室,有神灵,民人祈祷。今皆见存。

不过上述文献中有很多失实或者矛盾之处。如前引诸书中关于徐偃王所处的时代主要有周穆王时期说、楚文王时期说和楚庄王时期说这三种说法,有时甚至出现不同的说法混杂于同一段记载的现象。如前引《后汉书》将徐偃王与周穆王、楚文王看作同一时期的人,其实周穆王在位时期和楚文王在位时期相差 200 余年,所以"率九夷以伐宗周"和为楚所败后"北走彭城武原县东山下"的两个徐偃王绝非一人。在《淮南子·人间训》中,徐偃王又成了与楚庄王同一时代的人。张守节对《史记》中的记述就提出了疑问:"古史考云:'徐偃王与楚文王同时,去周穆王远矣。且王者行有周卫,岂得救乱而独长驱日行千里乎?'并言此事非实。"

徐旭生在《中国古史的传说时代》一书中认为:"徐偃王在春秋中叶以后或者已经成了徐国的代表人物。秦、赵与徐同祖,可以知道偃王的名字。但普通人对于时间并没有精确的观念,遂把偃王说成当日徐方的代表人。并且此种传说的形成或者已在战国初期,离偃王时已经遥远,讹误比较容易。"①顾颉刚在《徐和淮夷的迁、留》一文中也认为:"'徐偃王'不是一个具体的人,而只是他们国族的一个徽帜。"②

关于徐偃王的名字的来历也有很多猜测。有人根据《尸子》所说的"有筋而无骨",认为其有残疾,故称"偃"。有人认为,徐国可能兼并了南迁的奄人,"偃""奄"古通,故徐偃王可能是徐奄王。③ 有人认为,据《帝王世纪》,徐国先祖皋陶,生于曲阜,曲阜,偃地,故赐姓以"偃"。有人认为,徐偃王是以鹅(古名"舒雁")为图腾的徐人的王,故称"舒雁王",即徐偃王,并有江苏邳州春秋晚期城址鹅鸭城遗址的名称和徐偃王卵生的传说故事为证。④

至于徐偃王的怪异之举——"没深水而得怪鱼,入深山而得怪兽者,多列于庭",赵世超将其解释为巫术之举,是想通过控制山水之怪的尸体来控制其同类。⑤ 由此可推知,徐偃王应该会巫术,或者本身就是巫师。

无论徐偃王是何许人,正如学者猜测的,"其族崇鸟、其人为巫"应该是有道理的,早期国家的首领完全有可能兼具巫的职能。

如《博物志》所言,徐偃王兵败后,"逃走彭城武原县东山下。百姓随之者以万数,后遂名其山为徐山。山上立石室,有神灵,民人祈祷"。这座"石室"应该在张华所处的西晋时代仍然见存。根据韩冠群的研究,北魏时期,武原县仍有徐偃王墓。⑥ 北宋初年,乐史所撰的《太平寰宇记》载:泗州临淮县有徐偃王庙,"在旧徐城县北三十里故徐城内立庙"。而"故徐城,一名大徐城,即古徐国也"⑦。这一徐偃王庙应至少建于唐末以前。

武则天时期的名臣狄仁杰曾以"吴楚之俗多淫祠",奏毁淫祠"一千

① 徐旭生:《中国古史的传说时代》,广西师范大学出版社 2003 年版,第 228—229 页。
② 顾颉刚遗著:《徐和淮夷的迁、留——周公东征史事考证四之五》,《文史》第 32 辑,中华书局 1990 年版。
③ 参见董楚平:《序》,徐永生:《徐国史研究》,中国文联出版社 2002 年版。
④ 参见孔令远:《徐偃王的传说及相关问题》,《重庆师范大学学报(哲学社会科学版)》2009 年第 1 期。
⑤ 参见赵世超:《铸鼎像物说》,《史学新论:祝贺朱绍侯先生八十华诞》,河南大学出版社 2005 年版,第267 页。
⑥ 参见韩冠群:《亦祖亦神:古代江浙地区的徐偃王信仰》,《史林》2015 年第 2 期。
⑦ (宋)乐史撰,王文楚等点校:《太平寰宇记》卷一六《河南道·泗州》,中华书局 2007 年版,第 312 页。

七百所"。① 由于徐偃王庙之名未见,是否被禁毁,尚未可知。但不管禁毁与否,唐玄宗开元初年,在相继担任衢州刺史的两位徐姓官员的主持下,衢州龙丘县(后改为龙游县)的徐偃王庙得以重修。而到了元和十年(815),韩愈撰写了《衢州徐偃王庙碑》,更是让这里的徐偃王庙声名远播。② 从此,衢州龙游徐偃王庙多次得到朝廷的赐封。宋代以后,以龙游县为中心的金、衢、严、处周边地带,逐渐形成徐偃王信仰的核心区,其祠庙遍布乡间。对于徐偃王及其信仰现象,须江隆、朱海滨等学者均有过研究。③

一直到唐宋时期,江苏的徐偃王信仰依然兴盛,宋人王扬英在《徐偃王庙记略》中言:"江浙地相襟带,广袤逾千里,显名于世者,神禹、泰伯、季札、子胥而外,惟徐偃王祠而已。"丹阳徐偃王庙也有"灵效著闻,比屋骏奔,踵相属于道"的盛况。④ 但相较于浙江徐偃王信仰的热闹非凡,在徐偃王生前主要活动的江苏,其信仰在宋以后却日趋平静。除了泗州临淮县的徐偃王庙之外,常熟、无锡、丹阳、丹徒、江阴、泰兴的徐偃王庙至明清时已经成为平常的神庙,淹没在众多民间信仰的神祠中。宋代常州人胡宿曾为无锡的徐偃王庙赋诗感慨:"故国无归日,丛祠几换秋"⑤。民间信仰的兴衰更替由此可见一斑。

和徐偃王相比,太伯(亦作"泰伯")的事迹少了一些神秘感,但同样颇有争议。《史记》记载:

> 古公有长子曰太伯,次曰虞仲。太姜生少子季历,季历娶太任,皆贤妇人,生昌,有圣瑞。古公曰:"我世当有兴者,其在昌乎?"长子太伯、虞仲知古公欲立季历以传昌,乃二人亡如荆蛮,文身断发,以让季历。

---

① 参见(后晋)刘昫等:《旧唐书》卷八九,中华书局1975年版,第2887页。

② 参见(唐)韩愈著,马其昶校注:《韩昌黎文集校注》,上海古籍出版社1986年版,第413页。

③ 参见[日]须江隆:《徐偃王廟:宋代の祠廟に関する一考察》,《集刊东洋学》1993年第69卷;朱海滨:《祭祀政策与民间信仰变迁:近世浙江民间信仰研究》,复旦大学出版社2008年版,第157—159页;韩冠群:《亦祖亦神:古代江浙地区的徐偃王信仰》,《史林》2015年第2期;郑俊华:《民间信仰与地域社会变迁:以衢州徐偃王崇拜为例》,《地方文化研究》2019年第1期。

④ 参见光绪《重修丹阳县志》卷三二,《中国地方志集成·江苏府县志辑》第31册,江苏古籍出版社1990年版。

⑤ (宋)史能之:《咸淳毗陵志》卷一四,《宋元方志丛刊》影印本,中华书局1990年版。

《史记》又载：

> 吴太伯，太伯弟仲雍，皆周太王之子，而王季历之兄也。季历贤，而有圣子昌，太王欲立季历以及昌，于太伯、仲雍乃奔荆蛮，文身断发，示不可用，以避季历。季历果立，是为王季，而昌为文王。太伯之奔荆蛮，自号句吴。荆蛮义之，从而归之千余家，立为吴太伯。

《吴越春秋·吴太伯传》载：

> 古公三子，长曰太伯，次曰仲雍，雍一名吴仲，少曰季历。季历娶妻太任氏，生子昌。昌有圣瑞，古公知昌圣，欲传国以及昌曰："兴王业者，其在昌乎。"因更名曰季历。太伯、仲雍望风知指，曰："历者，适也。"知古公欲以国及昌。古公病，二人托名采药于衡山。遂之荆蛮，断发文身，为夷狄之服，示不可用。古公卒，太伯、仲雍归。赴丧毕，还荆蛮。国民君而事之，自号为勾吴。

关于历史上是否存在"太伯奔吴"一事，历来均存争议，崔述在《丰镐考信录》中即持否定态度。近代以来，学者论述更多，王明珂认为"太伯奔吴"的故事是勾吴国和中原华夏族互动、记忆重构的结果。勾吴王室吸收华夏文化（包括华夏的历史记忆），从而在华夏历史记忆中找到太伯传说，以合理化自己的华夏身份，而中原诸国也在族群利益抉择下，以"太伯奔吴"的历史记忆来证实勾吴王室的华夏身份。当时的中原诸国持族群中心主义，认为：在本族之外都是蛮夷，如果发现有和本族同样文明的存在，无疑那应该是本族"失落的祖先后裔"。与前述徐国的祖先传说一样，这也是华夏边缘人群华夏化的过程。整体而言，就是经由"寻回失落的祖先后裔"，一个族群调整其边界以容纳另一族群的过程，既是华夏边缘人群进入华夏中心的过程，也是华夏中原吸纳扩容的过程。①

其实"太伯奔吴"的真伪问题可以换个角度来讨论。毫无疑问，华

---

① 参见王明珂：《边缘人群华夏化历程：吴太伯的故事》，《华夏边缘：历史记忆与族群认同》，浙江人民出版社 2013 年版，第 171—193 页。

夏文化与江苏当地文化的融合应该是先秦时期江苏境内文明发展的主线。如商代的文化遗存,在金坛薛埠镇、句容城头山、丹徒团山及广泛分布于宁镇地区属于湖熟文化序列的诸多遗址中皆有发现。湖熟文化是一种相当于中原商周时代的具有地方特色的青铜文化。西周文化遗存,也在江苏境内的泗洪赵庄,铜山高皇庙、丘湾,东海焦庄,扬州仪征甘草山,南京浦口曹王塍子,句容城头山,丹徒团山、磨盘墩,高淳朝墩头,苏州越城,无锡仙蠡墩等处多有发现。

　　1954 年丹徒烟墩山出土的著名的西周青铜重器宜侯矢簋,是迄今发现的唯一一件有周初分封情况具体记载的出土文物。该簋的铭文明言周王把"虞侯"矢改封到"宜"地,虽然铭文中的周王、矢是何许人,"虞"和"宜"又指何地尚有争议,但考虑到出土地点,可以判断当时周王朝已经对吴地加强了管理,吴地与周王朝双方之间的联系应该是非常紧密的。据此推测,"太伯奔吴"其实应该是当时中原人南下进入吴地,并主动融入当地社会的真实写照。

　　太伯和仲雍既是吴国的创建者,也是吴文化的创始人,对他们的祭祀与崇拜,在巫觋之风盛行的吴地有悠久历史。[①] 史料中最早出现的泰伯庙始建于东汉:"吴泰伯至德庙在阊门内,汉永兴二年,太守糜豹建于阊门外。历吴至唐天宝约七百年。采访使狄梁公尽毁江南淫祠,而此庙特存。后梁乾化二年,吴越武肃王钱氏始徙置于此"[②]。庙的建立可界定为太伯信仰形成的标志。当时,"命吴郡守糜豹访其子孙主之。四十一世孙如胜以世系进。帝览而赞曰:'贤哉吴泰伯,世泽弥留长。'遂命太尉黄琼等议如胜次子允承为奉祀侯,永主其庙祀。"[③]此后,太伯信仰一直在国家权力的保护下不断延续发展。不过此时,太伯信仰发生了某种变异。唐人李玫的《纂异记》(《太平广记》卷二八○"刘景复"条引)中有这样一段关于太伯信仰的记载:

　　　　吴太伯庙,在东阊门之西,每春秋季,市肆皆率其党,合牢醴,

---

① 关于太伯信仰,可参见魏文静:《明清时期江南泰伯信仰的儒家化:以苏、常二府为中心的考察》,《东南大学学报(哲学社会科学版)》2008 年第 5 期。

② (明)杨循吉等:嘉靖《吴邑志》卷八,《四库全书存目丛书》史部第 181 册,齐鲁书社 1997 年版。

③ (清)吴鼎科辑,吴恩培点校:《至德志》,上海古籍出版社 2013 年版,第 15 页。

祈福于三让王,多图善马彩舆女子以献之,非其月,亦无虚日。乙丑春,有金银行首纠合其徒,以绡画美人,捧胡琴以从,其貌出于旧绘者,名美人为胜儿,盖户牖墙壁会前后所献者,无以匹也。

李玫笔下作为神的太伯,其形象与历史上的太伯相去甚远。唐人陆长源早就关注到这种区别。《辨疑志》(陶宗仪《说郛》卷二三下引)云:"吴阊门外有泰伯庙,往来舟船求赛者常溢。泰伯庙东有一宅,中有塑像,云是泰伯三郎(泰伯长子)。里人祭时,巫祝云:'若得福,请为泰伯买牛造华盖。'"陆长源对此现象颇为不解,又云:"其如泰伯轻天下以让之,而适于勾吴,岂有顾一牛一盖而为人致福哉!"而且根据《吴太伯传》的记载,太伯无嗣,立弟仲雍,所以泰伯三郎,不知出自何处。

通过以上文献记载不难发现,此时太伯神的形象已经转变为民间信仰的典型神祇,他喜好善马、彩舆、女子,完全不符合后世儒家对圣贤的界定。至于其儿子三郎的记载,更与"无子,立弟仲雍"的正史记载不符。

北宋元祐年间,朝廷赐额泰伯庙"至德",这代表着太伯信仰正式纳入国家正祀范围。明清时期的太伯信仰主要集中在苏州府和常州府的无锡县,另外,在常州府的武进等地,还存在着太伯之弟仲雍和仲雍后代季札的祭祀。苏州府泰伯庙有二:一处在吴县阊门内,五代吴越时由阊门外移至阊门内;一处在元和县唯亭镇。常州府泰伯庙有三,皆在无锡县境内:一处位于无锡惠山,一处位于城内娄巷,一处位于无锡县梅里乡。其实,梅里相传是太伯至江南定居的地方,这里的泰伯庙一直为泰伯庙的祖庙。这一时期,太伯的形象也悄然发生了变化。

万历四十八年(1620),泰伯庙内新修关帝庙,将太伯与关羽并祀,将太伯之"让"与关羽之"忠"并举,这是太伯信仰儒家化的体现。天启三年(1623),高攀龙等人组织重修泰伯墓,他在《泰伯墓碑阴记》一文中说:"至德之圣,以天下让者,在父子兄弟之间,则其文明可思也。嗟乎!古之圣人,以父子兄弟之间让天下而不顾;世之人,乃不免箪食豆羹争于父子兄弟之间而不耻。若是者,尚可称锡之士,而过梅里之墟、皇山之麓乎？人人思而耻之，而父父子子兄兄弟弟，锡之文明甲于天下矣！"①这时太伯已经成为文明的代表和象征了。

泰伯庙儒家化的典型写照是《儒林外史》第三十三回《杜少卿夫妇游山，迟衡山朋友议礼》。书中迟衡山道："我们这南京，古今第一个贤人是吴泰伯，却并不曾有个专祠。那文昌殿、关帝庙，到处都有。小弟意思要约些朋友，各捐几何，盖一所泰伯祠，春秋两仲，用古礼古乐致祭；借此，大家习学礼乐，成就出些人才，也可以助一助政教。"到了第三十七回《祭先圣南京修礼，送孝子西蜀寻亲》，更是从泰伯祠的外观、结构到祠内的摆设、礼器，从斋戒、省牲到祭祀的三跪九拜，从引赞、主祭、亚献、三献到各人的职司，不厌其烦地做了详细介绍，甚至于初献、亚献、终献这三个全然相同的过程，一丝不苟地重复描写了三次。很显然，这里的泰伯祠，其民间信仰的意味已经明显冲淡，作者是将泰伯祠作为一种象征，以表达对儒家制礼作乐传统的追慕和向往。清康熙四十四年（1705），圣祖南巡至苏州，御书"至德无名"四字于苏州泰伯庙中，以示对太伯的敬仰和推崇。

士人对太伯的儒家化改造只是他们的一厢情愿，对于民间百姓而言，关注的仍然是其信仰的灵验与否。如黄印在《锡金识小录》中称，太伯生辰与道教玉帝生辰同日，都定于农历正月初九，每年正月初九太伯生日时都要举行大规模的庙会。根据《梅里志》，自明弘治年间起直至民国，梅里泰伯庙一直由道士住持，这些道士因擅长捉鬼远近闻名。②在苏州唯亭镇，太伯一直是本镇的社神，民间俗称"三让王"，当地让王"解饷粮"的习俗一直持续到清末。③这些都是民间信仰与儒家教化并行不悖、相互融合、各取所需的反映。

---

① 道光《梅里志》，《中国地方志集成·乡镇志专辑》第 10 辑，江苏古籍出版社 1990 年版。
② 参见孙云年：《江南感旧录》，江苏古籍出版社 2000 年版，第 37—39 页。
③ 参见民国《元和唯亭志》卷三，《中国地方志集成·乡镇志专辑》第 7 辑，江苏古籍出版社 1990 年版。

第二节　巫咸和巫、傩的发展

　　早在旧石器时代晚期，沟通天人之际的巫与巫术活动即已出现。在夏之前的文明前夜，在经历了人人为巫的群巫时代之后，中国社会已实现政教合一，实现了少数权力阶层对天人之际的垄断。随着人类社会等级观念逐渐产生，神灵信仰的世界也形成了明显的分化倾向，即上层巫与民间巫的分立，进入文明时代之后这一趋势更加明显。其中最重要的标志性事件就是"绝地天通"。

　　正如金泽所言，"绝地天通"将中国的原始信仰"一分为二"，一部分演化成上层建筑的组成部分，即成为官方信仰，一部分则滞留在民间。[①]"绝地天通"标志着巫师垄断地位的建立及专业分化的完成，当时巫师甚至还出现了性别的区分，即《汉书》所言"在男曰觋，在女曰巫"，合称为"巫觋"。

　　《说文解字》曾言："古者巫咸初作巫。"可见，虽然颛顼、重、黎可以说是中国传说时代最早的一批巫师，但有可能"巫"这一称呼直至巫咸才正式出现。巫咸由此成为巫师的中心人物，甚至是巫师群体的代表。

　　关于巫咸的史料始见于《尚书》，《尚书·商书·咸乂》第十九记："伊陟相太戊，亳有祥桑谷共生于朝。伊陟赞于巫咸，作《咸乂》四篇。"《周书·君奭》记："在太戊时，则有若伊陟、臣扈，格于上帝，巫咸治王家。"《史记·殷本纪》有更详细的记载：

> 　　帝太戊立，伊陟为相。亳有祥桑谷共生于朝，一暮大拱。帝太戊惧，问伊陟。伊陟曰："臣闻妖不胜德，帝之政其有阙与？帝其修德。"太戊从之，而祥桑枯死而去。伊陟赞言于巫咸。巫咸治王家有成，作《咸艾》，作《太戊》。帝太戊赞伊陟于庙，言弗臣，伊陟让，作《原命》。殷复兴，诸侯归之，故称中宗。

《史记·封禅书》差不多有同样的记载："至帝太戊，有桑谷生于廷，一暮

① 参见金泽：《中国民间信仰》，浙江教育出版社 1995 年版，第 23 页。

大拱,惧。伊陟曰:'妖不胜德。'太戊修德,桑谷死。伊陟赞巫咸,巫咸之兴自此始。"司马贞《史记索隐》言:"案《尚书》,巫咸,殷臣名,伊陟赞告巫咸。今此云'巫咸之兴自此始',则以巫咸为巫觋。然《楚词》亦以巫咸主神。盖太史公以巫咸是殷臣,以巫接神事,大戊使禳桑榖之灾,所以伊陟赞巫咸,故云'巫觋之兴自此始'也。"另《史记·燕召公世家》也言:"在太戊时,则有若伊陟、臣扈,假于上帝,巫咸治王家。"刘宝才认为这是伊陟为夺取政权而展开的一场政治斗争,但是巫咸作《咸义》向商先王报告,让太戊获得了统治的合法性,帮助太戊巩固了王位,此后,于国有功的巫咸的地位自然日益显赫起来。①

在以上文献中,巫咸是一个殷朝大臣的形象,只不过他有权力作《咸义》四篇并向商先王报告,已经体现出其巫师的身份和通神的本领。《史记·天官书》言:"昔之传天数者:高辛之前,重黎;于唐、虞,羲、和;有夏,昆吾;殷商,巫咸;周室,史佚、苌弘……"江晓原指出,这份名单可以巫咸为界,分为两部分:巫咸之前诸人,在古代史籍中多以专司沟通天地人神之巫觋面目出现;巫咸以下诸人,则主要为以星占名世的星占家,其中有些还有确切可考的星占活动见诸记载(如苌弘、裨灶、甘公等)。② 可见,巫咸是从神巫到星占家过渡的关键人物。王逸在《楚辞章句·离骚注》中总结道:"巫咸,古神巫也,当殷中宗之世。"

巫咸除了擅长占星术,知天象、算天命、预天数,还是用筮占卜的创始者。《世本·作篇》记:"巫咸作筮。"许慎《说文解字》云:"巫,祝也。古者巫咸初作巫。凡巫之属皆从巫。"《周礼·春官·筮人》云:"筮人:掌三易,以辨九筮之名。……九筮之名,一曰巫更,二曰巫咸,三曰巫式,四曰巫目,五曰巫易,六曰巫比,七曰巫祠,八曰巫参,九曰巫环。以辨吉凶。凡国之大事,先筮而后卜。上春,相筮。凡国事,共筮。"古代巫医不分,巫咸也以驱魔逐鬼为人去疾。《庄子·逸篇》:"巫咸以击鼓逐疫。"《太平御鉴》卷七二一引《世本》云:"巫咸,尧臣也,以鸿术为帝尧之医。"

---

① 参见刘宝才:《巫咸事迹小考》,《西北大学学报(哲学社会科学版)》1982年第4期。
② 参见江晓原:《天文·巫咸·灵台:天文星占与古代中国的政治观念》,《自然辩证法通讯》1991年第3期。

上古以神权治国，由于巫咸精通巫术、能通神事，且在伊陟事件中有功，故为帝太戊器重，成为类似于国家祭司的权巫，有着较高的政治地位，"并列于先王受祀"①。《今本竹书纪年》载："太戊十一年，命巫咸祷于山川。"《太平御览》卷七九〇引《外国图》言："昔殷帝太戊使巫咸祷于山河。"《庄子·外篇·天运第十四》亦云："巫咸祒曰：来！吾语女。天有六极五常，帝王顺之则治，逆之则凶。九洛之事，治成德备，监照下土，天下戴之，此谓上皇。"

不过巫咸虽通神事，却是一有生有死的凡人。《韩非子·说林下》载："故谚曰：'巫咸虽善祝，不能自祓也；秦医虽善除，不能自弹也。'"可见，巫咸能医人而不能自医，其神通也是有限的。然而后世却逐渐将其奉为神。将巫咸神化从商代就已经出现。曾凡在《楚辞"彭咸"考辨》中就说：古籍所见之"巫咸"即甲骨文中的"咸""咸戊"。在卜辞中，已经可以看出巫咸有超群的巫术本领，而且在死后被人们看作能够显灵的神巫。② 春秋战国时期，巫咸已经成为众人普遍膜拜的神灵。战国石刻《诅楚文·告巫咸》言："告于丕显大神巫咸。"屈原在《离骚》中也讲述巫咸降神的情况："巫咸将夕降兮，怀椒糈而要之。百神翳其备降兮，九疑缤其并迎。皇剡剡其扬灵兮，告余以吉故。"此后在众多典籍中，巫咸均以神仙的形象出现。《汉书》中《甘泉赋》言："选巫咸兮叫帝阍，开天庭兮延群神。"唐李商隐《哭刘蕡》诗也言："上帝深宫闭九阍，巫咸不下问衔冤。"司马贞《史记索隐》言："巫先谓古巫之先有灵者，盖巫咸之类也。"可以说，此时巫咸已经是各地巫师共同崇拜的祖师和大神。

巫咸被神化，由此命山名水，还立有神国异民。《太平御览》卷五十《地部十五·海外诸山》有"巫咸山"条："《西域志》曰：'巫咸山，一曰覆莫山。'"《水经注》曰："盐水西北经巫咸山北。"《山海经·海外西经》曰："巫咸国在女丑北，右手操青蛇，左手操赤蛇，在登葆山，群巫所从上下也。并封在巫咸东，其状如彘，前后皆有首，黑。女子国在巫咸北，两女子居，水周之。一曰居一门中。"《太平御览》卷七百九十《四夷部十一·

---

① 徐中舒：《甲骨文字典》，四川辞书出版社1989年版，第92页。
② 参见曾凡：《楚辞"彭咸"考辨》，《殷都学刊》2016年第4期。

南蛮六》也有"巫咸国"条:"《外国图》曰:'昔殷帝大戊使巫咸祷于山河,巫咸居于此,是为巫咸民,去南海万千里。'"

正是由于巫咸被神化,即便早期文献已经确证其为殷太戊时期人,但此后其所处时代却模糊不清起来。《太平御览》卷七九引《归藏》云:"昔黄神与炎神争斗涿鹿之野,将战,览于巫咸。巫咸曰:'果哉而有咎'。"说巫咸为黄帝炎帝同时期人。《路史后纪三》:"神农使巫咸主筮。"此说中巫咸又活跃在神农氏时代。《太平御览》卷七二一引《世本》:"巫咸,尧臣也,以鸿术为帝尧之医。"巫咸又为尧的大臣。《世本》宋衷注干脆说:"巫咸不知何时人"。所以高国藩认为,出现时间跨度甚广的"巫咸"可能是活跃在不同时期的神巫群体的统称。[1]

但这些传说和神仙故事背后,仍有真实的历史存在。江晓原就提出,必须注意《山海经》中两条看似荒诞不经的记载。[2]《海外西经》云:"巫咸国在女丑北,右手操青蛇,左手操赤蛇,在登葆山,群巫所从上下也。"又《大荒西经》云:"有灵山,巫咸、巫即、巫盼、巫彭、巫姑、巫真、巫礼、巫抵、巫谢、巫罗十巫,从此升降,百药爰在。"登葆山、灵山,即上古神话中的"天梯",巫咸等群巫"所从上下",既说明他们有上通于天、与神灵对话的能力,也说明其职能就是通过观星占卜、作法作巫来达到沟通天地人神的目的。所以袁珂释"十巫,从此升降"即云:即从此上下于天,宣神旨,达民情之意。灵山,盖山中天梯也。诸巫所操之主业,实巫而非医也。[3] 而所谓"巫咸国""十巫"等,不妨视为上古巫觋阶层的缩影。而十巫之首,正是巫咸,可见他确被视为神巫的代表。

历来有诸多文献指出,巫咸出自吴地。如《越绝书》卷二言:"虞山者,巫咸所出也。虞故神,出奇怪,去县百五里。"张守节《史记正义》卷三也言:"按,巫咸及子贤冢皆在苏州常熟县西海虞山上,盖二子本吴人也。"朱长文《吴郡图经续记》卷中言:"海隅山在常熟,梁昭明太子作《招真治碑》云:'虞山,巫咸之所出也。'"范成大《吴郡志》云:"虞山,今为海

---

① 参见高国藩:《中国巫术通史》上,凤凰出版社 2015 年版,第 111 页。

② 参见江晓原:《天文·巫咸·灵台:天文星占与古代中国的政治观念》,《自然辩证法通讯》1991 年第 3 期。

③ 参见袁珂:《山海经校注》,上海古籍出版社 1980 年版,第 397 页。

巫山,山即巫咸山所出。"巫咸的坟也在苏州。唐代陆广微《吴地记》载:
"平门,东北三里,有殷贤臣申公巫咸坟,亦号巫门。"《吴郡志》卷三言:
"平门,一名巫门,巫咸所葬。"明代王鏊《姑苏志》卷三十四言:"商巫咸
坟在巫门东北三里。巫咸,商太戊时贤臣。是为巫门。"高德基《平江记
事》亦言:"吴城平门,旧名巫门。至大庚戌古濠中得石扁,上有篆书'巫
门'二字,故老云,巫咸,商大戊时贤臣也,其墓在门东北三里许。"不过,
据孙应时《商相巫公墓庙碑》,在宋宁宗嘉定年间,虞山西麓出土过八分
书碑文"商相巫咸冢"五字①,则巫咸冢当在虞山,非在平门。不过,明末
清初人钱谦益曾认为,所谓"商相巫咸冢"五字的发掘是伪造:"世传宋
嘉定间,土人掘山西青龙冈,得古碑八分书'商相巫咸冢'五字。令王爚
修墓立庙,孙应时为《记》。应时以庆元二年作令,至端平元年。阅十一
令始及王爚,记乃称前令王公。嘉定中掘地事在十三年后,安得悬记,
其不足据如此。"②2000 年,有关部门确实在虞山北坡发现宋代摩崖石
刻"巫相岗",可知:虽然真伪难考,但古碑确有其事。孙应时当初就为
巫咸立祠于言子祠之夹室,明嘉靖八年(1529),知县胡凤请于巡抚,在
虞山致道观西侧正式立"商贤相巫公祠",顺治十年(1653),王梦鼎等将
祠改建于昭明太子读书台之左侧,钱谦益撰记,旋废,此后屡建屡废。

巫咸是否真为吴人,真假难辨,也有人认为巫咸是山西夏县人。③
清人周柄中专门撰文考证,认为此说乃后人伪托,而吴地巫咸故事则证
据确凿:"若乃以为吴人,则见于梁萧统《招真治碑》,《越绝书》虞山巫咸
所出,后汉《郡国志》吴郡、吴县有虞山、巫咸山,是自汉以来已有此说,
较《夏志》所称独为近古,然则张守节之说信有征矣。"④其他如蜀人、楚
人说⑤也所在多有。其实站在今人的角度,再来辨析巫咸为何许人,似
乎已无太多必要。需要关注的是,正如张怀通所言,中原的信仰文化本

---

① 参见(明)孙应时:《商相巫公墓庙碑》,(明)钱穀编:《吴都文粹续集》卷一五《祠庙》,《景印文渊阁四
　库全书》第 1385 册,台北商务印书馆 1986 年版。
② (明)钱谦益:《牧斋有学集》卷四四《重修乡先贤商相巫公祠堂碑》,《续修四库全书》集部第 1391 册,
　上海古籍出版社 1995 年版。
③ 参见霍然:《巫咸原籍考》,《杭州电子科技大学学报(社会科学版)》2010 年第 4 期。
④ (清)周柄中:《四书典故辨正续》卷三《子游附见巫咸巫贤》,《续修四库全书》经部第 167 册,上海古
　籍出版社 1995 年版。
⑤ 参见刘玉堂、曾浪:《巫咸源流新证:兼及与楚文化的关系》,《江汉论坛》2018 年第 8 期。

身就受到了包括江苏在内的长江下游地区的文化的影响,是各种地域信仰不断交流的结果。① 巫咸作为巫师的代表,是各地巫术发展交流融合的一种象征。如占筮是古人信巫鬼的重要表达形式,八卦是巫师举行筮法时所用的一种表数符号。距今 6500 年前后的江苏海安青墩遗址中就发现两件刻纹鹿角,其中一件上总共刻划 21 个单卦和 32 个重卦,另外有骨簪,其中两件在一面或两面刻划许多直线,一部分可能是某种具有记事意义的符号。② 学者认为其相当于八卦中的"坎""兑""巽"。③ 张政烺指出:"其所使用的数目字有二、三、四,……说明它的原始性。这是长江下游新石器时代文化,无论其绝对年代早晚如何,在易卦发展史上应属早期形式,可以据此探寻易卦起源地点问题"④。

尽管不能由此判定这里是易卦起源地,但是可以确证当时在江苏境内已经有早期的数字卦形式,如苏南地区距今 7000 年前后的丁沙地遗址,江淮地区的龙虬庄文化、大汶口文化、岳石文化,苏南地区的马家浜文化、崧泽文化、良渚文化、马桥文化中都有数字卦使用的遗迹。⑤ 张怀通还认为,甲骨中有"妥氏巫",这里的"妥"可能在南方,甚至有可能就是"吴"方国。⑥ 虽然这种判断待商榷,但是商代的巫来自各地,巫的发展受到各地的影响,当是毫无疑问。饶宗颐认为,地方性的巫"被请到宫中来主持祭事,由于各地都有不同的仪式和祭品,故非由该地的巫官来负责不可"⑦。其中必然有来自江苏的巫。其实在文献中也有吴地神巫的记载。如《越绝书·外传记·吴地传》便云:"巫门外,檽溪楼中连乡大丘者,吴故神巫所葬也,去县十五里……"另外,从考古发掘中也可以找到江苏境内卜、祭之风甚盛的证据,如徐州铜山高皇庙、丘湾商代遗址出土的卜甲、卜骨,经刮削修治,并有明显的凿、钻、灼痕,但无卜辞发现;南京北阴阳营等湖熟文化遗址出土的卜甲、卜骨,有钻、灼痕,无

---

① 参见张怀通:《巫咸考:兼论良渚文化向中原的传播》,《东南文化》2000 年第 7 期。
② 参见南京博物院:《江苏海安青墩遗址》,《考古学报》1983 年第 2 期。
③ 参见邓宏海:《中国科技与文明的起源》第 1 卷第 4 册,安徽教育出版社 2017 年版,第 154—155 页。
④ 张政烺:《试释周初青铜器铭文中的易卦》,《考古学报》1980 年第 4 期。
⑤ 参见邓宏海:《中国科技与文明的起源》第 1 卷第 4 册,安徽教育出版社 2017 年版,第 165—167 页。
⑥ 参见张怀通:《巫咸考:兼论良渚文化向中原的传播》,《东南文化》2000 年第 7 期。
⑦ 饶宗颐:《历史家对萨满主义应重新作反思与检讨——"巫"的新认识》,胡晓明、博杰主编:《释中国》第 3 卷,上海文艺出版社 1998 年版。

凿痕,亦无卜辞发现,与殷墟甲骨有别。① 又如丹阳葛城遗址附近有"神墩"的发现。此"神墩"规模庞大,十分罕见。它东西宽约70米,南北长约80米,四面环水,离水平面4米高。"神墩"顶部为平面,中间有一约400平方米的大坑,深达3米,围绕着它的还有数十个小坑。每个坑都被反复使用过,坑内出土有鬲、罐等盛器和炊器,可能是盛祭祀食品用的。土坑有四层,从西周到战国一直被使用。关于"神墩"的性质、用途,是供贵族使用的,还是平民使用的,祭的是天,是神,还是历代国君,以及斜插在坑土里的那柄青铜剑是怎么回事等,虽都还有待于做进一步的深入研究,但这一罕见祭祀场所的发现,毕竟为中国古代礼仪制度的研究提供了全新的素材,意义非同一般。② 由此看来,江苏巫术文化有着属于自己的特色,在中国民间信仰发展史中占有重要的地位。

此后江苏巫术一直较为发达。《列子说符》曰:"楚人鬼而越人禨。"张湛注云:"禨,祥也。信鬼神与禨祥。"禨祥就是指祈禳,祈求鬼神赐福保佑。江苏北部和南部分属于楚、越文化圈,其巫鬼信仰自然甚为浓厚,至汉仍畅行不衰。《汉书》记载:楚地"信巫鬼,重淫祀",又如淮阳,好"祭祀,用史巫,故其俗巫鬼"。《史记》云:"越人俗鬼。"《风俗通义·怪神》云:"会稽俗多淫祀,好卜筮,民以一牛祭。巫祝赋敛受谢,民畏其口,惧祟,不敢拒逆。是以财尽于鬼神,产匮于祭祀。或贫家不能以时祀,至竟言不敢食牛肉,或发病且死,先为牛鸣。其畏惧如此。"当时的人甚至相信,楚越巫最为毒。王充《论衡》卷二三《言毒篇》对此有这样的解释:"夫毒,太阳之热气也,中人,人毒。……太阳火气常为毒螫,气热也。太阳之地,人民促急,促急之人,口舌为毒。故楚、越之人促急捷疾,与人谈言,口唾射人,则人脉胎肿而为创。南郡极热之地,其人祝树树枯,唾鸟鸟坠。巫咸能以祝延人之疾、愈人之祸者,生于江南,含烈气也。夫毒,阳气也,故其中人,若火灼人。……小人皆怀毒气,阳地小人毒尤酷烈,故南越之人,祝誓辄效。"在他眼中,楚越之地巫风盛行,毫无疑问。而且王充还举巫咸为代表,可见他也认为楚越之巫渊源有自。

① 参见王健:《江苏通史·先秦卷》,凤凰出版社2012年版,第194页。
② 参见王健:《江苏通史·先秦卷》,凤凰出版社2012年版,第195页。

汉武帝时还有一个来自江苏的名巫游水发根。《史记》则言：

> 文成死明年，天子病鼎湖甚，巫医无所不致，至不愈。游水发根乃言曰："上郡有巫，病而鬼下之。"上召置祠之甘泉。及病，使人问神君。神君言曰："天子毋忧病。病少愈，强与我会甘泉。"于是病愈，遂幸甘泉，病良已。大赦天下，置寿宫神君，神君最贵者太一，其佐曰大禁、司命之属，皆从之。非可得见，闻其音，与人言等。时去时来，来则风肃然也。居室帷中。时昼言，然常以夜。天子祓，然后入。因巫为主人，关饮食。所欲者言行下。又置寿宫、北宫，张羽旗，设供具，以礼神君。神君所言，上使人受书其言，命之曰"画法"。其所语，世俗之所知也，毋绝殊者，而天子独喜。其事秘，世莫知也。

《史记集解》引服虔曰："游水，县名，发根，人名姓。"又引晋灼曰："《地理志》，游水，水名，在临淮淮浦。"即发根是淮河流域的楚系巫师。这里虽然游水发根看似只是提出一个建议，其实汉武帝与"神君"的相会应该都是在他的引导之下进行的，"最贵者太一，其佐曰大禁、司命之属"其实也是他重新界定的神仙秩序。所以有学者认为，通过发根这样的巫士，南方的祭祷系统进入了汉代权力中心。①

在江苏境内的诸侯王利用巫术更加普遍。如《汉书》云：（易王建）专为淫虐，自知罪多，国中多欲告言者，建恐诛，心内不安，与使"越婢下神"，并祝诅景帝速死。又如《汉书》载：昭帝时，胥见上年少无子，有觊欲心。而楚地巫鬼，胥迎女巫李女须，使下神祝诅。女须泣曰："孝武帝下我。"左右皆伏。言"吾必令胥为天子"。胥多赐女须钱，使祷巫山。会昭帝崩，胥曰："女须良巫也！"杀牛塞祷。及昌邑王征，复使巫祝诅之。后王废，胥浸信女须等。

汉武帝时期，随着国家权力的逐渐集中，加上儒家学说成为官方意识形态，"不语怪力乱神"的儒者自然会将巫与巫术排斥在正统之外，巫开始民间化。但官方的态度并不能改变整个社会的信仰生态，由于受

---

① 参见杨华：《楚国礼仪制度研究》，湖北教育出版社 2012 年版，第 202 页。

到认知水平的限制，当时的民众仍然相信万物有灵，巫觋卜医问药、驱疫除病、降神逐鬼等活动仍然有着广阔的市场。《盐铁论·散不足》就描述了当时巫术信仰的普遍性：

> 古者，德行求福，故祭祀而宽，仁义求吉，故卜筮而希。今世俗宽于行而求于鬼，怠于礼而笃于祭，嫚亲而贵势，至妄而信日，听詍言而幸得，出实物而享虚福。……是以街巷有巫，闾里有祝。

江苏各地都是巫术信仰较为盛行的地区，民间巫术的盛行自然可以想见。江苏高邮邵家沟汉代遗址就曾出土东汉巫师驱鬼所用的道符，上有用朱砂写的"符"与"咒"，右上则画符，符上有"符君"两字，夹"七星符"画中；左下侧有咒，云："乙巳日死者鬼名为天光天帝神师已知汝名疾去三千里汝不即去南山□□令来食汝急如律令。"①

　　当时还有大量民间禁忌的存在，王充在《论衡·辨祟》中就言："世俗信祸祟，以为人之疾病死亡，及更患被罪，戮辱欢笑，皆有所犯。"《论衡·四讳》就说江南人流行"讳妇人乳子"："讳妇人乳子，以为不吉，将举吉事，入山林，远行度川泽者，皆不与之交通。乳子之家，亦忌恶之。丘墓庐道畔，逾月乃入，恶之甚也。"正是由于民间禁忌太多，所以"起功、移徙、祭祀、丧葬、行作、入官、嫁娶，不择吉日，不避岁月，触鬼逢神，忌时相害"。由此当时盛行"择日"之术。王充在《论衡·讥日》中有一段集中表述："世俗既信岁时，而又信日。举事若病死灾患，大则谓之犯触岁月，小则谓之不避日禁。岁月之传既用，日禁之书亦行。世俗之人，委心信之；辩论之士，亦不能定。是以世人举事，不考于心而合于日，不参于义而致于时。时日之书，众多非一。"

　　1993年发掘的江苏东海尹湾汉墓中就出土了多种术数类的简。②刘乐贤指出，这些简虽然在内容上各不相同，但都以选择时日吉凶为目的，如"行道吉凶"就是通过占卜来询示行路、出门禁忌的择日之术③，而

---

① 江苏文物管理委员会：《江苏高邮邵家沟汉代遗址的清理》，《考古》1960年第10期。

② 参见刘洪石：《东海尹湾术数类简解读》，《东南文化》1997年第4期。

③ 参见刘乐贤：《尹湾汉墓出土数术文献初探》，连云港市博物馆、中国文物研究所编：《尹湾汉墓简牍综论》，科学出版社1999年版，第175—186页。

另外出土的博局占①是用于神龟占卜。所以,刘洪石认为这是当时巫者从上层走向民间的反映。②

民间巫的另一个体现就是驱傩逐疫。先秦时期,傩主要分为两种类型,一是宫廷傩,一是民间傩,由此衍生出江苏地区丰富的傩文化。

度朔山神人御鬼的传说,就是江苏地区巫傩文化的典型表现之一。据王充《论衡·订鬼篇》引《山海经》记载:

> 沧海之中,有度朔之山。上有大桃木,其屈蟠三千里,其枝间东北曰鬼门,万鬼所出入也。上有二神人,一曰神荼,一曰郁垒,主阅领万鬼。恶害之鬼,执以苇索而以食虎。于是黄帝乃作礼以时驱之。立大桃人,门户画神荼、郁垒与虎,悬苇索以御凶魅。

可知,先秦时期人们已经相信神荼、郁垒二神具有驱鬼的功能,并在门户处勾画它们的形象,将之供奉为门神,祈求保护生民平安。值得注意的是,这段史料中的"沧海",很可能指的是与江苏颇有渊源的东海。宋人《轩辕黄帝传》中载:"东海有度朔山,山有神荼、郁垒神。能御凶鬼,为百姓除患,周制驱傩之礼"③。此处不仅点明度朔山位于东海,而且透露神荼、郁垒具有为民驱鬼的神性,逐渐成为巫傩礼仪文化的组成部分,这一变化的重要时间节点就是周朝,这也体现出先秦时期江苏巫傩的萌生与发展。神荼、郁垒神人驱傩时,所佩戴的三尖头饰,是江苏傩俗起源与发展的重要证明。④ 在徐州汉画像石中也有大量神荼、郁垒的形象,或是将二神像以及其役使的神虎之像刻画于墓门门扉正面。

除了神荼、郁垒形象,徐州汉画像石中还有很多以傩为主题的画像。如《周礼》中记载"方相氏掌蒙熊皮,黄金四目,玄衣朱裳,执戈扬盾,帅百隶而司傩……"发展到汉代,舞者全身皆蒙熊皮,戴上面具,扮演方相氏,另有多人化装成十二神兽,加以数名童男善女,手举火把唱词,方相氏与十二神兽相舞,手执兵器,动作粗犷,把危害人间的恶魔赶

---

① 参见李学勤:《〈博局占〉与规矩纹》,《文物》1997 年第 1 期。
② 刘洪石:《东海尹湾术数类简解读》,《东南文化》1997 年第 4 期。
③ 佚名:《轩辕黄帝传》,胡道静等主编《藏外道书》第 18 册,巴蜀书社 1992 年版。
④ 参见曹琳:《潮声集·灵魂与文明的对话》,中国戏剧出版社 2004 年版,第 5—8 页。

跑,以达到驱鬼和祈求平安的目的。徐州汉画像石有一傩舞图,石块右方刻着一个头戴面具的人物,手拿环首刀,与一由人装扮的神兽相舞,前者应该就是方相氏。徐州贾汪《打鬼图》的内容也是方相氏打鬼,刻有两个同样头戴面具的人物,他们手握兵器,双脚有节奏地跳动。[1] 另有彭城相缪宇墓中的傩舞图,发掘报告称"可能为大傩图"[2]。虽然损毁严重,但也可以从中了解当时巫傩仪式的样态。

除方相氏,汉代傩仪里还有十二神,各自有驱魅功能和专门的镇辟对象,即《后汉书》所言:"甲作食凶,肺胃食虎,雄伯食魅,腾简食不祥,揽诸食咎,伯奇食梦,强梁、祖明共食磔死寄生,委随食观,错断食巨,穷奇、腾根共食蛊。"一般认为,这些是以猛兽为原型的凶神。1979 年淮阴泗阳打鼓墩出土一座樊氏家族的墓葬,里面的画像石就以强梁驱鬼为主题。其中,第十四石正面图:一羽人居中,头结双髻,束身,饰豹纹,右手戏龙,左手戏虎。虎后一只腾空的翼兕,探下长颈,咬住虎颈上的绥带,尾巴又与虎尾缠在一起,其间有一只瑞鸟口衔仙果。左侧龙上方亦刻一怪兽,头像犬首,张口右望。最左刻一彊良精怪,胸垂五乳,四肢饰鳞纹,举仙果。侧面图:左上角刻一彊良精怪,垂四乳,猪偶蹄,口衔一蛇,右面三只异兽,两只张口对峙,龙首虎身,双角双翼;另一只犬首,腾空俯视。[3]

徐州汉画像石的这些傩仪主题,大部分是参照《后汉书》的描述。不过与《后汉书》的记载不同,徐州汉画像石的神秘色彩更加浓厚,描绘更加夸张,表演意味更加强烈。此后,虽然官方和民间驱邪逐疫的主题不变,却各自走上不同的道路。民间驱傩的娱乐性更加强烈,主神也开始出现神系杂糅的现象,方相氏逐渐退出了主神行列。

以江苏为例,如南通、扬州、溧阳等地,均具有较浓厚的巫傩传统。比如南通,邵潜《州乘资》记载:"通俗尚鬼,喜淫祀。"《中国戏曲志·江

---

[1] 参见徐州博物馆:《徐州贾汪官庄汉墓群发掘报告》,《东南文化》2008 年第 6 期。
[2] 参见邓琴:《徐州汉画像石及溧阳傩文化的比较》,博士学位论文,江苏师范大学,2018 年,第 16 页。
[3] 参见淮阴市博物馆、泗阳县图书馆:《江苏泗阳打鼓墩樊氏画像石墓》,《考古》1992 年第 9 期。

苏卷》亦载:"南通一带,自古有巫觋之风。俗称做僮子,亦称'香火'"①。"僮子"也称"童子""香火",是古代巫傩的一种。在此基础上形成的童子会或香火会,在苏北地区具有较广泛的传播和影响。童子会或香火会,是为向神灵祈求生子而举办的祭祀活动,僮子做会时演唱酬神的神歌或称傩歌,以此表达民众的求子愿望。据傩文化研究专家曲六乙所说:"'神书'是江淮地区香火僮子(巫师的地方称谓)行傩时所唱的傩歌","据当地的学者考证,至迟在宋代,江淮地区就有僮子演唱神书的活动"。② 这一研判可能跟《太平广记》中的记载有关:"唐楚州白田有巫,曰薛二娘者,自言事金天大王,能驱除邪厉,邑人崇之"。白田是宝应的古称,可见唐代淮扬地区已明确出现巫的活动及其记载。像薛二娘这样的女巫在"驱疫逐鬼"时,口中可能也会演唱神书或傩歌。至今南通"上僮子"仍设坛祭供,表演歌舞甚至气功、杂技。

至于演唱傩歌、表演傩舞的傩俗何时形成,根据目前的记载尚难确断,诚如朱恒夫所说"江淮地区何时开始行傩,湮不可考。直到唐宋间,才有零星的记载"③,前引《太平广记》就是零星记载之一。唐宋时期是江淮地区傩俗发展的重要阶段。《五岳内坛》神书中有唱词曰:"周朝手上敲木铎,唐朝遗留锣鼓响。锣随鼓隶乡人傩,驱邪逐疫一炷香"。神书中的唱词,由于年代久远,以讹传讹,多不可信,但这里的"唐朝"和"周朝",应可确定为傩俗发展的两大时间节点。另外,僮子演唱的神书《开坛请神·盘家门》中有这样的唱词:"老祖本是乡人傩,孔子阶前观得明"。这句唱词当源自《论语》,即"乡人傩,朝服而立于阼阶"。朱熹《论语章句集注》卷五云:"傩虽古礼而近于戏,亦必朝服而临之者,无所不用其诚敬也。"连云港海州地区的僮子戏艺人至今仍自称为"乡人傩",由此可见其历史传承之一斑。

随着时代的变迁,傩神队伍也慢慢发展壮大起来,民众可以按自己的意愿对傩神进行改造、整合,使得傩神家族日益丰富且庞杂。据余大

---

① 中国戏曲志编辑委员会、《中国戏曲志·江苏卷》编辑委员会:《中国戏曲志·江苏卷》,中国 ISBN 中心 2000 年版,第 148 页。

② 朱恒夫、黄文虎搜集整理:《江淮神书》"序言",上海古籍出版社 2011 年版,第 1 页。

③ 朱恒夫、黄文虎搜集整理:《江淮神书》"代前言",上海古籍出版社 2011 年版,第 1 页。

喜《中国傩神谱》的不完全统计,常见傩神有 108 种之多,傩舞也逐渐变成傩戏,而且根据各地的地域特色形成了不同的风格。仅在江苏,不同区域就存在着不同形式的傩舞,如有名的有南通僮子戏、溧阳跳幡神、如东跳马伕、扬州花香鼓舞、高淳跳五猖等。

第三节　先秦至两汉的神祇变迁

从先秦至秦汉,随着世袭贵族等级制度的瓦解、人文思想的活跃,中国的民间信仰呈现出神灵人格化、世俗化、社会化、多元化的趋势。特别是到汉代,如众多学者所言,出现了造神运动。史籍中所记载的纳入祀典的神祇众多,如果再加上民间祭祀的神灵,可以说已经是难以计数,由此形成了一个复杂多样、无所不包的鬼神世界。《风俗通义·祀典》云:"自高祖受命,郊祀祈望,世有所增。武帝尤敬鬼神,于时盛矣。至平帝时,天地六宗已下及诸小神凡千七百所。"有学者根据《汉书》统计,成帝时属于官方祠祀的庙宇 683 所,其中只有 203 所是承继秦代的神庙,其余 480 所为新造神祇的庙宇。到了王莽称帝后,奉祀的祠庙竟多达 1700 所。[①] 至东汉这一趋势有增无减,卫宏《汉旧仪》云:"汉制,天地以下,群臣所祭凡一千五百四十,新益为万五千四十。"

1980 年,江苏扬州邗江胡场发掘出西汉中期木椁墓,即胡场五号汉墓,出土的木牍中有一件"神灵名位牍",这是为死者下葬准备的,通过祭祀这些写在木牍上的神灵,可以引导死者的魂魄,令其不致迷失。有学者根据这些名位,将提及的神祇分成三类:一是山川神,江君、淮河是指江水、淮水之神,奚丘君有可能是当地山神,卢相氾君大概属于山川神;二是本地的社神,包括石里神社、□□神社、□社、高邮君大王、石里里主等;三是一些人物神,如中外王父母、大翁、吴王、大后垔、右王、当路君、宫君王、苍天、上蒲神君、天公、满(?)君、瑜君、城阳峰君等,其

① 参见贾艳红:《论汉代民间信仰的基本特点》,《齐鲁学刊》2010 年第 7 期。

中"中外王父母"可能是祖先神。^① 另外,1974年江苏盱眙东阳发掘出一组西汉末期的墓葬,其中出土墨书木札一枚,简报释文为:"王父母范王父母当以此钱自塞畴园山高陵里吴王会稽盐官诸鬼神亦使至畴。"这里的"王父母""园山""高陵里""吴王""会稽""盐官"也应该是各种神灵的名称。^② 这些出土文物都显示了当时中下阶层官员所膜拜的神灵的复杂和多元。这在江苏境内并不例外,而且颇具地域特色。

一、社神

胡场五号汉墓木牍中有大量社神,这是当时与百姓生活联系最为密切的神灵之一。

社,《说文解字》释"地主也",意即社是土地神。社神发端于原始时代对土地的自然崇拜。王国维在《先王先公考》中也说殷墟卜辞中的"土"即"社"。^③ 根据卜辞来看,殷人的社祭牺牲不仅有牛、羊、豕,还有羌人。1965年在江苏铜山丘湾发现一商代葬地,考古报告指出:社祀遗址与葬地相连,"有四块大石紧靠在一起,这四块大石都是未经人工制作的自然石块,形状不规则,竖立在土中,中心点一块,南北西又各一块","在葬地内共清理出人骨20具,人头骨2个,狗骨12具。根据人骨、狗骨的分布以及人骨头部的方向观察,当时的埋葬都是以四块大石为中心,人骨和狗骨从四面围绕着它。所以这四块大石是有意识放置的,而不是一种自然的现象"。^④ 俞伟超推断这一遗址为社祀遗址,"最可能就是商代的'血祭'"^⑤。还有专家更多地从甲骨卜辞出发,论定丘湾祭祀遗址是"大彭奴隶主的一个祭社遗址",并认为"为了御除睢水的妖神之害,曾在此举行过御祭"。^⑥ 丘湾社祀遗址的发掘和认定首次在考古学上确定了古代社祀的遗迹。

正如俞伟超指出的,商周以来,大多以树为社神,不过也有以石为

① 参见田天:《江苏邗江胡场五号汉墓木牍的再认识》,《出土文献》第三辑,2012年。
② 参见邹厚本:《江苏盱眙东阳汉墓》,《考古》1979年第5期。
③ 参见王国维:《先公先王考》,《观堂集林》,中华书局1959年版。
④ 南京博物院:《江苏铜山丘湾古遗址的发掘》,《考古》1973年第2期。
⑤ 俞伟超:《铜山丘湾商代社祀遗址的推定》,《考古》1973年第5期。
⑥ 王宇信、陈绍棣:《关于江苏铜山丘湾商代祭祀遗址》,《文物》1973年第12期。

社神者,徐州铜山丘湾遗址社主就是中心大石。《淮南子·齐俗训》记载:"殷人之礼,其社用石"。高诱作注曰:"以石为社主也"。《太平御览》引许慎《五经异义》也言:"今山阳民俗祀有石主"。俞伟超认为,东汉山阳郡包括今鲁西南及其与江苏交界的微山湖周边地区,这种以石为社神的风俗"不会凭空产生,而必定是早已有之"①。而前文提及,连云港将军崖遗址中心位置也矗立三块大石,俞伟超认为这是东夷民族举行社祀活动的遗迹,亦是以石为社神。可见,以石为社神是这一地区的传统。

社祀遗址的中心由四块下端呈楔形插入地中的石块组成。中间一块石块最大,略呈方柱形。南、北、西三面各一块石块围绕起三面,只有东面空缺着。② 叶舒宪认为,这个造型表现了地母崇拜与太阳崇拜相融合所产生的拟人化天地观,以及天父地母交合的神秘思想。丘湾商代石社三面环石,而东面空缺,正是为了让东方日出之光直接照射到中央立石之上,而这块直插地中的大石则是"天阳"与"地阴"相结合,给地母授精的象征,和《淮南子·地形训》的有关记载"凡地形……丘陵为牡,溪谷为牝"相合。值得注意的是,一直到汉代,江淮地区依然信奉社母。《淮南子·说山训》云:"东家母死,其子哭之不哀。西家子见之,归谓其母曰:'社何爱速死,吾必悲哭社。'"高诱注云:"江淮谓母为社。"正如贾艳红指出的,这些都证明了当时江淮流域依然保留着之前地母崇拜的遗迹,而在同时代的北方地区,土地神早已变为"社公""社鬼"等男性神灵。③

周代以后,社神、稷神的自然色彩逐渐退化,政治色彩加重,社稷逐渐成为政权的代名词。《尚书·召诰》叙述周成王建设东都时"乃社于新邑,牛一,羊一,豕一",在洛邑立社,用三牲祝祷社神。他还要求按照等级制的模式建立不同等级的社。《礼记·祭法》便言:"王为群姓立社,曰大社。王自为立社,曰王社。诸侯为百姓立社,曰国社。诸侯自为立社,曰侯社。大夫以下成群立社,曰置社。"社神在民间也具有十分

① 俞伟超:《铜山丘湾商代社祀遗迹的推定》,《考古》1973 年第 5 期。
② 参见南京博物院:《江苏铜山丘湾古遗址的发掘》,《考古》1973 年第 2 期。
③ 参见贾艳红:《论汉代民间信仰的基本特点》,《齐鲁学刊》2010 年第 7 期。

重要的地位,成为人们日常生产生活的保护神,其称谓也多种多样,如在已经出土的战国楚简中,亦有"后土""社""地主""宫后土""野地主""宫地主"等不同的记载。

秦汉时期,对社神的祭祀依然存在。如出生在沛县丰邑中阳里的刘邦就曾在反秦之前祷祀本地的社神。《史记》曰:"高祖初起,祷丰枌榆社。"《集解》张晏曰:"枌,白榆也。社在丰东北十五里,或曰枌榆,乡名,高祖里社也。"《封禅书》又言:"二年,东击项籍而还,入关……因令县为公社。下诏曰:'吾甚重祠而敬祭,今上帝之祭及山川诸神当祠者,各以其时礼祠之如故。'后四岁,天下已定,诏御史,令丰谨治枌榆社,常以四时春以羊彘祠之。……高祖十年春,有司请令县常以春二月及腊祠社稷以羊豕,民里社各自财以祠。制曰:'可'"。李秋香认为,这说明江苏地区的里社是民众祈求神灵保护并报答神灵恩佑之地,所以刘邦在起兵时必须向家乡的社神祈祷,并在夺取天下后不久就下令"治枌榆社,常以四时春以羊彘祠之"。① 据葛洪《西京杂记》记载,汉高祖称帝后,为解其父思乡之苦,不仅将丰县移至京郊,成立新丰,而且把里社也搬至新丰。胡场五号墓出土木牍中的"神社""里主"应该都是当时的里社和私社的神祇名称。

二、山川神

除了社神之外,胡场五号墓出土神灵名位牍中有很多山川神,如江君、淮河等。据《尚书·舜典》记载:舜曾"东巡狩,至于岱宗,柴,望秩于山川"。舜采取遥祭方式祭祀的山川诸神,应该包括江苏境内的长江和淮河神灵在内。殷商时期,开始出现"四渎"的说法。《史记》载:"古禹、皋陶久劳于外,其有功乎民,民乃有安。东为江,北为济,西为河,南为淮,四渎已修,万民乃有居。"淮河与长江、黄河、济水,合称为"四渎",历代统治者对它们极为重视,并以较高规格的礼仪加以崇祀。周代,由周公"制礼作乐",形成了一套祭祀河渎的礼仪制度。《周礼》记载:"以血

---

① 参见李秋香:《秦汉的社神信仰及其地域文化认同功能探析》,《上海交通大学学报(哲学社会科学版)》2011年第4期。

祭祭社稷、五祀、五岳,以貍沉祭山林、川泽"。所谓"貍沉",是一种把祭品埋在地下或者沉于水中的祭祀方式①,主要用来祭祀包括长江、淮河在内的山川林泽。据《汉书》载,对于祭祀名山林泽,周朝还规定:"四海之内,各以其职来助祭。天子祭天下名山大川,怀柔百神,咸秩无文。五岳视三公,四渎视诸侯,而诸侯祭其疆内名山大川。"从天子、三公至诸侯,均对名山大川进行祭祀,只是祭祀的对象和范围有所区别,这一区别的背后则是等级地位的差异。其中,诸侯对其统辖范围内的名山大川进行祭祀,而作为"四渎"之一的淮河相当于诸侯这一等级,换言之,淮河神灵的祭祀由诸侯进行。

那么,诸侯祭祀的淮河神灵究竟为何呢? 比较主流的说法是无支祁。当然,后世对无支祁为淮河水神的说法,也有持质疑态度者。比如,明代唐龙在《重修淮渎庙碑记》中说:"或又曰:支祁之宫在是尔。夫山妖、水怪直惟驱之而已,岂可宫邪? 其诞明矣。"②唐龙认为,无支祁是水妖异兽,为其建宫立庙加以祭祀,明显是荒诞之举。他否定了无支祁为淮河水神,同时委婉表达了奉庚辰为淮河水神的想法。从信仰逻辑来说,人们因为敬畏、惧怕而产生对某一神灵的崇拜,对无支祁的祭祀即为如此。而唐龙则从正统信仰的角度,极力反对对妖魅鬼怪的崇拜,认为只有降妖伏魔者,比如制服无支祁的庚辰,才能被人们信奉和祭祀。至中古时,还有传说大禹化为僧伽和尚降伏无支祁,将其镇压于泗州塔下,形成"泗州大圣"信仰。对此,今人折中地指出:"淮河水神的形象有一个演变过程,最初的淮河水神可能就是神通广大的无支祁,随着时间的推移,人们逐渐把代表正义的上界天神庚辰奉为淮渎神,顶礼膜拜,祈佑一方平安。"③总之,从淮河水神变迁中也可以看出民间信仰的复杂性。

秦统一中国后,将江神信仰纳入国家祀典之中。当时修建的是位于蜀地的江神祠庙,《史记正义》引《括地志》载:"江渎祠在益州成都县南八里。秦并天下,江水祠蜀"。扬州境内的江神祠庙,则始建于汉代。

---

① 参见许嘉璐主编:《中国古代礼俗辞典》,中国友谊出版公司 1991 年版,第 395 页。
②《淮安金石录》编纂委员会:《淮安金石录》,南京大学出版社 2008 年版。
③ 常雪瑞:《淮渎祭祀资料汇编与研究》,硕士学位论文,江西师范大学,2011 年,第 115 页。

图 2.1　四渎（来自《三教源流搜神大全》）

《汉书》载：神爵元年（前 61），汉宣帝"诏太常，夫江海百川之大者也，今阙焉无祠，其令祠官以礼为岁事，以四时祠江海洛水，祈为天下丰年焉"。江都的江神祠庙即在这一政治背景下修建而成，这一祠庙与蜀地的江神祠庙当有较深的渊源，所谓"汉初，因秦制祀江于蜀，宣帝乃改祠之"①。另有诸多文献将蜀地与扬州的江神祠庙相提并论。《风俗通义》卷十载："江出蜀郡湔氐徼外崏山，入海。《诗》云：'江、汉陶陶。'《禹贡》：'江、汉朝宗于海。'庙在广陵江都县。"前者位于长江上游地区，后者位于长江下游地区，可能有首尾相应的用意，所以《史记》司马贞索隐言："盖汉初祠之于源，后祠之于委也。"此处"汉初"的说法虽有不妥，不过也道出了长江上、下游江神祠庙的渊源。

---

① 吴士鉴：《晋书斠注》卷一五《地理下》，《续修四库全书》史部 257 册，上海古籍出版社 1995 年版。

长江流域的江神祠庙,所祀神灵并不相同。诚所谓"人们信仰长江之神,往往只是信仰长江的某一段,言长江某段自某江神主之"①。奇相、湘君、李冰与杨泗将军等均曾作为江神,被长江上、中游地区民众信奉和祭祀。② 对于江都县江神祠庙的名称,司马贞根据《风俗通义》中的记载,名之曰"崌山庙",这一名称并不多见。除此之外,江都县的江神祠庙,一般被称为"江水祠"。《汉书》载,江都县有江水祠。那么,江都县的江水祠所祀之神为谁?《水经注·淮水》中记载:"(江都)县有江水祠,俗谓之伍相庙也,子胥但配食耳"。伍相即伍子胥。

伍子胥信仰是江苏境内的重要信仰。《史记》载,吴王夫差听信伯嚭的谗言,伍子胥誓言,"而抉吾眼悬吴东门之上,以观越寇之入灭吴也",于是自尽而死。夫差听到这番话后大怒,"乃取子胥尸盛以鸱夷革,浮之江中。吴人怜之,为立祠于江上"。江都县祭祀伍子胥的江水祠庙,当与这一历史事件密切相关。

在伍子胥死后,吴人就为其立祠。《吴越春秋》卷五《夫差内传》也言:"夫差既杀子胥,连年不熟,民多怨恨"。民众对于伍子胥之死本就不满,加之连年的灾荒,有研究者认为这是伍子胥祭祀出现的原因所在。③ 此后,人们又不断加入神化元素,使其"由人入神",甚至还出现了伍子胥携文种之神畅游于海的说法,《吴越春秋》卷十《勾践伐吴外传》云:"(文种)葬一年,伍子胥从海上穿山胁而持种去,与之俱浮于海。故前潮水潘候者,伍子胥也;后重水者,大夫种也。"

此后,伍子胥信仰继续发展。王充的《论衡·书虚篇》云:"传书言:吴王夫差杀伍子胥,煮之于镬,乃以鸱夷橐投之于江。子胥恚恨,驱水为涛,以溺杀人。今时会稽丹徒大江、钱塘浙江,皆立子胥之庙。"不过当时伍子胥作为神的形象并不正面。《史记》司马贞注曰:"子胥怨恨,故虽投江而不化,犹为波涛之神也"。古人认为怨气不散,会积郁成厉

---

① 李殿元编著:《天神地祇:道教诸神传说》,四川人民出版社 2012 年版,第 113 页。
② 参见黄芝岗:《中国的水神》,上海文艺出版社 1988 年版;谭徐明:《古代区域水神崇拜及其社会学价值:以都江堰水利区为例》,《河海大学学报(哲学社会科学版)》2009 年第 1 期。
③ 参见姜士彬(David Johnson),蔡振念译:《伍子胥变文及其来源》第二部,《中国文学研究》1986 年第 8 辑。

鬼,因此对这种怨恨的恐惧也是当时的人为伍子胥立庙祭祀的重要原因。所以,在传说中伍子胥不是助人渡江的神仙,反而是阻人济涉的恶鬼。如《后汉书》曰:张禹"建初中,拜扬州刺史。当过江行部,中土人皆以江有子胥之神,难于济涉"。《太平御览》卷六十引谢承《后汉书》言:"吴郡王闳渡钱塘江,遭风,船欲覆,闳拔剑斫水,骂伍子胥,风息得济。"

三国魏晋时期,伍子胥的形象开始改变。《三国志》云:"綝遣将军孙耽送亮之国,徙尚于零陵,迁公主于豫章。綝意弥溢,侮慢民神,遂烧大桥头伍子胥庙……"正统史籍此时已经认为孙綝烧毁伍子胥庙是"侮慢民神",从侧面可以看出当时伍子胥信仰之盛。甚至,连道教徒们也开始附会伍子胥神迹,《三国志》中曾有葛洪关于所谓葛仙公的一段记载:

> 抱朴子曰:时有葛仙公者,每饮酒醉,常入人家门前陂水中卧,竟日乃出。曾从吴主别,到洌州,还遇大风,百官船多没,仙公船亦沉沦,吴主甚怅恨。明日使人钩求公船,而登高以望焉。久之,见公步从水上来,衣履不沾,而有酒色。既见而言曰:"臣昨侍从,而伍子胥见请,暂过设酒,忽忽不得,即委之。"①

《晋书》载:西晋太尉贾充曾问会稽人夏统,会稽有何"土地乡曲"? 夏统答曰:"伍子胥谏吴王,见戮投海,国人痛其忠烈,为作《小海唱》。"并为贾充等王公贵族演唱,众人听后,有"子胥、屈平立吾左右"之感。证明西晋时,会稽民众已将伍子胥与屈原并称,他们之所以祭祀伍子胥,不再是"慰其愤心",而是"痛其忠烈"。晋永嘉中,吴郡人叔父为台郎,在洛阳,欲归乡,当时世乱,"京都倾覆,归途阻塞","当济江南,风不得进,既投奏,即日得渡"②。在这个故事中,吴越民众通过投奏,得蒙伍子胥荫佑安然渡江,伍子胥已经是保护神的形象。

伍子胥形象的改变,和时势有着莫大的关系。在王朝兴替不常、士人无法掌握自身命运的南北朝时期,伍子胥成了士人不得志时另投明主的依据。《北史》载,王慧龙"自以遭难流离,常怀忧悴,乃作《祭伍子

---

① (晋)陈寿:《三国志》卷六三,中华书局 1959 年版,第 1427 页。
② 刘敬叔:《异苑》卷五,中华书局 1996 年版,第 42 页。

胥文》以寄意焉"。《北史》也言,昔年尔硃敞"尝独坐岩石下,泫然叹曰:'吾岂终此乎!伍子胥独何人也?'乃奔长安,周文帝见而礼之,拜行台郎中、灵寿县伯"。前者以伍子胥流亡之苦自比,后者则效仿伍子胥另投明主,成为北朝版的伍子胥。

这时,朝廷对伍子胥信仰的态度也逐渐明朗化。南朝时梁元帝萧绎就曾写过《祀伍相庙诗》,反映了朝廷对伍子胥信仰的支持态度。北魏时江都县的伍子胥庙达到了与五岳相同规格的配享,所以前引《水经注》便言,江水祠"岁三祭,与五岳同"——每年三次祭祀,堪比五岳。

唐代李肇《唐国史补》卷下云:"又有为伍员庙之神像者,五分其髯,谓'五髭须神'。如此皆言有灵者多矣"[1]。此时伍子胥已经被讹传为"五髭须",这应该是其信仰在底层民众间广泛传播的结果,可见伍子胥信仰传播已经相当广泛。

在这种情况下,政府开始尝试将伍子胥信仰纳入国家管理。在唐代官员毁淫祠的相关记载中,伍子胥庙基本上都能保全。如狄仁杰清理吴、楚淫祠时,伍员庙是和夏禹、吴太伯、季子庙一起保留的。《旧唐书》言:唐德宗时期,于頔出任苏州刺史,"吴俗事鬼,頔疾其淫祀废生业,神宇皆撤去,唯吴太伯、伍员等三数庙存焉"。大中十二年(858),卢恕为楚州新修伍子胥庙立记[2],提及时任楚州地方官的郑漳之所以能够"灵咒立答,连岁丰穰",就是因为得到了伍子胥"之阴赞耶"。[3] 这里,神明伍子胥有了新形象,他作为风雨调节之神,保民岁岁丰稔。晚唐以降,伍子胥开始得到朝廷的册封。唐景福二年(893),受封为惠广侯,乾宁二年(895),改封惠应侯,后二年,封吴安王,正式被纳入国家的祭典秩序体系。[4] 这一政策延续到了北宋时期:"政和六年加封威显,绍兴三十年加封忠壮英烈威显王,乾道至嘉定累封为忠武英烈威德显圣王"。元代大德四年(1300)加封伍子胥为"顺祐忠孝威惠显圣王"。

---

① (唐)李肇:《唐国史补》卷下,上海古籍出版社 1979 年版,第 65 页。

② 参见(唐)卢恕:《楚州新修吴太宰伍相神庙记》,(清)董浩等编:《全唐文》卷七九一,中华书局 1983 年版。

③ 卢恕《庙记》所言时任楚州刺史荥阳公,有学者考证为郑漳,参见张永娟:《伍子胥与邗沟:唐〈伍相神庙记〉考述》,《扬州教育学院学报》2019 年第 1 期。

④ 参见(清)金志章:《吴山伍公庙志》卷一《历代褒封祀典》,光绪二年刻本。

明清时期伍子胥完全以一种正面的形象出现了。清人金友理《太湖备考》记载：

> 往者巡抚大臣治舟师、习水战，大阅于胥口祠中，必祭告然后入。万历间，某巡抚不礼公，坐少顷，若有挞其背者，呕血，归竟死。一武弁守洞庭，矢溲公墓旁，入舟狂叫，不逾时亦死。乙酉秋，黄蜚兵泊太湖，将不利于洞庭，夜见神火满山，疑有备也，不敢动。盖其灵异如此。呜呼！公之精诚气焰足以感人者，赫赫在天地之间。[1]

可以说，伍子胥是江苏从南到北有名的水神，他也成为江苏人民共同捍御境内水患的主要精神寄托。

除了山川神之外，人们还通过对风雨雷云诸气象的崇拜来祈雨除旱。如铜山洪楼汉墓出土的画像石：有三条龙牵引的云车，车上竖鼓，一兽形人物双手持鼓槌坐于车上，当为雷公。车左侧有人肩扛连鼓阔步前行，亦为雷公。图像左下角有双手持罐做倒水状的人物，当为雨师。其上有一人手持炬形物，当为手持电烛的电神，身旁有一做屈膝吹风状的风伯。[2] 据《论衡·雷虚》载："图画之工，图雷之状，累累如连鼓之形。又图一人，若力士之容，谓之雷公。"该画像石上是"连鼓之形"，乘舆之尊当为雷公。有学者认为，后世的雷公形象多在旁置五连鼓，当源于此。[3] 而另一个头戴鱼形冠、坐于鱼拉车舆的人，应是河伯，雷神与河伯在一起，显然与降雨除旱有关。还有鱼伯出行图，也都与之有关。[4]

三、人格神

秦汉时期，民间信仰中尚有诸多祠庙祭祀历史上的真实人物，如秦始皇、刘邦等帝王，历代圣贤，甚至本地的普通人。如徐州画像石中有

---

① （清）陈瑚：《吴相伍公庙碑记》，（清）金友理撰，薛正兴校点：《太湖备考》卷一三《集文二》，江苏古籍出版社 1998 年版，第 499—500 页。
② 参见王煜、焦阳：《试析汉代图像中的风雨雷电四神》，华东师范大学艺术研究所编：《中国美术研究》第 28 辑，上海书画出版社 2019 年版。
③ 参见曾宪波、刘平：《由汉画试析早期道教的主要来源》，《中国汉画学会第九届年会论文集》上册，中国社会出版社 2004 年版，第 66 页。
④ 参见郝利荣、杨孝军：《徐州汉代墓葬画像中自然灾害题材的图像表现：以徐州汉画像石研究为例》，《文物世界》2015 年第 1 期。

一幅画像,正中鸟首人身和马首人身随侍于一头戴雄鸡冠、腰系猪者身旁。关于此人身份,有学者认为其为孔子弟子子路。子路是历史人物,此处则已被赋予神性,成为俗人神。而在西王母的传说中,在其对偶神东王公出现之前,子路甚至曾经作为其对偶神存在过。[1] 其实这就是汉代民间信仰中俗人崇拜盛行的反映。[2]

江苏还有很多民间信仰与秦始皇有关。秦始皇第二次东巡,其足迹涉及江苏多地,与其相关的古迹甚多。秦始皇在泰山封禅后继续向东,复从山东沿海一直向南抵达朐县(今赣榆区)。据说,朐县是秦朝疆域的最东部。《史记》载:始皇三十五年(前212),"立石东海上朐界中,以为秦东门"。《汉书》亦载:东海郡朐县,"秦始皇立石海上,以为东门阙"。可见,秦始皇当年东巡至此,立有秦东门石刻,宣示秦帝国对这一区域的统治权力,彰显其疆域广博与国力强盛。

值得注意的是,朐县因境内朐山而得名,并且紧邻东海,拥有依山傍海的地理优势。先秦以来,山与海成为神圣灵异的象征,愈为时人所敬畏和崇拜。东海被视为神仙居住的地方,吸引诸多帝王前来求取仙药,以达到长生不老的目的,秦始皇便是其中的代表人物。因此,秦始皇东巡的目的,不仅在于宣扬国威,可能也在于满足求仙得道的欲望。而朐县拥有的山海形势,恰好迎合了这种心理,成为秦始皇东巡的重要站点。《史记》载:秦始皇东巡过程中,"齐人徐市等上书,言海中有三神山,名曰蓬莱、方丈、瀛洲,仙人居之。请得斋戒,与童男女求之"。徐市又称徐福。虽然"徐福东渡"的故事缺少充分的史实依据,但这一故事在当地代代相传,逐渐衍生出浓厚的仙道氛围。

不仅如此,秦始皇东巡的故事也在朐地广泛流传,并且出现了与秦始皇有关的故迹。比如赣榆东部的秦山,"旧传秦始皇登此求神仙,勒石而去,石至今存。山前有棋子湾,山后有二石人。山西南水底,有神路三十余里,阔数尺,由岸直抵山,谓始皇筑。洪波浸激,迄今不圮也。

---

① 参见姜生:《汉画像石所见的子路与西王母组合模式》,《考古》2014年第2期。
② 参见周耀明、丁建中、陈华文:《汉族风俗史·秦汉魏晋南北朝汉族风俗》,学林出版社2004年版,第199—202页。

潮退,路虽不现,而水浅可涉,其中竹木菁葱,四时不改"①。此山因形似琴,故名"琴山",又因秦始皇登临而更名为"秦山"。此外,从秦山周遭地理景观,尤其是那道"迄今不圮"的"神路"可以看出,秦始皇东巡、徐福求仙问药等故事,为历代朐地民众所信奉,甚至可能已经成为当地宗教信仰文化的重要因子。

汉代,秦东门石刻仍然存在。《水经注·淮水》述及朐县秦东门时,引用崔琰《述初赋》曰:"倚高舻以周眄兮,观秦门之将将"。可见,东汉末年,秦东门仍呈现雄壮之貌。秦汉时期,秦东门应是朐地标志性地物。同时,由于紧邻东海的缘故,秦东门附近逐渐衍生出以东海庙为核心的海神信仰。宋人洪适《隶释》收录《东海庙碑》一通,曰:

惟永寿元年春正月,有汉东海相南阳桓君(下缺)

念四时享祀有常,每饰壹切,旋则阤崩,矜闵吏(下缺)

费,者不永宁。凡尊灵祇,敬鬼神,实为黔黎祈福。(下缺)

咸慕,义民相帅,四面并集,乃部掾何俊、左荣(下缺)

殿,作两傅,起三楼。经构既立,事业毕成,俊等镌石,欲(下缺)

荣,非仁也,故遂阙而不著。初,县典祠,虽有法出,附增之(下缺)

绝请求姑息之源。濒海盐□,月有贵贱,收责侵侔,民多(下缺)

限。贫富俱均,下不容奸。□仁忧□,□□惠康,民赖其利。

熹平元年夏四月,东海相山阳满君□,□□□初朐令(下缺)

进瞻坛□,退宴礼堂,嘉羡君功。既尔,□□□是,乃退咨(下缺)

惜勋绩不著,后世无闻。遂作颂曰:

浩浩仓海,百川之宗。经落八极,潢□□洪,波润(下缺)

物,云雨出焉。天渊□□,祯祥所□。昔在前代,昭事百(下缺)

有司齐肃致力,四时奉祠,盖亦所以敬恭明神,报功(下缺)

阙。倚倾于铄,桓君是缮是修,□□慕□,不日而成。功(下缺)

孙□退述,爰勒斯铭,芳烈永著,□载重馨。②

---

① 嘉庆《增修赣榆县志》卷一《山川》,嘉庆元年刻本。

② (宋)洪适:《隶释·隶续》卷二《东海庙碑》,中华书局 1985 年影印本,第 30—31 页。转引自鲁西奇:《汉唐时期滨海地域的社会与文化》,《历史研究》2019 年第 3 期。

身为东海相的南阳桓君,于东汉永寿元年(155)主持修缮东海庙,当时执行具体事务的是掾吏何俊、左荣等人。工程完竣时,何俊等人请求勒石颂扬其事,不过被南阳桓君拒绝。熹平元年(172),山阳满君钦慕桓君的仁政,再次对东海庙进行修缮,又担心此事"勋绩不著,后世无闻",所以镌刻碑铭以垂久远,此即《东海庙碑》的缘起。

洪适《隶释》中又载:"《碑录》:朐山有秦始皇碑,云汉东海相任恭修祠,刻于碑阴,似是此也。任君当又在满君之后,南阳之役更十八年,后人犹颂其美,则模拓决非苟然者"。辛德勇认为洪适所言为是,即"满君'东海庙碑'碑阴残字,似即任恭'秦始皇碑',其刊刻时间当'又在满君之后'"①。依循这一思路,我们可以研判出东汉时期东海庙修缮的时间序列:南阳桓君(永寿元年)—山阳满君(熹平元年)—任恭。这三次修缮均在东汉时期,说明在永寿元年之前已建有东海庙。鲁西奇则根据相关史料,推断东海庙应当建于西汉时期。②

进而言之,洪适之所以判断"东海庙碑"似即"秦始皇碑",其关键依据可能在于秦东门。《续汉书》刘昭注引《博物记》载:朐县"东北海边植石,秦所立之东门"。所谓"植石",可理解为树立碑石,此处所植之石即秦东门石刻。吊诡的是,以植石为名形成一座祠庙,即植石庙。《太平寰宇记》海州"朐山县"载:

> 植石庙,在县北四里。《史记》曰:"始皇三十五年,立石东海上朐界中,以为秦东门。"今石门犹存,倾倒为数段,在庙北百许步,今尚可识,其文曰:汉桓帝永寿元年,东海相任恭修理此庙。

从上面记载可知,北宋初年秦东门石刻仍然存在,其上碑文尚可辨识。不过,"汉桓帝永寿元年,东海相任恭修理此庙"一句,显然与洪适《东海庙碑》中的记载相互抵牾,孰是孰非及其个中缘由颇耐人寻味。抛却这一疑窦,我们更关注植石庙、东海庙与秦东门的关系。对于东海庙与秦东门的关系,辛德勇认为,"始皇所立秦东门阙碑石,应当在汉东海庙附

---

① 辛德勇:《辛德勇说中国历史地理:湮没的过往》,万卷出版公司 2017 年版,第 75 页。
② 参见鲁西奇:《汉唐时期滨海地域的社会与文化》,《历史研究》2019 年第 3 期。

近"①。鲁西奇进一步认为，植石庙"即东汉时的东海庙，与秦始皇所立东门阙相距甚近，即在海边，当无疑问"②。据此，以秦东门为衔接点，植石庙与东海庙的内涵趋向融合，应该为同一座祠庙。不过，由于与始皇立秦东门的内涵更为接近，可能在"植石"概念基础上形成的植石庙形成更早，《续汉书》等文献中"植石"的记载亦可为证。随着朐地民众对海洋鱼盐资源的开发和利用，祈求海神保护成为热切的愿望，因此，以东海神为核心的信仰因素逐渐产生并深化发展。③

同样，刘邦及其臣下为取代秦政权而编造的斩白蛇故事因被司马迁当作信史加以记载，不仅增加了汉王朝的合法性，也为刘邦本人披上了一层神秘的色彩。而汉高祖庙的发展也颇具意味。《史记》载：汉惠帝在位时，曾"令郡国诸侯各立高祖庙，以岁时祠"。在这一政治背景下，全国各地先后修建多处汉高祖庙。徐州是汉高祖刘邦的故乡，当地的汉高祖庙遂具有特殊的意义。"及孝惠五年，思高祖之悲乐沛，以沛宫为高祖原庙。"刘邦平定英布之乱后返回，途经沛县，曾在沛宫置酒宴请乡亲，因此汉惠帝将沛宫改建为高祖庙，足见沛县汉高祖庙在全国的中心地位。巫鸿认为，"从汉代初年开始，汉代皇帝煞费苦心地构建一种国家宗教以巩固新创立的帝国。实现这一目标的方法之一是提倡对先王的崇拜"，而沛县汉高祖庙在国家宗教中的突出地位，使之成为"为全国瞩目的'原庙'"。④ 汉惠帝在改建高祖庙的同时，还仿照高祖宴请乡亲时演唱的模式，制定了高祖庙的祭祀礼仪与规格。具体来说，在祭祀典礼中让120个人奏乐，并演唱高祖曾经教导的歌曲，如果遇到缺漏立即增补人员进去。又据《东观汉记》载，朝廷曾命令盖延修缮高祖庙，并"置啬夫、祝、宰、乐人，因斋戒祝高庙"。其中，"啬夫"是祠庙事务管理者，"祝"是祭祀礼仪主持者，"乐人"是祭祀礼乐演奏者。可见，东汉

---

① 辛德勇：《辛德勇说中国历史地理：湮没的过往》，万卷出版公司2017年版，第75页。

② 鲁西奇：《汉唐时期滨海地域的社会与文化》，《历史研究》2019年第3期。

③ 魏斌认为，古代的东海范围较广，大致包括今黄海与东海，有时甚至包括渤海，而汉代东海信仰的地理中心在"青徐之东海"，其以朐地东海庙为主庙展开东海神灵的祭祀。参见魏斌：《"山中"的六朝史》，生活·读书·新知三联书店2019年版，第179—180页。

④ [美]巫鸿著，郑岩、王睿编，郑岩等译：《礼仪中的美术——巫鸿中国古代美术史文编》，生活·读书·新知三联书店2016年版，第583—584页。

时期沛县高祖庙的祭祀仪式仍较完备，体现出汉朝历代帝王对高祖刘邦的追思和敬奉。另外，徐州彭城县与楚州山阳县等地，亦曾修建汉高祖庙。

作为汉王朝的发家之地，苏北尤其是徐州一带，还涌现出不少匡扶汉室的贤臣良将，他们在汉王朝建立与统治的过程中发挥了关键作用，这些贤臣良将的故事在当地流传，后人亦修建祠庙以示颂扬与崇拜之意。比如张良庙，张守节《史记正义》引《括地志》云："故留城，在徐州沛县东南五十五里，今城内有张良庙也"。留城即留县故城，刘邦曾封张良为留侯，留城即因之得名。留城乃"昔张良遇高祖之处"，"后平天下，高祖欲封之，曰：臣昔遇陛下于彭城东南留地，愿陛下封臣于此。高祖许之，遂封留侯"。[①]《水经注》卷八《济水》载："张良委身汉祖始自此矣，终亦取封焉。"张良为汉朝一代贤臣，其德行为后人所景仰。为了追怀他，人们修建庙宇祭祀他，即张良庙。东晋义熙十三年(417)，刘裕以"宋公"的身份，率师北伐途经留城，驻军期间命令修缮张良庙。《宋书》卷二载：

> 夫盛德不泯，义在祀典，微管之叹，抚事弥深。张子房道亚黄中，照邻殆庶，风云言感，蔚为帝师。大拯横流，夷项定汉，固以参轨伊、望，冠德如仁。若乃神交圯上，道契商洛，显晦之间，窈然难究，源流渊浩，莫测其端矣。涂次旧沛，伫驾留城，灵庙荒残，遗象陈昧，抚迹怀人，慨然永叹。过大梁者或伫想于夷门，游九原者亦流连于随会。可改构榱桷，修饰丹青，苹蘩行潦，以时致荐。以纾怀古之情，用存不刊之烈。

此处将张良与伊尹、吕望相提并论，彰显了他"夷项定汉"的功绩。这促使刘裕等人将张良视为神的化身，而张良庙则成为神秘力量的主要依托。因此，他在看到"灵庙荒残"时，认为必须加以修整，并予以祭奠，祈求获得神秘力量的佑助，从而获得北伐战争的胜利。由此，不仅可以看出张良庙久远的历史，也窥探出其中浓郁的信仰氛围。

① (宋)乐史撰，王文楚等点校：《太平寰宇记》卷一五《河南道・徐州・沛县》，中华书局2007年版，第301页。

有些地方官员在任时,竭尽心力、为民造福,当地百姓亦修建祠庙加以祭祀。东汉末年,百里嵩担任徐州刺史。《艺文类聚》引谢承《后汉书》曰:"州境遭旱,嵩行部,传车所经,甘雨辄注。东海金乡、祝其两县僻在山间,嵩传驷不往,二县独不雨。老父干请,嵩曲路到二县,入界即雨。"[1]百里嵩巡查旱情,所到之处普降甘雨,似有召唤雨水的神力,故有"刺史雨"之谓。以今视之,这应是虚妄之语。不过,似可以做这样的解读:百里嵩关心民生疾苦,出巡体察民情,彼时民众深信他的仁德,可以感动天地,由此出现"入界即雨"的情况,并被民众尊奉为雨神。这对于处于旱魃肆虐中的灾民来说,无疑具有宽慰心态和纾解压力的作用,故为百里嵩修建祠庙即百里嵩祠,希冀为民众安居与祥和提供精神上的支撑。

一般来说,女性具有阴柔与坚韧并重的特质,较多地被人们与雨、水、河流等联系起来,因而传统社会中涌现出诸多以祈雨求雨为目的的女性神灵崇拜,这在苏北地区也较普遍。汉代东海郡境内,曾流传一则孝妇杀姑的故事。事情的缘起见《汉书》:

> 东海有孝妇,少寡,亡子,养姑甚谨,姑欲嫁之,终不肯……其后姑自经死,姑女告吏:'妇杀我母。'吏捕孝妇,孝妇辞不杀姑。吏验治,孝妇自诬服。具狱上府,于公以为此妇养姑十余年,以孝闻,必不杀也。太守不听,于公争之,弗能得,乃抱其具狱,哭于府上,因辞疾去。太守竟论杀孝妇。郡中枯旱三年。后太守至,卜筮其故,于公曰:'孝妇不当死,前太守强断之,咎党在是乎?'于是太守杀牛自祭孝妇冢,因表其墓,天立大雨,岁孰。

于公指于定国之父,当时担任县狱史职务。鉴于孝妇虔心孝顺,他认为她不可能做出杀亲之事,但是时任太守却固执己见,最终将孝妇处死。事后,当地发生干旱三年,于公将之归因于对孝妇的处置不当。继任太守颇以为然,并对孝妇进行祭祀,果然感动上天降下甘雨,使得农业生产获得丰收。为了感谢孝妇的恩德,人们修建祠庙加以祭祀,《太平寰

---

[1] (唐)欧阳询撰,汪绍楹校:《艺文类聚》卷五十《职官部六·刺史》,中华书局1965年版。

宇记》载："孝妇庙,在(东海)县北三十三里巨平村北"①。宋元以后,除了对孝妇庙重加修葺外,对孝妇身份的认识也逐渐丰富。比如,明代刘昭称孝妇为窦氏,即"孝妇,东海人,姓窦氏",并对孝妇颇显灵异的原因解释说:"伸孝妇者也,天也。天非但伸之,所以警千百世之下司狱者之不中也。"②即上天降下甘雨,意在为孝妇申冤鸣屈,以此警醒官吏公正行事。

吊诡的是,《太平寰宇记》中扬州江都县亦载"孝妇祠",曰:"《汉书》:于公以为孝妇必不敢杀姑,后祭之即雨也"③。此处对于孝妇的事迹描述,虽然较东海县孝妇故事简单,但逻辑则基本一致。这是一种巧合,即江都县亦建有孝妇祠,还是《太平寰宇记》的撰者乐史混淆了呢?目前尚难作出准确的判断,不过笔者倾向于后者,其原因在于:两处孝妇祠的记载内容过于雷同,且江都县孝妇祠没有明确的方位表述。不过对江都县另一个女神的记载,则相对明确,那就是汉代的东陵圣母。《续汉书》引《博物记》载"东陵亭"曰:"女子杜姜,左道通神,县以为妖,闭狱桎梏,卒变形莫知所极。以状上,因以其处为庙祠,号曰东陵圣母。"《神仙传》的记载更为翔实,曰:"东陵圣母者,广陵海陵人也。适杜氏,师事刘纲学道,能易形变化,隐显无方。杜不信道,常恚怒之。圣母或行理疾救人,或有所之诣。杜恚之愈甚,告官讼之,云圣母奸妖,不理家务。官收圣母付狱。顷之,已从狱窗中飞去,众望见之,转高入云中,留所著履一緉在窗下,自此升天。远近立庙祠之,民所奉事,祷祈立效。"④这与孝妇的冤屈遭遇颇为相似,只是结局不同。后来,当地修建祠庙即东陵圣母庙(又称"圣母祠")加以祭祀,东陵圣母也成为民间祷雨的神灵。北宋庆历年间韩琦知扬州时,曾向东陵圣母庙祈雨,其文曰:"今岁夏季以来,境内不雨,稼人狼顾,以田为忧。长民者亦尝设坛

① (宋)乐史撰,王文楚等点校:《太平寰宇记》卷二二《河南道·海州·东海县》,中华书局 2007 年版,第 464 页。
② (明)刘昭:《汉东海孝妇窦氏祠记》,隆庆《海州志》卷十,《天一阁藏明代方志选刊》第 14 册,上海古籍书店 1981 年版。
③ (宋)乐史撰,王文楚等点校:《太平寰宇记》卷一二三《淮南道·扬州·江都县》,中华书局 2007 年版,第 2446 页。
④ (晋)葛洪:《神仙传》卷五,上海古籍出版社 1990 年版,第 36 页。

祷龙,款祠求神,斋恪之诚,不为不至。近方灵应有答,而民望未厌。是用陈兹薄荐,乞灵于神。"①龙神是较重要的祈雨神灵,然而人们祭祀和祈求龙神却没有使自己走出农田枯旱的困境,为此不得不祈求东陵圣母施救旱灾。

四、神仙崇拜与升仙追求

神仙思想与信仰是先秦两汉意识形态中的重要部分。一般认为,自战国以后,整个社会就从上到下掀起了一股前所未有的求仙长生不死的热潮。② 至汉武帝时,求仙活动更是达到高峰。人们求仙不单单是求长生不老、求不死药,而主要是转向升仙、升天,求得灵魂不死或死后复活。大致而言,西汉早期开始,就逐渐形成了死后可以在彼岸世界升仙,死去的亲人升仙之后能福佑后世的子孙的观念。余英时认为,武帝时发明黄帝及其随从升天的故事是方士适应当时人求仙升天愿望的重要一步。③ 当时人们认为,天上是神灵的国度,死者要实现升天,需有使者的引导、帮助,或者驾驭云气,或者乘龙御风,或有四灵羽人引导。所以,在出土的很多汉画像石、砖及汉镜中,以神仙崇拜为主题、表现灵魂进入仙界的图像占据了很大比例,天帝、西王母、东王公、伏羲、女娲、仙人、羽人等众多神仙引导人们升仙,同时还有四灵、九尾狐、玉兔、仙鹤、三青鸟等相伴随。

江苏徐州地区出土了大量汉墓和画像砖,据刘尊志等学者研究,徐州汉墓反映的升仙思想主要表现在三个方面。④

一是墓葬形制和结构。西汉时期,诸侯王墓为横穴崖洞墓,有学者认为这种形制意在模仿西王母昆仑穴居的环境,目的是达到死者墓穴与西王母穴居的沟通。⑤ 同时,墓葬顶部盝顶、穹隆顶等结构的出

---

① (宋)韩琦:《安阳集》卷四二《祭文・扬州祭圣母祠祈雨文》,《景印文渊阁四库全书》第1089册,台北商务印书馆1986年版,第472页。

② 参见蒲慕州:《追寻一己之福——中国古代的信仰世界》,上海古籍出版社2007年版。

③ 参见余英时:《东汉生死观》,上海古籍出版社2005年版,第36页。

④ 参见刘尊志:《两汉帝王陵墓反映的丧葬思想》,《南开大学学报(哲学社会科学版)》2012年第4期;刘尊志:《徐州汉墓与汉代社会研究》,博士学位论文,郑州大学,2007年,第144—146页。

⑤ 参见倪润安:《秦汉之际仙人思想的整合与定位》,《中原文物》2003年第6期。

现亦可能与升仙思想有关。① 中小型墓葬一般有较深的长方形竖穴墓道,很有可能是通天升仙的通道。东汉时期,较多墓葬的顶部为弧顶或穹隆顶,一些石砌叠涩顶的中心有藻井,这些都表达出一定的升仙意图。

二是陪葬品。玉在良渚时期已经大量使用,学者判断,时人认为玉有贯通天地之效,玉的广泛使用,应该被赋予了升仙的寓意,如使用玉棺就是汉代人相信这样能使死者灵魂升天的反映。② 著名的金缕玉衣就是典型。学者认为,玉衣头罩顶部中央使用的璧(环)形玉片,当中的孔就是要让死人之灵魂出窍有升天之道。③ 玉蝉的使用具有同样的功能。中国古代有所谓蝉蜕之说。一般认为,人的死像蜕变一样,用蝉为琀,就有复活再生的寓意。④ 死后将玉蝉随葬于墓内就有追求不朽、获得新生的寄托。⑤ 又如铜镜,一些等级较低的墓葬中,铜镜多置于死者头部,裸放,部分还会镶于棺壁,有学者认为其作用是辟邪和护卫灵魂⑥,也有学者认为这种葬俗可能是借鉴了中型墓葬头档饰璧的特点,也寄托了升仙的愿望。⑦

三是石刻画像。早期画像石图案上的悬璧纹即有导引升仙之意。铜山县凤凰山出土的石椁墓头档的十字穿璧(环)纹,就是其中的代表。⑧ 刘尊志指出,西汉晚期至东汉,画像石中的升仙、求仙图数量大增,且更加生动。⑨ 确定为西汉末年至王莽时期的沛县栖山汉墓中棺东西壁画像就是其中的代表。东壁画面可分为五组:第一组左侧刻二层楼阁,楼上有一妇女面几而坐,几上放一鼎一盘,楼下刻一鸟,昂首衔

---

① 参见[美]巫鸿,施杰译:《黄泉下的美术:宏观中国古代墓葬》,生活·读书·新知三联书店 2010 年版,第 35 页。

② 参见李银德:《汉代的玉棺:镶工漆棺》,徐州市两汉文化研究会编:《两汉文化研究》第三辑,文化艺术出版社 2004 年版,第 42—54 页。

③ 参见罗波:《汉代玉衣与升仙思想初探》,《文物春秋》1994 年第 3 期。

④ 参见宋彦丽:《中国古代玉器中的佩蝉、琀蝉与冠蝉》,《文物春秋》1996 年第 1 期。

⑤ 参见李玲:《玉蝉的分类与时代特征》,《中原文物》1998 年第 2 期。

⑥ 参见王峰均:《铜镜出土状态研究》,西安市文物保护考古所编:《西安文物考古研究》,陕西人民出版社 2004 年版,第 70—100 页。

⑦ 参见于菁:《夫妻合葬墓惊现墓下墓》,《都市晨报》2006 年 4 月 25 日。

⑧ 参见徐州博物馆:《江苏铜山县凤凰山西汉墓》,《考古》2004 年第 5 期。

⑨ 参见刘尊志:《徐州汉墓与汉代社会研究》,博士学位论文,郑州大学,2007 年,第 146 页。

食;紧靠右边的柱旁刻二妇女,执棒做捣壶状;左侧有楼梯,在楼顶两侧各有一株树,树旁有一鸟衔食,鸟右有九尾狐,衔食奔跑,下有四人拱手佩剑面向楼阁而立,前者人身蛇尾,次为马首人身,其后为鸡头人身,最后似为一老翁。第二组刻一树,树有五枝,其左三枝上各立一鸟,右边枝上立一鹭鸶翘颈衔鱼;树下左边有一人张弓射鸟,已将原右侧第二枝上的鸟射落在地,在树右侧有一老者佩剑静立观望。第三组位于整个画面的中部,中心是一个建鼓,中贯鼓柱,下有础,础两侧置壶及鼎,鼓上罩树形华盖,顶立一鸟,两侧各有一羽葆飘起,其上各蹲一鸟;建鼓两侧各有一人执枹击鼓,左侧一老者面鼓操手而立。第四组位于整个画面的右上角,中心为一小棚,棚下有物,不知何名,其上有鼎和盘;左侧有一老者佩剑而立,其右则有二人负棒而行,棒上系有物。第五组位于右下角,为二人格斗,右侧人持矛,左侧人持盾和剑。[1] 西汉晚期的画像石如此复杂精致,尚不多见。

东汉早期的一些画像石开始出现上下分格。如铜山县汉王东沿汉墓出土的第一、二石,上格有仙界的图案,下格为人间生活。[2] 如铜山县北洞山出土的一幅祠堂画像,层层递进地表现出祠主升仙的整个过程。[3] 贾汪白集汉墓石祠堂虽顶部坡石已佚,但其两侧壁的画像也是上部为东王公、西王母等仙异,下部为人间生活,同样反映升仙过程。反映升仙场面最为繁杂细腻的要数铜山县洪楼祠堂出土的三幅画像,一般认为它们为百戏图,但后有学者提出疑义,认为它们应为升仙灵异图和导引升仙图。[4] 三幅图共同构成了往天国飞升和升天成仙的画面,描绘了当时人们想象的升仙场面。

为了达到升仙的目的,人们大多采取实用主义的态度,只要能升仙,不管什么神仙都可以利用,不管什么思想都可以汲取,因此在徐州

---

① 参见徐州市博物馆、沛县文化馆:《江苏沛县栖山汉画像石墓清理简报》,《考古学集刊》第 2 集,中国社会科学出版社 1982 年版。

② 参见徐州博物馆:《徐州发现东汉元和三年画像石》,《文物》1990 年第 9 期。

③ 参见武利华:《徐州汉画像石祠堂和祠堂画像》,徐州市两汉文化研究会编:《两汉文化研究》第三辑,文化艺术出版社 2004 年版。

④ 参见周保平:《徐州洪楼两块汉画像石考释》,《中原文物》1993 年第 2 期。

汉墓和画像石中可以看到大量道教和佛教的因素。① 徐州是张道陵的故乡,是中国道教和道教文化的发祥地之一,这里的道教传播较为普遍,墓葬自然也会受到影响,如墓门解除、辟邪杀鬼、神药厌镇、长生不死等道教思想和方术都有运用。墓葬中出土了大量类似解除瓶的陶罐。如新沂炮车北大墩东汉晚期墓葬出土的三件陶罐上有用铅粉书写的七行文字:"西方大白,其帝上皓,其神羞收,其日庚辛,其虫毛,当以丹砂除凶耗,□家常贵,当延寿。"伴出的还有天然水晶石数块、雄黄屑少许。② 这些都是汉代道家炼丹的常用品。另外,常青树、蹶张等道教用于长生驱鬼的法术在徐州汉墓中也多有反映。炼丹术是道教追求长生的最重要途径,炼丹求升仙自然就是汉代画像石的重要主题之一。如邳州车夫山画像石墓前室西壁南、北侧③,十里铺汉墓④中室横额背面的画像及徐州市东阁⑤、贾汪散存⑥的画像石上均有求仙药的图画。睢宁九女墩汉墓出土的后室门额画像从左至右刻有盛开花朵的仙草、羽人采仙果、九枝灯、羽人贮存仙果等。⑦ 这些都是时人想通过服仙果求长生的表现。

西汉末年,佛教开始传入中国。东汉初年,身在徐地的楚王刘英"学为浮屠""尚浮屠之仁祠",开佛教在江苏传播之先河,徐扬地区亦因此成为汉代佛教传播的中心,这同样也反映了徐州的画像石中。⑧ 如铜山县苗山东汉墓前室前壁门东石下方刻一白象侧面,有三只象牙,象背上有串珠,体升翅翼,脚踏莲花。⑨ 六牙象,应该是佛教中能仁菩萨的七宝之一。另外,洪楼汉墓祠堂也有持钩驭六牙白象者。⑩ 徐州汉画像

① 参见刘尊志:《徐州汉墓与汉代社会研究》,博士学位论文,郑州大学,2007年,第137页。
② 参见李昭鉴、王志敏:《江苏新沂炮车镇发现汉墓》,《文物参考资料》1955年第6期。
③ 参见李军、孟强、耿建军:《江苏邳州车夫山前埠汉画像石墓的复原研究》,《华夏考古》2003年第3期。
④ 参见江苏省文物管理委员会、南京博物院:《江苏徐州十里铺汉画像石墓》,《考古》1966年第2期。
⑤ 参见徐州博物馆:《徐州汉画像石》,江苏美术出版社1985年版,图154。
⑥ 参见徐州博物馆:《徐州汉画像石》,江苏美术出版社1985年版,图159。
⑦ 参见李鉴昭:《江苏睢宁九女墩汉墓清理简报》,《考古通讯》1955年第2期;全泽荣、武利华:《睢宁汉画像石》,山东美术出版社1998年版,第38—39页。
⑧ 参见刘尊志:《徐州汉墓与汉代社会研究》,博士学位论文,郑州大学,2007年,第139—141页。
⑨ 参见徐州博物馆:《徐州汉画像石》,江苏美术出版社1985年版,图91。
⑩ 参见徐州博物馆:《徐州汉画像石》,江苏美术出版社1985年版,图85。

石中还有两幅《僧侣骑象图》①,在邳州燕子埠缪宇墓墓门堆土中发现一尊鎏金铜像,有学者认为该铜像显示出典型的佛教造像的特征②。

当然,徐州汉画像石中最重要的主题仍然是传统的神仙,不过这些神仙也经历了改造和变形,其中最为典型、出现次数最多的是伏羲、女娲及西王母。

闻一多在《伏羲考》中指出,"大概从西汉末到东汉末,是伏羲、女娲在史乘中最显赫的时期"③。伏羲和女娲在汉画像石中往往是成对出现的,然而这两者其实分属于不同的神话系统,在最初的传说中都是单独出现。

《风俗通义》载:"俗说天地开辟,未有人民。女娲抟黄土作人"。《淮南子·览冥训》记载:"往古之时,四极废,九州裂,天不兼覆,地不周载,火爁炎而不灭,水浩洋而不息。猛兽食颛民,鸷鸟攫老弱。于是女娲炼五色石以补苍天,断鳌足以立四极,杀黑龙以济冀州,积芦灰以止淫水。"所以,《山海经·大荒西经》称:"女娲,故神女而帝者也"。关于伏羲的记载,主要是说他是八卦的创始人,同时也多有发明。《易传·系辞下》:"古者,包牺氏之王天下也,仰则观象于天,俯则观法于地,观鸟兽之文与地之宜,近取诸身,远取诸物,于是始作八卦,以通神明之德,以类万物之情。"此外,还有伏羲尝草木可食者,五谷乃形,构建巢穴,制布,"丝桑为瑟,均土为埙"的记载。可见,他是一个无所不能的创世之神,故而被人们传颂和崇拜。

在 1942 年从湖南长沙子弹库楚墓被盗出土的战国中晚期帛书中,明确地记载着伏羲娶女娲为妻的创世神话,这是明确伏羲、女娲关系的最早记载。④ 然而在正式文献中,伏羲与女娲的关系长期模糊不清。如伏羲、女娲二者皆为人首蛇身,《玄中记》载:"伏羲龙身,女娲蛇躯"。他们的对偶出现则最初见于《淮南子·览冥训》。应劭《风俗通义》始言二人为兄妹关系:"女娲,伏羲之妹,祷神祇,置婚姻,合夫妇也。"东汉末年

---

① 参见杨孝军、郝利荣:《徐州新发现的汉画像石》,《文物》2007 年第 2 期。
② 参见陈永清、张浩林:《徐州东汉纪年墓中出土蟾金铜佛造像考略》,《东南文化》2000 年第 3 期。
③ 闻一多:《伏羲考》,《闻一多全集》第 1 册,生活·读书·新知三联书店 1982 年版。
④ 参见院文青:《楚帛书与中国创世纪神话》,《楚文化研究论集》第 4 集,河南人民出版社 1994 年版。

高诱注《淮南子》云:"女娲,阴帝,佐伏羲治者也。"关于其夫妻关系,记述故事最详尽的是唐代李亢的《独异志》:"昔宇宙初开之时,只有女娲兄妹二人,在昆仑山,而天下未有人民。议以为夫妻,又自羞耻。兄即与其妹上昆仑山,兄曰:'天若遣我兄妹二人为夫妻,而烟悉合,若不,使烟散。'于是烟即合,其妹即来就兄。"其实伏羲、女娲兄妹婚配故事剥去神话的外衣,就是人类历史上第一个婚姻状态——血缘家族婚姻的写照,即在血缘家族内,只有同辈男女之间才允许发生婚姻关系,从此人类告别杂乱的性交关系,向文明有序的婚姻关系迈出了第一步。如恩格斯所言:"这种家庭的典型形式,应该是一对配偶的子孙中每一代都互为兄弟姊妹,正因为如此,也互为夫妻。"[1]典籍中伏羲、女娲的关系之所以隐晦,当是受到了儒家伦理道德关系的影响,所以如徐旭生所言"受尽压抑"[2]。

但是在民间,这种关系其实是公开的秘密,汉代画像石上出现了大量人首蛇身的伏羲、女娲二神交尾而立的图像。[3] 如铜山县利国汉墓出土的伏羲女娲图,在中室东面北立柱上,雕刻技法为浅浮雕,画面刻伏羲女娲两尾相交,右侧面有三道菱形纹。[4] 伏羲、女娲甚至有后代,有人认为伏羲、女娲交尾图中有小孩附属人像,应该就是他们生育的后代。如上述睢宁双沟画像最下方就各刻有一小人,亦人首蛇躯。另外徐州画像石中有一幅伏羲、女娲盘腿而坐的图画,他们并未交缠在一起,尾部也不是常见的蛇身,而是两个倒立的小人。[5] 正如很多学者指出的,这里其实蕴含着当时人们的生育信仰,祖先崇拜和生殖崇拜就是这个神话故事中互相交织的主旋律。[6] 另外,还有伏羲捧日、女娲捧月的主题,这其实也是阴阳相对的变形,是将源于天体自然崇拜的日月神与祖先崇拜相互重叠交错的结果。[7] 如东海县昌梨出土的一座东汉时期夫

---

① 恩格斯:《家庭、私有制和国家的起源》,中华书局1984年版,第34—35页。
② 徐旭生:《中国古史的传说时代》,广西师范大学出版社2003年版,第238页。
③ 参见马昌仪编:《中国神话学文论选萃》,中国广播电视出版社1994年版,第683页。
④ 参见徐州博物馆:《江苏徐州市清理五座汉画像石墓》,《考古》1996年第3期。
⑤ 参见顾森主编:《中国汉画像拓片精品集》,西北大学出版社2007年版。
⑥ 参见王小盾:《原始信仰和中国古神》,上海古籍出版社1989年版,第112页。
⑦ 参见牛天伟、金爱秀:《汉代神灵图像考述》,河南大学出版社2017年版,第19页。

妻合葬画像石墓中,在后室内东间盖顶石上刻绘人首蛇身捧日者,与之相对应,在后室的西间则刻人首蛇身捧月者。① 前述睢宁双沟出土的画像石伏羲、女娲画像同样是双手托举日月。② 只有徐州青山泉白集东汉画像石墓中西壁刻女娲图像中,与之相对的不是伏羲,而是三头金乌。③

根据学者的研究,当时的人认为墓主人的升天之路,在进入天关、天门之后,必然是天下的天衢,也就是黄道,而黄道为日月所经行。传说分别为日神和月神的伏羲、女娲,手托日月出现在这里,一方面是墓主人升天之路的标识,同时也是墓主人升天的引路人。如《淮南子·天文训》便言:"日月者,天之使也。"《淮南子·览冥训》更言,女娲"乘雷车,服驾应龙,骖青虬……浮游消摇,道鬼神,登九天,朝帝于灵门"。《史记》亦言:"苍帝行德,天门为之开。"苍帝即伏羲,可见伏羲和女娲在升天过程中的重要作用。④ 徐州铜山周庄画像石墓则更加复杂,伏羲和女娲遥遥相对,两持帚门吏也互为呼应,左右两侧的"四神"和门吏则统统面向墓室以外,表现了虔诚的迎候姿态。艺术性和故事性都达到了汉画像石的高峰。⑤

在汉画像石中出现频率比伏羲、女娲更高的,是当时被人们普遍狂热尊崇的西王母。在汉代,传说西王母掌管着生杀大权,又有灵丹仙药,能使人长生不老,在当时求长生、问仙药成为社会风尚的情况下,自然就在汉画像石中频频出现。

西王母,又称金母、王母、西姥、王母娘娘,是人是神还是一个部落,学术界历来莫衷一是。最早文献记载的西王母的原始状态是人兽合一的形象。如《山海经·西山经》载:"玉山,是西王母所居也。西王母其状如人,豹尾虎齿而善啸,蓬发戴胜,是司天之厉及五残"。《大荒西经》也言:"西海之南,流沙之滨,赤水之后,黑水之前,有大山,名曰昆仑之丘……有人,戴胜,虎齿,有豹尾,穴处,名曰西王母"。但是到汉代,西

---

① 参见南京博物院:《昌梨水库汉墓群发掘简报》,《文物参考资料》1957年第12期。
② 参见中国画像石全集编委会:《中国画像石全集》第4册《江苏、安徽、浙江汉画像石》,山东美术出版社、河南美术出版社2000年版,第75页,图105。
③ 参见南京博物院:《徐州青山泉白集东汉画象石墓》,《考古》1981年第2期。
④ 参见王煜:《汉代伏羲、女娲图像研究》,《考古》2018年第3期。
⑤ 参见李芬:《徐州汉代石刻画像造型艺术》,中国矿业大学出版社2018年版,第152页。

Fig. 137

西王母

La déesse Si wang-mou.
The Goddess Si-wang-mu (the Western Royal Mother)

图 2.2　西王母(来自禄是道《中国民间崇拜》)

王母从可怕的鬼怪渐渐人格化,变成了"皜然白首"的贵妇形象。如《淮南子·览冥训》曰:"西老折胜,黄神啸吟。"高诱注曰:"西王母折其头上所戴胜,为时无法度。"司马相如《大人赋》亦称西王母"皜然白首戴胜而穴处兮,亦幸有三足乌为之使"。到了西汉晚期、东汉初期,西王母则变成了美女形象,如《汉武帝内传》就称西王母"视之可年三十许,修短得中,天姿掩蔼,容颜绝世,真灵人也"。人们还给西王母安排了东王公作丈夫,至此西王母已经完全人格化,彻底地颠覆了《山海经》中的鬼怪形象。

　　根据对徐州画像石的研究,江苏地区西王母像最早出现于西汉末期的沛县栖山汉画像石墓①,但是当时是单独出现的。如徐州东阁画像石上就发现一幅西王母像,西王母正中端坐,左侧有一怪兽吐珠,一羽人持仙草奉献,右侧有三只青鸟。② 东汉晚期出现了与之配对的东王公。有关东王公的由来,学术界有各种各样的说法,信立祥推测可能是从先秦信仰中的东皇太一嬗变发展而来。③ 郑先兴指出,东王公有两个原型,其一为周穆王,其二为三足乌。④ 巫鸿认为,公元 2 世纪即东汉中期以后,以西王母和东王公相对应象征阴阳相对概念的表现方法逐渐开始流行⑤,大多数学者认同这一观点。有关东王公的记载,出现在传为汉人撰写的志怪著作(疑为六朝人伪编)《神异经·东荒经》中:"东荒山中,有大石室,东王公居焉。长一丈,头发皓白,人形鸟面而虎尾,载一黑熊左右顾望,恒与一玉女投壶"。《神异经·中荒经》曰:"昆仑之山有铜柱焉,……上有大鸟,名曰稀有,南向,张左翼覆东王公,右翼覆西王母。背上小处无羽,一万九千里。西王母岁登翼上,会东王公也。"值得注意的是,在汉画像石中,东王公的图像特点与西王母相差不大,只能通过胡须或者他居于东侧来区分。因此,很多学者认为,时人完全是按照西王母的故事去构建东王公的故事,也就是说,东王公其实就是西王母的翻版。⑥

　　西王母主题在徐州汉墓画石中有大量发现。据毛娜统计,在江苏地区的汉画中共发现西王母图像七幅⑦,另外,徐州大庙画像石中也有西王母和东王公的组合图像。如徐州青山泉白集西壁和东壁图像,画像第一栏均为仙界图像,其中西王母和东王公图像均位于中央核心位

---

① 参见徐州博物馆、沛县文化馆:《江苏沛县栖山汉画像石墓清理简报》,《考古学集刊》第 2 集,中国社会科学出版社 1982 年版,第 112 页。
② 参见中国画像石全集编委会:《中国画像石全集》第 4 册《江苏、安徽、浙江汉画像石》,山东美术出版社、河南美术出版社 2000 年版。
③ 参见信立祥:《汉代画像石综合研究》,文物出版社 2000 年版,第 156 页。
④ 参见转引自张秀清:《汉砖上的远古神话与动态形象》,《舞蹈》1997 年第 3 期。
⑤ 参见[美]巫鸿,柳扬、岑河译:《武梁祠:中国古代画像艺术的思想性》,生活·读书·新知三联书店 2006 年版,第 128—135 页。
⑥ 参见夏超雄:《汉墓壁画、画象石题材内容试探》,《北京大学学报(哲学社会科学版)》1984 年第 1 期。
⑦ 参见毛娜:《汉画西王母图像研究》,博士学位论文,郑州大学,2016 年,第 42 页。

置。① 徐州大庙画像石墓中的西王母和东王公画像,其画面构图格局大致与青山泉白集相似。② 现藏于徐州汉画像石艺术馆的"乐武君画像石",出土于徐州铜山汉墓,带有东汉元和三年(86)纪年铭。其中虽然没有东王公,但构图却更加复杂。这块画像石的图像自上而下分为四层:西王母位居第一层中央,面对头顶戴冠、榜题为"□王"的觐见者侧向而坐,推测应为周穆王。穆王的身后有一四首人面兽,兽身两端刻人头兽足,兽身中部两人连体,面向相背,榜题为"荣成"。在西王母身后立有一侍者,侍者身后立鸟首人身兽和牛首人身兽,可惜榜题漫漶不清,今学者借助影像技术手段,认为牛首榜题为"罗絪",鸟首榜题为"灵鸽"。第二层中间主人凭几而坐,榜题为"乐武君"。主人右侧二人伏地,榜题为"诸亭长",后一拥帚而立侍者的榜题为"门下卒"。主人左侧有二人持笏跪拜,榜题分别为"主簿""主记"等官职名称。第三层表现的是人们在烹制仙家饮食供墓主人享用。第四层表现的是墓主人去世后众多仙人前来迎接。这表明,从底层往上依次是墓主人死后由众仙引至仙境,待用完仙家美食,前往仙宫,最后在西王母的帮助下得道升仙。③

汉代西王母为什么如此受欢迎?主要是因为当时的人们相信她掌管长生不老灵丹妙药,且具有渡人成仙的功能。在嫦娥奔月的故事中,长生不老药就来自西王母。《淮南子·览冥训》言:"羿请不死之药于西王母,姮娥窃以奔月,怅然有丧,无以续之。"高诱注云:"姮娥,羿妻,羿请不死之药于西王母,未及服之,姮娥盗食之,得仙,奔入月中为月精。"《汉书》言:"必长生若此而不死。"颜师古注曰:"昔之谈者咸以西王母为仙灵之最。"汉代民谣亦言:"著青裙,入天门,揖金母,拜木公。"④可见汉代人们对西王母的重视,甚至官方都要依制祭拜。《太平御览》卷五二六引《汉旧仪》言:"祭西王母于石室皆有所,二千石、令、长奉祀。"西王

---

① 参见南京博物院:《徐州青山泉白集东汉画象石墓》,《考古》1981 年第 2 期。
② 参见孟强、李祥:《江苏徐州大庙晋汉画像石墓》,《文物》2003 年第 4 期。
③ 参见朱存明主编:《方花与翼兽:汉画像的奇幻世界》,文化艺术出版社 2020 年版,第 355—356 页。
④ (唐)杜光庭:《墉城集仙录·西王母传》,(宋)张君房纂辑,蒋力生等校注:《云笈七签》卷一一四,华夏出版社 1996 年版,第 719 页。

母崇拜在西汉哀帝时还引发了骚乱。《汉书》云："哀帝建平四年正月，民惊走，持棄或椒一枚，传相付与，曰行诏筹。道中相过逢多至千数，或被发徒跣，或夜折关，或逾墙入，或乘车骑奔驰，以置驿传行，经历郡国二十六，至京师。其夏，京师郡国民聚会里巷仟佰，设（祭）张博具，歌舞祠西王母。又传书曰：'母告百姓，佩此书者不死。不信我言，视门枢下，当有白发。'至秋止。"

虽然有学者认为，这是王莽出于政治目的借机进行的造势运动，但亦可见当时西王母崇拜的狂热。同时，这也表明民间信仰开始日益组织化，逐渐有向民间宗教发展的倾向。徐州一直是道家文化传播的中心，徐州汉画像石中大量神仙信仰的表达也证明了这一点。正是由于这里的传道之风一直绵延不断，日后五斗米道教创始人张道陵才兴起于此。

第三章　六朝时期江苏的民间信仰

魏晋南北朝时期,战乱频繁,政权长期分立割据,是中国历史上王朝更替、局势动荡的时期。六朝(孙吴、东晋、南朝宋、南朝齐、南朝梁、南朝陈)都以建康(今南京)为京城,江苏省域也就成了京畿地区,诸多政治势力的征战与交锋在这里展开。为了巩固政治成果,各方势力颇重视社会经济的经营与建设。这种政治形势的发展和演变,对这里的思想与文化造成了较大的影响。一是这种动荡不定的政治形势,促成了北方人口的南迁,六朝时期成为南方经济开发和发展的重要时期,江苏地区尤其是江苏南部,受到战争影响较少,汉代以来较为落后的面貌在很大程度上得以改变。沈约在《宋书》中就说:"江南之为国盛矣。……既扬部分析,境极江南,考之汉域,惟丹阳会稽而已。自晋氏迁流,迄于太元之世,百许年中,无风尘之警,区域之内,晏如也。及孙恩寇乱,奸亡事极,自此以至大明之季,年逾六纪,民户繁育,将曩时一矣。地广野丰,民勤本业,一岁或稔,则数郡忘饥。"[①]二是魏晋南北朝时期是民族大迁徙时期,南北政治经济文化的交流促成了各种文化的传播与浸润,造成了这一时期思想活跃、文化多元、开放融合,各种思想空前发展。在长达三四百年的时间里,以建康为中心的江苏地区既是当时中国南方的政治中心、经济中心,同时也是南北人才集聚的中心、文化交流的中心,"六朝衣冠"成为这里文化繁荣的代名词。这些变化在民间信仰方面亦有所体现,士族门阀制度的形成,进一步深化了民间社会与上层社会的分

---

① (梁)沈约:《宋书》卷五四,中华书局1974年版,第1540页。

野;南北方交流促进了民间信仰的多重发展,一些重要的民间神祇在这一时期逐渐形成;在战乱之中饱经痛苦的人们,竭力追求精神与灵魂的寄托,佛教与道教深刻地迎合了这种心理诉求和需要,在民众信仰生活中日益发挥着不可忽视的作用。

第一节　巫风盛行的社会

魏晋南北朝时期,一方面,社会动荡,政权更迭频繁,黑暗残酷的环境时刻威胁人们的生命,人们痛感朝不保夕、命运无常,内心深处充斥着焦虑与苦闷;另一方面,玄风大倡,佛、道并行,思想活跃,文艺兴盛,各种各样的人生观和社会思想层出不穷,日益复杂和混乱。在这种情况下,人们都想要找到一个精神寄托,巫术趁机流行起来,"至乃宫殿之内,户牖之间,无不沃酹"[1]。再加上统治者认为可以用巫术来"决犹豫,定吉凶,审存亡,省祸福",借以"威众以立权"[2],巫术在魏晋南北朝时期经常被统治者与礼法结合在一起,运用于各种政治活动之中。由上到下,从皇帝到平民,共同构建了一个巫风盛行的社会。

东吴政权的创立者孙权就是笃信巫术之人,胡阿祥认为六朝时期最重要的民间信仰之一蒋子文信仰就是由孙权本人推动的,裴松之注引孙盛言就说:"盛闻国将兴,听于民;国将亡,听于神",而孙权"伪设符命,求福妖邪,将亡之兆,不亦显乎"。此后,几乎六朝的历代君主都有"伪设符命,求福妖邪"的情形,巫术也贯穿于整个六朝政治之始终。如吴后主孙皓"用巫史之言,谓建业宫不利,乃西巡武昌"[3],准备将都城从建业迁至武昌。

南朝宋的历代皇帝都信巫,文帝刘义隆时,"有女巫严道育,本吴兴人,自言通灵,能役使鬼物"[4],严道育和宋文帝太子刘劭、二子刘浚及女

---

① (晋)陈寿:《三国志》卷二,中华书局 1959 年版,第 84 页。
② (唐)房玄龄等:《晋书》卷九五,中华书局 1974 年版,第 2467 页。
③ (晋)陈寿:《三国志》卷六五,中华书局 1959 年版,第 1453 页。
④ (梁)沈约:《宋书》卷九九,中华书局 1974 年版,第 2424 页。

儿东阳公主一起合谋为"巫蛊",最终导致宋文帝被杀,史称"太初之难"。通过讨伐"肇乱巫蛊",文帝三子刘骏取得皇位,即孝武帝。孝武帝一样信巫。据传,他的宠妃殷淑仪死了,"时有巫者能见鬼"[①],他专门让巫师召来殷淑仪的鬼魂。大明三年(459),豫章人陈谈之向孝武帝告发其弟即文帝第六子竟陵王刘诞与左右等"潜图奸逆,常疏陛下年纪姓讳,往巫郑师怜家咒诅"[②],刘诞闻讯反叛,孝武帝派沈庆之攻入广陵城(今扬州),刘诞被杀,要不是沈庆之求情,孝武帝差点把广陵城的人不论年纪大小统统杀死。孝武帝的继任者是前废帝刘子业,母亲病危唤他去,他却说:"病人间多鬼,可畏,那可往。"[③]有巫说他的后堂有鬼,前废帝"与山阴公主及六宫彩女数百人随群巫捕鬼",结果孝武帝的弟弟湘东王刘彧是夜带人将其刺死于华光殿[④],这又是一起因巫术而起的政治流血事件。宋明帝同样信巫,史称其"末年好鬼神,多忌讳,言语文书,有祸败凶丧及疑似之言应回避者,数百千品,有犯必加罪戮","宫内禁忌尤甚,移床治壁,必先祭土神,使文士为文词祝策,如大祭餐"。[⑤]

继宋而兴的萧齐王朝同样信巫,齐武帝萧赜听"巫觋或言昺有非常之相,以此自负"[⑥],所以对他多加防范。齐废帝郁林王萧昭业未登基前相当宠信一名杨氏女巫,称为"杨婆",让她祈祷神明使其父亲文惠太子和祖父早日逝世,以便自己早登大位。[⑦] 齐明帝萧鸾"潜信道术,用计数,出行幸,先占利害,南出则唱云西行,东游则唱云北幸"[⑧]。废帝东昏侯萧宝卷一遇到反叛,就求神拜佛,魏晋南北朝时期江南最重要的民间信仰蒋子文是他最相信的神灵,凡事都要祈求,蒋子文的封号也就不断提升。即使萧衍兵临城下,萧宝卷也把希望寄托在巫术上,"虚设铠马斋仗千人,皆张弓拔白,出东掖门,称蒋王出荡"[⑨]。

---

① (唐)李延寿:《南史》卷一一,中华书局 1975 年版,第 324 页。
② (唐)李延寿:《南史》卷一四,中华书局 1975 年版,第 398 页。
③ (梁)沈约:《宋书》卷八,中华书局 1974 年版,第 147 页。
④ (唐)李延寿:《南史》卷二,中华书局 1975 年版,第 70 页。
⑤ (梁)沈约:《宋书》卷八,中华书局 1974 年版,第 170 页。
⑥ (唐)李延寿:《南史》卷四三,中华书局 1975 年版,第 1081 页。
⑦ 参见(唐)李延寿:《南史》卷五,中华书局 1975 年版,第 136 页。
⑧ (梁)萧子显:《南齐书》卷六,中华书局 1972 年版,第 92 页。
⑨ (唐)李延寿:《南史》卷五,中华书局 1975 年版,第 157 页。

取萧齐而代之的萧梁王朝,巫术之盛行较之前朝丝毫不逊色。梁武帝早年信道,晚年佞佛,是历史上对宗教极为尊崇的君主之一。在他治下,佛、道、巫进一步合流。他甚至试图将蒋子文信仰转化为佛教神祇,下令不得以动物牺牲祭祀。① 梁元帝萧绎"于伎术无所不该,凡所占决皆然",并"从刘景受相术",而且"特多禁忌",甚至"墙壁崩倒,屋宇倾颓,年月不便,终不修改"。②

南朝陈后主陈叔宝是有名的荒淫皇帝,也极其相信巫术,他最宠信的美人张丽华其实就是有名的女巫,史载张丽华"好厌魅之术,假鬼道以惑后主,置淫祀于宫,聚诸妖巫使之鼓舞,因参访外事,人间有一言一事,妃必先知之,以白后主,由是益重妃,内外宗族,多被引用"③。陈后主宠信张丽华,无心政事,最终在隋军兵临城下之际落得自投于井的下场,与张丽华一起被隋军在井中搜到,悉皆被捕。陆修静是南朝道教改革的主要代表人物,在目睹宋文帝"太初之难"后,在《洞玄灵宝五感文》中写道,正是文帝信巫用巫,使得整个社会"竞高流淫,信用妖妄,倚附邪魅",最终导致了"灭身破国"的悲惨结局,这其实也是整个六朝时期社会风气的写照。《宋书》载,宋孝武帝即位后,周朗上书说:"凡鬼道惑众,妖巫破俗,触木而言怪者不可数,寓采而称神者非可算。其原本是乱男女,合饮食,因之而以祈祝,从之而以报请,是乱不诛,为害未息。凡一苑始立,一神初兴,淫风辄以之而甚。今修堤以北,置园百里,峻山以右,居灵十房,糜财败俗,其可称限。"这段话生动地描绘了当时六朝巫术横行、淫祠林立、鬼神信仰泛滥成灾的状况。六朝时期,特别是东晋以后,政权更迭频繁,即使是统治者也往往无法掌握自己的命运,转眼间就会身死国灭,结局悲惨,他们只能通过祈求神灵的保佑来巩固自己的地位,保护自己的权力乃至生命。在这种情况下,巫术、淫祀、禁忌等当然就会大行其道。正如宫川尚志所评价的:"这是晋南渡后儒教国家权威失堕而江南巫风弥漫的结果"④。

---

① (唐)李延寿:《南史》卷六,中华书局1975年版,第196页。
② (唐)李延寿:《南史》卷八,中华书局1975年版,第245—246页。
③ (唐)姚思廉:《陈书》卷一二,中华书局1972年版,第131页。
④ 〔日〕宫川尚志:《六朝の巫俗》,《史林》1961年第1号。

第二节　六朝时期的神祇崇拜

由于六朝巫风盛行,这一时期成为中国历史上神祇崇拜最为盛行的时代,真正是所谓的"万物有灵""众神的盛宴"。在这种背景下,很多政治人物都有成神的传说,这也是六朝时期神祇崇拜的一大特点。

东汉末年,朝廷政治日趋腐败,各地民众奋起反抗,爆发了黄巾起义。在参与镇压起义的过程中,各州刺史的实力逐渐增强,出现了军阀割据的政治态势。割据势力相互争斗,以曹操为首的曹魏军事集团渐占上风,在击败陶谦、吕布、刘备后,占据徐州,又通过官渡之战吞并袁绍的势力范围,初步巩固了其在中原及其周边地区的统治地位。江苏地区,尤其是江苏北部地区是各军阀势力展开争夺的重要区域之一,这些政治人物的故事与传说在当地不断传播,并逐渐渗透进入当地的民间信仰之中。

蜀汉政权建立之前,作为西汉王室后裔的刘备,曾经在徐淮一带辗转攻战。他曾与袁术交战于盱眙、淮阴,吕布乘其不备攻取下邳,张飞防守下邳失败,刘、张率军南下屯驻广陵。然而广陵面临严重饥荒,被逼无奈,刘备向吕布投降,吕布让刘备驻守小沛,也就是徐州沛县。当时,下邳与沛县是各方军阀力量争夺的焦点,这两个地方曾一度为刘备所占据,并派关羽驻守下邳,自己则屯驻沛县。刘、关、张三人曾在此作战的史实,在一定程度上促成了三结义故事的广泛流传和祭祀刘、关、张三人的祠庙的建设。比如,淮安清江浦建有三义阁,在清江闸附近,它又被称为"关帝庙"①,应当只是祭祀关羽一人。其他地区的三义阁或三义庙,大多同时祭祀刘、关、张三人,只是祭祀的顺序有先有后而已。比如,扬州江都县的三义阁,位于新城永盛街东,始建于元代,当时叫"关侯庙",也只是祭祀关羽一人。清康熙四十二年(1703),又塑刘备、张飞像增祀,因而改名为"三义阁"。②

---

① 参见《续纂淮关统志》卷一二《寺观》,《四库全书存目丛书》史部第 273 册,齐鲁书社 1997 年版,第 65 页。

② 参见雍正《江都县志》卷一一《祠祀志》,《扬州文库》第 9 册,广陵书社 2015 年版。

徐州作为刘、关、张协力争战的主要区域，修建了多座三义阁庙。徐州城建有三义庙四处，分别在城南戏马台、下洪广运仓、小黄山、桃山驿。其中，戏马台处三义庙，始建于明隆庆年间，由知州刘顺之借用台头寺基址改建而成；位于桃山驿的三义庙，则始建于元至正年间。[①] 可见，虽然刘、关、张三结义的故事发生于三国时期之前，祭祀他们的阁庙则大多兴建于元明时期。需要追问的是，这些三义阁庙所彰显的意义是什么？明人周缉在《重修三义庙碑记》一文中，追述刘、关、张三人的情谊：刘备待关羽、张飞亲如兄弟，二人誓死忠心于刘备。"二人于昭烈为股肱，昭烈倚二人为心腹，其视雍渠之在原，率然之在山，首动则尾应，何以异哉？名祠之意盖有见于此也。"[②]可见，沛县这座三义庙建设的初衷，是为了彰显关、张二人的忠心，由此来宣扬忠义观念。其他地方的三义庙可能出于同样的目的。虽然各地三义阁庙祭祀关羽，不过与关帝庙、关圣帝君庙，应该作出必要的区别，前者意在宣扬一种忠义思想，后者则寄托关羽佑助官民的愿望。

当各方军阀势力在北方混战之时，以孙权为代表的孙吴军事集团，也积极在长江流域扩张势力。曹魏在统一北方后，又派军南下与孙吴在长江南北展开争战，试图完成统一天下的宏大愿望。在赤壁之战中，孙吴与蜀汉联合对抗曹魏，由此逐渐形成了三大政权鼎足而立的局面。其中，鲁肃居功至伟。鲁肃是临淮郡人，由于其显赫的历史地位，后世在其家乡周边，曾修建庙宇加以祭祀。宿迁县鲁肃庙即是其中之一，《元和郡县图志》载：鲁肃庙"在县东南一里，肃，临淮人，后人为之立庙"。可见，宿迁县鲁肃庙在唐朝以前，就已经被修建起来祭祀鲁肃。今人对《元和郡县图志》中所载祠庙与寺观等进行总体分析，认为："《志》中所列的一些祠庙，是因为他们在当地是标志性的建筑物"，这应该是《元和郡县图志》记载各地祠庙的重要原则之一。[③] 由此可见鲁肃庙在宿迁县乃至江苏北部地区的重要地位。

---

① 参见道光《铜山县志》卷七《坛庙》，道光十年刻本。
② （明）周缉：《重修三义庙碑记》，嘉靖《沛县志》卷十《艺文志》，《天一阁藏明代方志选刊续编》第9册，上海书店出版社1990年版。
③ 参见严耀中：《解析〈元和郡县图志〉所载祠庙》，《华梵杂学集》，上海古籍出版社2016年版，第278页。

赤壁大战后十余年，魏、蜀、吴三国相继建立。以曹丕为首的魏国先后多次出兵进攻孙吴。史载：吴黄武三年（224），魏文帝曹丕"出广陵，望大江，曰彼有人焉，未可图也，乃还"①。次年十月，魏文帝曹丕再次"行幸广陵故城，临江观兵，戎卒十余万，旌旗数百里。是岁大寒，水道冰，舟不得入江，乃引还"②。虽然魏国进攻吴国没有取得实质性胜利，但是我们从中不难看出，广陵所在的江淮地区是双方争夺的关键区域，因此在当地亦留下了跟这段历史有关的遗迹。《元丰九域志》记载"魏文帝庙"曰："文帝幸广陵城，后因立庙"③，又名"曹公庙""曹王庙"。在当地又有另一处曹王庙，祭祀的是宋人曹彬，由于同称为"曹王庙"的原因，魏文帝庙一度被人们误认为祭祀曹彬之庙，其实不然。

以上这些帝王将相，或是征战于江淮地区，或是这一区域的重要人物，总之是具有非凡能力的人。他们之所以被人们崇祀，除了地方官府意在颂扬忠臣义士，可能也在于人们希望这些故去之人仍可以施予力量护佑世人。

还有一些如邓艾、陈登这样的地方官员，更以其卓著政绩遗惠于江苏民众，因此人们建祠立庙祭祀他们。东汉末年，因天灾人祸，人口不断减少，土地荒芜残破。为了鼓励农耕、促进生产、增强军事作战能力，曹魏政权开始有组织地发展屯田事业。关于邓艾在苏北地区组织屯田，《三国志》记载：

> 今三隅已定，事在淮南，每大军征举，运兵过半，功费巨亿，以为大役。陈、蔡之间，土下田良，可省许昌左右诸稻田，并水东下。令淮北屯二万人，淮南三万人，十二分休，常有四万人，且田且守。水丰常收三倍于西，计除众费，岁完五百万斛以为军资。六七年间，可积三千万斛于淮上，此则十万之众五年食也。以此乘吴，无往而不克矣。④

---

① （晋）陈寿：《三国志》卷四七，中华书局1959年版，第1131页。
② （晋）陈寿：《三国志》卷二，中华书局1959年版，第85页。
③ （宋）王存：《元丰九域志》卷五《淮南路》，中华书局1984年版，第610页。
④ （晋）陈寿：《三国志》卷二八，中华书局1959年版，第775—776页。

可见，由邓艾组织的屯田取得了相当大的成效，为进攻吴国奠定了充分的物质基础。这里只是笼统描述邓艾在淮南、淮北等地组织屯田，并没有明确指出跟江苏有关的具体区域。唐宋以后，关于邓艾在苏北屯田的记载更加明确，且出现了他为了发展屯田而兴修水利的事迹的记载。王象之《舆地纪胜》引《元和郡县图志》记载曰："宝应县下有泉陂，邓艾所立，西与盱眙县破釜塘相连，开八水门，邓艾立屯田一万二千顷。"①泉陂是一种水利设施，此即白水陂或白水塘。白水陂的建立与运作，提升了宝应及其周边区域的农业垦殖水平。这种积极意义长期延续积累，使得当地百姓对邓艾深怀感恩，于是修祠立庙以示感念之情。"邓艾庙在白水陂上，去县南一百二十里，艾于此置屯田四十九所"。关于白水陂邓艾庙修建的时间，目前尚未见到较确切的记载。不过，皖北、豫南等地区的邓艾庙，在《元和郡县图志》等文献中已有记载。长江南岸的京口邓艾庙可能更值得重视，《异苑》卷七记载曰：

邓艾庙在京口新城，有一草屋，毁已久。晋安北将军司马恬于病中梦见一老翁曰："我邓公也。屋舍倾坏，君为治之。"后访之，乃知邓庙，为立瓦屋。

这段文字所描述的邓艾庙位于京口新城，即今江苏镇江境内。虽然目前未见邓艾曾在此经营屯田等活动的遗迹，不过从与江淮地区毗邻的角度来看，此庙祭祀的正是经营屯田的邓艾。司马恬患病期间梦见邓艾让他修葺邓艾庙，他就把庙宇由毁坏已久的草屋改建为瓦房。据此可知，在南朝刘宋时期，已有邓艾庙的修建以及对邓艾的信仰。综上，作为邓艾主营区域的苏北地区，邓艾庙的修建至少是在隋唐时期，甚至可能是在南北朝时期，并可能很早就呈现出民间祭祀和信仰的某些面貌。另外，陈登任广陵太守期间，所修建的陈公塘等水利设施，促进了扬州地区农业生产能力的提升，至迟在宋代，当地民众建立恭爱庙等祠庙纪念和祭祀陈登。

这一时期，因为治病救人被后人尊崇与祭祀的，比较典型的是华

① （宋）王象之：《舆地纪胜》卷三九，中华书局 1992 年版，第 1644 页。

江苏民间信仰史

102

佗。华佗是沛国谯县（今安徽亳州）人，他凭借精湛的医术，在徐州、广陵等地问药行医，解除了淮域民众的创伤与痛苦，逐渐被人视为神仙的化身。魏晋时期文献《神仙纲鉴》载："周泰守宣城，被金疮，命危。时孙策在会稽，董习荐华佗。佗至，策问其年？佗曰：'百岁人，皆以我为仙，只精岐黄术耳'。"[1]虽然这则材料存在虚夸的成分，不过仍可看出时人对华佗医术的推崇，并逐渐以"神医"称之。今人对华佗信仰的研究认为，随着人们对华佗医术的崇拜，加上对他的乡土认同，唐宋以后淮河流域出现多处祭祀华佗的祠庙。[2] 苏北地区的华佗祠庙，较早修建于南通境内，据《通州直隶州志》载：华王庙，在州治西寺街，宋太平兴国五年建。[3] 值得注意的是，在描述华王庙等祠庙之后，《通州直隶州志》总结说："按自白龙王庙以下，或为郡人建立，或为官吏捐造，义在当时，各有取也。故虽不与祀典，例得附书。"可见，包括华王庙在内的一些祠庙，虽然不在官方祀典范围之内，但是它们的修建与存在，对于当地民众仍具有重要的意义。此后，苏北多地修建华佗祠庙。比如，华真君祠（宝应）、神医华大王庙（有两处，在东台）、汉神医华佗庙（丰县）、神医庙（甘泉）、华药王庙（高邮）、神医庙（江都）、华祖庙（有四处，在沛县）、神医华王庙（泰州）、华祖庙（有四处，在铜山）等。[4] 由此可见：第一，华佗祠庙在江苏地区分布广泛，当地具有浓厚的华佗信仰气氛；第二，这些华佗祠庙名称不一，没有形成统一的标识，这应该是官方未加以管理的结果，彰显出这一信仰浓厚的民间色彩。总之，华佗信仰源自汉魏之际，魏晋时期华佗的个人形象逐渐被神化，实现了从人到神的转变。唐宋

---

① （清）张骥：《后汉书华佗传补注》，成都双流张氏1935年刻本。

② 参见张雷：《乡土医神：明清时期淮河流域的华佗信仰研究》，《史学月刊》2008年第4期。

③ 参见乾隆《通州直隶州志》卷八《祠祀志》，乾隆四十八年刻本。

④ 参见道光《重修宝应县志》卷五《寺庙》，《中国方志丛书·华中地方·江苏省》第109册，台北成文出版社1970年版；嘉庆《东台县志》卷一三《祠祀》，《中国方志丛书·华中地方·江苏省》第27册，台北成文出版社1970年版；隆庆《丰县志》卷下《祠祀》，丰县地方志办公室、丰县档案局1985年铅印本；光绪《增修甘泉县志》卷八《祠祀志》，《中国地方志集成·江苏府县志辑》第43册，江苏古籍出版社1990年版；嘉庆《高邮州志》卷一《舆地志》，《中国地方志集成·江苏府县志辑》第46册，江苏古籍出版社1990年版；雍正《江都县志》卷一一《祠祀志·寺观附》，《扬州文库》第9册，广陵书社2015年版；民国《沛县志》卷八《古迹志·祠庙寺观》，《中国方志丛书·华中地方·江苏省》第82册，台北成文出版社1970年版；道光《泰州志》卷一二《祠祀》，《中国地方志集成·江苏府县志辑》第50册，江苏古籍出版社1990年版；道光《铜山县志》卷七《坛庙》，道光十年刻本。

以后,以华佗祠庙为载体,华佗信仰趋向盛行。

从政治局势来论,魏、蜀、吴鼎足而立之后,魏国仍未放弃一统天下的努力,却不料被司马氏集团取而代之,西晋政权建立。公元280年,司马炎消灭孙吴政权,再度实现全国统一的局面。不过,由于宗室藩王权势过重,朝廷内部"八王之乱"爆发,同时刘渊等人趁势在北方发动叛乱,即"永嘉之乱",在阶级矛盾与民族矛盾的双重打击下,西晋政权迅速走向覆灭。永嘉之乱后,北方大批民众向南迁徙,史载:当时"洛京倾覆,中州士女避乱江左者十六七"①。他们向南迁徙时大多举族而迁,其中不乏名望显赫的世家大族。后来,东晋政权的建立与巩固,与各世家大族的支持密不可分。在这一政权建设的过程中,涌现出一些重要的历史人物,他们对扬州等地的开发具有积极的促进作用。他们对区域发展功勋卓著,当地人十分拥戴和景仰,建祠立庙是较好的一种方式。

谢安是东晋重要的政治人物,太元十年(385),由于为司马道子所不容,谢安被迫出镇广陵。《晋书》记载:"时会稽王道子专权,而奸谄颇相扇构,安出镇广陵之步丘,筑垒曰新城以避之……及至新城,筑垒于城北,后人追思之,名为召伯埭。"②召伯姓姬,与周公为武王兄弟,武王去世后,与周公共同辅佐成王。据说,他曾巡行南国,在甘棠树下宣扬王朝德政,体察民间疾苦,受到民众的普遍拥戴。此处将谢安与召伯相提并论,意在颂扬其贤德和政绩。《太平御览》引《晋中兴书》记载:"谢安筑埭于新城北,百姓赖之。"③《甘棠小志》记载更为翔实,曰:谢安"出镇广陵,筑垒曰新城,相视步邱地势,西高,湖水泄,尝苦旱,东渐下,湖涨没农田,为筑埭以界之,民享其利,立庙祀之,称曰甘棠,盖比之召公,斯镇与湖皆以名"④。可见,召伯埭(也称邵伯埭)设立之后,极大促进了召伯及其周边地区的农业生产,以至于市镇与湖泊均以"召伯"命名。

扬州境内建有多处与谢安有关的名迹。其中,纪念和祭祀谢安的

---

① (唐)房玄龄等:《晋书》卷六五,中华书局1974年版,第1746页。

② (唐)房玄龄等:《晋书》卷七九,中华书局1974年版,第2076—2077页。

③ (宋)李昉等:《太平御览》卷七三《地部三十八·堰埭》,中华书局1960年版。

④ (清)董醇:《甘棠小志》卷四《祠庙》,《中国地方志集成·乡镇志专辑》第16册,江苏古籍出版社1990年版。

祠庙就不止一处。唐人颜真卿对谢安心怀景仰,听闻邵伯留存谢安故迹,便先后两次登临观览,其间题诗勒石刻碑,对此黄庭坚曾记载:"《蔡明远帖》是鲁公晚年书,与邵伯埭谢安石庙中题碑傍字相类"①。唐乾元二年(759),在蔡明远的陪同下,颜真卿再度游览邵伯,他自述曰:"又随我于邗沟之东,追攀不疲,以至邵伯南埭,始终之际,良有可称。"②故有《蔡明远帖》遗传于后世,而邵伯埭谢安石庙题碑,则是颜真卿初次游历邵伯时所勒刻。据此可知,唐代以前邵伯镇已建有谢安石庙。宋代以后,对于邵伯镇谢安祠庙的记载增多,且名称历经变更。《元丰九域志》载:"甘罗庙,即谢安石祠也。"③此处"甘罗庙"应为"甘棠庙"之误,万历《江都县志》已改之,曰:"邵伯镇亦有甘棠庙,安尝以尚书仆射出镇广陵,有惠政,民思而祀之。"④此外,扬州城内也建有谢安祠庙,即谢太傅祠,"在运司南法云寺后,祀晋太傅谢安"⑤。据说谢太傅祠原为谢安在扬州的宅第,后来以此为基址改建为祠庙。可见,谢安的影响力绝不仅仅局限于邵伯,而是扩展到扬州等其他地区。这些从北方迁徙来的士人,依凭眼见和才识改变了扬州区域社会的发展面貌,而且这种影响已经内化于心,深入到当地民众的精神观念层面,所以才会出现诸多祭祀先贤的祠庙。

修建纪念谢安的祠庙既有地方官府的助力和推动,也有广泛的民间社会基础,谢安的懿德与政绩历来为官民所传颂。清康熙二十三年(1684),江宁巡抚汤斌命令毁弃淫祠,与甘棠庙同处一地的五圣祠名列其中,但是在禁止五圣祠信仰的时候,仍在其后殿祭祀谢安。可见,对谢安的崇拜和信仰具有深厚的社会基础。正如嘉靖《惟扬志》评述:"间有署因官重,地以人显者,若仲舒之宅、谢安之宅,久而愈光。若东陵之

① (宋)黄庭坚:《宋黄文节公全集·正集》卷二八《跋翟公巽所藏石刻》,刘琳等校点:《黄庭坚全集》,四川大学出版社 2001 年版,第 762 页。
② (唐)颜真卿:《颜鲁公文集》卷四《与蔡明远帖二首》,《丛书集成续编》集部第 99 册,上海书店出版社 1994 年版。
③ (宋)王存:《元丰九域志》卷五《淮南路》,《景印文渊阁四库全书》史部地理类第 47 册,台湾商务印书馆 1980 年版,第 106 页。
④ 万历《江都县志》卷一一《秩祀志》,《四库全书存目丛书》史部第 202 册,齐鲁书社 1997 年版。
⑤ 雍正《江都县志》卷一一《祠祀志·寺观附》,《扬州文库》第 9 册,广陵书社 2015 年版。

村、安定之乡,远而弥著,名贤遗迹,后先相望,莫可殚述。"①不仅扬州如此,北方士人亦以其儒家风范,塑造了江苏其他地区的文教传统与风俗习惯。比如,《如皋县志》引《通典》记载:"永嘉之后,衣冠萃止,艺文儒术,于斯为盛。今虽间阎贱品,处力役之际,吟咏不辍,盖因颜、谢、徐、庾之风扇焉。"②这则材料表明,永嘉之乱后大批北方士人南迁,他们的道德文章在南方广泛传播。苏北地区也逐渐浸染浓厚的儒家思想,形成尊崇儒学、文教昌盛、习尚纯善的社会氛围。

南朝时期有很多政治人物对地方有功、为百姓造福,在死后被尊为神祇。如南齐高帝萧道成之父萧承之"元嘉二十四年殂,年六十四。梁土民思之,于峨公山立庙祭祀"③。南朝宋将领刘勔在扬州淮南郡寿春县有庙。《水经注》卷三二"肥水"条言:(肥水芍陂)"渎东有东都街,街之左道北,有宋司空刘勔庙,宋元徽二年建于东乡孝义里,庙前有碑,时年碑功方创,齐永明元年方立。沈约《宋书》言,泰始元年,豫州刺史殷琰反,明帝假勔辅国将军,讨之。琰降,不犯秋毫,百姓来苏,生为立碑,文过其实。建元四年,故史颜幼明为其庙铭,故佐庞琘为庙赞,夏侯敬友为庙颂,并附刊于碑侧。"

但六朝时期还有很多为害一方的人死后"成神",其中最知名、和政治联系最为紧密的就是蒋子文。④ 蒋子文,广陵人,汉末曾为秣陵尉。在一次同叛贼的作战中,负伤身死。三国时开始有百姓将其神化,后经孙权册封,一步步变成官民共祀的重要神祇。其地位在南北朝时达到顶峰,曾被封为蒋帝。蒋子文信仰风靡整个六朝。蒋侯神的故事最早见于《搜神记》卷六《蒋子文》:

---

① 嘉靖《惟扬志》卷七《公署志》,《天一阁藏明代方志选刊》第 12 册,上海古籍书店 1981 年版。
② 乾隆《如皋县志》卷三《方俗志》,乾隆十五年刻本。
③ (梁)萧子显:《南齐书》卷一《高帝记》,中华书局 1972 年版,第 3 页。
④ 关于蒋子文信仰的研究,参见林富士:《中国六朝时期的蒋子文信仰》,《中国中古时期的宗教与医疗》,台北联经出版事业股份有限公司 2008 年版;胡阿祥:《蒋山、蒋州、蒋王庙与蒋子文崇拜》,《南京师范专科学校学报》1999 年第 2 期;梁满仓:《论蒋神在六朝地位的巩固与提高》,《汉唐间政治与文化探索》,贵州人民出版社 2000 年版;陈圣宇:《六朝蒋子文信仰探微》,《宗教学研究》2007 年第 1 期;姚潇鸫:《蒋子文信仰与六朝政治》,《学术研究》2009 年第 11 期;刘雅萍:《中国古代民间神灵的兴衰更替——以南京蒋子文祀为例》,《世界宗教研究》2011 年第 4 期;傅杰:《蒋子文信仰研究》,硕士学位论文,上海师范大学,2015 年;等等。本书相关内容参考了以上学者的研究成果。

图3.1　蒋神(来自《三教源流搜神大全》)

　　蒋子文者,广陵人也。嗜酒好色,挑挞无度。常自谓己青骨,死当为神。汉末为秣陵尉,逐贼至钟山下,为贼击伤额,因解绶缚之,有顷遂死。及吴先主之初,其故吏见文于道头,乘白马,执白羽扇,侍从如平生。见者惊走,文进马迫之,谓吏曰:"我当为此土地之神,以福尔下民耳。尔可宣告百姓,为我立祠,当有瑞应也。不尔,将有大咎。"是岁夏大疫疾,百姓辄相恐动,颇有窃祠之者矣。未几文又下巫祝曰:"吾将大启祐孙氏,官宜为吾立祠。不尔,将使虫入人耳为灾也。"孙主以为妖言。俄而果有小虫如鹿虻,入人耳皆死,医巫不能治,百姓逾恐。孙主尚未之信也。既而又下巫祝曰:"若不祀我,将又以火吏为灾。"是岁,火灾大发,一日数十处。火渐延及公宫,孙主患之。时议者以为鬼有所归,乃不为厉,宜告飨,有以抚之。于是使使者封子文为中都侯,次弟子绪,为长水校尉,皆加印绶,为立庙堂。转号钟山为蒋山,以表其灵,今建康东北蒋山是也。自是灾渗止息,百姓遂大事之。①

就《搜神记》的记载来看,蒋子文信仰的兴起由诸多因素推动。首先是巫祝的推动。当时灾疫频发,民众普遍心理恐慌,就想到要祈求鬼神相助。巫祝们自然趁机附会蒋子文显灵,以从中获利。最初巫祝的努力并没有成功,只是因为灾患频出,先是大疫,再是虫灾,又是大火,百姓从"相恐动"到"逾恐",已经"颇有窃祠之者矣"。但对于巫祝来说,仅有百姓的祭祀远远不够,他们推动了孙权对其进行加封和祭祀,蒋子文也通过巫祝之口传达"吾将大启祐孙氏,官宜为吾立祠",有学者认为这背后有可能是孙吴政权与地方豪强势力争斗和妥协的过程。当然,孙权也并不是完全被动。陈圣宇认为,孙权最终以册封蒋子文为契机,转变了其父兄对江东民间信仰的高压政策,迎合了民众的巫觋鬼神信仰,令鬼神为其所用。② 胡阿祥则认为,孙权之所以册封蒋子文,是因为蒋子文与其父孙坚行径相似。③ 有学者对此提出异议。孙权的真实想法不得而知,但他确实是从被动向主动转变的。《资治通鉴》卷一七七"隋开皇九年"胡三省注言:"蒋子文讨贼死此山(即钟山)下,孙氏都秣陵,以其祖讳钟,因改名蒋山。"在这个过程中,孙权和巫祝们可以说是各取所需。

不过,蒋子文的故事并未就此定型,反而越演越传奇。到西晋时期,民间对蒋子文的祭祀在江东地区已经非常普遍。这一时期蒋子文的身份与孙权时期相比变化不大,依旧被称为"蒋侯"。蒋子文身份发生重大变化是在东晋。晋元帝司马睿东渡之初,"吴人不附,居月余,士庶莫有至者"④。为了加强政权的合法性,东晋政权建立初期,就将蒋子

---

① (晋)干宝,李剑国辑校:《搜神记》卷六《蒋子文》,中华书局 2019 年版,第 105 页。
② 参见陈圣宇:《六朝蒋子文信仰探微》,《宗教学研究》2007 年第 1 期。
③ 参见胡阿祥:《蒋山、蒋州、蒋王庙与蒋子文崇拜》,《南京师范专科学校学报》1999 年第 2 期。
④ (唐)房玄龄等:《晋书》卷六五,中华书局 1974 年版,第 1745 页。

文信仰纳入国家郊祀众神的系统中。到了晋成帝时,立天地二郊祭神,天郊有神六十二位,地郊有神四十四位,蒋子文成为这四十四神之一。①东晋的会稽王司马道子就是蒋子文的忠实崇拜者。孙恩叛乱后,攻至京口,司马元显与之交战,处于劣势,其父司马道子便日日于蒋侯庙中祈祷。《晋书》卷六十四曰:"会孙恩至京口,元显栅断石头,率兵距战,频不利。道子无他谋略,唯日祷蒋侯庙为厌胜之术。"司马道子再次在战争中向蒋子文祈祷是在淝水之战中。《晋书》卷一百一十四言:"(苻)坚与苻融登城而望王师,见部阵齐整,将士精锐,又北望八公山上草木,皆类人形,顾谓融曰:'此亦劲敌也,何谓少乎。'怃然有惧色。初,朝廷闻坚入寇,会稽王道子以威仪鼓吹求助于钟山之神,奉以相国之号。及坚之见草木状人,若有力焉。"淝水之战是蒋子文信仰发展的一个重要节点,从此之后,蒋子文的身份升至相国,在朝野的威望不断增加。朱偰曾评论:"蒋子文之庙,始兴于吴,崇于晋"②。

南朝宋武帝永初二年(421)一度禁绝淫祀,"由是蒋子文祠以下,普皆毁绝"③。但蒋子文信仰依然影响着朝野。"太初之难"时,刘劭、刘浚"二凶"谋害宋文帝,宋孝武帝兴兵讨伐,刘劭被困京师时,还专门"以辇迎蒋侯神像于宫内,启颡乞恩,拜为大司马,封钟山郡王,食邑万户,加节钺"④。宋孝武帝即位后,"建初,更修起蒋山祠",而到了明帝时,更是"稍加爵,位至相国、大都督、中外诸军事,加殊礼,钟山王"。⑤ 姚潇鸫认为,宋武帝在南北军事斗争中占据主动地位,因此出于降低统治成本的考虑禁绝淫祀,而到了宋孝武帝之后,随着北魏对刘宋政权的威胁加深,蒋子文的地位也日益提高。⑥ 这背后当然有南北军事冲突的原因,但刘宋国内政治的崩坏和混乱,是蒋子文信仰兴盛的主因。

至萧齐时,蒋子文被尊为灵帝。《南齐书》卷七载:东昏侯永元二年

① 参见梁满仓:《论蒋神在六朝地位的巩固与提高》,《汉唐间政治与文化探索》,贵州人民出版社 2000 年版,第 58 页。
② 朱偰:《金陵古迹图考》,商务印书馆 1936 年版,第 87 页。
③ (梁)沈约:《宋书》卷一七,中华书局 1974 年版,第 488 页。
④ (梁)沈约:《宋书》卷九九,中华书局 1974 年版,第 2433 页。
⑤ (梁)沈约:《宋书》卷一七,中华书局 1974 年版,第 488 页。
⑥ 参见姚潇鸫:《蒋子文信仰与六朝政治》,《学术研究》2009 年第 11 期。

（500），崔景慧在广陵举兵反叛，东昏侯萧宝卷"拜蒋子文神为假黄钺、使持节、相国、太宰、大将军、录尚书、扬州牧、钟山王。至是又尊为皇帝。迎神像及诸庙杂神皆入后堂，使所亲巫朱光尚祷祀祈福"①。《南史》卷五曰："偏信蒋侯神，迎来入宫，昼夜祈祷。左右朱光尚诈云见神，动辄谘启，并云降福。始安之平，遂加位相国，末又号为灵帝。车服羽仪，一依王者。又曲信小祠，日有十数，师巫魔媪，迎送纷纭。光尚辄托云神意"②。有一次朱光尚对萧宝卷说："昨见蒋王，云巴陵王在外结党欲反，须官出行，仍从万春门入，事不可量。"东昏侯闻此说后，"大惧，不复出四十余日"③。

萧衍建南梁之后一度对蒋子文不甚尊崇。《南史》卷五十五载："先是旱甚，诏祈蒋帝神求雨，十旬不降。帝怒，命载荻欲焚蒋庙并神影。尔日开朗，欲起火，当神上忽有云如伞，倏忽骤雨如写，台中宫殿皆自振动。帝惧，驰诏追停，少时还静。自此帝畏信遂深。自践阼以来，未尝躬自到庙，于是备法驾将朝臣修谒。是时，魏军攻围钟离，蒋帝神报敕，必许扶助。既而无雨水长，遂挫敌人，亦神之力焉。凯旋之后，庙中人马脚尽有泥湿，当时并目睹焉。"④陈霸先更是在即位的第二天便去蒋神庙拜谒。《陈书》卷一曰："永定元年冬十月乙亥，高祖即皇帝位于南郊。……景午，舆驾幸钟山祠蒋帝庙。"帝王们对蒋侯神如此礼遇有加，大臣百姓更可想而知。蒋子文堪称六朝时期最受关注的历史人物神祇之一。随着历代统治者的不断推崇，蒋子文从本流行于建康周围，仅仅是秣陵地方的土地神，成为六朝政权的保护神，历代政权不断给他加官晋爵，影响的范围日益扩大。著名史学家吕思勉认为："蒋子文崇拜，流播所及，西至长江中游荆郑矣。"⑤连北魏任城王元澄出任都督淮南诸军事、扬州刺史，甫一"下车"，就"封孙叔敖之墓，毁蒋子文之庙"⑥，原因在于闻得蒋子文信仰在南朝的影响力，想借以打击南朝士气，借机出兵南伐。

---

① （梁）萧子显：《南齐书》卷七，中华书局1972年版，第105页。
② （唐）李延寿：《南史》卷五，中华书局1975年版，第155—156页。
③ （唐）李延寿：《南史》卷五五，中华书局1975年版，第1356页。
④ （唐）李延寿：《南史》卷五五，中华书局1975年版，第1356页。
⑤ 吕思勉：《两晋南北朝史》，上海古籍出版社1983年版，第1464—1466页。
⑥ 《魏书》卷一九，中华书局1974年版，第470页。

一般来说，在中国古代"法施于民，以死勤事，以劳定国，能御大灾，能捍大患"的英雄豪杰才可能被神化，可是蒋子文却根本不是这类人，他生前不仅寸功未立，而且"嗜酒好色，挑挞无度"，充其量只是个无赖，这种人为什么会神化呢？张承宗曾指出："在这一时期（六朝）的祭祀活动中，有一个很奇怪的现象，即人们对恶名昭著的凶神特别敬畏，因而对凶神的祭祀也特别虔敬。"①林富士也提道："蒋子文基本上是一种厉鬼，而崇拜厉鬼正是从汉末以至六朝时期，江南地区民间信仰和巫觋信仰的核心，同时也是当时道教徒所鄙视、拒斥的'败军死将''乱军死兵''巫鬼''邪神'之祀。"②这就是汉魏六朝时流行的厉鬼信仰。李丰楙认为："类此败军之将为何成为鬼主瘟神？实涉及当时人，尤其道教众人的瘟神疫鬼观：其中蕴含有两种意义，一是战役、大兵之后尸体未能完善处理，导致传染病流行的恐怖经验，这是根据经验原则所形成的认知；另一则是对于凶死者成为厉鬼，基于怖惧情绪乃相信在阴界雄将率领鬼卒为祟。"③正是因为六朝时期政治混乱，统治残暴，从上到下都深受其苦，即使神灵以凶恶的形象出现在世人面前，百姓也习以为常，只能通过顺从的顶礼膜拜来祈求消灾解难。其实哪有厉鬼，都是人在作祟，是现实黑暗的写照而已。

和蒋子文同时代齐名的还有另一个有名的厉鬼神——"苏侯神"苏峻。苏峻原为东晋将领，曾为东晋王朝平定了王敦之乱，后来举兵叛晋，造成社会动荡。如果说蒋子文只是生性挑挞，那么苏峻则是残暴异常、杀人不眨眼的魔王，他叛晋后"遂陷宫城，纵兵大掠，侵逼六宫，穷凶极暴，残酷无道。驱役百官，光禄勋王彬等皆被捶挞，逼令担负登蒋山。裸剥士女，皆以坏席苦草自鄣，无草者坐地以土自覆，哀号之声震动内外"④。据《六朝事迹编类》"蒋帝庙"条，"苏峻之难"时，蒋子文还与之为敌，称"苏峻为逆，当共诛锄之"。可是在苏峻败死后，建康城百姓就为其立像,称"苏侯神",一度与蒋子文信仰并称。宋武帝清除淫祀,苏侯神应该也在清除之列。但"太初之难"时,刘劭除了迎蒋侯神入宫,加封钟山郡王,还加封"苏侯为骠骑将军"①。南齐人崔祖思少年时为州主簿,与刺史刘怀珍在尧庙祀神,见庙中有苏峻像,刘怀珍说:"尧圣人,而与杂神为列,欲去之,何如?"崔祖思回答:"苏峻今日可谓四凶之五也。"刘怀珍遂将苏峻等诸杂神去除。② 但是苏侯神信仰并未就此消失,还和蒋子文信仰一样扩大了信仰区域。萧衍起兵围攻郢城(今湖北武汉武昌)时,城中文武"无他经略,惟迎蒋子文及苏侯神于州厅上,祀以求福"③。

又如丹阳有袁双,东晋时人。其父袁真随桓温北伐失利,桓温归罪于袁真,"表废为庶人"。袁真十分怨恨,据寿阳以自固,潜通前燕皇帝慕容暐,袁真死后,其子袁瑾反叛被杀。刘敬叔《异苑》卷五:"晋丹阳有袁双庙,真第四子也。真为桓宣帝所诛,便失所在。灵怪太元中形见于丹阳,求立庙。未既就功,大有虎灾,被害之家辄梦双至,催功甚急。百姓立祠堂,于是猛暴用息。今道俗常以二月晦鼓舞祈祠。尔时风雨忽至。元嘉五年设奠讫,村人丘都于庙后见一物,人面龟身,葛巾,七孔端正,而有酒气,未知双之神为是物凭也。"

蒋子文最初只是一个土地神,在正统王朝眼中其实是"淫祀",只是在朝代频繁更替、政权割据的南北朝时期,这些民间信仰中的地方性"淫祀"才在政府力量推动下逐渐转化成区域性保护神。还有很多"淫祀"虽然没有得到国家礼典的认可,但是也活跃在各个地方。追求平安始终是动荡的六朝时期民间信仰的主题。大量"淫祀"之所以逐步建立起来,其实都是因为百姓想要避免各种灾祸,增加自己的安全感。

在苏北地区比较典型的是五司徒信仰。关于五司徒信仰的来历,大致有以下三种说法:

第一是五人密送王琳枢说。王琳,会稽人,曾破侯景有功,陈攻梁时,为巴陵王,守寿阳,城陷被执,为陈将吴明彻杀害。王琳被杀害之后,吴明彻"数梦琳求首,并为启陈主而许之。仍与开府仪同主簿刘韶

---

① (梁)沈约:《宋书》卷九九,中华书局1974年版,第2433页。
② 参见(梁)萧子显:《南齐书》卷二八,中华书局1972年版,第517页。
③ (唐)李延寿:《南史》卷三二,中华书局1975年版,第828页。

慧等持其首还于淮南,权瘗八公山侧,义故会葬者数千人。玚等乃间道北归,别议迎接。寻有扬州人茅知胜等五人密送葬柩达于邺"①。

第二是五兄弟打虎息患说。《增补搜神记》载:"扬州英显司徒茅、许、祝、蒋、吴五神,居扬州日结为兄弟,好田猎,其地旧多虎狼,人罹其害。山溪畔遇一老妇,五神询问,孑然无亲,饥食溪泉。五神请于所居之庐,拜呼为母,侍养未久,或出猎而归,不见其母,五神曰:'多被虎啖。'俱奋身逐捕,山间有虎迎前,伏地就降,由此虎患始息。后人思其德义,立庙祀之。凡所祈祷,随求随应,庙今在江都县东兴乡金匮山之东。"②

第三是五兄弟弃恶从善说。《菽园杂记》载:"广陵之墟有五子庙,云是五代时群盗尝结义兄弟,流劫江、淮间,衣食丰足,皆以不及养其父母为憾,乃求一贫妪为母,事之甚孝。凡所举动,惟命是从。因化为善,乡人义之。殁后且有灵异,因为立庙。吴中祭五通神者,必有所谓太妈,疑即此鬼也。"③

对于这三种说法,清人李斗、汪应庚、王振世等人从历史依据的角度,均认为第二、第三种说法属于荒诞不经之说,倾向于认为《北齐书》记载的版本较符合史实。④ 虽然这三种说法各有差异,不过它们均蕴含着德义的观念,而且五人在任何一个版本中都是普通百姓。正是因为五人仗义行善,才被后人加以推崇。隋朝时,隋炀帝敕封号为"司徒"。唐朝时,又加封"侯"之号。宋绍定年间,李全叛乱被平定,守将赵范因感谢王司徒的佑助"亲率僚属致享祠下,以答神贶,撤其庙而增广之,录其阴助之功,奏请于朝,赐庙额曰英显,加封至八字"⑤。由于获得了各王朝的封赐,王司徒的神格地位愈益隆盛。另外,如皋与仪征等地亦有

① (唐)李百药:《北齐书》卷三二,中华书局 1972 年版,第 436 页。
② 佚名:《新刻出像增补搜神记》卷四《扬州五司徒》,《续修四库全书》子部小说家类第 1264 册,上海古籍出版社 2002 年版。
③ (明)陆容:《菽园杂记》卷八,中华书局 1985 年版,第 94 页。
④ 参见(清)李斗:《扬州画舫录》卷一六《蜀岗录》,中华书局 1960 年版,第 389 页;(清)汪应庚:《平山堂揽胜》,《扬州文库》第 40 册,广陵书社 2015 年版;(清)王振世:《平山揽胜志》,《扬州文库》第 40 册,广陵书社 2015 年版。
⑤ 佚名:《新刻出像增补搜神记》卷四《扬州五司徒》,《续修四库全书》子部小说家类第 1264 册,上海古籍出版社 2002 年版。

图 3.2　扬州五司徒(来自《三教源流搜神大全》)

五司徒信仰的传播与流行。其中,仪征境内有茅司徒庙,祭祀对象当为五神之一茅知胜,《仪征县志》载:"其灵坛秘迹,迄今为邑人之依崇,有祷必应,弘济之功,有阴多于司救者。"[1]明嘉靖五年(1526)两淮巡盐御史雷应龙认为五人为无知小民,不应称神,遂撤其神像,改祀宋儒五人,称"五先生祠",但民间信奉如故。[2]

　　六朝时期,还有一些普通女性受到奉祀。干宝在《搜神记》中记述

① 康熙《仪征县志》卷一四《祠祀志上》,《扬州文库》第 2 册,广陵书社 2015 年版。
② 参见金慎夫:《扬州司徒庙》,《扬州师院学报(社会科学版)》1982 年第 1 期。

了丹阳丁姑的故事。丁姑本丹阳丁氏女,年十六适全椒谢家,婆母严酷,"每使役,皆有程限,有违顷刻,仍便笞捶,不可堪处。九月七日,丁氏自经而死。死后显灵,发言于巫祝:'念人家妇女,工作不已,使避九月七日,勿用作'"。此后江南人皆呼为"丁姑",俗以九月七日不用做事,"所在祠之"。丁姑的传说的母题其实是中国古代社会中恶婆婆压榨小媳妇,表达了民间对妇女地位低下、"工作不已"的同情与不满。但人们在现实生活中无法改变女子地位低下的状态,只能借助神灵的威力来实现心中的愿望。又据刘敬叔《异苑》记载,紫姑本是一家的小妾,"为大妇所嫉,每以秽事相次役",正月十五,因不堪大妇虐待"感激而死"。这其实是六朝广蓄姬妾,妾又无地位、生活悲惨的写照。民间将她奉为"厕神",有些地方在正月十五晚迎紫姑,"以卜将来蚕桑,并占众事"。同样据《异苑》记载,梅姑本是秦时丹阳县的一名女子,在世时有道术,能行于水面如履平地,后来为丈夫所杀,投尸水上,漂至湖边的庙下,巫人令祀为神。晦朔之日,水雾之中时常隐现她的身影,庙的附近不能捕鱼,否则就会遭受"迷径没溺之患",巫人解释说是梅姑被害,"所以恶见残杀也"。这个故事既反映了当时女子受到丈夫虐待的事实,也反映了人们在乱世"恶见残杀",希望杀戮者受到报应的心理,同时背后还隐隐存在着佛教不杀生的理念。蒋姑即"青溪小姑",相传是蒋子文的第三妹,早夭,在南京青溪口有祠。"小姑所居,独处无郎",自然得到女子的同情。林富士曾对这些女性人鬼进行过探讨,认为这些女鬼其实也算是一种厉鬼信仰,只不过她们的信徒虽然可能包括若干官吏,但基本上以庶民为主,而且不曾成为官方祀典的崇祀对象。① 这些女性神在民间广受欢迎,在某种程度上是女性意识逐渐觉醒的反映。

和家庭关系密切的神灵,是六朝时期民间信仰的一个潮流。如紫姑有蚕神之说。《搜神记》卷四还有这样的记载:"吴县张成,夜起,忽见一妇人立于宅南角。举手招成曰:'此是君家蚕室,我即此地之神。明年正月十五作白粥,泛膏于上,以后年年大得蚕。'"又如送子的神灵此时也已出现。《周书》卷二九载:高琳母在泗水之滨被禊,看见一石,光

---

① 参见林富士:《六朝时期民间社会所祀"女性人鬼"初探》,《新史学》1996年第4期。

彩朗润,便拿回家去。当夜梦见一人,飘逸状若神仙,对她说:"夫人向所将来之石,是浮磬之精。若能宝持,必生令子。"梁代彭城地方,曾有女子年二十许,散发黄衣,在武窟山石室中修行,人呼为圣姑,"就求子往往有效,造者充满山谷"①。《初学记》卷八引《丹阳记》载:"江宁有慈母山,积石临江,生箫竹管,俗呼为鼓吹山,江宁谓之慈姥山。"建康附近的民众认为慈姥山的山神能送子。张敬儿即曾"于新林慈姥庙为妾乞儿咒神"②。人们认为一些民间神灵能疗病。《太平御览》卷四二《地部·邙山》引戴延之《西征记》载:"邙山西匿东垣,亘阜相属,其下有张母祠。即永嘉中,此母有神术,能愈病,故元帝渡江时延圣火于丹阳,即此母也。今祠存焉。"《搜神后记》还记载这样一个故事:

> 义兴人姓周,永和年中出都,乘马,从两人行。未至村,日暮,道边有一新小草屋,见一女子出门望,年可十六七,姿容端正,衣服鲜洁。见周过,谓曰:"日已暮,前村尚远。临贺讵得至?"周便求寄宿。此女为然火作食。向至一更,闻外有小儿唤"阿香"声,女应曰:诺。寻云:"官唤汝推雷车。"女乃辞行,云:"今有官事,当去。"夜遂大雷雨。向晓女还。周既上马,自异其处,返寻,看昨所宿处,止见一新冢,冢口有马迹及余草。周甚惊惋。至后五年,果作临贺太守。

故事中此女子被唤去推雷车,也可以算作雷神了。③

六朝时期民间信仰中的神并不遥远,他们很多都是平民,有着普通人的喜怒哀乐。《太平广记》引《幽明录》有这样一条记载:

> 景平元年,曲阿有一人病死。见父于天上,谓之曰:"汝算录正余八年,若此限竟死,便入罪谪中。吾比欲安处汝,职局无缺者,唯有雷公缺,当启以补其职。"即奏按入内,便得充此任。令至辽东行雨,乘露车,中有水,东西灌洒。未至,于中路复被符至辽西。事毕

---

① (唐)李延寿:《南史》卷五一,中华书局 1975 年版,第 1264 页。
② (梁)萧子显:《南齐书》卷一四,中华书局 1972 年版,第 474 页。
③ 参见(宋)陶潜,李剑国辑校:《搜神后记》卷三《阿香》,中华书局 2019 年版,第 494 页。

还，见父苦求还，云："不乐处职。"父遣去，遂得苏活。[1]

据传，曲阿（今丹阳）人去世之后，父亲给他安排了雷公的职位，可他不愿意，觉得干活太累，出差太远，最终复活。

可见，很多时候百姓将他们的思想感情投射到了这些神灵身上，所以才会有那些出身低微的女性神灵以及非正常死亡、不遇于时的厉鬼。现实的黑暗让生活在不幸与痛苦中的人们，只有借助神灵才能表达自己的想法，他们也只有将希望寄托在神灵的佑护与赐福上。

正是六朝时期的南北融合，使得各地异彩纷呈的民间信仰渐渐地趋于六合同风。[2] 蒋子文信仰的"到处开花"[3]是民间信仰随着南北融合逐渐传播的典型。当然，信仰地域性特质的融合是一个漫长的过程，不会在一朝一夕内完成。蒋子文信仰从来没有传播到北方，各个地方始终都有富有地方特色的信仰风俗，即使同一个信仰在不同的地方也有不同的传说和不同的祭祀方式。

第三节　六朝时期的道教佛教与民间信仰

道教作为我国土生土长的宗教，是在民间信仰的土壤中成长起来的，秦家懿等人认为："道教是综合民间宗教形态的最有影响的一派宗教"[4]。宁可指出，早期道教，其渊源上承老子的遗教，近受东汉时期的阴阳五行之说、图谶、神仙方术及巫术的影响，其肇建与传布者则多为方士和巫觋。方士尚神仙，巫觋交鬼魅。方士主要游结上层，巫觋更多面向平民。[5] 六朝时期是道教逐渐形成、发展乃至定型的阶段，既是神

---

① (宋)李昉：《太平广记》卷三八三《曲阿人》，中华书局 1961 年版，第 3052—3053 页。

② 参见周振鹤：《从"九州异俗"至"六合同风"——两汉风俗区划的变迁》，《中国文化研究》1997 年各三卷。

③ 关于蒋子文信仰的区域分布，可参看刘雅萍：《中国古代民间神灵的兴衰更替——以南京蒋子文祀为例》，《世界宗教研究》2011 年第 4 期；傅杰：《蒋子文信仰研究》，硕士学位论文，上海师范大学，2015 年。

④ 秦家懿、[德]孔汉思，吴华译：《中国宗教与基督教》，生活·读书·新知三联书店 1990 年版，第 137 页。

⑤ 参见宁可：《五斗米道、张鲁政权和"社"》，汤一介主编：《中国文化与中国哲学 1987》，生活·读书·新知三联书店 1988 年版，第 140 页。

117

第三章　六朝时期江苏的民间信仰

仙道教和巫术道教、贵族道教与民间道教分流的时代,同时也是道教与民间信仰难分彼此、互相渗透、互相作用的时代。

江苏地区是道教的主要发祥地之一。江苏既有苏北滨海道教系统,也有江南本土与民间信仰结合在一起的神鬼道教。江苏北部一直是道教活跃的地区。陈寅恪认为,滨海地区早有海上交通,易受海外影响。神仙学说的起源和道术的流传,与滨海地区密切相关。而江苏东北部,特别是旧属琅琊郡的地区就是道教兴起的中心。[①] 根据刘屹的研究,在东汉末年,已经有修道者渡江来到江南地区修道。苏南与苏北青徐地区在习俗上虽有差异,但同属东部滨海地域,同源同质,较容易形成一个信仰共同体。[②] 赵益则认为,江苏南部地区的道教信仰在受到滨海道教传统的影响之外,也有本地巫觋信仰的因素存在,有着自身的发展脉络。[③] 总之,这一时期,江苏地区巫风炽盛,鬼神崇拜极为盛行,道教在传播过程中自然会受到巫鬼文化的影响。

法国学者罗宾丽(Isabelle Robinet)就认为,天师道与民间巫鬼道经常处于"争战"状态。[④] 这一争战最终真的演变成真实的战争,即孙恩、卢循之乱。琅琊人孙泰过江后师事钱塘杜子恭。杜子恭"通灵有道术,东土豪家及都下贵望并事之为弟子,执在三之敬"[⑤]。杜子恭死后,孙泰传其术,其"浮狡有小才,诳诱百姓,愚者敬之如神,皆竭财产,进子女,以祈福庆"[⑥]。孙泰死后,弟子孙恩继传其道。孙恩道徒信奉长生久视之道,信仰天、地、水三官,尤其相信水仙。东晋隆安三年(399),会稽王世子、扬州刺史司马元显发东土诸郡免奴为客者,号曰"乐属",移京师充兵役,东土民心骚动,孙恩趁机率道徒发动起义[⑦],传称"有众数万,于是会稽谢针、吴郡陆瑰、吴兴丘尪、义兴许允之、临海周胄、永嘉张永

① 参见陈寅恪:《天师道与滨海地域之关系》,《金明馆丛稿初编》,上海古籍出版社1980年版,第1—2页。
② 参见刘屹:《王凝之之死与晋宋天师道的渊源》,《中国史研究》2011年第2期。
③ 参见赵益:《六朝南方神仙道教与文学》,江苏人民出版社2019年版。
④ 参见 Isabelle Robinet, *Taoism, Growth of a Religion*, Stanford University Presee, 1997, p. 64。转引自王承文:《东晋南朝之际道教对民间巫道的批判——以天师道和古灵宝经为中心》,《中山大学学报(社会科学版)》2001年第4期。
⑤ (唐)李延寿:《南史》卷五七,中华书局1975年版,第1405页。
⑥ (唐)房玄龄等:《晋书》卷一百,中华书局1974年版,第2632页。
⑦ 关于孙恩、卢循起事,参见王仲荦:《魏晋南北朝史》,上海人民出版社1979年版,第360—376页。

及东阳、新安等凡八郡，一时俱起，杀长史以应之，旬日之中，众数十万"。有学者认为，孙恩起事的八郡均在江浙一带，当地的民间信仰传统和道教结合在一起，反映了江南民间宗教和社会习俗的特点。赵益认为这是滨海道教信仰与江南本土神鬼道相结合的结果。① 芮传明也指出，"在孙恩的暴动过程中，'信''巫''神''鬼'之类的信仰贯穿始终，对他的政治和军事行动显然有着相当大的影响，是为迷信群体的动乱与民间'淫祀'之密切关系的又一例。"②

孙恩起事失败后，民间教团组织被瓦解，逐渐转入地下。但是，正如唐长孺所言，陆修静等人对道教的改革是把"神仙道与巫鬼道合为一炉"，"这一演变表明了汉代以来神仙家与民间巫术的结合"。③ 日本学者小林正美也认为，以葛洪为代表的葛氏神仙道此后"咒术性的宗教色彩增强了，避开了难以实行的金丹术……任何人都可实践的携带护符、用符的祭祀、经典的诵读等等方法，显示了葛氏道由难行之道到易行之道，由自力门向他力门的移动，由神仙术向宗教的转换"④。

道教对民间信仰的一个贡献是神谱对民间信仰神祇的吸纳。神仙是神仙道教成立的前提，道教的目的是升仙，若世上没有神仙，则一切无从谈起。葛洪在《论仙》中从多方面论证了神仙的存在，并撰《神仙传》梳理历代神仙故事。葛洪首先构建了道教的宇宙论，树立了道教的最高神——元始天尊，在此基础上，对古代各种神灵信仰进行继承和改造，将传统的天神如昊天上帝、日月星辰、风伯、雨师等都纳入其中。为了适应道教的发展，陆修静开启了悬挂天尊像的先例，结束了"无状貌形象"的状况，使得道教众多的神灵进一步形成层次化、系统化的神谱。⑤ 秣陵陶弘景（456—536）则对那些杂乱无章的诸多神灵进行了初步的整理。陶弘景在《洞玄灵宝真灵位业图》中，将 688 名天神、地祇、仙真、人鬼，按照世俗"朝班之品序"和"高卑"原则，依自天上到地下的

① 参见赵益：《六朝南方神仙道教与文学》，江苏人民出版社 2019 年版。
② 芮传明：《淫祀与迷信：中国古代迷信群体研究》，广东人民出版社 2005 年版，第 130 页。
③ 唐长孺：《钱塘杜治与三吴天师道的演变》，《唐长孺社会文化史论丛》，武汉大学出版社 2001 年版，第 166 页。
④〔日〕小林正美，李庆译：《六朝道教史研究》，四川人民出版社 2001 年版，第 19—20 页。
⑤ 参见葛兆光：《道教与中国文化》，上海人民出版社 1987 年版，第 141 页。

次序,编排了座次,划分了层级品位。他将道教所称之神仙排列成七个层次,每个层次设一个主神,居于"中位",然后左右排列诸神。第一层是玉清元始天尊,第二层是玉晨玄皇大道君,第三层是太极金阙帝君,第四层是太清太上老君,第五层是九宫尚书张奉,第六层是右禁郎定录真君中茅君,第七层是酆都北阴大帝。每一中位之下,分列左位、右位,配以多名神仙,容纳若干天神、地祇、仙真、人鬼。这是道教史上的第一个神仙谱系,不仅初步协调了道教各派的需要,还为后来的神谱编制奠定了基础。① 道教在其发展过程中,不仅按照自己的教义和其他的需要逐步构建属于自己的神灵,而且适应不同的历史时代的需求将盛行于民间信仰中的神灵纳入其神灵系统。古代那些被视为"淫祀"的民间信仰,历代统治者要么是禁绝,要么是吸纳,但是如此林林总总、多如牛毛的民间神灵,国家祀典不可能也不愿意全部容纳。而道教是被国家正式承认的宗教,可以随时接纳改造这些神灵,一旦被纳入道教谱系,这些民间神灵就可能延续香火,发展壮大。这是中国民间信仰发展的一个主要途径。②

道教对民间信仰的另一个贡献是在道教科仪的完善中。陆修静编纂了《洞玄灵宝五感文》等有关斋醮仪范的著作百余卷,第一次对上清、灵宝、正一等派各种不同的斋醮制度作了明确的叙述与规定。陆修静在制定斋戒科仪的过程中,援引了大量民间巫觋的祭祀仪式,完善了道教的斋戒仪范制度,使之具有较强的可操作性和实用性。同时,道教斋醮科仪的成熟也影响了民间信仰。很多道教斋醮仪式在民间的信仰活动中开始得到初步的应用,并孕育了民间信仰的程式化发展。此后,无论是社会上层,还是普通民众,如遇吉凶之事,或寄希望于神灵驱邪治病、消灾治病、招财进宝、延年益寿的时候,都会利用道教的斋醮仪式。

南北朝时期,佛教对江苏南北各地、各个阶层均有重大影响。佛教宣扬的因果报应、灵魂转世、天堂地狱等说法和放生、吃斋、烧香拜佛等仪式,逐渐为民众所接受,并融入民众的生活和思维中。《魏书》曾对魏

---

① 参见许辉:《江苏通史·魏晋南北朝卷》,凤凰出版社 2012 年版,第 381 页。
② 参见马新、贾艳红、李浩:《中国古代民间信仰:远古—隋唐五代》,上海人民出版社 2010 年版,第 226—229 页。

晋南北朝时期民众的佛教基本知识进行过一般的概括："凡其经旨,大抵言生生之类,皆因行业而起。有过去、当今、未来,历三世,识神常不灭。凡为善恶,必有报应。渐积胜业,陶冶粗鄙,经无数形,藻练神明,乃致无生而得佛道。其间阶次心行,等级非一,皆缘浅以至深,藉微而为著。率在于积仁顺,蠲嗜欲,习虚静而成通照也。故其始修心则依佛、法、僧,谓之三归,若君子之三畏也。又有五戒,去杀、盗、淫、妄言、饮酒,大意与仁、义、礼、智、信同,名为异耳。云奉持之,则生天人胜处,亏犯则坠鬼畜诸苦。又善恶生处,凡有六道焉。"这些知识很多都渗透到了民间信仰之中。

佛教在中国是一种外来宗教,如何在非本土的环境中立足是其迫切需要解决的问题。六朝时期巫风盛行,自东汉以来,巫与巫术在社会政治与生活中占据着重要的地位。为了扩大影响力,佛教徒会以自己原有知识体系中的法术作为其传教的重要辅助手段。汤用彤言:"佛教之传播民间,报应而外,必亦藉方术以推进,此大法之所以兴起于魏晋,原因一也。"[1]王昶曾论及魏晋南北朝造像兴起的原因:"盖自典午之初,中原板荡。继分十六国,沿及南北朝魏齐周隋,以迫唐初,稍见平定。旋经天宝安史之乱,干戈扰攘。民生其间,荡析离居,迄无宁宇。几有'尚寐无吪''不如无生'之叹。而释氏以往生西方极乐净土,上升兜率天宫之说诱之。故愚夫愚妇,相率造像,以冀佛佑。……然其幸生畏死,伤离乱而想太平,迫于不得已,而不暇计其妄诞者"[2]。在动荡的六朝时代,饱经苦难的民众寄希望于宗教拯救自己的命运,佛经、佛像崇拜反映的正是传统民间信仰中的功利思想。一般认为,北方重造像,南方重写经。写经就是通过抄写佛经来奉佛做功德,以获得福报,写经成为当时风靡的群体性活动。

佛教通过宣传高僧能够治病疗伤、求雨祈水等来扩大其影响。据储晓军的统计,梁慧皎《高僧传》一书共为后汉至梁初的高僧531人立传,其中专列神异僧一项,计正传20人,附见12人。除了这32人外,

---

① 汤用彤:《汉魏两晋南北朝佛教史》上册,中华书局1983年版,第134页。
② (清)王昶:《金石萃编》卷三九,中国书店1985年版。

未列入神异门的高僧中具有神异术者也不在少数。① 这些高僧通过他们的神异传说吸引了人们的关注。如驱鬼治病,《高僧传》卷三《释智严》称:"仪同兰陵萧思话妇刘氏疾病,恒见鬼来,吁呵骇畏,时迎严说法。严始到外堂,刘氏便见群鬼迸散,严既进,为夫人说经,疾以之瘳。"又如祈雨,东晋时"竺昙盖、竺僧法,并苦行通感。盖能神咒请雨,为杨(扬)州刺史司马元显所敬。法亦善神咒,晋丞相会稽王司马道子为起治(一作冶)城寺焉"②。中国传统社会的民众对于宗教的态度,并非取决于宗教的教义与教理是否高深,而是取决于宗教能否帮助解决实际问题,即神灵是否灵验。如宋孝武帝当初求那跋陀罗祈雨时,就说:"必使有感,如其无获,不须相见。"

佛教还通过构建中国化的佛教神灵来扩大影响,其中最典型的就是观世音信仰的形成。佛教经典把观世音称为"善男子""勇猛丈夫",在印度的佛教造像中,观世音基本上都是有髭须的男子形象,南北朝时期,以大慈大悲为主题的观世音信仰开始在中国流行,逐步成为拥有最多信众的佛教神灵。储晓军根据《观世音应验记》《观音慈林集》《高僧传》等文献收集整理了南北朝观世音应验的故事 111 个,其中有江苏的14 个,涉及扬州、徐州、淮安、南京、邳县、吴县等南北各地。③ 也就是在这一时期,观世音开始由男身向女身转化。陈后主的皇后沈氏,陈亡后入隋,隋亡后过江至毗陵天静寺为尼,名"观音皇后"。清代学者赵翼认为:"为尼不以他名,而以观音为名,则观音之为女像益可知。"④观世音菩萨的变性,以及日后送子功能的增加,显然是符合中国民众的信仰习惯所进行的改造。

大部分中国人对于佛教、道教的态度都是开放的,他们本着"谁灵验就用谁"的实用主义原则来调整自己的信仰活动,所以在六朝时期可以看到很多佛教、道教及各种民间信仰杂糅在一起的情况。江苏徐州

---

① 参见储晓军:《巫佛道之争与魏晋南北朝民间佛教信仰》,《宝鸡文理学院学报(社会科学版)》2016年第 2 期。

② (梁)释慧皎:《高僧传》卷十二《诵经》,中华书局 1992 年版,第 459 页。

③ 参见储晓军:《魏晋南北朝时期观世音崇拜一览表》,《魏晋南北朝民间信仰研究》,博士学位论文,西北大学,2009 年,第 223—230 页。

④ (清)赵翼:《陔余丛考》卷三四,河北人民出版社 1990 年版,第 609 页。

曾经出土一份买地券，全文如下：

> 宋元嘉九年，太岁壬申，十一月壬寅朔廿日辛（酉），
> □□□□□都乡仁仪里王佛女薄命，□□□□□下归黄泉。今
> 为佛女占买彭城郡□□□北乡垞城里村南龟山为墓田百亩，东（至
> 青）龙，西至白虎，南至朱雀，北至玄武。雇钱□□□□，有丹书钱
> 券，事事分明。时知者，东皇父，（西王）母；任者，王子侨；傍人，张
> □粮。当□今元嘉□□□□□□日辛酉，归就后土篙里。如女青
> （律令）。①

买地券是一种明器，是冥世的土地买卖契约。② 刘屹认为，买地券的意
义有两个：死者入土后可以像生前一样继续保有对墓地的所有权；防止
地下鬼魂来为害生人，借用某种神灵的威权来震慑邪鬼。③ 鲁西奇认
为，买地券本于民间巫术，只是在南北朝之后受到了道教的影响。上文
这份王佛女买地券所写的"如女青（律令）"，一般认为是指存于《道藏》
中的《女青鬼律》，是专门用来对付邪鬼的。④ 但是买地券主人王佛女又
有可能是佛教信徒，因此，这份买地券可能就是佛教、道教和巫术相融
合的一个证据。这种在民间信仰中非常常见。如 1978 年扬州邗江酒
甸出土的 M1 画像砖墓中，既有千秋、朱雀、怪兽等传统中国民间信仰
的象征，又有 32 个印有小佛像的画像砖，似乎又显示墓主人的佛教信
仰。⑤ 当时士人杂取佛、道的情况也不罕见，《南齐书》记载，张融病卒前
遗言称："吾生平所善，自当凌云一笑。三千买棺，无制新衾。左手执
《孝经》《老子》，右手执《小品》《法华经》。""左手执《孝经》《老子》，右手
执《小品》《法华经》"恰恰是佛、道、儒三位一体的象征。

　　唐高宗时释道宣所撰的《集神州三宝感通录》中曾言，西晋愍帝建
兴元年（313），吴郡吴县松江沪渎的渔民发现海中有两个人，疑为海神，

---

① 张传玺：《中国历代契约会编考释》，北京大学出版社 1995 年版，第 115—116 页。
② 参见鲁西奇：《汉代买地券的实质、渊源与意义》，《中国史研究》2006 年第 1 期。
③ 参见刘屹：《敬天与崇道：中古经教道教形成的思想史背景》，中华书局 2005 年版，第 53—55 页。
④ 参见白彬、代丽鹃：《试从考古材料看〈女青鬼律〉的成书年代和流行地域》，《宗教学研究》2007 年第
　 1 期。
⑤ 参见韦正：《试谈南朝墓葬中的佛教因素》，《东南文化》2010 年第 3 期。

先是延巫祝"备牲牢以迎之",又有奉五斗米道的黄老之徒"共往接",最后是奉佛居士吴县华里朱膺共东云寺帛尼及信佛者数人"稽首延之","风波遂静"。类似的故事有很多,王琰《冥祥记》中同样记录了一个巫、佛、道三方相争,佛最终取得胜利的故事。

> 宋刘龄者,不知何许人也,居晋陵东路城村,颇奉法,于宅中立精舍一间,时设斋集。元嘉九年三月二十七日,父暴病亡。巫祝并云:"家当更有三人丧亡。"邻家有道士祭酒,姓魏名叵,常为章符,诳化屯里,语龄曰:"君家衰祸未已,由奉胡神故也。若事大道,必蒙福祐,不改意者,将来灭门。"龄遂揭延祭酒,罢不奉法。叵云:"宜焚去经像,灾乃当除耳。"遂闭精舍户,放火焚烧,炎炽移日,而所烧者,唯屋而已,经像幡帧,俨然如故。像于中夜,又放光赫然。时诸祭酒有二十许人,亦有惧畏灵验,密委去者。叵等师徒,犹盛意不止;被发偶步,持刀索,云:"斥佛还胡国,不得留中夏,为民害也。"龄于其夕,如有人殴打之者,顿仆于地,家人扶起,方余气息,遂委挛躄,不能行动,道士魏叵,其时体内发疽,日出二升,不过一月,受苦便死。自外同伴,并皆著癞。①

其实谁胜谁负并不重要,即使是颇奉佛法的刘龄家中遇事,也有巫祝和道士参与。可见在民间信仰中,佛教和道教不仅争夺主导权,同时也融汇在了一起,由此构成多姿多彩的民间信仰的多重光谱。

---

① (梁)王琰:《冥祥记》,王国良:《冥祥记研究》,文史哲出版社 1999 年版,第 192—193 页。

第四章　隋唐宋元时期江苏的民间信仰

　　隋唐宋元,是中国历史上极富特色的时期。从政治格局来说,虽然出现短暂的地方叛乱与分裂局势,但是总体上是趋向大一统的。在此政治背景之下,社会经济获得了长足发展,农业耕作效率大幅提升,手工业产品的生产与销售逐渐兴盛,商品流通与贸易刺激了城乡经济的繁荣。这一时期也是中国社会的一个大变动时期,即学术界所言的“唐宋变革”时期。政治上,士族门阀制度瓦解,通过科举考试而来的普通官僚成为统治阶级的主体;经济上,南方经济地位日益提高,中国的经济重心开始南移;从城市发展而言,市民商业性城市开始大量出现;从思想文化而言,理学体系奠定其地位,文化重心也开始逐渐南移。这一时期的江苏,大运河的疏凿、贯通,不仅带动了运河沿线区域的繁荣与发展,而且在全国经济重心向南方转移的过程中,成为全国经济格局中重中之重的所在。在社会经济迅速发展的助推下,江苏民间信仰呈现出多彩的面貌。这一时期,佛道教发展至极盛,佛教基本完成了中国化进程,各种信仰融汇互通,新的神祇不断涌现,民间信仰活跃发达,又有不少神灵从本地向外传播,有的还被列入国家祀典而渐趋隆盛。同时,民间信仰政策体系日渐完善,朝廷与民间信仰之间的关系日益复杂,形成绚丽多彩的民间信仰图景。

第一节　隋唐宋元时期的民间信仰政策

隋唐宋元时期均采取了较为宽松的信仰政策,基本上包括以下几个方面:一是重视和完善国家祭祀体系;二是对民间信仰基本上根据便于统治的原则,通过赐额等方式,将其吸收进入国家祭祀行列;三是高度警惕民间结社等宗教性组织行为,尤其是在宋元时期,民间宗教组织逐步壮大,从"吃菜事魔"发展到白莲教起义,朝廷对这些组织和活动往往持高度戒备的态度,通过严禁"淫祀"打击民间宗教组织,来预防民众以祭祀之名结社而图谋不轨或干预地方政府权威。

所谓"国之大事,在祀与戎",我国历史上各王朝都重视国家祭祀,并注重祭祀制度的建设。学术界认为,自两汉以来,国家祭祀开始了儒家礼制化的进程,对之前巫风浓厚的神祠宗教逐步加以改造。自魏晋南北朝开始,儒家的五礼体系被用于国家制礼实践中。同时,又以开放的姿态兼收并蓄佛道二教及民间社会各类神灵信仰的习俗和仪式。

隋朝一统疆土,结束了数百年的分裂,文化和思想上的统一自然也必须提上议事日程,为在意识形态领域建立新秩序,制礼作乐就成了一个重要手段。《开皇礼》在《周礼》大祭、小祭和大、次、小三祀的基础上,构建了划分为大、中、小祀三类的祀典体系。在地方祠祀方面,隋朝整顿了自六朝以来混乱的神祇秩序。大业二年(606)五月乙卯,炀帝下诏曰:"旌表先哲,式存飨祀,所以优礼贤能,显彰遗爱。朕永鉴前修,尚想名德,何尝不兴叹九原,属怀千载。其自古已来贤人君子,有能树声立德、佐世匡时、博利殊功,有益于人者,并宜营立祠宇,以时致祭。坟垄之处,不得侵践。有司量为条式,称朕意焉。"①只不过,由于时势迅速变化,这些政策都未能有效地执行。

在经过短暂的混乱之后,唐王朝建立,随着《大唐开元礼》《唐六典》等礼制和律令制度的完善,国家祭祀基本上进入了成熟期。根据雷闻的研究,唐代的国家祭祀可以分为三类:第一类是在京城举行的祭祀,

---

① (唐)魏徵:《隋书》卷三,中华书局1973年版,第66页。

包括郊祀、籍田以及祭祀社稷、宗庙、先蚕，是中央一级的祭祀活动，一般由皇帝亲祀，或者由在司摄三公行礼。第二类是中央在诸州举行的祭祀，包括祭祀后土、岳镇海渎、先代帝王等。第三类是州县政府举行的祭祀，主要包括春秋二社、州县释奠，以及祭祀风师雨师、地方山川和当地政府认可的一些祭祀对象。① 按照《大唐开元礼》的规定，凡小祀，由地方长官行礼。正如《唐六典》所言："凡郊祀天地、日月、星辰、岳渎，享祭宗庙、百神，在京、都者，用牛、羊、豕，涤养之数，省阅之仪，皆载于廪牺之职焉。若诸州祭岳镇海渎、先代帝王，以太牢，州县释奠于孔宣父及祭社稷，以少牢。"② 以上古帝王为代表的人格神也被纳入祀典。天宝七年(748)五月十五日诏曰：

> 上古之君，存诸氏号，虽事先书契，而道著皇王，缅怀厥功，宁志咸秩。其三皇以前帝王宜于京城内共置一庙，仍与三皇五帝庙相近，以时致祭……历代帝王肇迹之处，未有祠宇者，所由郡置一庙享祭，取当时将相德业可称者二人配享。……令郡县长官，春秋二时择日，粢盛蔬馔时果，配酒脯，洁诚致祭。其忠臣、义士、孝妇、烈女，史籍所载，德行弥高者，所在宜置祠宇，量事致祭。③

隋唐宋元时期整个江苏地区，除了五代十国时期金陵在短时期内成为十国割据政权南唐的都城，以及南宋时浙西诸州府成为所谓"左近州军""京畿大镇"之外，大部分时间均不是权力中心地带，所以前两类祭祀基本上与这一区域无关，第三类地方祠祀才是这一时期国家祭祀体系在本地区的体现。

雷闻同样将唐代地方祠祀分成三个层次：第一层是国家礼典明文规定且通祀全国者，如《大唐开元礼》规定由州县主祭的就有卷六九到卷七三的"祭社稷""释奠于孔宣父""禜城门"等。除此之外，由州县主祭的还有岳镇海渎、风师雨师等。第二层是礼无明文，但得到地方官府的承认，甚至由其创建的，如《大唐开元礼》卷一规定的："司中、司命、风

① 参见雷闻：《郊庙之外：隋唐国家祭祀与宗教》，生活·读书·新知三联书店 2009 年版，第 10—11 页。
② (唐)李林甫等：《唐六典》卷四"膳部郎中员外郎"，中华书局 1992 年版，第 128 页。
③ (宋)王溥：《唐会要》卷二二，中华书局 1955 年版，第 500—501 页。

师、雨师、灵星、山林、川泽、五龙祠等并为小祀。州县社稷、释奠及诸神祠并同小祀。"其中,"诸神祠"实际上是将对祠祀合法性的判定权力下放到地方,让部分地方民间信仰纳入国家祭祀体系。第三层是没有得到官方批准和认可,不符合儒家伦理规范,往往被官方禁止者,即所谓的"淫祀"。[①] 在统治者眼中,淫祀的盛行一方面有损风化,而且更有可能威胁到国家对民间的有效控制。因此,历代统治者都对淫祀采取了严厉抵制的态度,这一时期也不例外。

　　隋唐两朝是数百年分裂战乱后出现的统一国家。在隋朝短时间迅速覆灭之后,如何构建一个稳定持久的统一王朝,成为摆在唐朝统治者面前的一个重要任务,而意识形态的整合就是新王朝的一项重要工作。适应时势,从地方信仰中汲取有效内容,使之为皇权与国家政权服务,是重建国家祭祀体系的核心任务。如果不加区分,不考虑地方实际,简单地将地方民间信仰予以禁止,将直接影响国家和地方之间的关系,对整个社会秩序的稳定产生不良的影响。于是,统治者将其中的一部分纳入国家祭祀的行列,赋予其存在的合法性与合理性,以维护地方的稳定。这一时期,逐步形成的官员到任地方后,拜祭当地有代表性的祠庙,以及由地方官员负责修建维护地方祠庙等一系列制度,都反映了朝廷希望地方官员有效地利用地方文化来服务于政治的观念。另外,地方神祇,特别是前代帝王、忠臣、烈女、节妇等人格神祇,可以作为符合官方意识形态的正面神祇加以表彰,来弘扬儒家道德,维系政府的统治。一大批来自各个地方的所谓"淫祀"由此取得了合法地位。如前述天宝七年(748)发布诏书之后,江苏境内的夏禹庙、吴泰伯庙、季札庙等,就由政府下诏予以保护,"并令郡县长官,春秋二时择日,准前致祭",其中夏禹庙还"差侧近人不课户四人",供其驱使。[②]

　　宋代以后,对地方祠庙管理更加系统。首先,中央政府中设有专人负责。《宋史》载,元丰改制后,祠部郎中、员外郎负责"掌天下祠典、道释、祠庙、医药之政令……若神祠封进爵号,则覆太常所定以上尚书省,

① 参见雷闻:《郊庙之外:隋唐国家祭祀与宗教》,生活·读书·新知三联书店2009年版,第222—226页。
② 参见(宋)《唐会要》卷二二,中华书局1955年版,第500—501页。

凡宫观、寺院道释,籍其名额,应给度牒,若空名者毋越常数"①。

其次,对天下所有的神祠进行整理,即所谓编纂"祀典"。先是地方上对神祠进行清理和记录。绍圣二年(1095),时任尚书礼部侍郎的黄裳上请:"乞诏天下州军籍境内神祠,略考所置本末,勒为一书,曰某州祀典。从之。"②到宋徽宗时,开始对天下的神祠进行编制:"大观二年八月二十一日,礼部尚书郑久(允)中等奏:'勘会祠部所管天下宫观寺院,自来别无都籍拘载名额,遇有行遣,不免旋行根寻。今欲署都籍拘载,先开都下,次畿辅,次诸路。随路开逐州,随州开县镇,一一取见。从初创置,因依时代年月,中间废兴、更改名额……成书。小贴子称:天下神祠庙宇,数目不少,自来亦无都籍拘载,欲乞依此施行。'从之。"③政和元年(1111),秘书监何志同又建议重新登录各州祠庙,并将其与州郡长吏所掌祀典相对照。登记准确后,再分作三类:已赐额并赐封号作一等;功烈显著而无封额者作一等;民俗所建,别无功德,依法所谓淫祠者作一等。④

最后,逐渐形成了只有朝廷给予赐额、赐号,地方祠祀才具有合法性、可以列入"祀典"的制度体系。根据冯大北的研究⑤,宋代封神包括赐额、加封爵两方面内容。所谓赐额,即敕赐名额,最初主要用于佛寺道观的管理中。而加封爵就是给神祇加封爵位。如前所述,六朝时诸政权给蒋子文已经加了从侯到公到王诸爵位。根据朱溢的研究⑥,给山川神加人爵始于武则天。武则天垂拱四年(688),为了给自己改唐为周制造舆论,遂利用唐同泰所伪造的瑞石,行拜洛受图之礼。这是武周革命的重要一步,武则天因此加尊号为"圣母神皇",并大赦天下。为了感谢洛水之神,遂"封其神为显圣侯,加特进,禁渔钓,祭享齐于四渎。……又以嵩山与洛水接近,因改嵩山为神岳,授太师、使持节、神岳

① (元)脱脱:《宋史》卷一六三,中华书局1977年版,第3853页。
② (清)徐松辑:《宋会要辑稿》礼二〇之九,中华书局1957年版。
③ (清)徐松辑:《宋会要辑稿》职官一三之二三,中华书局1957年版,第2675页。
④ 参见(清)徐松辑:《宋会要辑稿》礼二〇之九,中华书局1957年版。
⑤ 参见冯大北:《宋代封神制度考述》,《世界宗教研究》2011年第5期。
⑥ 参见朱溢:《论唐代的山川封爵现象:兼论唐代的官方山川崇拜》,《新史学》2007年第4期。

大都督、天中王,禁断刍牧。其天中王及显圣侯,并为置庙"①。这应该是中国历史上首次给山川神加人间的爵位。元丰三年(1080),太常博士王古定诸神祠封额爵号之序:"自今诸神祠无爵号者赐庙额,已赐额者加封爵。初封侯,再封公,次封王,生有爵位者从其本。妇人之神封夫人,再封妃。其封号者初二字,再加四字。如此则锡命驭神,恩礼有序。凡古所言皆当,于理欲更增神仙封号,初真人,次真君"②。这是第一次将赐额与封神结合在一起,这说明了宋代是将民间信仰的神祠与佛教、道教的寺观等一观之,共同纳入国家的祭祀体系中。建中靖国元年(1101),进一步确立申报程序:"诸州神祠加封多有不应条令,今欲参酌旧制,诸神祠所祷累有灵应、功德及人、事迹显著,宜加官爵封号庙额者,州具事状申转运司,本司验实即具保奏。道释有灵应加号者准此。"③南宋时将这一政策进一步细化,建炎三年(1129)敕节文云:"神祠遇有灵应,即先赐额,次封侯,每加二字至八字止;次封公,每加二字至八字止;次封王,每加二字至八字止。神仙即初封真人,每加二字至八字止。妇人之神,即初封夫人,(每加)二字至八字止。"④申报程序也相应更加明确。朱熹《乞加封陶桓公状》言:"诸道释神祠祈祷灵应,宜加官爵封号庙额者,州具实事状申转运司,本司验实保明。"⑤《两浙金石志》所载《宋敕赐忠显庙牒碑》中录有尚书省牒,言庆元令有:"诸道释神祠祈祷灵应,宜加官爵封号庙额,州具状保明申转运司,本司委邻州官躬亲询究,再委别州不干碍官核实讫,具事实保奏"⑥。在《两浙金石志》收入的文献中还有淳祐令,文字也大致相近。对于前代所加封爵,宋王朝基本上不予承认,往往通过改赐、增封等方式赐给新的封爵,以赋予新的正统含义。如后文将提及的,陈果仁信仰始盛于常州,后影响波及江、浙、皖,其在后周时被册封为帝。咸淳五年(1269)常州士民请加封,两浙西路安抚使以其事奏闻于朝,认为前代封帝不合礼制,只于原六字

① (后晋)刘昫等:《旧唐书》卷二四,中华书局 1975 年版,第 925 页。
② (清)徐松辑:《宋会要辑稿》礼二〇之六、七,中华书局 1957 年版。
③ (清)徐松辑:《宋会要辑稿》礼二〇之七,中华书局 1957 年版。
④ 《宋大诏令集》卷一三七《昭惠显灵王封真人赐中书门下诏》,中华书局 1962 年版,第 489 页。
⑤ (宋)朱熹:《朱熹集》卷二〇《乞加封陶桓公状》,四川教育出版社 1996 年版,第 848 页。
⑥ (清)阮元等:《两浙金石志》卷一二,《续修四库全书》史部第 910 册,上海古籍出版社 1995 年版。

王爵上再加二字。①

唐代的封赐只针对列入"祀典"的祠神，而宋代的封赐除了延续这一做法外，更多地将"祀典"以外的祠神也纳入封赐范围。封赐的原则主要是"祈祷灵应"，人们持一种实用主义的态度，而对祠神出身正途、行为符合伦理道德等方面的要求则相对弱化，这也为大量民间信仰获得官方承认打开方便之门。美国学者韩森根据《宋会要辑稿》礼二十、二十一对宋王朝民间俗神逐年赐封的情形进行了统计，共得1214例。②这反映了朝廷在努力恢复传统"祀典"、重整信仰世界秩序的过程中，必须面对地方性民间信仰在地方社会的支持下蓬勃兴起的问题。③但如此众多的赐额难免失之过滥，理学家陈淳就曾批评说："朝廷礼官又无识庸夫，多与之计较封号，是以无来历者皆可得封号，有封号者皆可岁岁加大。若欲考论邪正，则都无理会了。"④

与赐额相辅相成的另一面，则是对不符合官方意识形态的"淫祀""左道""妖异"进行严厉打击。唐太宗初登大宝的武德九年（626）九月，就下令禁毁淫祀："诏私家不得辄立妖神，妄设淫祀，非礼祠祷，一皆禁绝。其龟易五兆之外，诸杂占卜，亦皆停断。"⑤唐代在江苏境内曾经多次对淫祀进行过打击。如前述垂拱年间狄仁杰奏毁淫祠即是典型。⑥《隋唐嘉话》对狄仁杰清除的淫祀有较详细的记录："狄内史仁杰，始为江南安抚使，以周报王、楚王项羽、吴王夫差、越王勾践、吴夫概王、春申君、赵佗、马援、吴桓王等神庙（一千）七百余所，有害于人，悉除之。"⑦此后，贞元十至十二年（794—796），于頔为苏州刺史，同样对淫祀进行了清理："吴俗事鬼，颇疾其淫祀废生业，神宇皆撤去，唯吴太伯、伍员等三数庙存焉。"⑧不过这也说明，狄仁杰之后，这一地区的淫祀其实很多死

① 参见（宋）潜说友：咸淳《临安志》卷七三《祠祀三》，《宋元方志丛刊》影印本，中华书局1990年版。
② 参见〔美〕韩森，包伟民译：《变迁之神：南宋时期的民间信仰》，浙江人民出版社1999年版，第168—170页。
③ 参见王见川、皮庆生：《中国近世民间信仰：宋元明清》，上海人民出版社2010年版，第14页。
④ （宋）陈淳：《北溪字义》卷下《鬼神》，中华书局1983年版，第64页。
⑤ （后晋）刘昫等：《旧唐书》卷二，中华书局1975年版，第31页。
⑥ 参见（后晋）刘昫等：《旧唐书》卷八九，中华书局1975年版，第2887页。
⑦ （唐）刘餗：《隋唐嘉话》卷下，中华书局1979年版，第40页。
⑧ （后晋）刘昫等：《旧唐书》卷一五六，中华书局1975年版，第4129页。

灰复燃了。穆宗时李德裕为浙西观察使,长庆三年(823),他清除了淫祠 1010 所。《旧唐书》载:李德裕"壮年得位,锐于布政,凡旧俗之害民者,悉革其弊。江、岭之间信巫祝,惑鬼怪,有父母兄弟厉疾者,举室弃之而去。德裕欲变其风,择乡人之有识者,谕之以言,绳之以法,数年之间,弊风顿革。属郡祠庙,按方志,前代名臣贤后则祠之,四郡之内,除淫祠一千一十所。又罢私邑山房一千四百六十,以清寇盗,人乐其政。优诏嘉之"①。于頔清理淫祠后不到 30 年,江南的淫祠又达到一千多所,从而可以推断李德裕清理的效果会如何了。

宋代禁毁淫祀、打击巫觋的力度更大。特别是祀典和赐额制度建立后,对于淫祀的判断和处理已经有章可循。曾任平江知府兼浙西提点刑狱的胡石壁明确提出,"非敕额者,并仰焚毁,不问何祀"②。江苏地区曾多次对淫祀进行过打击。宋仁宗天圣元年(1023),知洪州夏竦在当地毁淫祀、驱巫觋后,刘后以仁宗名义诏包括江苏地区在内的东南地区:"今后师巫以邪神为名,屏去病人衣食汤药,断绝亲识看承,若情涉于陷害及意望于病苦者,并同谋之人,引用咒诅律条比类断遣,若别无僧疾者,从违制失决放;因而致死者,奏取敕裁。如恣行邪法,不务悛改,及依前诱引良家男女传教妖法为弟子者,持科违制定断。其和同受诱之人,减等科罪;余并检会前后条法,详酌断遣,情理巨蠹,别无刑名科断者,即收禁具案奏裁。仰粉壁晓示,仍半年一度举行约束,仍赐敕书褒谕"③。这是宋代最大规模的一次禁巫行动。就在这次禁巫行动实施后不到三年,天圣三年(1025)四月二十三日,淮南、江浙、荆湖发运司奏:"昨(江苏)高邮军有师巫起张使者庙宇、神像,扇惑人民,知军国子博士刘龟从已行断绝,拆除一十处庙像。"④宋徽宗政和四年(1114)十一月二十五日,有臣僚言:"窃见民间尚有师巫作为淫祀,假托神语,鼓惑愚众。二广之民,信向尤甚。恐非一道德,意同风俗之也。臣愚欲乞申严法禁,以止绝之。若师巫假托神语,欺愚惑众,徒二年,许人告,赏钱

---

① (后晋)刘昫等:《旧唐书》卷一七四,中华书局 1975 年版,第 4511 页。

② (宋)胡石壁:《非敕额者并仰焚毁》,《名公书判清明集》卷一四,中华书局 2002 年版,第 541 页。

③ (清)徐松辑:《宋会要辑稿》礼二〇之一二,中华书局 1957 年版,第 770 页。

④ (清)徐松辑:《宋会要辑稿》礼二〇之一二,中华书局 1957 年版。

一百贯文。"①政和七年(1117)，前提点江南东路刑狱周邦式上奏："江南风俗，循楚人好巫之习，闾巷之民，一有疾病，屏去医官，惟巫觋之信，亲戚邻里，畏而不相往来，甚者至于家人犹远之而弗顾，食饮不时，坐以致毙。乞立法责邻保纠告，隐蔽而不言者，坐之。"②另外，南宋庆元元年(1195)在常州还发生过知州张贵谟毁庙的事件：

> 张子智(贵谟)知常州，庆元乙卯春夏间，疫气大作，民病者十室而九。张多治善药，分诸坊曲散给，而求者绝少，颇以为疑。询于郡士，皆云："此邦东岳行宫后有一殿，士人奉祀瘟神，四巫执其柄。凡有疾者，必使来致祷，戒令不得服药，故虽府中给施而不敢请。"张心殊不平。他日，至岳祠奠谒，户庭悄悄，香火寥落。问瘟庙所在，从吏谓必加瞻敬，命炷香设褥。张悉撤去。时老弱妇女，祈赛阗咽，见使君来，争从绕环视。张指其中像衮冕者，问为何神，巫对曰："太岁灵君也。"又指左右数躯，或擎足，或怒目，或戟手，曰："此何佛？"曰："瘟司神也。"张曰："人神一也，贵贱高卑，当有礼度。今既以太岁为尊，冠冕正坐，而侍其侧者，顾失礼如此，于义安在？"即拘四巫还府，而选二十健卒，饮以酒，使往击碎诸象，以供器分诸刹。时荐福寺被焚之后，未有佛殿，乃拆屋付僧，使营之。扫空其处，杖巫而出诸境。蚩蚩之民，意张且贻奇谴，然民病益瘳，习俗稍革。③

民间信仰组织化的倾向日益明显，有些甚至发展成为足以对国家政权产生严重威胁的民间宗教。政府对各类宗教性组织更加警惕，打击手段更严厉。武则天文明元年(684)四月十三日发布的《诫励风俗敕》中就说："自今以后，在州县官僚，各宜用心检校，或惰于农业，专事末游，或妄说妖讹，潜怀聚结，或弃其井邑，逋窜外州，或自炫医工，诱惑愚昧。诸如此色，触类旁求，咸须防纠，勿许藏匿。"④玄宗开元三年

① (清)徐松辑:《宋会要辑稿》刑法二之四六,中华书局1957年版。
② (清)徐松辑:《宋会要辑稿》刑法二之六四,中华书局1957年版。
③ (宋)洪迈:《夷坚志》支戊卷第三《张子智毁庙》,中华书局1981年版,第1074—1075页。
④ (清)董诰等编:《全唐文》卷一九,中华书局1983年版。

（715）十一月十七日《禁断妖讹敕》云："彼有白衣长发，假托弥勒下生，因为妖讹，广集徒侣，称解禅观，妄说灾祥，或别作小经，诈云佛说，或辄畜弟子，号称和尚，多不婚娶，眩惑阎间，触类实繁，蠹政为甚。刺史县令，职在亲人……自今以后，宜严加捉搦。"①而开元二十八年（740）三月颁布的《严禁左道诏》云："自今已后，辄有托称佛法，因肆妖言，妄谈休咎，专行诳惑，诸如此类，法实难容。宜令所在长官，严加捉搦。"②到了宋代，打击力度更大。淳化三年（992），"两浙诸州先有衣绯裙，巾单，执刀吹角称治病巫者，并严加禁断，吏谨捕之。犯者以造妖惑众论，置于法"③。这是历史上首次在法律上确定行巫术为有罪。

但是这些措施都无法阻止民间宗教泛滥成灾，在南北宋之交发生的"吃菜事魔"事件就是民间宗教愈演愈烈，直至威胁政权的典型。"吃菜事魔"的含义颇为复杂，很多人认为是摩尼教，但其实是佛教异端、道教末流及民间秘密宗教的杂糅。如陆游言："伏缘此色人处处皆有。淮南谓之二桧子，两浙谓之牟（摩）尼教，江东谓之四果，江西谓之金刚禅，福建谓之明教、揭谛斋之类，名号不一，明教尤甚。至有秀才、吏人、军兵亦相传习，其神号曰'明使'。又有肉佛、骨佛、血佛等号。白衣乌帽，所在成社。"④根据郭东旭的研究，"明教""白云宗""白莲宗""白衣道"都是"吃菜事魔"信仰的分支。其中，明教由摩尼教演化而来，白云宗和白莲宗来源于佛教，白衣道既有道教也有佛教的成分。⑤ 其中白莲宗便产生于江苏地区。白莲宗，南宋高宗时吴郡昆山人茅子元创立。茅子元号"万事休"，父母早亡，投奔本州延祥寺志通和尚，出家为僧，属净土宗。悟道后，传徒结社，创立新的宗门，倡导以往生净土为修行宗旨。他自称"白莲导师"，坐受众拜，成为信徒顶礼膜拜的活佛。白莲宗不要求徒众剃发出家，而是"在家出家"，信徒可以娶妻生子，服饰也与百姓无异。白莲宗主张"男女同修净业"，由于其异端思想和行为方式为当

① （清）董诰等编：《全唐文》卷二五四，中华书局1983年版。按《新唐书》中开元三年十一月"乙未，禁白衣长发会"即指此。
② （清）董诰等编：《全唐文》卷三一，中华书局1983年版。
③ （清）徐松辑：《宋会要辑稿》刑法二之五，中华书局1957年版。
④ （宋）陆游：《渭南文集》卷五《条对状》，中华书局1976年版，第2015页。
⑤ 参见郭东旭：《宋朝法律史论》，河北大学出版社2001年版，第173—175页。

局所不容，"有以事魔论于有司者，流之江州。其徒展转相教，至今为盛"①。甚至一些官员也介入其中。绍兴二十六年（1156）四月己卯，朝廷宣布："左朝请郎两浙西路提点刑狱公事谢邦彦、大理寺丞石邦哲、右通直郎提举两浙西路常平茶盐公事司马悼，并罢。"原因是，平江土居右朝散郎曹云召谢邦彦和司马悼"于其家，与之蔬食"，被侍御史汤鹏举举报，称："平江大侩，以卖卜为业，交结士大夫，遂得一官。邦彦、邦哲顷与妖人交游，论列放罢。因钟世明荐于魏良臣，复得起用，尚不知自新。悼与王会、曹云为死党。今又赴云吃菜之会，闻坐间设出山佛相，邦彦为师，云为弟子，事实怪诞，臣安得不论。"②这里提及的"与之蔬食""吃菜之会"都是当时"吃菜事魔"的典型特征。甚至朱熹居山中苦修研读，刻苦节俭，也被人举报为"剽张载、程颐之余论，寓以吃菜事魔之妖术"③。这种捕风捉影的举报反映了朝廷对"吃菜事魔"等民间宗教团体的害怕和担心，而北宋末年的方腊起义正是由此兴起。

宋代的民间信仰政策基本上为元代所继承。按《元史》载："元之五礼，皆以国俗行之，惟祭祀稍稽诸古。"这里所言的"古"礼指汉地的传统祭礼，"国俗"是蒙古旧俗。正如马晓林指出的，元代统治者针对汉地民间信仰的相关政策在政治策略上的考量往往要大于宗教意义④，其相关政策只在继承了宋代的基础上略作调整，本质上只是为了加强对汉地的统治，这使得其政策相对宽容，助推了民间信仰的活跃，给了民间宗教一些发展的空间，导致了日后白莲教的壮大。虽然元廷对白莲教持严厉禁止态度，"诸以白衣善友为名，聚众结社者，禁之"⑤，但是伴随着社会矛盾和民族矛盾的叠加，它最终为元王朝的结局埋下了伏笔。

淫祠、淫祀产生的原因有很多。《辨惑编》是谢应芳因"深怪世人惑于淫祀"，为"开导愚迷"而作⑥，其书也从侧面描绘了当时江苏地区淫祀

---

① （宋）释志磐：《佛祖统纪》卷五四《历代会要志》第一九之四六，《续修四库全书》子部第 1287 册，上海古籍出版社 1995 年版。
② （宋）李心传：《建炎以来系年要录》卷一七二，上海古籍出版社 1989 年版。
③ （宋）叶绍翁：《四朝见闻》丁集《庆元党》，中华书局 1989 年版，第 143 页。
④ 参见马晓林：《元代国家祭祀研究》，博士学位论文，南开大学，2012 年。
⑤ （明）宋濂：《元史》卷一〇五，中华书局 1976 年版，第 2684 页。
⑥ 参见《辨惑编》提要，（清）永瑢等：《四库全书总目提要》，海南出版社 1999 年版。

盛行的情形。谢应芳分析淫祀产生的原因时,认为:"唐衰礼废,继以五季之乱,妄意徼福,诌非其鬼,泛然以大号加封。紊杂祀典,祠庙滋多。里巷间土地有祠,盖启于此。吾尝以民情推之,其始也必以农谷之功,本乎地土,岁时祀享,亦近乎报本之意。迨夫庙貌之设,无可为像,遂以乡之有齿爵者当之。既久而世代变革,承讹踵谬,至有可笑可怪而不可晓者,姑以目前言之……又城(常州城)之北东有称十姨者,必拾遗之讹,称雨淋者,必羽林也。夫以十姨为一妇人,以雨淋而不室处,是则可笑而已。"①一般而言,每当瘟疫流行、灾荒不断、兵匪为害时,无助的普通人就会向神祇求助。而神祇是否"灵验"则是其被立祠崇奉,乃至香火鼎盛的关键。② 唐代于安史之乱后,繁华已经落幕,五代十国时期的江苏地区虽然相对北方而言较为安定,但吴、南唐、吴越之间战争仍较为频繁,北宋灭亡之后,江苏地区又是宋金前线,战争的阴云常常笼罩在每个人的头上,再加上水旱、瘟疫,几乎很难处于安定的状态下。在这种情况下,人们向各种神灵求助是再自然不过的了。这些都是民间淫祠、淫祀盛行的原因所在。③

　　虽然与浙江、江西、福建相比,江苏并不是民间宗教活动最为频繁的地区,但仍然是较为活跃的地区。同时,江苏历来是淫祀比较盛行的地方。"予每愤南方淫祠之多,所至有之。陆龟蒙所谓有雄而毅,黝而硕者,则曰将军;有温而愿,哲而少者,则曰某郎;有姬而尊严者,则曰姥;有妇而容者,则曰姑。而三吴尤甚。所主之神不一,或曰太尉,或曰相公,或曰夫人,或曰娘子。村民家有疾病,不服药剂,惟神是恃。"④在当时的各种文献中经常看到这里"淫祀""巫者"的记载,如前所述,"吃菜事魔"的白莲宗就是在江苏形成的。历代统治者都对江苏地区的淫祀采取了严厉禁绝的态度。"近来淫祠稍行,江浙之间,此风尤炽。一有疾病,唯妖巫之言是听。亲族邻里不相问劳,且曰此神所不喜,不求

① (元)谢应芳:《辨惑编》附录《辨讹》,《景印文渊阁四库全书》第709册,台北商务印书馆1986年版。
② 参见叶舟:《民间信仰的多元图景:以武烈帝陈果仁为例》,《民俗研究》2009年第3期。
③ 参见马新、贾艳红、李浩:《中国古代民间信仰:远古—隋唐五代》,上海人民出版社2010年版,第338页。
④ (宋)张邦基:《墨庄漫录》卷八,中华书局2002年版,第223页。

治于医药,而屠宰牲畜以祷邪魅,至于罄竭家资,略无效验而终不悔。欲望申严条令,传诸路监司、郡守重行禁止。"谓:"令礼、刑部坐条行下,如不系祀典,日下毁去。"①

但是官方的禁毁政策并未真正奏效,反而有屡禁不止、愈演愈烈之势。这种信仰不仅盛行在普通民众之间,同样也盛行在士大夫之间。士人们往往是问前程,关心的是有无中举升迁的机会。宋代科举竞争激烈,士人们压力颇大,也会求助于神灵。《夷坚志》在乙卷第十四《常州解元》和支景卷第九《丁逢及第》中讲述了两个常州士子参加科举考试的故事。所以,谢应芳会感叹"愚俗惑之,未足为怪,至学士大夫亦从而惑之,斯可怪矣"②,认为"苟欲正风俗,息妖妄,摈巫者不用,其在士大夫家始耳"③。即使是在江南主导禁毁淫祀的李德裕,他的祖父李栖筠在未显达时,"将赴选",专门找"颇有前知"的"烟霞之士"和"楚州白鹤观张尊师"问"所得官"。④

其实,政府一方面取缔淫祠,一方面给予"灵验"的祠庙赐额褒崇,一个淫祀甚至会一夜之间变成正祀。如下文所述的诸多神祇都是如此。在当时的条件下,无论是中央还是地方各级官吏遇到特殊情况,也多求助于神灵保佑。如熙宁元年(1068)为了祈雨,神宗亲往寺观祈祷,并令有司分赴首都及各地灵验的寺庙,虔诚祈祀。七年(1074)十一月二十五日又诏:"天下祠庙,祈祷灵验未有爵号者,并以名闻,当议特加礼命。内虽有爵号而褒崇未称者,亦具以闻。"⑤李德裕也是一边禁毁淫祀,一方面认真祈祷求雨。他自己曾经解释过个中原因:

> 《语》曰:"丘之祷久矣。"又曰:"祭则受福。"岂非圣人与天地合德,与日月合明,与鬼神合契,无所请祷,而祷必感通?惟牧伯之任,不可废也。失时不雨,稼穑将枯,闭阁责躬,百姓不见,若非遍走群望,则皆谓太守无忧人之意,虽在畎亩,不绝叹音。余前在江

---

① 参见(清)徐松辑:《宋会要辑稿》刑法二之一五〇,中华书局1957年版。
② (元)谢应芳:《辨惑编》卷一《淫祀》,《景印文渊阁四库全书》第709册,台北商务印书馆1986年版。
③ (元)谢应芳:《辨惑编》卷二《巫觋》,《景印文渊阁四库全书》第709册,台北商务印书馆1986年版。
④ 参见(宋)李昉:《太平广记》卷一四九《李栖筠》引《逸史》,中华书局1961年版,第1073页。
⑤ (清)徐松辑:《宋会要辑稿》礼二〇之二,中华书局1957年版。

南,毁淫祠一千一十五所,可谓不谄神黩祭矣。然岁或大旱,必先
令傃属祈祷,积旬无效,乃自躬行。未尝不零雨随车,或当宵而应。
其术无他,唯至诚而已。将与祭,必闲居三日,清心斋戒,虽礼未申
于涧酌,而意已接于神明。所以治郡八年,岁皆大稔,江左黎庶,讴
歌至今。古人乃有剪爪致词,积薪自誓,精意上达,雨必滂沱,此亦
至诚也。苟诚能达天,性能及物,焉用以肌肤自苦,焦烂为期? 动
天地,感鬼神,莫尚于至诚。故备物不足报功,禴祭所以受福。余
以为人患不诚,天之去人,不相远矣。

他认为祈雨是职责所在①,应以至诚之心动天地、感鬼神。但是,当以
"灵验"作为"礼命"的原则时,当目的同样是动天地、感鬼神,接于神明
时,正祀与淫祀的区别又在何处呢? 这正是屡次取缔淫祀但收效甚微
的原因之一。更何况隋唐宋元时期,皇帝也借着所谓祥瑞之说,神道设
教,装神弄鬼,尤其是宋真宗时期制造的"天书事件"和宋徽宗"以天神
降,诏告在位,作《天真降临示现记》",终致从上到下,风气败坏,一发不
可收拾,成为北宋衰弱的转折点之一。上有所好,下必效之。在这种风
气之下,对淫祀采取再严厉的政策,其结果可想而知。

　　冯大北不认为封神等同于纳入官方祀典,他认为须江隆、朱海滨等
人将赐额、赐号等同于承认为正祀是错误的,很多不载祀典但祈祷灵应
的所谓淫祀也获得了封赐。其实,皮庆生②早就指出,所谓淫祀和正祀
之间并没有明确的界限,淫祀可以变成正祀,正祀也可以变成淫祀,如
前引蒋子文信仰在六朝时获得官方崇祀,但在狄仁杰禁淫祀时应该属
于被禁革的对象,而一旦所谓淫祀被封赐,如无意外,就会进入官方祀
典之中。而朝廷的关注点其实是落到了如何保障政府对民间信仰的控
制力上,即所谓"示朝廷祭祀驭神之意"③,也就是必须由政府决定,其方
式即是赐额加爵等。另外,即使是明确不在祀典中的民间信仰,也不一
定是朝廷打击的对象,朝廷打击、严禁的是那些有可能危害地方和国家

① 参见(唐)李德裕:《祷祝论》,(清)董浩等编:《全唐文》卷七一〇,中华书局 1983 年版。
② 参见皮庆生:《宋代民众祠神信仰研究》,上海古籍出版社 2008 年版,第 275—276 页。
③ (清)徐松辑:《宋会要辑稿》礼二〇之一三,绍圣二年十二月二十三日条,中华书局 1957 年版。

现存秩序,或者直接触犯朝廷律法的行为。① 正是因为王朝政权既无力,也无心对信仰进行完全垄断和控制,那些复杂而又多元的民间神祇寄托着人们对于幸福的种种盼望,香火日盛。

第二节　民间神祇的丰富多彩

隋唐宋元时期是民间神灵发展的重要时期。与日益发达的经济相适应,文化呈现出绚烂的多元性特色,民间信仰领域呈现出一片繁荣的景象。李肇在《唐国史补》中描述了唐代祠庙的发展状况:"每岁有司行祀典者,不可胜记,一乡一里,必有祠庙焉。为人祸福,其弊甚矣。"② 至宋代,民间信仰的多元性特征同样鲜明。元人袁桷在为锡山陆氏撰《陆氏舍田记》时,回忆了唐宋以来佛、道与民间信仰的盛况:"吴越旧俗,敬事鬼神。后千余年,争崇尚浮屠老子学,栋甍遍郡县。宋帝南渡,公卿大臣多出两浙,而制令入政府,得建宫院,崇祖弥,驱石辇木。空岩阒寂之地,高下晃曜,财日益耗,而弊莫救矣。故稍给自足者,亦承风效施,跬步瞬目,不胜其繁。"③

如此纷繁复杂的民间信仰,不禁让人眼花缭乱。雷闻在讨论唐代祀典的时候指出,"图经"是地方政府确定祀典的主要依据,在判定当地祠祀之正当性中发挥了重要作用。④ 隋唐宋元时期正是中国地方志从"图经"到"方志"定型和成熟的时期,中国传统方志编者将佛教寺院、道观宫观以外供奉神祇的建筑物称为"祠庙",进入所谓"祠庙"的信仰就是纳入"祀典"的信仰。如《咸淳毗陵志》卷一四《祠庙》卷首云:"社稷,生民之本也,故郡国首盍严事。外是则表厉风俗,捍御灾患,其得庙食兹土也亦宜。昔狄梁公使江南,撤淫祠千七百所,而存者四:太伯、季

---

① 参见皮庆生:《宋代民众祠神信仰研究》,上海古籍出版社 2008 年版,第 285—287 页。
② (唐)李肇:《唐国史补》卷下,上海古籍出版社 1979 年版,第 65 页。
③ (元)袁桷:《清容居士集》卷一九《陆氏舍田记》,《景印文渊阁四库全书》第 1203 册,台北商务印书馆 1986 年版。
④ 参见雷闻:《郊庙之外:隋唐国家祭祀与宗教》,生活·读书·新知三联书店 2009 年版,第 265—270 页。

子、伍员与焉，可谓知所权度矣。今自社稷而下，德如季子、功如忠佑首书之，余亦附见焉。"虽然这一时期江苏北部地区留存下来的方志较少，但是江苏南部的南京、镇江、常州和苏州均有方志留存，且大都是一代名志，因此可以以方志为基础，来讨论当时列入祀典的神祇的大致情况。由于篇幅所限，此处仅以撰修于南宋咸淳间的常州（即今天的常州、无锡地区）方志——《咸淳毗陵志》为例来进行讨论。

如将儒家先贤祠排除在外，宋代常州城中列入正祀的祠庙共 11 座，分别是延陵季子庙、天王庙、嘉应城隍庙、东岳行宫、忠佑庙、忠佑行庙、广惠行庙、五显王庙、营田五圣庙、嘉应侯庙、梓潼帝君祠；另外两个附郭县晋陵、武进在城外的祠庙有 12 座：水平王庙、潜灵庙、化被王庙、三王庙（东岳、忠佑、张王）、顺济龙王庙、广惠行庙、琅琊王庙、善利庙、驸马庙、曹将军庙、龙堂、灵济龙祠。无锡县有 11 座：吴泰伯庙、徐偃王庙、春申君祠、伍相公祠、城隍庙、忠佑行庙、广惠行庙、东海信郎王庙、石城王祠、显应庙、孚泽庙。宜兴县有 18 座：伍相公庙、果利庙、英烈庙、永清大王庙、城隍庙、东岳行庙、广惠行庙、忠佑庙、惠烈行庙、丌亭侯庙、许太尉庙、卫将军庙、谢将军庙、枭山庙、青口庙、西津庙、三夫人庙、岳武穆王庙。方志记载的宋代常州地区祠庙总计 52 座。

美国学者韩森曾把宋代祠庙分为五大类八种，即传统神祇与平民神祇，佛教神祇、道教神祇与儒教神祇，一般神祇，动物神祇与自然神祇，区域性神祇。[①] 此处根据韩森的分类稍作调整，可以大致分成以下几种类型：一是诸县均有的全国性或区域性神祇；二是各地特有的人格型神祇；三是儒教、佛教、道教神祇；四是自然神祇，如雨神、水神、山川神和龙王。常州诸县均有的全国性或区域性神祇的祠庙，是城隍庙、东岳行宫、忠佑庙（陈果仁信仰）、广惠行庙（张王信仰）、五显王庙，其中城隍、东岳、张王、五显是当时最重要的全国性神祇，而陈果仁则是以常州为中心形成的区域性神祇，这几个全国性或区域性神祇基本上每个县都有，甚至有的县不止一个庙，此外还有将几个信仰合在一起的三王庙（东岳、忠佑、张王）。另外梓潼帝君、嘉应侯（张巡信仰）其实也是当时

---

① 参见［美］韩森，包伟民译：《变迁之神：南宋时期的民间信仰》，浙江人民出版社 1999 年版，第 182 页。

的区域性神祇，只不过只有州城才有。儒教、佛教神祇有两座，即延陵季子庙和天王庙。人格神祇数量最多，其中大多是重要的历史人物，他们的祠庙有：武进的化被王庙（顾凯）、琅琊王庙（与晋元帝有关），无锡的吴泰伯庙、徐偃王庙、春申君祠、伍相公祠（伍子胥），宜兴的伍相公庙（伍子胥）、果利庙（袁玘）、英烈庙（周处）、惠烈行庙（蒋子文）、亚亭侯庙（蒋澄）、许太尉庙（馘）、卫将军庙（逖）、岳武穆王庙（岳飞）；另外，武进的驸马庙、曹将军庙和宜兴的长风庙（邓县令）、谢将军庙，所供奉的人物事迹早已随时间而湮灭，只留下姓氏，但其香火却依旧，而无锡的东海信郎王庙和石城王祠祭祀的人格神更是姓甚名谁都已不可考。

宜兴永清大王庙的故事出自《太平广记》引《集异记》，称：唐穆宗时，有官吏在河北房州永清县发现一座破落的荒庙，夜晚神仙显灵，自称毗陵人，大父子隐，《吴书》有传，即周处（字子隐），本名周廓，"为上帝所命，于金、商、均、房四郡之间捕鸷兽。数年之内，剿戮猛虎，不可胜数"①。唐大中六年（852），襄州观察判官王士澄刻石于庙，永清大王庙名始显。宜兴作为周廓的故乡因此建庙。这个可以被看作周处信仰的一个变形。宜兴枭山庙、青口庙、西津庙供奉的则全是普通人。其中，枭山庙、青口庙供奉的是潘氏三兄弟，据说三人至此指一草云"此堪为茶"，从此宜兴开始大规模种茶。唐宋两代，阳羡（宜兴）茶为贡品，潘氏三兄弟可以被视为茶业的行业神。西津庙供奉的是吴堪，吴堪的故事见于《原化记》和《幽明录》，详载于《太平广记》，其实是田螺姑娘传说的原型：

> 堪，邑人，为县吏，家荆溪。得一白螺，尝自县归，见饮膳毕具，盖螺化女子为治饪。堪怪之，女曰："天矜君勤小职，勑奉配，君勿疑。"又《幽明录》云：堪得螺，化为女子，号螺妇。令闻而求之，堪不与。令以事虐堪，曰：令要虾蟆毛、鬼臂，不获，即加罪。妇为致之。令又缪语曰："更要蜗斗。"妇又引一兽，状如犬而食火，令取火试，忽焚县宇。后因立祠。宝庆初，里有蒋其姓者，洞澋人，视祠宇敝，默念他日稍赢当新之，自是骤富，卒为修缮。

① （宋）李昉：《太平广记》卷三百七《永清县庙》，中华书局 1961 年版，第 3242—3243 页。

自然神的祠庙包括晋陵的水平王庙(太湖神)、潜灵庙(龙王),武进的顺济龙王庙、善利庙(白龙)、龙堂、灵济龙祠,无锡县的显应庙(水旱)、孚泽庙(龙王),宜兴县的三夫人庙(滆湖神)。

《咸淳毗陵志》所记载的常州地区纳入祀典的神祇大致反映了隋唐宋元时期江苏地区一般性的信仰状况,同时也印证了韩森的两个结论:一是人格神占主导地位,动物神崇拜减少,除了龙王之外,基本上没有动物神,传统的山川神如水平王庙的太湖神和三夫人庙的滆湖神基本上也都人格化了。二是区域性神祇的发展。关于区域性神祇发展的讨论详见下节。下面根据上述分类,讨论这一时期江苏地区神祇崇拜的整体情况。

一、自然神崇拜

自然神崇拜是人类最初的信仰。早在原始社会,初民们已经开始崇拜当地对本部族有意义的山脉和河流,同时对自然界的阴雨晴雪、四季变化发自内心地敬畏和崇拜。进入农业社会,农耕的收成往往系之于天,人们认为山川是神明所居,可以兴云致雨、利济风帆,因此膜拜山川、求雨祈晴成为民间信仰乃至官方祭祀的重要内容。在古代中国社会,山川神中的岳镇海渎尤其受到国家的高度重视。对岳镇海渎的祭祀,虽由朝廷控制,但各级地方也可以"祭岳、渎、名山、大川在境内者,及历代帝王、忠臣、烈士在祀典者",各州县可以"祭社稷,奠文宣王,祀风雨"。[①] 隋唐宋元时期,山川神崇拜的最重要变化就是将山川神的人格化和偶像崇拜以国家制度的方式肯定下来,朝廷对各地重要山川之类,往往设立神祠,由朝廷特赐庙额。

给山川神加人爵始于武则天,这是中国历史上首次给山川神加人间的爵位,同时也是首次将儒家经典中"五岳视三公"的原则落实在制度上,自此山川神逐渐人格化。如前引《咸淳毗陵志》,太湖神为水平王,滆湖神为三夫人。胡宿于皇祐二年(1050)建议将各地名山大川能

---

① (元)脱脱:《宋史》卷九八,中华书局 1977 年版,第 2425 页。

兴云雨者"详定增入祀典"①。太湖神水平王(或称"平水王"),其神庙纳入祀典即为常州人胡宿所请。他指出,应该将太湖神庙纳入苏、常、湖三州祀典,认为:从前无祭,"盖由祀典失载,因循忽诸。《礼》:'境内山川,诸侯当祭。'国家仪文咸秩,靡祀不崇。其太湖欲乞下湖苏常三州,登在祀典,春秋差官致祭"②。

山川神之所以人格化,一方面是统治者的推动,另一方面是地方的促成。如海州赣榆县境内有座吴山,其周围云雾缭绕、环境清幽,据说还是龙脉经行之地,史载:"昔有吴姓者居此,山上有庙,庙后五十步有坟,俗传吴山神塚,水旱祷辄应,唐封为显惠王"③。吴姓家族的定居使得该山名为"吴山"。这个家族在繁衍的过程中,逐渐形成相对独立的信仰系统,建有吴山神庙,祭拜吴山神灵。据传吴山神灵颇显灵异,佑助抵御水旱灾害。于是,被朝廷赐封为显惠王,实现了由民间信仰向国家祀典之神的转变。

隋唐以来,最重要的山川神莫过于泰山东岳神。现存典籍中较早提及泰山祭祀的是《礼记·王制》:"天子五年一巡守。岁二月,东巡守,至于岱宗,柴而望,祀山川,觐诸侯,问百年者就见之……"上文似乎是讲上古舜帝时天子对五岳的祭祀,但现在很多学者认为这是西周以后根据周天子祭祀山神的情况构建而成的。④ 秦统一后,将山川祭祀整合成国家祭祀,泰山是当时祭祀的十二名山之一。⑤ 五岳祭祀的正式确定是在汉代,汉宣帝神爵元年(前61),诏太常:"夫江海,百川之大者也,今阙焉无祠。其令祠官以礼为岁事,以四时祠江海雒水,祈为天下丰年焉。"自是五岳、四渎皆有常礼。⑥ 也正是在汉代,泰山在官方和民间信仰体系中成了冥界的代称、鬼魂的归宿。汉魏六朝的镇墓文大多有"死人魂归泰山"之说,这一时期也开始有"泰山府君"之说。干宝《搜神记》

① (清)徐松辑:《宋会要辑稿》礼二〇之二,中华书局1957年版。
② (宋)胡宿:《文恭集》卷七《论太湖登在祀典》,《景印文渊阁四库全书》第1088册,台北商务印书馆1986年版。
③ 万历《淮安府志》卷三《建置志·山川》,《天一阁藏明代方志丛刊续编》第8册,上海书店1990年版。
④ 参见朱天顺:《中国古代宗教初探》,上海人民出版社1982年版,第74页。
⑤ 参见黄留珠:《试论秦始皇对祭祀制度的统一》,《人文杂志》1986年第2期。
⑥ 参见(汉)班固:《汉书》卷二五下,中华书局1962年版,第1249页。

卷六"胡母班"条就载：胡母班在泰山之侧遇到了泰山府君，日后因亡父"著械徒作""困苦不可处"，向泰山府君求情。可见，当时人们已经认为泰山府君有主阴司的职能。故事中泰山府君还有女儿"为河伯妇"。至此，泰山神已经开始人格化。此外，佛教和道教均将泰山神纳入自身的崇拜体系中，并均赋予其类似的职能。佛教地狱十王中的第七王就是泰山神；道教东岳泰山君，"主治死生，百鬼之主帅"，"世俗所奉鬼祠邪精之神而死者，皆归泰山受罪考"①。

隋唐时期，隋文帝、唐高宗、武则天、唐玄宗相继封禅，唐玄宗御制《纪泰山铭》更称泰山"惟天帝之孙，群灵之府，其方处万物之始，故称岱焉，其位居五岳之伯，故称宗焉"，正式确立了泰山五岳之宗、众山之首的地位。武则天垂拱二年（686）七月初一日，封东岳为"神岳天中王"；武则天万岁通天元年（696）四月初一日，尊东岳为"天齐君"；唐玄宗开元十三年（725），封泰山为"天齐王"。此后，向来只建于泰山的东岳祠庙，开始从泰山一域向山东乃至附近的华北诸地扩展。元孟淳《长兴州修建东岳行宫记》便言："东岳行宫者，泰山神之别祠也。自唐封禅，郡县咸有之。"②淮安东岳庙据说是唐贞观年间程知节即程咬金所建。明代刘复在《重修东岳庙碑记》中亦说："淮安旧有东岳庙，考之郡志……其建立之详，世远莫载。"③可见，明时东岳庙的修建时间已经模糊不清。

江苏地区东岳信仰的真正兴起与传播，应该是五代宋以后的事情。五代以后，东岳庙的修建逐渐增多。比如通州东岳庙，创建于唐大顺二年（891）④；邳州东岳庙，创建于后晋开运二年（945）⑤。北宋大中祥符元年（1008），宋真宗在泰山搞了一场封禅的闹剧。这虽然是一场闹剧，在泰山信仰史上却有着重要的意义。封禅后，朝廷加封泰山为"仁圣天齐王"。祥符四年（1101），又加封其为"天齐仁圣帝"。唐代五岳加封王

---

① （汉）东方朔：《五岳真形图序》，（宋）张君房纂辑，蒋力生等校注：《云笈七签》卷七九，华夏出版社1996年版，第451页。

② （元）孟淳：《长兴州修建东岳行宫记》，（清）阮元编：《两浙金石记》卷一七，《续修四库全书》史部第910册，上海古籍出版社1995年版。

③ 参见乾隆《山阳县志》卷一五《各体文下》，乾隆十四年刻本。

④ 参见乾隆《通州直隶州志》卷八《祠祀志》，乾隆四十八年刻本。

⑤ 民国《邳志补》卷二一《古迹》，《中国地方志集成·江苏府县志辑》第63册，江苏古籍出版社1990年版。

号,突破了"五岳视三公"的传统定位。真宗加封五岳帝号,将五岳推崇到一个新的高度。另外,宋真宗还加封泰山夫人为"淑明皇后",加封泰山的五子分别为侯、为王,加封泰山女儿为"玉仙娘娘"。同时又因其他地方祭祀东岳大帝路途遥远,故颁布敕令"从民所欲,任建祠祀"①。此后"虽穷山幽谷,要荒不毛之地,皆饰祠严奉"②,东岳信仰迅速在全国传播开来。

根据宋元时期的地方志,两宋时期江苏地区的东岳庙除了前文所述,主要还有以下几座:江宁的东岳庙,始于北宋雍熙二年(985)(《景定建康志》卷四四);炳灵公庙,始于南唐昇元中(937—942)(道光《上元县志》卷一一)。常熟的东岳行祠一在常熟县治一里五十步,一在常熟县北四十里福山(《琴川志》卷十);横泾东岳庙在常熟东南一百二十里,咸淳十年(1274)建(《吴郡志》卷一三)。吴县东岳庙在东洞庭下,开宝间建(崇祯《吴县志》卷二一)。昆山东岳庙,在昆山县城东南二百五步(《淳祐玉峰志》卷下)。镇江东岳庙,在丹徒登云门里,熙宁中建;东岳别庙,在丹阳县土地桥,北宋建。金坛东岳别庙,在金坛县治东北二里,宋元丰间建(《至顺镇江志》卷八)。扬州东岳庙,在高邮北新城小东门外,太平兴国间建(《江南通志》卷四十)。南通东岳庙,一在州治南门外,唐大顺二年(891)建,一在州治北石港镇,咸通中建(万历《通州志》卷五)。六合东岳庙,在县东二里,宋嘉定十年(1217)建(嘉靖《六合县志》卷三)。泰州东岳行宫,在泰州西南,太平兴国元年(976)建。如皋东岳庙,在如皋县东南,太平兴国九年(984)建(嘉靖《惟扬志》卷三八)。宝应东岳庙,在宝应县忠佑桥南,绍兴间建(隆庆《宝应县志》卷三八)。

北宋太平兴国年间,高邮东岳庙由道士李守坚创建,是宋代在苏北地区兴建较早的东岳祠庙。应武《重修东岳庙记》载:"高沙城北旧有东岳之祠,庙无刻石,莫究本始,得诸图经所载,盖太平兴国中敕赐建置,距今二百余年。当建炎、绍兴间,干戈俶扰,戎马践蹂,两淮城闉寺观化

---

① (清)胡聘之:《山右石刻丛编》卷一二《东岳庙碑》,《续修四库全书》史部第 907 册,上海古籍出版社 1995 年版。

② (宋)彭修:《湖州安吉县新建东岳天齐仁圣帝行宫碑》,(清)阮元编:《两浙金石记》卷七,《续修四库全书》史部第 910 册,上海古籍出版社 1995 年版。

为灰埃,而此庙岿然独存,岂非神灵显著,默有以阴驱而潜摄之者与?"①在历经兵燹之后,东岳庙仍然屹立,使得人们相信这里的东岳之神颇为灵验,从而吸引了周边各地民众来此朝拜与祭祀。《重修东岳庙记》又载:"岁时朝献,盖自浙江以西,淮壖以东,来者肩摩袂接、旁午道途,而此邦岳庙之盛甲于天下"。可见,高邮东岳庙的影响力已不局限于江淮地区,南方诸多地区均有大量虔诚信众。

东岳信仰之所以具有如此广泛的影响,当然跟它传说中"主生死"的神职功能密切相关。在古人的观念中,泰山神灵是冥府之君,掌管人类生死:"岱宗位居东方,主死生之籍,民之奔走祠下者更盛……以神之聪明正直,主人生死,与斯民切近,则淮壖亿千万户之居氓奠安衽席,无疾疠夭札之患"②。因此,对它的崇拜和信仰自然盛行,江苏地区也不例外。同时,当时的人们相信,东岳大帝通过其下辖诸司发挥更多功能,包括禳灾弭祸、除病解厄等。比如,由都水司掌理降雨治水,由蝗蝻司掌管驱蝗捕蝻。海州龙苴镇东岳庙,始建于宋宝祐年间,根据东岳庙碑文记载:"宋时蝗蝻遍野,民祷于庙,蝗不为灾"③。此外,东岳大帝的家人也受到苏北民众的崇拜和祭祀,较有代表性的是宝应炳灵公庙。相传,炳灵公是东岳大帝第三子,被称为"泰山三郎"。宋真宗敕封东岳大帝爵位,也曾封赐其第三子,所谓"封威雄将军为炳灵公"。史载:宝应县"炳灵公庙,在兔避庄,皇庆二年建"④。可以说,以东岳大帝为核心,兼及炳灵公等神灵的东岳信仰体系,不仅反映出东岳信仰传播与盛行的状况,也反映出这一信仰可能具有的层级关系。

自唐宋起,东岳信仰在地方信仰层级上就具有极高的地位。很多学者认为,东岳大帝地位与君主相当,是地方信仰的主宰神,这一点在

① (宋)应武:《重修东岳庙记》,嘉庆《高邮州志》卷一一上《记》,《中国地方志集成·江苏府县志辑》第46册,江苏古籍出版社1990年版。

② (清)黄达:《一楼集》卷一六《重修东岳庙记》,《四库未收书辑刊》第10辑第15册,北京出版社2000年版。

③ 嘉庆《海州直隶州志》卷二九《寺观录》,《中国方志丛书·华中地方·江苏省》第35册,台北成文出版社1970年版。

④ 道光《重修宝应县志》卷五《寺庙》,《中国方志丛书·华中地方·江苏省》第109册,台北成文出版社1970年版。

明清地方信仰层级中体现得尤为明显。① 究其原因,可能是因为东岳信仰是国家祭祀体系的一部分,各地方的东岳庙相当于国家祭祀在地方上的分支,东岳大帝自然也被人们视为朝廷在地方上的代表。同时,东岳大帝又主阴司,既有人间的权威,也是地狱的主宰,往往以威严的形象出现。苏州常熟县福山东岳行宫的东岳大帝就是"庙貌甚严"。传说,士人胡子文乘醉入庙,拔出东岳大帝手下恶判官的笔,同行者阻拦,胡子文就把笔放回原位。他回去时在舟中梦见被判官带走,马上吓得酒醒,一路上都默诵《金刚经》,后来东岳大帝开恩,只是施以小惩,用笔点了一下他的背,此后被点的地方生疽,"痛不可忍,百日方愈"。他从此每天诵经七遍,"虽剧冗不敢辍"②。

时至元代,东岳信仰在江苏北部地区更加广泛地传播开来。元大德十年(1306),沛县东岳祠庙在泗亭里建立。不过后来,这座祠庙蔓草丛生、屋宇倾颓,一名沛县官员的母亲目睹这一场景后,"命公曰:汝叨守兹土位县邑上,事神治民汝之职也,不能事神民将何治?况水旱疾疫惟神所司,休戚系焉。今岳祠久废不治,非汝责耶?"③于是,在沛县官员的主持与组织下,对东岳庙进行重修。虽然重修东岳庙以官员为主导,但是"沛耆老从而助者,为辈甚众",当地耆宿老人在其中充当了协助的角色,其后也是由当地耆老请求韩准撰写记文,可知民众参与了祠庙的修建。这种意识在元代后期更加凸显,较具代表性的是丰县娥墓堌东岳行祠的建立。邑人袁涣《建娥墓堌东岳行祠记》曰:

> 自魏拓跋始立一庙于桑乾水之阴,逮唐,乃诸岳各立庙于其地。东岳太山,祀之遍天下,则肇于宋之中叶。而民间有祠,则又起于元之季世……丰县治西北去一舍余,里曰司马,阜曰娥墓,延袤殆十余亩。元至正间,里人建东岳行祠于其上……④

① 参见[美]万志英:《太湖盆地民间宗教的社会学研究》,李伯重、周生春主编:《江南的城市工业与地方文化(960—1850)》,清华大学出版社 2004 年版。
② (宋)洪迈:《夷坚志》支甲志第六,中华书局 1981 年版,第 47 页。
③ 韩准:《沛县创建东岳庙碑记》,嘉靖《沛县志》卷十《艺文志》,《天一阁藏明代方志选刊续编》第 9 册,上海书店出版社 1990 年版。
④ 隆庆《丰县志》卷九《艺文》,丰县地方志办公室、丰县档案局 1985 年铅印本。

这则材料指出了东岳信仰发展的重要时间节点，即起始于北魏时期，唐朝呈现兴盛的局面，北宋中期则臻至巅峰，遍祀于天下。不过在此之前，都是官方主导下的东岳信仰。此后，东岳信仰在民间的地位越来越高。① 元至正年间，丰县娥墓堌乡民自主创建东岳祠庙，作为他们崇奉和祈报东岳神灵的场所，可见东岳大帝在民众心中具有崇高的地位。另外，元代宿迁县、沭阳县等地，均有东岳庙的修建与祭祀②，反映出元代江苏东岳信仰呈现北重南轻的局面，这与宋代的情况基本相反，这是理解宋元民间信仰的重要层面。

　　与山川神人格化相一致的是，社稷神、风神、雨神的人格化。根据雷闻的研究，至唐前期，地方上似乎还不存在对风师、雨师的官方正式祭礼。③ 到了天宝四载（745）七月二十七日，风师、雨师升入中祀，同时"仍令诸郡各置一坛，因春秋祭社之日，同申享祀。至九月，敕诸郡，风伯坛置在坛之东，雨师坛之西，各稍北三数十步，其坛卑小于社坛造。其祭官，准祭社例，取太守下充"④。从此，州郡一级才有了正式的风师雨师之官方祭礼。《宋史》卷一〇二言："社稷，自京师至州县，皆有其祀。岁以春秋二仲月及腊日祭太社、太稷。州县则春秋二祭，刺史、县令初献，上佐、县丞亚献，州博士、县尉终献。如有故，以次官摄，若长吏职官或少，即许通摄，或别差官代之。"⑤按理说，社稷坛、风师坛、雨师坛、雷师坛皆是坛壝，其中并未供奉人格化神明，如根据《咸淳毗陵志》，诸坛形制均以石为主，只不过风师、雨师"稍杀焉"。但事实上，无论是在民间还是在官方眼中，社、稷、风、雨都是有人的形态的。如汉画像石中，风师和雨师分别就是拿着风口袋和水壶的仙人。《咸淳毗陵志》称："社以后土勾龙氏，稷以后稷氏配"，可见社、稷同样人格化了。

　　即使是这样，人们仍不完全信任官方的风师、雨师和雷师，各地都

---

① 根据海州博望镇东岳庙、沛县东岳行祠的修建可知，民间层面的东岳信仰可能在元代前期已经出现。
② 参见万历《宿迁县志》卷二《建置志·祠庙》，《天一阁藏明代方志选刊续编》第9册，上海书店出版社1990年版；民国《重修沭阳县志》卷一《舆地志中·寺观》，《中国地方志集成·江苏府县志辑》第57册，江苏古籍出版社1990年版。
③ 参见雷闻：《郊庙之外：隋唐国家祭祀与宗教》，生活·读书·新知三联书店2009年版，第51页。
④ （唐）杜佑：《通典》卷四四《礼典·沿革四》，中华书局1988年版。
⑤ （元）脱脱：《宋史》卷一〇二，中华书局1977年版，第2483页。

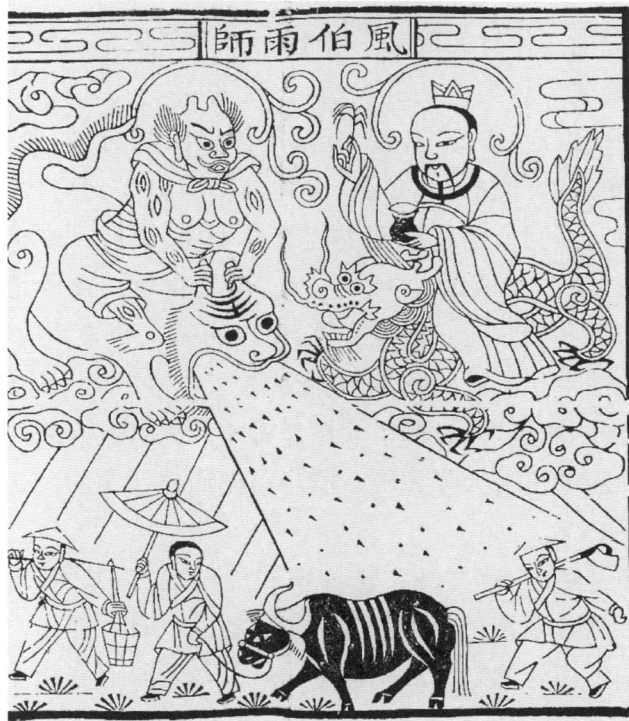

图 4.1　风伯雨师(来自《中国民间诸神谱》)

有自己的风神、雨神、雷神。在江苏,这一时期较有代表性的是雷神信
仰的兴起。嘉庆《高邮州志》记载:"雷塘庙,在州城北湖边。"①雷塘位于
今扬州市西北,汉代称为"雷陂",唐代改称"雷塘",是当地历史悠久的
水利设施。通过"北湖"的位置,可以判知雷塘庙建于雷塘附近。不过,
雷塘庙修建于何时,祭祀的是什么神灵,目前并无确切材料可以证明。
《通典》记载:唐贞观十八年(644),"李袭誉为扬州大都府长史,乃引雷
陂水,又筑句城塘,以溉田八百余顷,百姓获其利"②。又,《新唐书》记
载:贞元年间,淮南节度使杜佑"决雷陂以广灌溉,斥海濒弃地为田,积

---

① 嘉庆《高邮州志》卷一《舆地志·庙宇》,《中国地方志集成·江苏府县志辑》第 46 册,江苏古籍出版
社 1990 年版。
② (唐)杜佑:《通典》卷二《食货·水利田》,中华书局 1988 年版。

米至五十万斛"①。可见,雷塘在唐朝农田垦殖中发挥巨大作用,充足的水源对于雷陂的运作意义重大。据此推测,当气候干旱致发生旱灾时,祈求降雨无疑成为相当迫切的事情,在雷塘庙中供奉雷神也是自然之事。另外,宋代以后,雷塘"日就堙废,民占为田"②,说明唐代雷塘可能已出现水源短缺的问题。鉴于此,雷神信仰应该受到唐代当地官民的高度重视。巧合的是,唐代柳州亦建有雷塘庙,史载:"惟神之居,为坎为雷。专此二象,宅于岩隈。风马云车,肃焉徘徊。能泽地产,以祛人灾。神惟智知,我以诚往。钦兹有灵,爰以庙飨。苟失其应,人将安仰。岁既旱暵,害兹生长。敢用昭告,期于盼盋。"③"坎"卦代表的是水,雷神具有兴云布雨的职能,当时柳宗元担任柳州刺史,因为年岁干旱影响农时,故至雷塘庙中祈求天降甘雨。柳州雷塘庙建于雷塘之上,与扬州雷塘庙极为相似。

《重修雷神殿记》碑文载:"雷神殿居淮城之北、城河之西。凡黄冠奉神之所皆曰庙,兹不曰庙而曰殿,尊严之也。旧无碑志,不知创于何年,惟羽流相传初为龙兴寺之积薪庵。后每每夏月有雷出于地中,人惊异之,故构宇以祀雷神,而殿所由兴焉。"④这段材料交代了淮安雷神殿的方位、地位及创建缘起,尤其值得关注的是它的创建时间。材料中说"不知创于何年",不过从其与创于西晋的龙兴寺之关系来讲,雷神殿的创建时间应较早。乾隆《山阳县志》则载:"雷神殿,在联城内,唐时建"⑤。因此,雷神殿修建于唐代的可能性较大。前引《重修雷神殿记》碑文又载:"其制,前为门者三,内为大殿,以祀天尊,次为二殿,以祀三清,两殿之规制相等……雷部之中有陶、许二神像,已塑于天尊之旁矣。后因屡显异以医人之危疾,获痊者众,不敢忘报也,乃于二殿之后,构殿三楹,以专祀陶、许之神,其高少杀,亦前二殿之辅也。"可见,雷神殿中

---

① (宋)欧阳修:《新唐书》卷一六六,中华书局1975年版,第5088页。
② (清)顾祖禹:《读史方舆纪要》卷二三《南直五·扬州府》,中华书局1995年版。
③ (唐)柳宗元著,曹明纲标点:《柳宗元全集》卷四一《祭文·雷塘祷雨文》,上海古籍出版社1997年版,第343页。
④ (明)杨伯柯:《重修雷神殿记》,淮安市楚州区历史文化研究会、淮安市楚州区文化局编:《淮安楚州金石录》,2007年,第48页。
⑤ 乾隆《山阳县志》卷一七《祠庙》,乾隆十四年刻本。

同时供奉天尊、三清、陶、许等神灵,陶、许二神地位低于前者,但是他们却是"雷部"之神。关于陶、许二神的信仰,其他如海州、宝应、阜宁等地,均曾建有陶许庵庙,可能跟雷神信仰亦有关联。

在民间信仰中,更普遍掌握控制风雨能力的神是龙王,龙王也是这一时期少数几个未被人格化的神祇。如扬州地区对五龙神灵的崇拜和祭祀就是典型。汉魏时期,五龙信仰可能已经出现。万历《扬州府志》言:"旧传,陈登尝役五龙开港,为陈公塘之下流。"①陈登所开之港为仪征戴子港,位于陈公塘南侧。开港成功后,当地"立庙以祀"五龙。② 此处五龙庙始建于何时尚不明确,不过南宋淳熙九年(1182)运判钱冲之曾加以重修,可见宋代或其以前已经建立。宋代,扬州地区五龙信仰相当盛行。宋人陈造曾言:

> 五龙血食于扬,肇自国初,而备严于今,屹然为一郡乞灵之地。按图志,艺祖皇帝之破李重进也,驻跸九曲池上,有龙斗于池。事已,乃庙祀之。其后庙废,第绘像于建隆僧舍,其庙之故基与?夫不庙而像之,故漫不可考。庆元五年,帅郭侯某复屋之于池之西偏。至嘉泰之元,今待制赵公来制帅闻,旱潦告病,祷而雨,岁以中熟,慨念水枯旱,挽回丰穰,非龙孰致之?③

此则材料包含丰富的历史信息。"艺祖皇帝"指宋太祖赵匡胤,所以五龙信仰"肇自国初"之"国初",指的是北宋初年。可见,北宋建隆年间,扬州已建立庙宇祭祀五龙神,即位于九曲池的五龙庙。④ 后来这座五龙庙废置,仅塑龙神像祭祀。庆元五年(1199),地方官员重建五龙庙。嘉泰元年(1201),气候干旱导致病稼,地方官员曾赴庙求雨。就此而言,在民间信仰中,五龙神的功能出现变化,即从佑助平乱过渡到普降甘霖,后来祷告求雨成为五龙神信仰的核心内容。比如海州五龙神,隆庆

① 万历《扬州府志》卷六《河渠志下》,《扬州文库》第 1 册,广陵书社 2015 年版。
② 参见康熙《仪征县志》卷一四《祠祀志上·诸庙附》,《扬州文库》第 2 册,广陵书社 2015 年版。
③ (宋)陈造:《江湖长翁文集》卷二一《维扬龙庙记》,《景印文渊阁四库全书》第 1166 册,台北商务印书馆 1986 年版。
④ 参见光绪《增修甘泉县志》卷九《祠祀下》,《中国地方志集成·江苏府县志辑》第 43 册,江苏古籍出版社 1990 年版。

《海州志》记载："五龙潭，旧传宋郡守蒋绩祈雨有感，申请于朝，锡以侯爵"①。

龙神信仰还表现在对白龙的崇拜和祭祀上。仪征境内建有白龙庙，宋代郡守王大昌曾至此祷雨，并赋《白龙庙祷雨》。诗曰："踞鞍未晓出城局，已觉霏霏等露零。默祷白龙泽王日，乞飞丹凤表千灵。"②当时，白龙庙建于腊山之上，白龙庙旁还有天井池，"冬夏不竭"③，海州境内亦有白龙信仰，史载："白龙潭，旧传有白龙潜于中，立祠祀焉，旱祷辄应，迨今犹然。"④不过白龙信仰也并非均以"旱祷辄应"的正面形象呈现，安东县白鳝化龙的传说，就描绘出白龙荼害百姓的形象。白鳝化龙之后，自然就是白龙。《重修化龙桥记》载："迨宋真宗朝卧佛娄道者出，复过此桥。知鳝将成龙，恐其风雨上下，有妨民居，遂以锡挑之曰，逢柴而止，龙因腾去，至柴沟潭而居之。"⑤相传，白龙腾空飞至柴沟潭，便不会再兴风作雨、祸害民众。为了使好景常在，当地开始修祠立庙祭祀白龙，也就是柴沟龙神，原来桀骜不驯的白龙，转变为造福百姓的神灵。至元代柴沟龙神的地位显著提升，被封为"灵英济白龙之神"。其实，像柴沟龙神这种地方性龙神，被朝廷封赐爵位的，在宋代已有先例。光绪《阜宁县志》记载："北沙庙建于宋熙宁间，灵迹尤著。北沙龙神，淮阴人，姓钟，讳先，为宋弟子员，聪明正直，没而为神，在宋孝宗淳熙间、德祐元年，以捍灾弭患功，封显祐龙君。"⑥值得注意的是，龙神大多属于自然神灵的范畴，而北沙龙神则实有其人，即淮阴人钟先。

苏州境内则有龙母传说，《吴郡图经续记》卷中记："龙母庙在吴县阳山郡中，尝于是祈雨而应。"范成大《吴郡志》卷一三"阳山灵济庙"条记载了这样一个故事：东晋隆安中，山下居民缪氏家"有女及笄"，某天出行，"风雨暴至，天地陡暗，避于今所谓龙塘之侧"，回来就怀孕了。父

---

① 隆庆《海州志》卷二《山川志》，《天一阁藏明代方志选刊》第 14 册，上海古籍书店 1981 年版。
② 康熙《仪征县志》卷一四《祠祀志上·诸庙附》，《扬州文库》第 2 册，广陵书社 2015 年版。
③ 嘉庆《大清一统志》卷九六《扬州府》，《续修四库全书》史部 614 册，上海古籍出版社 1995 年版。
④ 隆庆《海州志》卷二《山川志》，《天一阁藏明代方志选刊》第 14 册，上海古籍书店 1981 年版。
⑤ 雍正《安东县志》卷一二《艺文中》，《复旦大学图书馆藏稀见方志丛刊》第 5 册，国家图书馆出版社 2010 年版。
⑥ 光绪《阜宁县志》卷二《建置·坛庙》，光绪十二年刻本。

母将她逐出家门,只能"丐食邻里",第二年三月十八日在传说中的龙家上产一肉块,"倏焉破块化而为龙,夭矫母前,若有所告",白龙升腾而去。从此百姓于山顶建祠,雨旸失候,祈祷必应。绍兴二十九年(1159)诏赐"灵济庙",乾道四年(1168)封"显应夫人"。胡伟《吴郡阳山灵济庙碑》则言,每"当春之季,阴晴多不常",当地乡民便"卜白龙之归"。还说白龙"生有定日,而母有姓氏",并专门"塑土刻木,绘缣图楮,皆有其像者"。每年三月十八日白龙生日时,"城之内外远近崇信士女,毕集于城西三十里阳山之澄照寺,设伊蒲供,呗大梵音,鼓乐祭赛,村疃成市"。庙有两座,"祀龙母于东,祀龙于西","办香炬蜡,酾酒进馐者,更出迭人,及暮而罢,恒以为常,谓之龙生日"。①

龙神信仰相当盛行,这与佛教的助推是密不可分的。龙神是中国传统民间信仰的神灵,龙王则是佛教经典中的人物,龙王信仰是民间信仰与佛教融合而形成的信仰。唐朝时,龙王开始成为掌理雨水的神灵。宋代以后,龙王信仰开始兴起,并在与龙神信仰混合的过程中逐渐盛行,甚至呈现出凌驾于龙神信仰之上的趋势。龙王其实是龙的人格化,虽然龙王依然是龙形,但其性格已经人化。光绪《阜宁县志》卷二《建置·坛庙》记载,除了县城周边建有龙王庙,"北沙、大套、辛家荡、天赐场、纪家锅、正兴集、高家庄,俱有庙"。雍正《安东县志》亦载:龙王庙"在乡者凡十一处"②。阜宁、安东等地龙王庙建立于宋代,反映出宋代以后当地龙王信仰兴盛的事实。人们相信龙王具有掌理雨水的能力,龙王庙成为官民祷雨的场所。比如,扬州七里店处的龙王庙,"相传祷雨著灵"③。海州白龙王庙,也是"遇旱,祈之辄应"④。

不过,在民间信仰中龙王神灵的能力并不止于此。高邮境内建有五龙祠,又称为"五龙王庙",说明龙神与龙王的称谓边界是较为模糊

① (宋)胡伟:《吴郡阳山灵济庙碑》,载(明)钱穀编《吴都文粹续集》卷一二,《景印文渊阁四库全书》第1385册,台北商务印书馆1986年版。
② 雍正《安东县志》卷二《建置·祠庙》,《复旦大学图书馆藏稀见方志丛刊》第5册,国家图书馆出版社2010年版。
③ 光绪《增修甘泉县志》卷九《祠祀下》,《中国地方志集成·江苏府县志辑》第43册,江苏古籍出版社1990年版。
④ 嘉庆《海州直隶州志》卷二九《寺观录》,《中国方志丛书·华中地方·江苏省》第35册,台北成文出版社1970年版。

的,可能出现了龙神与龙王混合信仰的情形。宋人曹叔远描述:清水潭左侧,"旧有五龙祠,岁时牲祭惟谨。当承平时,舳舻相衔,郡严视堤,既不容一日有溃决,犹必乞灵于神以镇之,其畏重固如此。中兴以后,漕事重在江浙,南北讲解,边杤静宁,东淮粮饷征发之令久息"[1]。据此,北宋时期高邮为漕粮转输必经之地,人们依赖五龙神灵镇守来维护运河堤防的稳固;宋室南渡之后,江淮漕运的地位逐渐下降,与之相适应,五龙王神灵信仰趋于式微。由此可知,在民间信仰中,龙王神灵具有护堤、保漕、通运的神职功能,这一功能的形成与水亦有关联,可被视为龙王普降甘雨功能的延展与扩充。比如,泰州龙王庙所祀龙王,史载:"龙王庙即灵济庙,在州治西北五里。相传宋时有龙自仇湖东徙郭太保潭,祈祷辄应,会运河决,州守王扬英祷于神,河寻塞。淳熙中,亢旱,州守万钟设坛以祭,甘雨随之,诏封敷泽侯,敕建庙致祭。"[2]值得注意的是,仇湖本来建有龙神庙[3],此处的龙王神灵来自仇湖。可见,泰州的龙神信仰与龙王信仰,保持密切互动与融合的关系。再加上龙神与龙王称谓互通,可知这种融合关系可能是龙神信仰的重要特点。

元代推行漕粮海运,相应地,在民间信仰中,龙神的神职功能进一步扩展,如北沙龙神就逐渐成为护佑海运的神灵。元人吴槐孙《北沙龙神显佑庙碑》记载:

> 龙神祠宇,维海口北沙最灵。虽僻在海峤,然自淮出海举目鲸波,一碧万里,飓风不时而兴,秘怪不期而作,凡往来之舟必祈灵于龙神,以决进止,原厥祠宇,其来尚矣。自曩增戍以来迄今,运粮海艘过祠者莫不致祷,应声如响,越大洋如坦途,默相佑护,岂非斯神之力欤?[4]

此处龙神祠宇就是北沙龙王庙,因为漕粮船只在海上航行,多有风涛覆溺之险,故过往舟船人员虔诚致祭北沙龙王庙,北沙龙神随之成为海洋

---

① (宋)曹叔远:《五龙王庙记》,嘉庆《高邮州志》卷一一上《记》,《中国地方志集成·江苏府县志辑》第46册,江苏古籍出版社1990年版。

② 道光《泰州志》卷一二《祠祀》,《中国地方志集成·江苏府县志辑》第50册,江苏古籍出版社1990年版。

③ 参见崇祯《泰州志》卷七《庙祠》,《四库全书存目丛书》史部第210册,齐鲁书社1997年版。

④ 光绪《阜宁县志》卷二《建置·坛庙》,光绪十二年刻本。

运输保护神。盐城为漕粮海运途经之地,海洋神灵成为必祀之神。

另外,元代郭守敬开拓运河,运河沿线地区的水神信仰相当盛行,较具代表性的是徐州地区金龙四大王的崇拜与祭祀。百步洪属于泗水徐州段,"石角巉岩,水势湍急"①,过往船只常有覆溺之患,故至此必祈求神灵保佑。元人傅汝砺《徐州洪神庙碑记》载:

> 百步洪东岸旧有祠宇,下瞰洪涛,高崖峭壁,无云而雷,鼋鼍出没,人所惊嘻,横波之石廉,利侔剑戟。凡至洪下者,必敛舟弭楫,股慄眕睨不敢发。莫不割牲酾酒,恭谒庙貌,睢盱慎伺,以听神命,吉凶逆从,昭答如响。少有凭忽,舟上下失势沦溺者,往往有之。②

可见,百步洪凶险,元代已修建祠庙加以祭祀,不过并未言明其所祀为何神。傅汝砺所作赞辞曰:"河山襟带,惟徐最雄。河源西来,常惊于东。郡城之角,泗汶潜通。乱石横波,对峙双洪。奔流澎湃,汇为涛溁。驿船市舶,往来憧憧。殊方辐辏,津梁要冲。涛头出没,鼋鼍喁喁。惟天设险,鬼凿神工。少有凭忽,沦溺是从。灵源弘济,历代所宗。孰其尸之,护国金龙。再新祠宇,龟石穹窿"。嘉靖《徐州志》称这一祠庙为徐州洪神庙,并根据"灵源弘济""护国金龙",认为该庙所祀神灵为灵源弘济王或金龙四大王。③ 又据隆庆《丰县志》载:"金龙四大王庙,旧在县南门外,元翰林学士袁遵道有记"。傅汝砺、袁遵道均为元代后期人,可见当时徐州地区确实已经形成金龙四大王信仰,还曾修建金龙四大王庙加以祭祀。

除了金龙四大王信仰,元代宿迁境内还兴起朱山大王信仰。万历《宿迁县志》记载:"朱山大王庙,在顺德乡,元顺帝时皂河水怪杀人,里人闻虹县朱山有神能除之,遂车载而来此,因祀于此。至其地,车头辄脱,因以脱车名里,遂立庙其地祀焉。"④虹县境内确有朱山,"在县东北

---

① (明)陆容:《菽园杂记》卷十,中华书局1985年版,第119页。

② 嘉靖《徐州志》卷八《人事志·祀典》,《中国方志丛书·华中地方·江苏省》第133册,台北成文出版社1970年版。

③ 蔡泰彬认为,金龙四大王信仰源于徐州百步洪的洪神,即灵源弘济王,参见蔡泰彬:《明代漕河四险及其保护神——金龙四大王》,《明史研究专刊》(台北)1992年第10期。

④ 万历《宿迁县志》卷二《建置志·祠庙》,《天一阁藏明代方志选刊续编》第9册,上海书店出版社1990年版。

三十五里。有汉朱买臣祠在上,因名"①。虹县为什么会祭祀朱买臣?据民间传说,张果老的驴不慎将其葫芦里的酒打翻,洒到泗州城中,造成水灾泛滥,朱买臣携将士逃至山顶才免遭难,其所逃之山即被命名为"朱山"。朱买臣被塑造出抵御水害的形象,经过历代传颂,为人祭祀。因此,所谓朱山大王的原型可能就是朱买臣。值得注意的是,将朱山大王迁居的人是"里人",从中亦可看出普通民众积极构建民间信仰的努力,是民间信仰日益地方化的表现之一。

后土信仰同样也是这一时期信仰人格化的典型。后土即社神,是从远古土地信仰,特别是地母信仰发展而来的,自形成初期就有女性特征,与母系社会时期女性的社会象征意义有关。② 阴阳五行学说形成之后也强调其主"阴气",所以《初学记》云:"《物理论》云:地者,其卦曰坤,其德曰母,其神曰祇,亦曰媪。大而名之曰黄地祇,小而名之曰神州,亦名后土。"③自汉代以后,后土逐渐纳入国家祭祀体系中。唐代汾阴后土祠中的后土形象仍为女性形象,武则天时甚至"移河西梁山神塑像,就祠中配焉",就是为其找到了配偶。唐玄宗后将梁山神像移于祠外之别室,但是"内出锦绣衣服,以上后土之神,乃更加装饰焉",仍然是一种偶像崇拜。④ 而在民间,"后土夫人"的形象已经确定。《太平广记》中有一则题为"韦安道"⑤的故事,说后土夫人曾与洛阳士子韦安道结为夫妇。晚唐时期,后土信仰一度成为扬州地区最兴盛的信仰。《太平广记》载:当时淮南节度使高骈占据扬州,他"惑于神仙之术",手下人吕用之、张守一、诸葛殷等都自称"能役使鬼神,变化黄金",高骈非常信任,中和元年(881),吕用之称神仙好楼居,让高骈在公廨邸北,跨河建迎仙楼。吕用之说自己可以和上仙来往,常常向空中作揖,说是有群仙在外面来往,高骈迎头便拜。有一天,吕用之忽言:"后土夫人灵佑,遣使就某借兵马,并李筌所撰《太白阴经》。"高骈马上就下令扬州百姓集"苇席数千

---

① (明)柳瑛:成化《中都志》卷二《山川》,《四库全书存目丛书》史部第 76 册,齐鲁书社 1997 年版。
② 参见杜正乾:《论史前时期"地母"观念的形成及其信仰》,《农业考古》2006 年第 4 期。
③ (唐)徐坚等:《初学记》卷五《总载地第一·叙事》,中华书局 1961 年版,第 88 页。
④ 参见(后晋)刘昫等:《旧唐书》卷二四,中华书局 1975 年版,第 928 页。
⑤ (宋)李昉:《太平广记》卷二九九《韦安道》,中华书局 1961 年版,第 2375—2379 页。

领,画作甲马之状",让用之在庙庭焚烧。又用"五彩笺写《太白阴经》十道,置于庙座之侧。又于夫人帐中,塑一绿衣年少,谓之韦郎"。① 这名"韦郎",无疑就是韦安道。针对此事,罗隐曾撰《后土庙》诗讽刺高骈:"四海兵戈尚未宁,始于云外学仪形。九天玄女犹无圣,后土夫人岂有灵?一带好云侵鬓绿,两层危岫拂眉青。韦郎年少知何在,端坐思量太白经。"②学者大多认为高骈只是利用或默许吕用之以种种制造出来的神异之事,来宣传自己割据政权的合法性。③ 高骈败亡后,后土祠并未就此消失。宋人许凯《彦周诗话》记:"王君玉内翰初登第,调扬州江都县令,题九曲池诗云……晏元献阅诗赏叹,荐为馆职。又尝乞梦于后土祠,夜得报。"可见直到北宋,扬州的后土祠仍是当地的信仰活动场所。但是时移势易,人们对后土祠的关注点已经改变。《舆地纪胜》卷三九言:"《九域志》,有后土庙,今改蕃厘观,有琼花,擅天下无双之名,香如莲花,清馥可爱。"④后土祠有琼花,早在北宋初就已经出名。时任扬州知州的王禹偁曾撰《后土庙琼花诗》,在诗前小序中言:"扬州后土庙有花一枝,洁白可爱,且其树大而花繁,不知实何木也,俗谓之琼花云。"⑤欧阳修任扬州知州时,特地在琼花树边建无双亭,诗云:"琼花芍药世无伦,偶不题诗便怨人。曾向无双亭下醉,自知不负广陵春。"此后,后土祠之名也逐渐为琼花观所取代,甚至演绎出隋炀帝开运河观琼花的故事,后土信仰变成了百姓游赏琼花的背景。

　　这一时期更兴盛的土地信仰就是各个地方的土地神。社稷纳入国家祭祀,而百姓自己也有祭拜土地的方式。秦汉时便有所谓"社公"之称:"民间乡村,有社无坛有屋,谓之社屋,二社所祀,谓之社公。承平时,父老村民醵酒为社,欢呼歌舞。城市坊巷,亦各有社,有祀有分胙之饮。而百戏之社,祠神之社,无不有社公之名。"⑥至六朝时期,各个地方

---

① (宋)李昉:《太平广记》卷二九〇《吕用之》,中华书局 1961 年版,第 2304—2305 页。此事又见于罗隐:《广陵妖乱志》,雍文华辑校:《罗隐集》,中华书局 1983 年版,第 246 页。

② 罗隐:《后土庙》,李之亮笺注:《罗隐诗集笺注》,岳麓书社 2001 年版,第 54 页。

③ 参见廖咸惠:《唐宋时期南方后土信仰的演变:以扬州后土崇拜为例》,《汉学研究》1996 年第 2 期。

④ (宋)王象之:《舆地纪胜》卷三九,中华书局 1992 年版,第 1578 页。

⑤ (宋)王禹偁:《小畜集》卷一一《后土庙琼花诗》,《景印文渊阁四库全书》第 1086 册,台北商务印书馆 1986 年版。

⑥ (元)方回:《读〈古今考〉》卷一一,《景印文渊阁四库全书》第 853 册,台北商务印书馆 1986 年版。

的土地神已经开始人格化了,前述蒋子文最早就是本地的一个土地神灵。到了唐宋时期,土地神的存在更加普遍,实际上已经成为一方的守护神,大至州县,小至一家旅店,也可有自己的土地神。①《夷坚志》中有这样一个故事:庆元元年(1195)正月,平江市人周翁疟疾不止,他听人说"疟有鬼,可以出他处闪避",于是悄悄潜入城隍庙中,"伏卧神座下",在半夜就听到城隍与土地的一番对话。城隍说,"吾被上帝敕令,此邦行疫,尔辈各为一坊土地神,那得稽缓。"大多数土地神顿首听命。只有一个上前说,"某所主孝义坊,诚见本坊居民,家家良善无过恶,恐难用病苦以因之。"最后在他的建议下,城隍同意用"小儿充数"。二月,城中疫疠大作,孝义一坊仅小儿生病。疫情结束后,"坊众相率敛钱建大庙,以报土地之德"②。在这里,土地神与人间的里坊长差不多,每一坊都有自己的土地神,其主要职责之一是维护本坊本里的治安,保护生活于此的居民的安宁。也正因为如此,土地神的地位不高。如《夷坚志》中有另一个故事:"常熟县寓客曾尚书"有四个儿子,在他去世后的淳熙元年(1174)春,当县丞的长子梦见他说,"我被天符,为福山岳庙土地,方交承之始,阖府官僚,当有私觌,礼不可废。吾东书院黑厨内藏佳纸数千张,可尽付外染黄,印造《大梵隐语》,敬焚之,毋忽吾戒"。只不过几个儿子都没把父亲的话当回事。③ 在这个故事里,土地神也要像凡间的小官一样,备好礼品四处打点。前述孝义坊土地神的故事中,诸土地神都要听命于城隍。《睽车志》中的一个故事也是如此。常州人李允升是绍兴二十四年(1154)的进士,为建康府上元县的知县。准备上任时,在家闲坐,忽然有人任命他"充荆阳坊土地"。李允升说自己马上要去上元县赴任,结果被人带到城隍祠。城隍神说:"天符不可违,可自署状,愿新任满日赴上。"李允升只能听从,城隍神方"命送之还"。④ 正如贾二强所言,唐宋时期土地神无处不在,个性鲜明,等级严格,其实是官僚体制进一步加强以及"不立田制"的土地交易制度这些社会变化在民间信仰

---

① 参见(元)佚名:《湖海新闻夷坚续志》前集卷一《弃妻祈福》,中华书局 1986 年版,第 24 页。

② (宋)洪迈:《夷坚志》支景卷六《孝义坊土地》,中华书局 1981 年版,第 927—928 页。

③ 参见(宋)洪迈:《夷坚志》支乙卷第二《大凡隐语》,中华书局 1981 年版,第 804—805 页。

④ (宋)郭录:《睽车志》卷五,中华书局 1985 年版,第 42—43 页。

中的扭曲反映。[1]

此是土地爷手拄拐杖人人供之

图4.2　土地［来自(清)周培春绘《民间神像图(五十幅)》］

二、人格神信仰

宋代地方神祇中,历史人物出身的人格型神祇占有重要的地位。隋唐宋元时期江苏地区新形成的人格型神祇往往和这里变幻的政治风云密切相关。

宋金战争对江苏民间信仰的影响,主要表现在抗金英雄祠庙的建设上,如前述宜兴就有祭祀岳飞的岳武穆王庙。南宋政权建立之后,在与金朝长期对峙、交战的过程,形成了江淮、荆襄、川陕三大战区,其中江淮战区的防御重点在长江、运河、淮河等沿线地区。在历次抗金斗争中,南宋将士浴血奋战、誓死效忠,他们的品性与精神为后人所景仰。

---

① 参见贾二强:《唐宋民间信仰》,科学出版社2020年版,第77页。

为了纪念和祭祀抗金英雄，属于战区的江苏各地纷纷修祠立庙。高邮境内建有绍兴三巨公祠，祭祀张浚、韩世忠、岳飞三人。戴桷《高邮军绍兴三巨公祠记》载其事迹曰：

> 方张忠献越江督师，凭高寄怀，有鹰扬郓徐，电扫云朔之志。今瞻衮堂，则公徙倚之地也。韩忠武戮黠悍之敌，殄伪刘之兵，域土庤粮，今郡城，则公版栽之遗也。岳忠武亲援矢矛，虎视一方，去郭数十井，土名三垛，则公结寨之址也。①

高邮是运河沿线的重要城市，也是宋金双方争战的主要交战地。当时，戴桷担任高邮军知军。他推崇张、韩、岳的卓著功勋，但是高邮却没有纪念三公的场所，此即修建绍兴三巨公祠的缘起。戴桷修建这一祠庙，另有更深刻的用意，其文又载："金人自海陬而聚兵崛起，而有中原二帝四王之统、衣章礼典之旧。其初不敢安于所有也，始界伪楚，再界伪齐。当是时，我之国势方植而未固，将材方集而未枭，兵实方讨而未劲也，故难与争锋。二十年间，敌益厌兵，益图安捷。大河之南以还我，我之兵将骛击争奋，百死不却，合我师骛击争奋之势，乘敌人厌兵图安之心，中原可折棰而定也。"戴桷分析时势变迁后认为，以前南宋政权国力未固，所以在对金战争中屡次受挫，但是现时情况不同往日，金人希图苟安、维持局势，南宋则誓有收复失地之志。在这一关键时期，士气鼓舞尤为重要。就此而言，绍兴三巨公祠的修建，意在弘扬张浚、韩世忠、岳飞的精神气魄，提升南宋将士的作战意志，争取收复疆土。

仪征也是宋金交战的重要战场，当时有三将军庙的修建和祭祀。《舆地纪胜》记载："三将军庙，在胥浦东，乃御前三将元宗、梁渊、张昭也。绍兴辛巳，战死于此，州人壮其忠勇，立庙以祠之。"②据说，当时金兵进攻势头强劲，南宋军士大多畏缩不前。三位将军振臂一呼，士气大增。同时，他们身先士卒，手刃敌将，不过敌我力量悬殊，三人先后在仪真胥浦殒命。民众对三位将军心怀敬仰，却没有纪念和祭祀的场所。

---

① （宋）岳珂：《金佗续编》卷三十，中华书局1989年版。
② （宋）王象之：《舆地纪胜》卷三八，中华书局1992年版，第1624页。对此，《明一统志》的记载与之大体一致，只是三将军名有所差异，分别为元怡、梁宏、张昭，应以《舆地纪胜》为是。

刘宰曾言：

> 后虽上其事于朝，宠被九京，泽流后裔，而庙貌阙然。民怀其功，报祭无所，相与建祠丛薄间，庳陋湫隘，不足以揭虔妥灵……今直华文阁韩公梴始自庾司来董漕事，网罗放失，知三将军功名之盛，当与此州俱传，亟命刊正地志。且谓昔睢阳之守，死者数万，议者犹以其蔽遮江淮，所为者大，所全活者众，庙貌赫奕，于今有光。矧内无坚城之守，外无亡矢遗镞之费，而蔽遮江淮之功，反有大于昔人者耶！是宜尸而祝之，社而稷之。[①]

由于建成了胥浦三将军庙，之后其声名远播，周边民众都来此祭奠英灵。此外，江都县旌忠庙始建于宋隆兴二年（1164），祭祀死节忠臣魏俊与王方。后来，据说明太祖曾梦见魏俊、王方辅理国政，旌忠庙被朝廷列入祀典之中，由专门的官员按例进行祭祀，时至清代仍然受到地方官员的重视而予以重修。除了以上祠庙，宋代苏北地区还修建不少祠庙，纪念和祭祀宋金战争的忠臣义士，比如扬州的双忠祠、大忠祠、崔守祠、毕招抚祠，楚州的威济祠、显忠祠、忠武祠、旌武祠、褒忠祠，海州的忠武庙、旌忠庙，徐州的忠烈庙，泰州的三忠祠，等等，均传达忠勇的观念。在民间信仰中，某些祠庙也逐渐衍生出神异的功能，比如楚州威济祠，"宋绍兴间，李宝自海道御敌，至石臼山祷之，因风纵火焚敌，敌败。诏封佑顺侯，庙祀之"[②]。可见，这些旌表忠臣义士的祠庙，也是理解江苏民间信仰的重要维度。

为纪念官员在当地所作的贡献而建立祠庙进行祭祀是中国古代民间的惯例，但时局混乱时有些官员会创建关于自己的信仰，让别人来祭祀自己。生祠是中国古代为纪念官员功德而在其生前所立的祠庙。根据雷闻的研究，特别是在安史之乱后，由于中央权威的下降和地方独立性的增强，为官员立生祠逐渐增多。这些生祠往往有一定的宗教性，所

① （宋）刘宰：《漫塘文集》卷二十《仪真胥浦桥三将军庙记》，《景印文渊阁四库全书》第 1170 册，台北商务印书馆 1986 年版。
② 乾隆《山阳县志》卷一七《祠庙》，乾隆十四年刻本。

以一些有野心的地方官遂企图通过置立生祠神化自己。① 比较典型的便是高骈：

> 是岁，诏于广陵立骈生祠，并刻石颂。差州人采碑材于宣城，及至扬子县，用之一夜遣人密以健枯五十牵于州南，凿垣架壕，移入城内。及明，栅缉如故。因令扬子县中府：昨夜碑石不知所在，遂悬购之。至晚，云"被神人移置街市"。骈大惊，乃于其旁立一大木柱，上以金书云："不因人力，自然而至。"即令两都出兵仗鼓乐，迎入碧云亭，至三桥拥闹之处，故埋石以碍之，伪云人牛拽不动。骈乃朱篆数字贴于碑上，须臾去石，乃行。观者互相谓曰："碑动也！"识者恶之。

很显然，高骈想要通过建生祠，以及故意渲染建造生祠过程的种种神异之事，使自己成为当地信仰祷祀的中心，来构建自己的合法性。在晚唐至五代的中央权力"真空"时期，各种势力经常会营造类似的神异事件来获取利益。如杨吴政权末期，政权由徐温掌控，朱瑾用计杀死多行不法之事的徐温之子徐知训，遭到徐温势力的围攻，最终自刎而亡。他死后，由于"名重江淮，人畏之，其死也，尸之广陵北门，路人私共瘗之。是时，民多病疟，皆取其墓上土，以水服之，云病辄愈，更益新土，渐成高坟。徐温等恶之，发其尸，投于雷公塘。后温病，梦瑾挽弓射之。温惧，网其骨，葬塘侧，立祠其上"②。朱瑾墓上的土能治病，其实只是那些反徐温势力构建出来的传说，目的就在于打击徐温的合法性。

隋唐宋元时期，江苏地区最重要的区域信仰——陈果仁信仰③，其实也是这一时期本地政治风云动荡的典型反映。陈果仁原为隋太仆丞元佑部将，在隋末与沈法兴合谋，擒住元佑，起兵自立，被封为司徒。但唐代僧人德宣撰《陈司徒八绝碑》，碑文显示陈果仁的司徒官职是隋朝

---

① 参见雷闻：《唐代地方祠祀的分层与运作：以生祠与城隍神为中心》，《历史研究》2004 年第 2 期。

② (宋)欧阳修：《新五代史》卷四二，中华书局 1974 年版，第 452 页。

③ 关于陈果仁信仰，参见杨俊峰：《唐宋之间的国家与祠祀：以国家和南方祀神之风互动为焦点》，上海古籍出版社 2019 年版，第 153—157 页；叶舟：《民间信仰的多元图景——以武烈帝陈果仁为例》，《民俗研究》2009 年第 3 期；(韩)金相范：《战神의탄생-唐末五代时期陈果仁信仰의전개와그특징》，《全北史学会》2011 年 4 月。

所封,他也没有参与沈法兴的叛乱,反而为沈法兴所害。陈果仁"失节于生前,而独能反正于身后"的原因已不得而知。但当时国家刚刚统一,唐王朝亟须建立自身政权的合法性,沈法兴作为当时江南的重要割据势力,如果其死亡真的如传说中所言,在中国传统中便是"恶有恶报"的典型。宣扬陈果仁的传奇故事,对他的事迹进行表彰,会进一步确立沈法兴"乱臣贼子"的形象,为唐朝政权的合法性提供依据,以巩固其在江南的统治。同时,沈法兴"专事威戮,下有细过即诛之",必然引起众怒。陈果仁被沈法兴诛杀,会激起民众对他的同情与怀念,这应该也是耆老极力塑造陈果仁"八绝"形象,甚至不惜篡改史实的主要原因。对于唐王朝而言,认可地方对陈果仁的神化,并通过列入官方祀典而使之合法化,可以在一定程度上塑造一幅帝国统一的图景。对民间而言,神化陈果仁也是张扬地方利益的重要手段。①

自从唐代陈果仁被正式列入官方祀典之后,各朝对陈果仁的封赠不断升级。据《世威公传》,武后垂拱元年(685)始建陈果仁庙的大殿。肃宗乾元间(758—760)大建庙宇。不过在唐前期,由于中央政府的政策变化,陈果仁庙也经历了多次兴废。如前引狄仁杰毁淫祠,陈果仁也当在被毁之列。长庆间"廉使以属郡祠宇入祀典者,咸命撤之,遂废。大和七年秋旱,邑令高荣祈雨,辄应,乃复建庙"②。僖宗乾符二年(875)王郢作乱,传说陈果仁显灵平叛有功,于是乾符四年(877)陈果仁被封为"忠烈公",这是他第一次得到尊号。中和四年(884)又以"威灵阴制孙瑞之衅",于封号前加"感应"。③

在五代十国时期,陈果仁成为各个割据政权争夺的对象,尤其是南唐和吴越两个互为对手的国家,均称陈果仁显灵助阵,并争相上表请封。梁开平三年(909),吴越王钱镠率将士拜祷祈谋,后奏请旌封,四年(910)进封"福顺王"。杨吴政权封其为"武烈王"。南唐保大十三年(955),吴越王钱俶夹击常州,相传陈果仁驱黑牛数百,助南唐大将柴克宏大败之。第二年册增为"武烈帝",封夫人轸氏为"武烈后"、沈氏为

① 参见叶舟:《民间信仰的多元图景——以武烈帝陈果仁为例》,《民俗研究》2009 年第 3 期。
② 永乐《常州府志》卷六《庙》,广陵古籍刻印社标点本 2007 年版。
③ 参见《隋司徒世威公传》,陈仲立等修:《毗陵鸣珂巷陈氏宗谱》卷三,1948 年映山堂铅印本。

"沈明后"、张氏为"赞幽夫人"。据传,宋宣和间(1119—1126)方腊军、建炎元年(1127)陕右兵、建炎二年(1128)江贼均因陈果仁显灵未能犯境,陈果仁也屡次被赐额,且字数不断增加,淳熙四年(1177)赐庙额"忠佑",咸淳六年(1270)封"福顺武烈显灵昭德王",元延祐五年(1318)封"福顺武烈显灵昭德仁惠孚祐真君",加至最高的 12 个字,连父母子女也屡被赐封。① 这一时期陈果仁的祠庙遍布江苏、浙江、江西等吴、南唐所辖各地,所谓"江南郡邑各有行宫","休赖天下而祀盛淮浙江西"②。

朝廷封赐陈果仁,无疑是企图以国家力量控制民间信仰,加强社会控制。吴越和南唐之所以争相对陈果仁进行封赐,当是欲借陈果仁在江南已被神化的声望,凸显自己政权的正当性和合法性。这也是陈果仁信仰在南唐、吴越统治地区即江南地区日益散播的最重要原因。但从百姓角度而言,神仙是否"灵验"是是否为其立祠崇奉乃至维持香火鼎盛的关键。陈果仁庙"设灵签三百六十,以诏趋避,尤著奇验",才是百姓最看重的东西。而"方时艰棘,恃神以无患屡矣"③,则道出了陈果仁庙之所以香火鼎盛逾千年的深层原因。在命运无法完全掌握在自己手中的时代,人们只能祈求神灵的保佑。正是基于百姓对"地方保护神"这一象征意义的认同,陈果仁崇拜在国家失序、动乱迭起的特定历史情境中,如五代及南北宋之交才得以广泛传播。在这些时候,陈果仁"地方保护神"的象征性都会强化,他在民间受到的重视也会增强。官方对陈果仁的封赐不断升级,其实是官方对陈果仁象征意义在民间解释的一种变相认同。

三、巫鬼崇拜

以上讨论的都是纳入祀典的神祇,但其实没有纳入祀典的各种信仰占了绝大多数。在万物有灵的观念中,几乎世间万物都可以成鬼成神。如《北梦琐言》就记载了这样一则故事:唐僖宗中和年间(881—

---

① 参见《隋司徒世威公传》,陈仲立等修:《毗陵鸣珂巷陈氏宗谱》卷三,1948 年映山堂铅印本。
② (宋)王士熙:《忠佑庙修建加封记》,(清)卢文弨辑:《常郡八邑艺文志》卷二,《续修四库全书》史部第917 册,上海古籍出版社 1995 年版。
③ 道光《武进阳湖县志》卷一三《祠庙志》,光绪十二年刻本。

885），士人苏昌远在苏州田庄忽遇一白衣红脸美女，"自是与之相狎，以庄为幽会之所。苏生惑之既甚，尝以玉环赠之，结系殷勤。或一日，见槛前白莲花开敷殊异，俯而玩之，见花房中有物，细视，乃所赠玉环也"①。这一时期人们的鬼神崇拜十分广泛，江苏淮河以南地区更为明显。李小红曾指出宋代南方十四路信鬼尚巫之风盛行，而今天江苏地区均在这南方十四路之中。②"江、浙之间，一有疾病，惟妖巫之言是听"③，"江南风俗，循楚人好巫之习，闾巷之民，一有疾病，屏去医官，惟巫之信"④，"好淫祠，尚巫鬼，楚越之俗然也，而江东为尤"⑤。具体到各个地方：南京"信巫鬼，重淫祀"⑥，"江宁巫风为盛"⑦；镇江"吴楚之俗，大抵信機祥而重淫祀。润介其间，又益甚焉。民病且扰，不先医而先巫。其尤蠹者，群巫掊财货，偶土工，状夔獝魅，洣阳彷徨之象，聚而馆之丛祠之中，鼓气焰以兴妖，假鬼神以哗众"⑧；江阴"民事瘟神谨，巫故为阴庑复屋，塑刻诡异，使祭者凛栗"⑨；常州"俚俗信機巫"⑩；苏州"好祀非鬼"⑪，"其俗信鬼神，好淫祀"⑫。

正是因为信鬼好巫之风盛行，所以巫者在社会中占据了重要地位。程民生估计宋代巫祝卜相共 70 余万人，其中南方平均每路巫师约有 4

---

① （宋）李昉：《太平广记》卷四一七《苏昌远》，中华书局 1961 年版，第 3397 页。

② 参见李小红：《宋代社会中的巫觋研究》，光明日报出版社 2010 年版，第 186 页。

③ （清）徐松辑：《宋会要辑稿》刑法二之一五二，中华书局 1957 年版。

④ （清）徐松辑：《宋会要辑稿》刑法二之六七，中华书局 1957 年版。

⑤ （宋）黄幹：《黄氏日抄》卷七四《申诸司乞禁社会状》，《景印文渊阁四库全书》第 708 册，台北商务印书馆 1986 年版。

⑥ （宋）马光祖修，周应合纂：《景定建康志》卷四二《风土志一》，《宋元方志丛刊》影印本，中华书局 1990 年版。

⑦ （元）脱脱等：《宋史》卷四〇一，中华书局 1977 年版，第 12167 页。

⑧ （宋）苏颂：《苏魏公文集》卷四《润州宅后亭记》，《景印文渊阁四库全书》第 1092 册，台北商务印书馆 1986 年版。

⑨ （宋）叶适：《水心文集》卷二三《王枏墓志铭》，《景印文渊阁四库全书》第 1164 册，台北商务印书馆 1986 年版。

⑩ （宋）杨时：《龟山集》卷三一《张进之墓志铭》，《景印文渊阁四库全书》第 1125 册，台北商务印书馆 1986 年版。

⑪ （宋）王禹偁：《小畜集》卷一六《长洲县令厅记》，《景印文渊阁四库全书》第 1086 册，台北商务印书馆 1986 年版。

⑫ （宋）范成大撰，陆振岳校点：《吴郡志》卷二《风俗》，江苏古籍出版社 1999 年版，第 8 页。

第四章　隋唐宋元时期江苏的民间信仰

万人^①,据此推断,则江苏地区的巫师当应不少于此数。在江苏各个地方都活跃着很多巫师,如苏州就有男巫赵十四,据传:"言事多中,为土人所敬伏",他的手下皆"妇人装,乘画船",许至雍妻早逝,许至雍希望能与妻子再见一面,赵十四开价三贯六百文。^② 前述蒋子文信仰时就提及巫祝经常会通过各种手段装神弄鬼,主导祠庙的建立,这一时期也不例外。即使是在那些纳入祀典的祠庙中,也有很多庙祝"假鬼神以疑众"^③。无锡人费衮记载了这样一个故事:"江东村落间有丛祠","巫祝附托以兴妖,里民信之,相与营葺,土木浸盛。有恶少年不信,一夕被酒入庙,肆言诋辱"。于是巫祝们在祀酒中置毒,少年饮后"仆地死"。结果"祈禳者云集,庙貌绘缮极严,巫所得不胜计"。^④ 在民间传说故事中,有些巫师甚至调遣土地、城隍。如洪迈《夷坚志》中有"姚将仕"条:其兄洪适总领淮东时,携小弟洪迅在官,洪迅生母得病,疗治无良医,就送往常州。从兄洪高当初是晋陵知县,害怕传染,就安排其在节级范安家,"招医巫诊治,竟不起,殡于僧舍"。第二年正月十五,洪高子洪櫗和小朋友们在东岳庙观灯,范安的家就在庙边上,邀请他们到家里吃茶果,回家就得了病,"信口妄语,不省人事"。本地人姚将仕纳粟买官,据说能行五雷天心法,就作法呼土地诘问,回答:"官府严整,如何得有邪祟?"姚将仕又于家中"飞符噀水","摄出一女子",就是洪迅的生母。但是"不肯言所以来"。姚将仕就"牒城隍寄收",洪母才承认是跟着到范家去的洪櫗"随入县舍"作祟。最后"以酒馔香楮遣之,而申泰山府乞注生具,焚其枢",洪櫗方才痊愈。^⑤ 有的巫师还出入上层官员中,如《夷坚志》中"田布"条称:"唐相崔铉镇淮南"时,"卢耽罢浙西,张择罢常州",俱经维扬去看望崔铉。崔铉闲来无事,与二位客人下棋,就听小吏报有女巫与已故的魏博节度使田布"偕至,泊逆旅某事者"。崔铉"趣召巫者至",与田布一番对话,田布先是感谢当年崔铉救其子银州刺史田

---

① 参见程民生:《宋代巫祝卜相的文化水平及数量》,《中州学刊》2019 年第 1 期。
② 参见(宋)李昉:《太平广记》卷二八三《许至雍》,中华书局 1961 年版,第 2258—2259 页。
③《约束诸庙庙祝》,《名公书判清明集》卷一四,中华书局 2002 年版,第 547 页。
④ (宋)费衮:《梁溪漫志》卷十《江东丛祠》,《景印文渊阁四库全书》第 864 册,台北商务印书馆 1986 年版。
⑤ 参见(宋)洪迈:《夷坚志》支乙卷七《姚将仕》,中华书局 1981 年版,第 846 页。

鏻的恩情，又说自己"尝负此姬八十万钱，今方忍耻偿之"，崔铉与二位客人以及监军使幕下"共偿其钱"，田布方辞去。

第三节　民间信仰的世俗化与平民化

唐宋时期是中国社会大变革的时期，日本学者提出著名的"唐宋变革论"，内藤湖南认为："中国中世和近世的大转变出现在唐宋之际。"[①]中国学者也认为，唐宋之际是社会转型的时代，陈寅恪指出："综括言之，唐代之史可分为前后两期，前期结束南北朝相承之旧局面，后期开启赵宋以降之新局面，关于政治社会经济者如此，关于文化学术者亦莫不如此。"[②]唐代均田制瓦解、两税法实施，宋代实行"不立田制""不抑兼并"的土地政策，促进了土地的流转以及农民人身依附关系的松弛，推动了市场的发展和城市的繁荣。同时，门阀士族制度彻底瓦解，"自五季以来，取士不问家世，婚姻不问阀阅[③]，科举出身的新兴士大夫阶层逐步占据了政治舞台中心。美国学者郝若贝及其学生韩明诗提出著名的郝若贝－韩明诗假说（Hartwell-Hymes Hypothesis 或 Local Hypothesis），认为：宋代以后，各地均出现了一批垄断科举的精英家族，这些家族培养出一代又一代得到功名的子孙。这些地方社会精英从关心朝廷的权力转向注重巩固家乡的基础，在家乡缔结婚姻关系网。[④] 这些变化反映在民间信仰上就是世俗化、平民化倾向日益明显，地方社会精英在民间信仰上产生的影响越来越明显。

一、城市保护神：城隍信仰与区域发展

隋唐宋元时期是被称为"城市保护神"的城隍信仰定型与成熟的时

---

① ［日］内藤湖南：《概括的唐宋时代观》，刘俊文主编，黄约瑟译：《日本学者研究中国史论著选译》第1卷《通论》，中华书局1992年版。

② 陈寅恪：《论韩愈》，《金明馆丛稿初编》，上海古籍出版社1980年版，第296页。

③ （宋）郑樵：《通志二十略·氏族略第一》，中华书局1995年版，第1页。

④ 参见 Robert Hymes, *Statesmen and Gentlemen : The Elite of Fu-chow, Chiang-his*, in *Northern and Southern Sung*, NY：Cambridge University Press, 1986, pp. 8-11.

期,城隍信仰与区域发展有着重要的关系。

"城隍"一词始见于《周易·泰卦》"爻辞":"城复于隍,勿用师,自邑告命,贞吝"。意为护城之河。清代赵翼在《陔余丛考》中提道:"城隍之祀盖始于六朝也。至唐则渐遍。"①现存最早关于城隍信仰的明确记载见于《北齐书》。北齐天保六年(555),慕容俨镇守郢州,被南朝梁军围于城中,形势危殆。"城中先有神祠一所,俗号城隍神,公私每有祈祷。于是顺士卒之心,乃相率祈请,冀获冥佑。须臾,冲风数起,惊涛涌激,漂断获洪。约复以铁锁连治,防御弥切。俨还共祈请,风浪夜惊,复以断绝,如此者再三。城人大喜,以为神功"②。城隍信仰六朝时期虽然已经出现,但要到隋唐时期才在民间信仰中占据重要的位置。商品经济的发展促进了隋唐五代城市的发展。长安、洛阳、扬州、益州等都是有名的大都会。与城市发展相适应的是城市保护神——城隍得到广泛的祭祀。李阳冰《缙云县城隍神记》载:"城隍神祀典无之,吴越有之,风俗水旱疾疫,必祷焉。"③可知,唐初城隍神灵尚未纳入国家祀典,但是在吴越地区却盛行,受到地方官员的推崇,诚所谓"吴俗畏鬼,每州县必有城隍神"④。

江苏地区的城隍庙始建于何时,尚不可考。雍正《江都县志》卷十一载:"古城隍庙,在堡城外"。既然称为"古城隍庙",可见其历史久远。雍正九年(1731),析江都县置设甘泉县,堡城城隍庙改隶甘泉县。光绪《增修甘泉县志》又载:"都城隍庙,在堡城,甘泉地,相传建自隋代"⑤。所谓"都"当是都城之意。张传勇认为:"真正意义上的都城隍庙至明初始出现",首都北京、陪都南京、中都凤阳均曾修建都城隍庙。⑥ 明清时期很多地方都建有都城隍庙,因此扬州有都城隍庙应该也属正常,但都城隍庙始建于隋代的说法值得商榷。另外,淮安境内的城隍庙,修建时

---

① (清)赵翼:《陔余丛考》卷三五,河北人民出版社1990年版,第737页。
② (唐)李百药:《北齐书》卷二十,中华书局1972年版,第281页。
③ 周绍良主编:《全唐文新编》卷四三七,吉林文史出版社2000年版,第5095页。
④ (宋)李昉等:《太平广记》卷三〇三《宣州司户》,中华书局1961年版,第2400页。
⑤ 光绪《增修甘泉县志》卷八《祠祀上》,《中国地方志集成·江苏府县志辑》第43册,江苏古籍出版社1990年版。
⑥ 参见张传勇:《明清城隍庙建置考》,硕士学位论文,南开大学,2003年,第23—24页。

间也很早。据乾隆《山阳县志》记载:"郡城隍庙,唐朝建,在漕院东。"①
这座城隍庙属于州郡一级,楚州作为唐代重要的城市,修建城隍庙以寄
希望保护城市民众,应属情理中事。不过此城隍庙建于唐代何时,亦不
得而知。

根据雷闻的研究,唐代城隍庙南方占大多数,并且主要分布在州
城,县级城隍庙比较少。唐五代时期江苏地区可以确定的至少有以下
几座:溧阳县城隍庙,建于开元十七年(729)(《宝刻丛编》卷一五《唐溧
阳县城隍庙记》);苏州春申君庙,建于天宝十载(751),原来是春申君故
宫,后来人们称春申君为城隍神,以朱英配飨,并将其庙改名为"黄相
庙"(《宝刻丛编》卷一四《唐春申君庙碑》);扬州安福县城隍庙,五代十
国已存在,《太平广记》载朱拯补安福令,到任后谒城隍庙。② 雷闻认为,
这一时期城隍神还没有被纳入国家祭祀体系之中,"城隍神的性质判定
是由地方官灵活掌握的",可以说唐代应是城隍信仰开始普及的历史
阶段。③

宋初,皇帝遇有军事行动时会拜祭城隍神,如建隆元年(960),"太
祖平泽、潞,仍祭袄庙、泰山、城隍。征扬州、河东,并用此礼"。其他如
官方祈雨、修葺等,朝廷也会遣官祭拜东岳、城隍神等。建隆四年
(963),"修葺太庙,遣官奏告四室及祭本庙土神。凡修葺同。如迁神
主,修毕奉安。是岁十一月,诏以郊祀前一日,遣官奏告东岳、城隍、浚
沟庙、五龙庙及子张、子夏庙,他如仪"④。城隍神的地位仅次于东岳,可
见城隍在国家祭祀体系中的地位。《宋史》载:"自开宝、皇祐以来,几天
下名在地志,功及生民,宫观陵庙,名山大川,能兴云雨者,并加崇饰,增
入祀典……其他州县城隍……皆由祷祈感应,而封赐之多,不能尽录
云"⑤。可见,宋代城隍神应已列入国家祀典。这一时期,城隍庙在江苏
地区分布得更加广泛:州府一级的主要分布在淮南东路的扬州、滁州、

① 乾隆《山阳县志》卷五《坛庙》,乾隆十四年刻本。
② 参见(宋)李昉:《太平广记》卷二八一《朱拯》,中华书局1961年版,第2241页。
③ 参见雷闻:《郊庙之外:隋唐国家祭祀与宗教》,生活·读书·新知三联书店2009年版,第240—246页。
④ (元)脱脱:《宋史》卷一〇二,中华书局1977年版,第2497页。
⑤ (元)脱脱:《宋史》卷一〇二,中华书局1977年版,第2561页。

高邮军,江南东路的建康府,两浙路的平江府、镇江府、常州;县一级的主要分布在江南东路的溧水县,两浙路的无锡、宜兴、平江、昆山、常熟、镇江、丹阳、金坛等处。

以下仅根据宋元方志来了解一下江苏地区城隍庙修建的情况:

建康府(南京):府城隍庙,唐天祐二年(905)置,旧在城西北,今在府治南,御街东太庙街内。(《景定建康志》卷二三)溧水县城隍庙,宋元符中邑民俞璟率众建。(《至正金陵新志》卷一一)

平江府(苏州):吴县春申君庙在子城内西南隅,即城隍神庙。(范成大《吴郡志》卷一二)昆山县城隍庙在县西南三十步。(《淳祐玉峰志》卷下)常熟县城隍庙在县治西十步,嘉泰四年(1204)重建。(《重修琴川志》卷十)

镇江府(镇江):府城隍忠佑庙在清风门里南塘之上,云汉将军纪信血食于此,旧在府治西,宋绍兴七年(1137)移置,二十七年(1157)里人鼎建。丹阳县城隍庙在县治西,北宋宣和间僧道渊建。金坛县城隍庙在县治西南一百步。(《至顺镇江志》卷八)

常州:州城隍庙在金斗门内街曲,太平兴国中建。无锡县城隍庙在县城内。宜兴县城隍庙在县治西。(《咸淳毗陵志》卷一四)

这一时期城隍信仰有一特点,即各个地方的城隍庙基本上都是人格神,而且各地神灵都不相同。赵与时在《宾退录》中谈到宋代城隍时就说:"今其祀几遍天下,朝家或赐庙额,或颁封爵,未命者,或袭临郡之称,或承流俗所传,郡异而县不同。"如前述苏州春申君庙就是城隍庙,苏州的城隍和春申君应该是同一个人。《宾退录》曾经举出城隍神"之姓名具者"的,涉及江苏的有:镇江是纪信,江阴是周苛,真州、六合为英布,溧水是唐代县令白季康。① 这些城隍中有些是曾在本地有影响的重要人物。赵居贞在《春申君城隍新庙记》中称:"考烈王继立,春申君登相,封江东之巨县,城吴墟为大都,专主威权,救国灾患。"②既然春申君"城吴墟为大都",在旧墟基础上建设苏州新城,那么时人将其奉为城隍

---

① 参见(清)严观等:《江宁金石记》卷五,《续修四库全书》史部第 910 册,上海古籍出版社 1995 年版。
② (宋)范成大撰,陆振岳校点:《吴郡志》卷一二,江苏古籍出版社 1999 年版,第 168 页。

神自然是顺理成章的。类似的还有溧水城隍白季康。《至正金陵新志》载："溧水州城隍广惠侯庙，在州东百步，盖唐县治基也。神即唐县令白季康，祈祷必应。"每年四月初一和传说白季康的诞辰十月初一，溧水县城都要举行盛大庙会。[①] 但还有些城隍神曾与本地完全无关。陆游在《镇江府城隍忠佑庙记》中云："功施于汉室，而见衰于圣宋；身陨于荥阳，而血食于是邦。"可见，陆游也承认，纪信生前并未到过镇江。再如周苛，在宋代被江阴、福州两地尊为城隍神，但根据史书记载，周苛生前也未到过江阴和福州。

把这些与本地无关的历史人物尊为城隍，原因颇为复杂。陆游在《镇江府城隍忠佑庙记》中言："绍兴、隆兴之间，虏比入塞，金鼓之声震于江濡，吏民不知所为，则惟神之归"[②]。《至顺镇江志》也载：绍兴三十一年(1161)，"金人犯瓜州，前守城赵公称祝于祠下，以求阴相，未几，其酋自毙"，镇江城隍遂赐额"忠佑"。[③] 又据史书记载，绍兴三十一年(1161)，金兵围攻六合城，忽然溃去，"有降卒言，仰视城围，旌旗蔽天，大揭神号，虏惧而遁"。开禧二年(1206)，金兵再度围城，又传说有"番兵仰见城上皆张青幙，愈攻愈高，紫盖黄麾下有长大神人升降而间，虏遂惊惧而止"。嘉定元年(1208)，朝廷便赐庙额"昭卫"。[④] 所以宋永志认为，在特殊的战争时期，民众将前代有名的谋臣猛将祀为城隍神，希望借其神威来击退敌军，保佑一方平安，至于其生前是否有功于当地，其实并不重要。真州、六合、江阴，无一不是宋金战争冲突较频密的地区，其所祀之城隍神均为楚汉战争间的谋臣将领，当非偶然。[⑤]

城隍庙里除了供奉城隍神，还附祀有其他的神灵。最为典型的是苏州城隍春申君庙，在《吴郡志》卷一二"祠庙"一条中这样描绘苏州城隍庙："春申君正阳而坐，朱英配飨其侧。假君西厢视事，上客东室齐班……仪卫肃肃，振威名也"[⑥]。可见，苏州城隍庙不仅建筑规模较大，

① 参见(元)张铉：《至正金陵新志》卷一一，《宋元方志丛刊》影印本，中华书局1990年版。
② (宋)陆游：《渭南文集》卷一七，中华书局1976年版，第2131页。
③ (元)俞希鲁：《至顺镇江志》卷八，江苏古籍出版社1999年版，第322页。
④ 参见嘉靖《六合县志》卷三，《天一阁明代方志选刊续编》第8册，上海书店出版社1990年版。
⑤ 参见宋永志：《城隍神信仰与城隍庙研究(1101—1664)》，硕士学位论文，暨南大学，2006年，第41页。
⑥ (宋)范成大撰，陆振岳校点：《吴郡志》卷一二，江苏古籍出版社1999年版，第169页。

且城隍神的下属也远多于其他祠神。又比如镇江城隍庙有康王祠，所奉为河南洛阳人康保裔。康保裔是北宋将领，与契丹交战时，兵尽食绝，援兵不至而死。宋真宗震悼久之，赠侍中。康王祠在两宋时灵迹较多："已而灵迹显著于信之弋阳。熙宁中封英显侯，庆元间封威济善利孚应英烈王。"南宋绍兴间，镇江人就将康王祠置于城隍庙内："康王祠在城隍庙西庑，宋绍兴壬午郡人艾钦文创建。绍兴壬午郡民大疫，艾钦文素业医，梦神授香苏饮方，待补是药可愈。乃置镝釜煮药于庭，病者至，使饮之，无不差。遂捐己赀，建祠于庙之西庑也"①。

在民间传说中，城隍和人间的官吏一样，配有属下，而且有任期。《夷坚志》中有"城隍门客"一条。建康士人陈尧道死后三年，同舍郭九德梦见他，问："你已经去世，怎么又来了啊？"陈回答说："吾为城隍作门客，当秘书，非常辛苦。今日主人赴阴山宴会，才有空来见你。"因问其家父母兄弟，泣下久之。郭九德向他打听说："你既然为城隍门客，应该知道我家乡今年秋举和明年春试谁会登科吧？"陈回答："这不在我的职责范围，不过确实有专人管理，我回去帮你问问。"过几天，郭九德又梦见了陈尧道，陈说："你来春必及第，其他中式人的名字我就不能说了。"第二年郭九德果然中式。同一个故事中，陈尧道有一个同乡叫刘子固，他的妹婿黄森郁郁不得志而去世。数月后，他的妹妹梦见了黄森，说是自己被陈尧道向城隍推荐为判官，比生前强多了，只是担心妻子相念，故来告之。刘子固也问："来春乡人谁及第？"黄森回答："只有郭九德一人。"和陈尧道说的完全一致。②《睽车志》中讲了这样一个故事：华亭县人陈之方到扬州看望任通判的友人，夜间留宿，忽然梦见一妇人，自称是城隍夫人，跟他讲现任城隍已经到期，下任就是你了。陈之方回到家就去世了，估计任城隍去了。③ 据《鸡肋编》记载，建炎元年（1127），泰州附近有一士子少年，游城隍庙，"见塑妇人而关三木，旁有狱吏展案牍者"④。可见，在民间信仰中，城隍还有狱吏作下属。

---

① （元）俞希鲁：《至顺镇江志》卷八，江苏古籍出版社 1999 年版，第 319 页。

② 参见（宋）洪迈：《夷坚志》乙志卷二十《城隍门客》，中华书局 1981 年版，第 358 页。

③ 参见（宋）郭彖：《睽车志》卷二，中华书局 1985 年版，第 14 页。

④ （宋）庄绰：《鸡肋编》卷上，中华书局 1983 年版，第 22 页。

美国学者姜士彬在《唐宋时期的城隍信仰》[1]一文中指出,宋代城隍信仰的发展与城市工商业阶层的兴起密切相关。但是日本学者小岛毅认为,城隍神的信众为工商业者只是其诸多面相中的一种。[2] 雷闻也指出,唐代城隍信仰最为流行的地区未必就是工商业发达之处。[3] 在宋代城隍信仰的广泛传播中,宋金之间的频繁战争可能是主要原因。其实,城隍神作为城市保护神,当然与唐宋以来的城市发展密切相关,但是在传统中国,城市保护神在战争中的作用也许是普通百姓更为看重的。这一时期,城市发展促进了城隍信仰的传播,战争频繁扩大了地方对城隍信仰的需求,宋代的信仰政策导致朝廷不断封赠,进而给予了城隍信仰越来越多的合法性,这又反过来促进了民间对其的崇祀,推进了其在区域社会的发展。

隋唐宋元时期民间信仰的发展,在某种程度上就是区域发展的反映。就江苏而言,民间信仰主要集中于运河沿线地区。受制于运河交通的更移,这一时期徐州等地社会经济趋向衰落,与之相对应的是民间信仰也处于沉寂的状态。虽然苏北地区宋元方志缺失,文献记载或有偏重、缺漏,但大体上反映出隋唐江苏北部地区民间信仰的总体格局。

除了扬州、楚州等地外,隋唐时期江苏的北部沿海地区开发更加充分,逐渐形成了沿海整体发展的格局。而沿海地域的开发,自然离不开盐业的生产与销售。汉代以后,苏北盐业规模渐趋扩大。即便是在战乱频繁的魏晋南北朝时期,苏北盐业仍然呈现发展的态势,《太平寰宇记》引阮升之《南兖州记》记盐城县"海水"条曰:"上有南兖州盐亭一百二十三所。县人以渔盐为业,略不耕种,擅利巨海,能致饶沃,公私商运充实,四远舳舻往来,恒以千计。"[4]唐初,朝廷仍实施食盐自由贩卖政策。唐代中期,尤其是安史之乱以后,朝廷财政日益紧张,为了扩大财政来源,对食盐买卖加强监督和管控,实施盐法改革。就组织机构而

① 参见 David Johnson,"The City-God Cults of T'ang and Sung China", *Harvard Journal of Asiatic Studies*, 1985,45,p. 2。
② 参见〔日〕小岛毅:《城隍庙制度の确立》,《思想》1990年第792号。
③ 参见雷闻:《郊庙之外:隋唐国家祭祀与宗教》,生活·读书·新知三联书店2009年版,第244页。
④ (宋)乐史撰,王文楚等点校:《太平寰宇记》卷一二四《淮南道·楚州·盐城县》,中华书局2007年版,第2464页。

言,第五琦在"山海井灶近利之地置监院",刘晏则"自淮北置巡院十三",统一管理食盐生产、运输和销售活动,由此国家食盐专卖制度重新建立,盐税收入大幅度增加,诚所谓"天下之赋,盐利居半"。①

在此背景下,苏北盐业进一步发展,形成了海州、盐城、仪征等食盐生产与运销中心,同时,大量人口的逐渐汇聚及其开发活动极大地改变了苏北沿海地区社会的面貌,深刻影响了当地民间信仰的形成与发展。前述海州赣榆县吴山信仰便是一个典型。又如盐城,由于盐业经济的促进,汉代在其境内设盐渎县、射阳县,说明当时这一区域的开发已经达至较为充分的水平。但是可能由于文献记载的缺漏,关于隋唐以前盐城民间信仰的记载尚未见到。目前所见盐城最早的民间信仰遗迹,是设在阜宁县的海口庙。光绪《阜宁县志》记载:"海口庙,在筛子营东,唐时建,相传黄巢驻兵于此。"②唐代中期,黄巢领导农民起义,曾在阜宁县筑城扎寨。《舆地纪胜》记载"巢城"曰:"在盐城县北,或曰黄巢将窥广陵,屯聚兵于此,因曰巢城。"③当时还未设阜宁县,故曰盐城县北,揆诸地望,黄巢筑城之地应位于阜宁县喻口镇。唐代,阜宁滨临黄海,民众多以煮盐为业。唐人长孙佐辅曾至此观海,赋《楚州盐壖古墙望海》诗曰:"我从西北来,登高望蓬丘。阴晴乍开合,天地相沉浮。长风卷繁云,日出扶桑头。水净露鲛室,烟销凝蜃楼。"④此处所谓"盐壖古墙",俗称"海墙头",是抵御海潮的堤防设施,"自喻口镇东至范公堤","蜿蜒十余里,亦为冈阜之属"。⑤ 由以上可知,唐代阜宁喻口一带,以盐业为中心形成了一定规模的村镇聚落。这一时期,民间信仰开始形成,导致了海口庙的设置与祭祀。戴文葆曾将海口庙定位为阜宁"古代滨海村落之旧称"⑥,这一滨海村落可能在唐代已经形成,而且建立起以海口庙为中心的信仰系统。海口庙不仅在当时是重要的信仰载体,在后世也产生了深刻的影响,阜宁县前身庙湾之名的生成可能即与海口庙有关。

---

① 参见(宋)欧阳修:《新唐书》卷五四,中华书局1975年版,第1378页。
② 光绪《阜宁县志》卷二《建置·坛庙》,光绪十二年刻本。
③ (宋)王象之:《舆地纪胜》卷三九,中华书局1992年版,第1648页。
④ 乾隆《淮安府志》卷三十《艺文》,《续修四库全书》史部第700册,上海古籍出版社1995年版。
⑤ 参见殷惟龢编:《江苏六十一县志》,商务印书馆1936年版,第225页。
⑥ 戴文葆:《射水纪闻》,河北教育出版社2005年版,第2页。

在苏北盐业发展的过程中,除了食盐生产中心之外,也形成了不少因食盐转输而兴盛的城镇,真州的前身白沙镇就是典型。汉代,这一带多为江水冲击形成的沙洲,故称为"白沙洲"。后来沙洲逐渐淤涨为陆地,唐代形成村镇聚落,即白沙镇。南唐时期,改白沙镇为迎銮镇。北宋乾德二年(964),升格为建安军。大中祥符六年(1013),"以圣像一铸而成,遂以名州"①,即真州,江淮制置发运使驻于此,成为国家漕运、盐运转输的锁钥之地。诚所谓:"地不爱宝,宝藏兴焉。有土此有财,货财殖焉。厥今东南,宝在煮海,利权总在白沙。以其号为淮海一都会要冲也,出于斯,纳于斯,敛于斯,散于斯,其来无尽,其去无穷。"②可见,唐宋时期,白沙镇的经济职能逐渐强化,与此相应的是政治地位逐渐提升,它成为全国重要的中心城镇。在这一背景下,这一区域的民间信仰也逐渐兴起。嘉靖《惟扬志》记载:"白沙庙,在仪真县,宋嘉定五年,郡守吴机以真州旧名白沙,故建庙以祀神云。"③康熙《仪征县志》的记载与之相似,曰:"白沙庙,在八字桥北。宋嘉泰间建,真州旧名白沙,祀其土神,故曰白沙土主。"④虽然白沙庙修建的时间互有抵牾,不过"白沙"这一名称被人们重视是没有疑义的。也就是说,白沙洲本来是一种自然形态的存在,随着城镇聚落的兴起与发展,白沙更多被赋予文化层面的内涵,化身为保护这一区域社会的乡土神灵,即所谓"白沙土主"。这一乡土神灵可能在唐代已形成,至宋代逐渐成熟、定型,百姓开始修建祭祀"白沙土主"的白沙庙。白沙庙的建成使得对乡土神灵的祭祀更加明确,从而能够成为当地民众维系情谊的共同纽带,甚至可以说以白沙庙为信仰核心演化为对真州地域文化的认同。

二、从"祭不越望"到区域性神祇的出现

任何一种民间信仰,大多产生于特定的地理空间之中,具有强烈的

---

① (宋)楼钥:《攻媿集》卷五四《真州修城记》,《景印文渊阁四库全书》第 1152 册,台北商务印书馆 1986 年版。

② (宋)包恢:《敝帚稿略》卷四《真州分司记》,《景印文渊阁四库全书》第 1178 册,台北商务印书馆 1986 年版。

③ 嘉靖《惟扬志》卷一一《礼乐志》,《天一阁藏明代方志选刊》第 12 册,上海古籍书店 1981 年版。

④ 康熙《仪征县志》卷一四《祠祀志上·庙》,《扬州文库》第 2 册,广陵书社 2015 年版。

第四章 隋唐宋元时期江苏的民间信仰

175

地域属性和色彩。随着不同区域间的经济贸易与社会交往逐渐增多，民间信仰便会从较小的地域范围扩展至其他地域，形成跨地域的民间信仰。宋代是跨地域民间信仰兴起的历史阶段，尤其是南宋时期，不少地方性神灵向其他地区传播，并在异乡形成新的信仰中心。宋代江苏民间信仰的发展进程，与全国基本一致。

《左传·哀公·哀公六年》记载："初，（楚）昭王有疾。卜曰：'河为崇。'王弗祭。大夫请祭诸郊，王曰：'三代命祀，祭不越望。江、汉、睢、漳，楚之望也。祸福之至，不是过也。不穀虽不德，河非所获罪也。'遂弗祭。"《史记》亦载此事，裴骃《集解》引服虔解释所谓"望"："所受王命，祀其国中山川为望"。诸侯受王命，负责祭祀境内那些王不能亲临其境而遥祭的山川神，此即"望"。有学者曾经指出，"祭不越望"并不是三代一贯的制度，而是在周王朝分封制度形成之后，由周王主导国家祭祀，同时限定诸侯的祭祀范围而形成祭祀层级的相关制度。① 按照《礼记·曲礼》，"非其所祭而祭之，名曰淫祀。淫祀无福"。不按层级祭祀，就是淫祀。此后这一制度一直延续，"祭不越望"成为中国古代祭祀体系的一条重要准则。但其实自春秋以后，随着周王室的衰落，"祭不越望"已经被诸侯国突破，诸侯国僭越祭祀的情况屡见不鲜，《九歌》中就有祭祀河神的记载，而黄河祭祀对于楚人来说显然是越制。又如，西汉城阳王刘章死后，后人在其封地立祠祭祀，至东汉时"自琅琊，青州六郡，及渤海都邑乡亭聚落，皆为立祠"②。此后，历代王朝虽然都强调"祭不越望"，但实际执行则往往系于国家权力的盛衰。

这一时期，"祭不越望"还演化出另一种含义：神祇的统治区域也被认为有其境界，互不干涉，不得逾越，一地之民只祭祀一地之神。《太平广记》中讲述卢仲海两次为其叔父招魂的故事。他的叔父为了避免再被鬼神找上门，最后想出一个办法。他对卢仲海说："今去留未诀，鸡鸣兴，阴物向息，又闻'鬼神不越疆'，吾与尔逃之，可乎？"卢仲海赞叹这是一条"上计"，于是叔侄二人马上备船逃走。③ 这里的"鬼神不越疆"，其

---

① 参见李凯：《"祭不越望"探析》，《云南社会科学》2008 年第 4 期。
② （汉）应劭，王利器校释：《风俗通义》卷九《怪神》，中华书局 1981 年版，第 394—395 页。
③ 参见（宋）李昉：《太平广记》卷三三八《卢仲海》，中华书局 1961 年版，第 2681 页。

实就是"祭不越望"。

无论是"祭不越望"还是"鬼神不越疆",至唐宋时期,特别是在宋代有了颠覆性的变化:一个地方性信仰在各种力量的作用下走向其他地区,变成区域性甚至是全国性信仰的情况屡见不鲜,"行祠""别祠""行庙""行宫""别庙"之名遍布全国。南宋时金坛人刘宰拟了一份试题,让参加科举的考生回答关于神灵越界的问题:"水旱有祷,礼也。抑有可疑者,天子祭天下名山大川,诸侯之祭名山大川之在其境内者,故曰:三代命祀,祭不越望。楚昭亡国之余,河非所祀;季氏旅泰山,孔子伤之。而今也五岳之祀遍于州县,礼欤?"①可见,这一现象已经引起了官方和士人的重视。关于宋代"祭不越望"的变化以及信仰的跨地域传播,学界已经多有研究②,本文不再赘述。正如皮庆生指出的,信仰的跨地域传播往往是各种力量综合作用的结果③,其中既受到宋代祠庙信仰的相关政策、地方官员的推动、战争所导致的大迁移等因素的影响,也与唐宋以来特别是宋代以后社会经济文化的变化,如人口的大量流动、城市的发展、市场的繁荣、区域交通网的成熟等有着密切的关系。

一般来说,宋代的跨地域信仰主要有张王、五通五显、天后、仰山、梓潼帝君等,以下对江苏地区的张王、五通五显、天后等三种信仰的传播情况进行简单梳理。

1. 张王

根据皮庆生的研究,张王信仰起源于江南东路的广德军(今安徽广德),其祖庙在广德军治西五里的横山之上,由于山上有张王之祠,唐代人便将之改名为祠山,所以张王信仰也被称为祠山信仰。④据皮庆生统计,在宋代,全国有 75 座祠山行祠,其中位于镇江丹阳七里湾的张王行祠,可能是江苏地区最早的一座。至顺《镇江志》云:"唐季有钦公者,以贩贷往来常、润间,每行以神像自随。一日至此,担重如压,肩不能胜。

---

① (宋)刘宰:《漫塘文集》卷一八《策问一》,《景印文渊阁四库全书》第 1170 册,台北商务印书馆 1986 年版。

② 参见[美]韩森《变迁之神:南宋时期的民间信仰》、皮庆生《宋代民众祠神信仰研究》等。

③ 皮庆生:《宋代民众祠神信仰研究》,上海古籍出版社 2008 年版,第 223 页。

④ 皮庆生:《宋代民众祠神信仰研究》,上海古籍出版社 2008 年版,第 36—37 页。

祷曰：'神欲庙食于此乎？'言毕，荷担如故。遂即此地诛茅草创，左山右湖，前临漕河，亦一胜境，又号七里庙。"①从这一则记载来看，往来常、润间的商人可能是张王信仰传播的重要推手。丹阳处于扬州、建康前往广德的交通要道上，同时，在唐末五代，丹阳和广德基本上都处于吴、南唐割据政权的控制之下。所以，张王信仰最早从广德传播至镇江自有其内在逻辑。②北宋时期，在今天的镇江地区不止此一家张王行祠。雍熙元年（984），当时隶属于建康府的句容县也建了张王行祠，民间相传张王曾饮马于此，庙北还有张墓数百亩，这座张王行祠甚至认为此处才是张王家乡，觉得"以显迹桐汭，反以此为行祠"，对广德张王的正统地位颇为不满。③天禧元年（1017），在丹阳又建了第二座张王行祠，位于府西南一里一百七十步。徽宗建中靖国元年（1101），丹徒县东六十三里的华山又建了一座张王行祠，这座张王行祠日后成为江淮地区张王信仰的中心之一。除了镇江地区之外，另一座建于北宋的张王行祠位于常州的宜兴县。宜兴与广德接壤，均属于今天的苏浙皖三省交界处，南宋时期，宜兴的张王行祠又增加了一座，可见其信仰的热度。张王信仰的传播呈现从中心向邻近地区发展，并逐渐向外围扩散的态势。

南宋时期，江苏境内的张王行祠日益增多，除前文已载的常州地区的常州州城、武进、宜兴、无锡之外，最多的仍然是镇江。其中丹阳县又增加了两座张王行祠，一在县南五十里的竹塘，一在延陵镇。④苏州地区平江府城⑤、吴江⑥、昆山⑦、常熟⑧四地均建有张王行祠，其中常熟建了两座。建康府除了之前的句容张王行祠外，又在府城东三里建了张王行祠。⑨另外，六合县也在嘉定九年（1216）由知县刘昌诗主持修建了

---

① （元）俞希鲁：《至顺镇江志》卷八，江苏古籍出版社1999年版，第339页。
② 皮庆生：《宋代民众祠神信仰研究》，上海古籍出版社2008年版，第58页。
③ 参见（元）张铉：《至正金陵新志》卷一一，《宋元方志丛刊》影印本，中华书局1990年版。
④ 参见（元）俞希鲁：《至顺镇江志》卷八《祠庙》，江苏古籍出版社1999年版，第339—340页。
⑤ 参见《北京图书馆藏中国历代石刻拓本汇编》第44册，中州古籍出版社1990年版，第20—137页。
⑥ 参见（宋）周秉秀：《祠山事要指掌集》卷四，转引自皮庆生：《宋代民众祠神信仰研究》，上海古籍出版社2008年版，第342页。
⑦ 参见（宋）凌万顷：《淳祐玉峰志》卷下，《宋元方志丛刊》影印本，中华书局1990年版。
⑧ 参见（宋）孙应时等：宝祐《重修琴川志》卷十《庙》，《宋元方志丛刊》影印本，中华书局1990年版。
⑨ 参见（宋）马光祖修，周应合纂：《景定建康志》卷四四《祠祀志》，《宋元方志丛刊》影印本，中华书局1990年版。

一座张王行祠。[①] 苏北地区由于方志缺乏，建祠情况不可考，但陈造曾撰写了一篇盱眙军知军鲍某重建祠山庙的庙记[②]，可见，苏北地区的张王信仰应该也是存在的。

2. 五通五显

五通五显信仰是唐宋时期在安徽、浙江、江苏、江西等地开始盛行的一种民间信仰，最早可能产生于徽州，不过其来源说法不一[③]，仅弘治《徽州府志》便有两说。一是据《祖殿灵应集》载，唐光启二年(886)，本地有王瑜见五个神仙“自天而下，威仪如王侯”，王瑜“闻之有司，捐地输币，肖像建庙”；一是说唐贞观元年(627)五月十三日夜，“红光接汉，祥彩腾远，郡人惊骇，至山下观神五人黄衣道装自天而降”。总之，“其说渺茫，莫知其详”。[④] 不过，也有说五通起源于江西饶州德兴。《夷坚志》中有“周沅州神药”一条，便言：“德兴五显庙，本其神发迹处，故赫灵示化，异于他方。”[⑤]由此可见，这一信仰很早就已经开始了跨地域的传播。大观三年(1109)，朝廷赐婺源神庙额“灵顺”；宣和五年(1123)，五神分别被封为“通贶侯”“通佑侯”“通泽侯”“通惠侯”“通济侯”，从此之后便有所谓“五通”之称；淳熙元年(1174)，又加封“显应公”“显济公”“显佑公”“显灵公”“显宁公”，故又称为“五显”，民间又尊称为“五圣”。值得注意的是，《夷坚志》有“江南木客”一条，言：“大江以南地多山，而俗禨鬼。其神怪甚佹异，多依岩石树林为丛祠，村村有之。二浙江东曰‘五通’，江西闽中曰‘木下三郎’，又曰‘木客’，一足者曰‘独脚五通’，其名虽不同，其实则一。考之传记，所谓木石之怪夔魍魉及山獟是也。”这一类似于《山海经》中山魈的“五通”可以说是五通信仰在民间淫祀中的变

① 参见《古今图书集成·职方典》卷六六〇《江宁府·祠庙考》，中华书局、巴蜀书社 1985 年版。

② 参见(宋)陈造：《江湖长翁文集》卷二一《重建祠山庙记》，《景印文渊阁四库全书》第 1166 册，台北商务印书馆 1986 年版。

③ 关于五通神的流变情况，可参看[美]万志英，陈仲丹译，刘永华校：《财富的法术：江南社会史上的五通神》，刘永华编：《中国社会文化史读本》，北京大学出版社 2011 年版；黄东阳：《利益算计下的崇奉：由〈夷坚志〉考述南宋五通信仰之生成及内容》，《新世纪宗教研究》2011 年第 4 期；吴海萍、孙洁：《五显与五通名号流变探析》，《安徽史学》2018 年第 6 期。

④ 弘治《徽州府志》卷五《祀典》，《天一阁明代方志选刊》第 21 册，上海书店出版社 1981 年版。

⑤ (宋)洪迈：《夷坚三志》己集卷十《周沅州神药》，第 1378 页。

形。另据贾二强研究,“五通”其实又与佛教信仰中的“五通仙”有关。[①]刘勰《灭惑论》言:“若乃神仙小道,名为五通,福极生天,体尽飞腾。”所以中晚唐诗人施肩吾《寺宿为五通所挠作诗》云:“五通本是佛家奴”。可见,五通可能源自佛教,后在民间传说中与本土的山魈故事相结合,因是“五通”,后以讹传讹,又从山魈演化成五人故事,并逐渐被官方接受,从淫祀变成了正祀。据传,五通神当时颇著灵验,甚至有财神的功能。《夷坚志》言:“事五通神甚灵,凡财货之出入亏盈,必先阴告。”[②]

根据皮庆生的研究,在婺源五通庙受封之前,江苏境内镇江和常州已经建有五通或五显庙。最早建成的是在镇江,据称在唐代已经建成,北宋康定元年(1040)重建。常州五显庙建于唐末天祐二年(905)。南宋时期,镇江府城和丹阳分别建有五显庙,加上前已建成者,共三家。苏州有四处五通行祠,其中苏州城内共三处,另一处建于昆山。元延祐七年(1320),吴江儒学教授顾儒宝所撰《平江万寿灵顺行祠》言,虽然苏州“距徽千有余里”,但是“民之信仰过于他邦,怀香裹粮而往拜者,岁不知其几,犹为未足以展其朝夕慕仰之诚”,所以“始建行祠”。如果此说可信,则当时信众跨地域进香应该已经是种常态,这和经济发达、交通顺畅当有密切关系。[③] 另外,据《至正金陵新志》,南京地区的建康和溧水也建有五通行祠。虽然江苏北部地区由于资料缺乏,尚无这一时期五通神庙建造的记载,但《夷坚志》支戊卷六有“胡十承务”条:扬州人胡十,家境富足,所以有“承务”[④]之称。绍兴末年,有五人来见,既不通姓名,也不等候主人出来,就直接坐下。胡承务客气地接待,见其“谈论精异,心以为疑”。来客说,“君勿用他疑,我辈非世间人,盖所谓五显公也。知君能好客,是以不由介绍而至。愿假一室,使得依栖,暂为揠泊之地。然亦当常致薄助,以谢主礼。”[⑤]这个故事说明,至少在南宋初年,五显神的影响已经涉及扬州。

---

① 参见贾二强:《唐宋民间信仰》,科学出版社 2020 年版,第 265—285 页。

② (宋)洪迈:《夷坚志》丁志卷一五《吴二孝感》,中华书局 1981 年版,第 677 页。

③ 参见洪武《苏州府志》卷一五,《中国方志丛书・华中地方・江苏省》第 135 册,台北成文出版社 1970 年版。

④ 承务之称,原为官职,唐宋后为贵家子弟之代称。

⑤ (宋)洪迈:《夷坚志》支戊卷六《胡十承务》,中华书局 1981 年版,第 1098 页。

3. 天后

天后又称天妃、妈祖，据说是五代闽都巡检林愿之三女儿。据传她"生而神异，力能救人"①，死后被尊奉为海神。天妃信仰产生于北宋中期，起初只是流传于福建民间，是一种区域性的海神崇拜。北宋末期，妈祖信仰开始受到朝廷的重视。史载："湄州神女林氏，生而神灵，能言人休咎。死，庙食焉。宣和五年，路允迪使高丽，中流震风，八舟溺七，独路所乘神降于樯，安流以济，使还奏闻，特赐庙号顺济。"②此后，在民间信仰中，妈祖又被赋予剿海寇、调风雨、除瘟疫的神职，发挥佑助生民的作用。妈祖在宋代敕封多达 14 次，在朝廷的褒扬与倡导下，妈祖信仰更加盛行。随着社会经济与文化交流的推进，妈祖信仰逐渐向外传播，从而演变为全国性的神灵信仰。

天后妈祖是一种海神信仰，其兴起与海运、海洋贸易有着密切的关系。根据地方志，江苏地区最早的天后庙应该在江阴。宋代设市舶司主管海上贸易，绍兴十五年(1145)，两浙路市舶司下辖临安府、明州、温州、秀州、江阴军五处市舶务，江阴应该是两宋时期江苏境内唯一的对外贸易港口。根据永乐《常州府志》所引《江阴志》，江阴圣妃庙在君山东岳行宫之西，"航海者每遇风涛险恶，乞灵于神，响应如答"。嘉定十七年(1224)，由舶商陈子文等请于时任江阴知军胡纲创，但久而未备。绍定三年(1230)，知军颜耆仲建成。③ 江苏第二个建有天妃行祠的地方是镇江，建于嘉熙二年(1238)。④ 镇江是长江流域重要的港口，正如皮庆生认为的，镇江建天妃行祠可能是希望天妃佑军御敌。⑤ 江苏另外可能在这一时期建有天后行祠的则是淮安。据万历《淮安府志》记载："灵慈宫，即天妃宫，为漕运立。凡三处。一在郡城西南隅，旧名紫极宫，宫前环池植柳，名万柳池，上有升仙桥，宋嘉定间楚州安抚贾涉重建。"⑥据

① (元)程端学:《积斋集》卷四《灵济庙事迹记》,《景印文渊阁四库全书》第 1212 册,台北商务印书馆 1986 年版。
② (宋)李俊甫:《莆阳比事》卷七,《续修四库全书》史部第 734 册,上海古籍出版社 1995 年版。
③ 参见永乐《常州府志》卷六,广陵古籍刻印社标点本 2007 年版。
④ 参见(元)俞希鲁:《至顺镇江志》卷八,江苏古籍出版社 1999 年版,第 333—334 页。
⑤ 参见皮庆生:《宋代民众祠神信仰研究》,上海古籍出版社 2008 年版,第 243 页。
⑥ 万历《淮安府志》卷八《学校志·祠庙》,《天一阁藏明代方志丛刊续编》第 8 册,上海书店 1990 年版。

此,南宋嘉定年间,贾涉将原紫极宫改建为灵慈宫,以此来祭祀天妃。需要追问的是,为什么贾涉要修建天妃宫?它的情况和镇江一样,可以从当时所面临的政治和军事形势加以阐释。当时,金兵屡次进犯宋朝边境,先后攻取多处州县城邑。作为浙江天台人,贾涉了解并深信天妃神灵,他希望天妃神灵能在抗金战争中给予襄助,故有修建淮安天妃宫之事。而大量莆田士兵参与抗金战争,更加促进了天妃信仰在江淮地区的传播与兴起。南宋人丁伯桂《顺济圣妃庙记》曰:

> 开禧丙寅,金寇淮甸。郡遣戍兵,载神香火以行。一战花靥镇,再战紫金山,三战解合肥之围。神以身现云中,著旗帜,军士勇张,凯奏以还……神之祠,不独盛于莆,闽、广、江、浙、淮甸皆祠也。①

元代是中国海洋贸易发展的重要时期。在海洋贸易与运输的刺激下,运河由东西走向改为南北走向,形成了由江南运河、邗沟、济州河、会通河、通惠河等构成的内河运输和沿东海、黄海等北上的海洋运输,其中海洋运输占据主要地位。作为"海洋之神"的天妃神灵,日益受到人们的重视和崇拜。这一时期,江苏地区数今苏州太仓的天妃宫规模最大、数量最多。为确保漕粮北运,元朝非常重视江南的航运。此时水势已经发育壮大的刘家港符合成为通海大港的要求,于是,元廷选择刘家港所在的太仓,作为江南漕运出海的起点,并由当时的海盗崇明人朱清与嘉定人张瑄主持。"元至元十九年,宣慰朱清、张瑄自崇明徙居太仓,创开海道漕运。而海外诸番因得于此交通市易,是以四关居民间阎相接,粮艘海舶,蛮商夷贾,辐凑而云集,当时谓之'六国码头'。"②后来郑和下西洋,便从此处开始。恰在此时,从刘家港到太仓到苏州,三级天妃宫相继建成。天妃宫最早建于当时的海运之乡崇明,在刘家港执行海运任务的第七年即元至元二十六年(1289)建成,后毁于海潮。至正三年(1343)移建于刘家港北潬漕口,"显敞华丽,实甲他祠",每年漕

---

① (宋)潜说友:咸淳《临安志》卷七三《祠祀三》,《宋元方志丛刊》影印本,中华书局1990年版。

② 弘治《太仓州志》卷一《沿革》,《日本藏中国罕见地方志丛刊续编》第3册,北京图书馆出版社2003年版。

运开启之时，"宰臣必躬率漕臣、守臣，咸集祠下，卜吉于妃。既得吉卜，然后敢于港次发舟"。①

太仓城天妃庙在周泾桥，至元二十九年(1292)由海运万户朱旭建。为了全力保证漕运，皇庆二年(1313)，昆山州治迁于太仓，周泾桥庙的地位日益上升。《元史》载："护海运有奇应，加封天妃神号积至十字，庙曰'灵慈'。直沽、平江、周泾、泉、福、兴化等处皆有庙。皇庆以来，岁遣使赍香遍祭，金幡一合，银一铤，付平江官漕司及本府官，用柔毛、酒醴，便服行事"②。此次国家祭祀就是在周泾，周泾成为这一时期最重要的海运官祭场所。当时人言，天妃"灵迹章章如是，故所在祠祭惟谨，而在吴为尤著。太仓之周泾灵济宫尤大，每春夏运动，省官躬率漕吏守土吏大祭祠下，必慎选谷旦而卜之，得吉卜，舟乃敢动"③。

元泰定四年(1327)，在级别位于昆山州之上的平江路(今苏州)北寺东，由"海道都漕运万户府奉旨敕建"天后宫。④ 另外，地处长江口的常熟福山港，也因"国家漕运，万里鲸波，惟天妃是赖"，在东岳庙左建天妃宫。⑤

除苏州地区之外，其他海上漕运沿线各地也相继建庙。淮安地区在南宋时已有天妃行宫，此时层级进一步提高。陈高华指出：元代杭州、泉州、淮安、温州等地的天妃庙宇，"亦在官方祭祀之列"⑥。可见此时淮安境内不仅建有天妃庙，而且被列入官方祀典之中。天历二年(1329)，祭祀天妃神，曾拟祭祀十五庙，其中：八月乙丑祭祀直沽天妃庙，甲辰祭祀淮安庙，癸丑祭祀平江庙，乙卯祭祀昆山庙，丁巳祭祀漕漕庙，此后再相继祭祀杭州、越州、庆元、台州、永嘉、延平、闽宫(福州)、莆田、湄洲、泉州的天妃庙。八月十六日祭祀淮安天妃庙时祭文如下：

---

① (元)郑元祐：《侨吴集》卷一一《重建漕漕天妃宫碑》，《景印文渊阁四库全书》第1216册，台北商务印书馆1986年版。
② (明)宋濂：《元史》卷七六，中华书局1976年版，第1904页。
③ (元)郑元祐：《侨吴集》卷一一《前海道都漕运万户大名边公遗爱碑》，《景印文渊阁四库全书》第1216册，台北商务印书馆1986年版。
④ 参见乾隆《江南通志》卷四四《寺观》，乾隆元年刻本。
⑤ 参见(元)郑元祐：《侨吴集》卷一一《福山东岳庙兴造记》，《景印文渊阁四库全书》第1216册，台北商务印书馆1986年版。
⑥ 陈高华：《元代的天妃崇拜》，邱树森主编：《元史论丛》第7辑，江西教育出版社1999年版，第138页。

转运资于溟海,积贮重乎京师。乘风驾浪,神明是司;裕国足民,朝廷攸赖。臣衔命请淮之庙,恭致御香,以报以祈;惟神鉴格,尚申佑之。①

不过淮安天妃庙究竟在何处,尚待考证。刘月莲曾说,清道光八年(1828),福建十闽堂会友曾经重建淮安天妃庙。② 诚然,十闽堂这一组织确实曾重建天妃祠庙,不过他们重建的祠庙位于河下镇,即所谓福建庵,这应该是明清时期福建商人修建的同业会馆,其中供奉天妃神灵以祈求保佑商贸兴旺。即便元代致祭的淮安天妃庙位于淮安城附近,也不应是后来的河下福建庵,更有可能是前文述及的南宋楚州城西南隅的灵慈宫。

南宋人李丑父在论述镇江为什么要建天妃行祠时,曾引用孟子的"一乡之善士,斯友一乡之善士;一国之善士,斯友一国之善士;天下之善士,斯友天下之善士"来说明神灵越界的合理性,而之所以天妃属于"天下之士",是因为"有劳于此"自然"宜食于此"。也就是说,在民间信仰中,神灵的"灵验"程度如何、"神力"大小如何,才是最重要的,在"神力"和"灵验"面前,原有的等级秩序也可以被打破。这种解释论证了神灵越界的合法性,为民间信仰的发展提供了更广阔的空间,而这正是整个社会发生转型的一个缩影。

三、行业神的出现与民间信仰的商业化

隋唐宋元时期民间信仰的一个发展就是行业神的出现,其为民间信仰注入了新鲜血液。李肇《唐国史补》记载了这样一个故事。江南有驿吏,以干事自任。典郡者初至,吏白曰:"驿中已理,请一阅之。"刺史乃往,初见一室,署云"酒库",诸醢毕熟,其外画一神。刺史问:"何也?"答曰:"杜康。"刺史曰:"公有余也。"又一室,署云"茶库",诸茗毕贮,复

---

① (清)佚名:《天妃显圣录·历朝褒封致祭诏诰》,《中国华东文献丛书》第八辑第196册,学苑出版社2010年版。

② 参见刘月莲:《妈祖信仰与元代漕运》,邱树森主编:《元史论丛》第7辑,江西教育出版社1999年版,第151页。

有一神。问曰:"何?"曰:"陆鸿渐也。"刺史益善之。又一室,署云"俎库",诸俎毕备,亦有一神。问曰:"何?"吏曰:"蔡伯喈。"刺史大笑曰:"不必置此。"①这虽然只是个笑话,却反映出当时商品经济繁荣,各行各业逐渐发达。

工商业的发展促成了行业神的出现。如中唐以后,饮茶之风日盛,遍及大江南北。以精于煮茶并作《茶经》一书闻名于世的陆羽被奉为茶神。"巩县陶者多为瓷偶人,号陆鸿渐,买数十茶器得一鸿渐,市人沽茗不利,辄灌注之"②。前文提及的宜兴潘氏兄弟其实也是本地茶业神。天后妈祖其实也是海洋贸易商人和水手的行业神。李梦符《渔父引》提到南方水乡渔民"赛波官"的习俗。所谓"波官"也作"婆官",是江南民间对水神的俗称。《唐国史补》记载:"舟人必祭婆官。"可见,婆官应该是行船业的行业神。另外,江南的山里有拜紫荆树的风俗。人们把紫荆树神称为"紫相公"。相传他"主一方菜蔬之属",要想"年年获收",就要虔诚祭祀。③ 农业还有田神、蚕神之类。农民"以岁十月农功毕,里社致酒食,以报田神,因相与饮乐,世谓社礼"④。民间祭祀蚕神,"割鸡设醴,以祷妇人寓氏公主",相传"治堰""诛草""沃灰""室入外人"为蚕神的忌讳。⑤ 官吏也有行业神,传说中造字的仓颉成为胥吏神,"京师百司胥吏每至秋,必醵钱为赛神会"⑥。另一传说人物皋陶则为狱吏神,宋时"州县狱皆立皋陶庙,以时祠之"⑦。

唐代以后,随着科举制的兴盛,士人们开始寻求护佑自己获取功名禄位的神灵。特别是宋代以后,科举竞争激烈,士人们压力颇大,更加求助于神灵。秦汉以来,掌福、禄、寿的文昌诸星成了主文运的星宿,为

① (唐)李肇:《唐国史补》卷下,上海古籍出版社 1979 年版,第 65—66 页。

② (唐)李肇:《唐国史补》卷中,上海古籍出版社 1979 年版,第 34 页。

③ 参见(宋)陶穀:《清异录》卷下《紫相公》,《全宋笔记》第一编第 2 册,大象出版社 2003 年版,第 113—114 页。

④ (宋)高承:《事物纪原》卷八《赛神》,中华书局 1989 年版,第 439 页。

⑤ 参见(宋)秦观:《淮海后集》卷六《杂说·祷神》,《景印文渊阁四库全书》第 1115 册,台北商务印书馆 1986 年版。

⑥ (宋)叶梦得:《石林燕语》卷五,中华书局 1984 年版,第 68 页。

⑦ (宋)方勺:《泊宅编》卷四,《景印文渊阁四库全书》第 1037 册,台北商务印书馆 1986 年版。

读书人所祭祀。蜀地梓潼七曲山有梓潼神张亚子,两晋南北朝时即有人立庙祭祀。安史之乱,唐玄宗入蜀,追封其为左丞相。唐僖宗避黄巢起义入蜀,又封其为济顺王。梓潼神因而声名远播,逐渐由地方神成为天下通祭的大神。北宋时梓潼神与文昌星合为一体,成为文昌帝君。根据皮庆生的研究,梓潼帝君信仰之所以传播一方面是因为南宋时期四川士人在科举上取得了成功,另一方面和蒙古入侵四川后,蜀人陆续东迁有关。① 宋代,江苏地区特别是苏南的常州、苏州等地均是科第成功之地,同时也是竞争相对激烈的地区,这里的士子对科名尤为关心,所以常州、昆山、丹阳、建康等地均建有梓潼行祠。②

随着唐宋科举制度的实施,原有的世家大族逐渐消亡。到宋代,很多人开始意识到,只有有强大宗族力量的支持,才能保证文化资源的代际传承,由此才能保证本支的长久繁荣。正是在这一背景下,家庙、祠堂以及家神信仰在宋代逐渐开始成形,敬祖与信神融合在一起。宋朝文武大臣可依规定立家庙。③ 北宋名臣富弼致仕后,"每早作","瞻礼家庙"。④ 宋神宗"皇后侄向子骞妻周氏"对"世间禳事又素所不信,但默祷家庙求佑"。⑤ 朱熹和张载这样的理学家逐渐开始创议,品级不够设家庙者可另立祠堂。祠堂内"为四龛,以奉先世神主"⑥。宗族祠堂开始流行,至明清时已经极盛。而平民百姓则以祖宗为"家神",认为"祖宗英灵毋有不阴相子孙"⑦。

正如韩森等众多学者指出的,唐宋以降,商业、商品乃至金钱观念对民间信仰的渗透之深,远非之前各朝代所能比拟。比如,天妃信仰的主要推动者就是海舶商人。又如,像常州这样的运河城市,祠庙的地理分布往往呈现出这样的特点:有官方性质的祀庙,如东岳行宫等大都位于子城,即郡城的政治中心内;五通、张王等庙则大都位于运河沿线,这

---

① 参见皮庆生:《宋代民众祠神信仰研究》,上海古籍出版社 2008 年版,第 246—247 页。
② 参见皮庆生:《宋代民众祠神信仰研究》,上海古籍出版社 2008 年版,第 353 页。
③ 参见(元)脱脱:《宋史》卷一〇九,中华书局 1977 年版,第 2632—2633 页。
④ (宋)邵伯温:《邵氏闻见录》卷九,中华书局 1983 年版,第 94 页。
⑤ (宋)洪迈:《夷坚志》甲志卷一二《向氏家庙》,中华书局 1981 年版,第 107 页。
⑥ (宋)朱熹:《家礼》卷一《通礼祠堂》,《景印文渊阁四库全书》第 142 册,台北商务印书馆 1986 年版。
⑦ (元)佚名:《湖海新闻夷坚续志》后集卷二《家神送物》,中华书局 1986 年版,第 219 页。

也从侧面证实了韩森关于商人在推动神祇区域性扩展中的作用的推论。此外,商人还主导了某些神祇的立庙和祭祀。《太平广记》载:"吴泰伯庙,在(金陵)东阊门之西。每春秋季,市肆皆率其党,合牢醴,祈福于三让王,多图善马、彩舆、女子以献之。非其月,亦无虚日"①。可见,被称为"三让王"的泰伯很有可能是金陵各行会都尊奉的行业守护神。总的来说,商人推动民间信仰的发展,一方面是为了祈求神灵保佑自己的生意,另一方面有些利益上的考虑。如南宋中期平江府大旱,出面倡导祈雨的是一名"鬻生果主人",部分原因即在于大旱使"东西舟船不通",影响生意。②

人间见钱眼开、金钱万能、以贿赂打通关节的观念和做法也衍化到民间信仰中。范成大《祭灶词》反映了苏州一带的祭灶民俗:"古传腊月二十四,灶君朝天欲言事。云车风马小留连,家有杯盘丰典祀,猪头烂熟双鱼鲜,豆沙甘松粉饵团。男儿酌献女儿避,酹酒烧钱灶君喜。婢子斗争君莫闻,猫犬触秽君莫嗔。送君醉饱登天门,杓长杓短勿复云,乞取利市归来分。"(《石湖集》卷三十)可见,当时的人认为,可以通过"酹酒烧钱"等手段,打通关节,贿赂灶神,来达到自己的目的。在民间信仰的故事中,鬼神当面讨价还价更是屡见不鲜。比如朱拯到扬州赴选,梦入官署,看到堂上有一紫衣神。他见朱拯来,就起身作揖曰:"君当以十千钱见与。"朱拯马上回拜答应,醒来后补了安福令。到任后谒城隍神,发现庙宇神像皆如梦中,只是神座后屋漏梁坏。朱拯叹道:"所谓十千钱岂非此耶?"于是他就自掏腰包修复,恰好是十千钱。③ 又有周生参政的故事。有人赴京师应试,在宿州的旅邸遇到周生,周生颇富裕,此人见钱眼开,遂下狠心杀人劫财。此人居然登第中式,并授巫山令。一日忽然有人前来,正是周生。正在此人惶恐不安时,周生说:"我并不是来报仇理冤的,而是想和你合作。我死后未能托生,舍得为神,当了这里的城隍,你帮忙修建城隍庙就行。"那人当然听话,乖乖地重建城隍庙。

---

① (宋)李昉:《太平广记》卷二八〇《刘景复》,中华书局1961年版,第2236页。
② 参见(宋)洪迈:《夷坚志》支庚卷五《西馆桥塑龙》,中华书局1981年版,第1172页。
③ 参见(宋)徐铉:《稽神录》卷一《朱拯》,《全宋笔记》第八编第7册,大象出版社2017年版,第1页。

日后那人官升至礼部侍郎参知政事，三日后，周生复来拜访，这次却是来索命报仇。① 为了当城隍神，自己被杀的仇恨也可以先放在一边。如此现实，如此算计。

宋代民间信仰的商业化倾向首先表现在灵应故事的撰写、刊刻、传播上。自唐代雕版印刷术发明后，随着印刷术的广泛使用和印刷技术的不断提高，出版物在民间信仰的传播中起着日益重要的作用，很多神明的故事逐渐借此流传。如宋代荆溪徐文之行船遇险，得到张王、李侯保佑，徐氏"锓木详记其事以彰灵异"，将此灵应故事刻板流传。② 同时，作为佛、道宗教的普及性读物，讲述因果报应、和善积德故事的善书、功过格等出版物大量出版，《太上感应篇》《阴骘文》等都成为民间信仰传播的载体。另外，反映民间信仰的戏剧也开始出现，元人李文蔚的杂剧《破苻坚蒋神灵应》讲述的就是蒋子文信仰，这使得很多民间神祇显灵的故事迅速传播。

民间信仰商业化倾向的另一种表现是它往往会通过庙会或娱神活动演变成一种集体仪式或者一种狂欢，成为地方民俗的重要部分。朱彧《萍洲可谈》言："江南俗事神，疾病官事专求神，其巫不一……又以傀儡戏乐神，用禳官事，呼为弄戏。遇有系者，则许戏几棚。至赛时张乐弄傀儡，初用楮钱，爇香启（祈）祷，犹如祠神，至弄戏则秽谈群笑，无所不至。乡人聚观饮酒……许赛无已时。"③ 早在先秦时期就有"百日劳之，一日乐"的说法，社日祭赛的传统渊源有自，一直是古代民众最主要的休闲娱乐活动之一。范成大曾言吴中社火，"民间鼓乐，谓之社火，不可悉记，大抵以滑稽取笑"④。唐宋以后迎神赛会的规模和形式更甚。如昆山四月十五日山神诞会，"县迎神设佛老教，以祈岁事，并社为会，以送神。自山塘至邑前，幕次相属，红翠如画。它州负贩而来者，肩袂

① 参见（清）陆心源辑：《新编分门古今类事》卷三《周生参政》，清十万卷楼丛书本。
② 参见（宋）周秉秀：《祠山事要指掌集》卷四，转引自皮庆生：《宋代民众祠神信仰研究》，上海古籍出版社 2008 年版，第 88 页。
③ （宋）朱彧撰，李伟国整理：《萍洲可谈》卷三，《全宋笔记》第二编第 6 册，大象出版社 2006 年版，第 173 页。
④ （宋）范成大：《石湖集》卷二三《上元纪吴中节物俳谐体三十二韵》小注，上海古籍出版社 1981 年版，第 326 页。

陆续。后两日,则观角牴于山之西"①。常熟东岳行祠的迎神赛会规模
更大。据政和七年(1117)魏邦哲的《福山东岳庙记》,东岳诞会之日,
"江、淮、闽、粤,水浮陆行,各挈其所有,以输岁时未享之诚者。上祝天
子万寿,且以祈丰年而后保其家,凡有求,必祷焉。率以类至,号曰社
会,箫鼓之音相属于道,曾不知几千万人,不及之乎泰山,则之福山而
已"②。建康府溧水县正显庙为县城隍,每年"四月十有八日,邑人记侯
诞节,竞为侯寿。铙歌鼓吹,旌纛斧森乎其前驱,仙释威仪,倡优技巧,
骈然而次进。侯临之如生,邑人荣焉"③。宋代那些有名的区域性神祇
的庙会规模更大,如方回就说婺源五通庙会,"四月八日庆佛诞者走庙
下,无虑百万众"④。苏州人去婺源朝拜五通,"怀香裹粮而往拜者,岁不
知其几"。江苏本地的一些信仰虽然规模可能不及五通、张王等,但也
会吸引其他地区的人前来参加,如常熟东岳行祠诞会,"旁郡人不远数
百里结社火、具舟车、赍香,信诣祠下"⑤。这样大规模的庙会自然耗费
巨大,但也会相应带来大量的人流,推动本地商业的繁荣。据皮庆生的
研究,在宋代,无论是本地的庙会,还是前往外地进香,都已经逐渐组织
化了。《句容金石记》卷五《重修建康府句容县南庙记》讲述了句容县张
王行祠兴修的经过:乾道八年(1172)"邑士许恭、李立等"创议修葺庙
宇;淳熙四年(1177)知县赵善言撰记刻石纪念,立石者即为"都会首许
恭、副会首李立"。可见,许恭、李立就是张王行祠相关活动的组织者。
这种有组织的活动引起了政府的警惕,因为庙会和娱神活动对正统秩
序往往具有潜在的颠覆性和破坏性,如前述陈果仁祭祀大会就引起了
骚乱。宋人为示诚心,迎神赛会率以红黄罗伞扇及彩绘装饰鬼神队

① (宋)凌万顷:《淳祐玉峰志》卷上,《宋元方志丛刊》影印本,中华书局1990年版。

② (宋)孙应时等:宝祐《琴川志》卷一三《道》。

③ (宋)王端朝:《建康府溧水县重修正显庙记》,(清)严观等:《江宁金石记》卷五,《续修四库全书》史部
　　第910册,上海古籍出版社1995年版。

④ (元)方回:《桐江续集》卷三六《辅德庙碑》,《景印文渊阁四库全书》第1193册,台北商务印书馆1986
　　年版。

⑤ (宋)孙应时等:宝祐《琴川志》卷十《庙》。

伍①,迎神时,社人身穿青绯衫,手拿木杆、枪子与纱罗,列队迎引②,兵仗旗帜、执引先后,乘舆器服,或张薰盖,造珠帘,车马备饰,仪卫呼喝载路③,甚至往往以真刀真枪作道具,这些都是引发骚乱的隐患。所以,政府要求有司加以禁止:"访闻乡民岁时赛愿迎神,虽系土俗,然皆执持真仗,立社相夸。一有忿争,互起杀伤,往往致兴大狱,理宜措置。诏:诸路提刑司行下所部州县严行禁戢,如有违戾,重作施行。"④甚至一度规定以竹木为器,蜡纸等里贴为刃,更限用香花鼓乐迎神。⑤ 在迎神赛会中往往还会使用皇帝专用的服饰和仪式,这在传统社会中是逾制的大罪。所以,相关法令规定:"在诸因祠赛社会……仿乘舆器服者,造意及首领人徒二年,余各杖一百。满百人者,造意及首领人仍不刺面配本城。并许人告,宫司不切禁止,杖八十……不满百人五十贯,满百人一百贯。"⑥不过,即便如此,此类行为仍屡禁不止。

田锡认为,宋代江南农村岁多不稔、家无积储就是因为"信卜筮而佞鬼神"⑦,将大把金钱耗在了像迎神赛会这样无意义的活动中。不过这只是士人们的看法。对于百姓而言,迎神赛会能让他们获得精神寄托,得到休闲娱乐,甚至增加了本村、本乡、本坊、本城人与人之间的感情和凝聚力,这恰恰是民间信仰的生命力之所在。

此外,这一时期,佛教的因果报应思想、道教的鬼神惩戒和善恶报应理论与民间信仰的敬天地、畏鬼神相结合,共同构成了民间信仰多元复杂的面相。江苏地区一直是各种宗教信仰的重镇,佛教和道教的世俗化、平民化与民间信仰的世俗化、平民化其实是一体两面、相辅相成的关系。许理和在研究中国的制度化宗教和民间信仰的关系时,提出过一个著名的"金字塔"理论:儒、佛、道仿如三座紧紧相连的金字塔形

---

① 参见(清)徐松辑:《宋会要辑稿》刑法二之七一,政和八年七月二十四日条,中华书局1957年版。
② 参见(清)徐松辑:《宋会要辑稿》刑法二之一六,天圣五年八月七日条,中华书局1957年版。
③ 参见(清)徐松辑:《宋会要辑稿》刑法二之四三,崇宁元年正月二十六日条,中华书局1957年版。
④ (清)徐松辑:《宋会要辑稿》刑法二之一一九,中华书局1957年版。
⑤ 参见(清)徐松辑:《宋会要辑稿》刑法二之九〇,宣和六年闰三月二十九日条,中华书局1957年版。
⑥ (宋)谢深甫:《庆元条法事类》卷八十,中国书店1990年版。
⑦ (宋)田锡:《咸平集》卷三十《太平令贾昭伟考词》,《景印文渊阁四库全书》第1085册,台北商务印书馆1986年版。

山峰,山峰的顶尖是各自的经典,三座山峰的山尖清晰可辨、界限分明,但是越往下走,三座山峰之间的距离就越近,直到山底连成绵延的一片,象征着在民间信仰的底层信众那里,儒、释、道已经不分彼此、融合一体。① 但其实这个说法也并不足以准确形容中国的民间信仰,它有着自己的个性和特征,它像一块海绵,一方面无法拒绝其他信仰对自己的渗入,但同时其他信仰也无法彻底取代或者改变它,这就是民间信仰生命力之所在。

第四章　隋唐宋元时期江苏的民间信仰

---

① 参见 Erik Zurcher,"Buddhist Influence on Early Taoism: A Study of Scriptural Evidence", *T'oung Pao*,1980,66(1-3),p. 146。

第五章　明清至近代江苏的民间信仰

　　明太祖定都南京,江苏地区再次成为中央政权所在地。明成祖朱棣迁都北京,实行两京制,处于南直隶的江苏在政治和经济上仍具有特殊的地位。明代中后期,随着"一条鞭法"的推行和税赋的货币化,商品货币关系愈益发达,城乡关系更加密切,中国社会正在形成一种更为开放的经济和社会体系,并且日益参与到区域和国际性的普遍联系中去。相应地,市民阶层逐步扩大,个人自由精神发展,学术思想越来越活跃,明末清初的"西学东渐"更是引发了中西文化的碰撞。但王朝的政治体制没有改变,所有传统的社会关系依然存在,由此形成了一种复杂的局面。清王朝建立后,社会权力结构和组织框架又发生了一次重组,人口增加、税收财政的市场化、商品经济的繁荣等依然继续并有所发展;与此同时,由于王朝权力日益强化、中央对地方的控制加强、民族矛盾复杂化、社会问题逐渐突出,清王朝最终在西方列强的枪炮声中被迫打开大门,并在内忧外患中覆灭。

　　明王朝建立以后,朱元璋为加强统治,在前朝的基础上,重新构建了国家祀典体系,执行了新的民间信仰政策,并对后世产生了重大影响。朝廷一方面强调以儒家的纲常名教为根本,"崇儒重道、黜邪崇正",另一方面神道设教,尽可能主导民间的信仰思想,并努力将民间信仰纳入到政府的控制中。政府将"有功于国,有德于民"的神灵纳入国家祭祀体系,同时对秘密宗教组织施以更加严厉的措施。近代以后,西方文明进入中国,辛亥革命推翻了帝制,民主共和、科学理性的思想逐渐传播,反迷信成为社会上的新风潮,但民间信仰依然有生命力,其根基并未彻底动摇，只不过有一些变化在悄悄地发生。

第一节　明清时期的民间信仰政策与管理

明清两朝的民间信仰政策既是前代的延续，又有各自的特色。明朝的民间信仰政策皆定于洪武时期，朱元璋自立国伊始，就着手厘定祀典，重建祭祀体系。洪武三年（1370）又对民间信仰政策进行了大幅度的改革，但是这次改革一方面过于严格，未能仔细考量具体的实践操作，另一方面糅合了儒家思想和民间思维，导致政策存在矛盾之处，凡此种种，都使得政策执行的效果随着时间的推移而大打折扣。洪武以后直到清末，相关的政策基本上与前代相差无几：一是尽可能将民间有影响的神祇纳入国家祭祀体系；二是对师巫邪术等秘密宗教组织严厉打击；三是对对秩序不会造成太大影响的地方信仰习俗听之任之。只不过，相较于前朝，明清两朝权力更加集中，对可能威胁其统治秩序的秘密宗教崇拜和组织活动的打击更加严厉和坚决、法条更加细化，对意识形态的宣传和统一更加系统，明太祖和康熙的圣谕都是典型。但是对于影响不大的所谓"淫祀""淫祠"的禁毁则往往缺乏系统性，由中央、朝廷层面推进的全国性行动极少，主要参与者是朝臣和部分地方官员，而且往往是运动式的，流于形式，无法持久。

一、明清两朝的民间信仰政策

洪武二年（1369）冬，高丽使臣归，朱元璋针对高丽王"专好释氏"专门发上谕劝导："闻王之国，牺牲不育，何以供境内山川城隍之祀乎？古人有言：'国之大事，在祀与戎。'若戎事不修，祀事不备，其何以为国乎？"①朱元璋将元朝的制度视为背离了儒家意识形态的"胡制"，因此重建儒家意识形态，成为建立明朝以后最重要的工作之一。重建祭祀体系，恢复儒家意识形态，同时加强对民间宗教组织和民间信仰的管理，

---

① 《明太祖实录》卷四六，洪武二年十月壬戌朔。

以确保其在社会稳定的意义上与国家政权体制、意识形态协调起来,无疑是这项工作的一个重要组成部分。

明朝立国伊始,朱元璋就着手厘正祀典,追尊前古,立教将来。洪武元年(1368)九月,他命中书省"下郡县访求应祀名川、圣帝明王、忠臣烈士,凡有功于国家及惠爱在民者,具实以闻,著于祀典,令有司岁时致祭"①。洪武二年(1369)正月,他又下令:"天下凡祀典神祇,有司依时致祭。其不在祀典而尝有功德于民事迹昭著者,虽不致祭,其祠宇禁人撤毁。"②洪武三年(1370),他又定诸神封号,为保证该命令的实施,特制碑石,名"岳镇海渎碑"③。其文云:

> 自有元失驭,群雄鼎沸,土宇分裂,声教不同。朕奋起布衣,以安民为念,训将练兵,平定华夷,大统以正。永惟为治之道,必本于礼。考诸祀典,如五岳、五镇、四海、四渎之封,起自唐世,崇名美号,历代有加。在朕思之,则有不然。夫岳镇海渎,皆高山广水,自天地开辟以至于今,英灵之气,萃而为神,必皆受命于上帝,幽微莫测,岂国家封号之所可加? 渎礼不经,莫此为甚。至如忠臣烈士,虽可加以封号,亦惟当时为宜。夫礼所以明神人,正名分,不可僭差。今命依古定制,凡岳镇海渎,并去其前代所封名号,止以山水本名称其神。郡县城隍神号,一体改正。历代忠臣烈士,亦依当时初封以为实号。后世溢美之称,皆与革去。其孔子善明先王之要道,为天下师,以济后世,非有功于一方一时者可比。所有封爵,宜仍其旧。庶几神人之际,名正言顺,于礼为当,用称朕以礼祀神之意。所有定列各神名号,开列于后:
>
> 一、五岳:称东岳泰山之神,南岳衡山之神,中岳嵩山之神,西岳华山之神,北岳恒山之神。
>
> 一、五镇:称东镇沂山之神,南镇会稽山之神,中镇霍山之神,西镇关山之神,北镇医无闾山之神。

---

① 《明太祖实录》卷三五,洪武元年九月。
② 《明太祖实录》卷三八,洪武二年正月辛丑。
③ 《明太祖实录》卷五三,洪武三年六月癸亥。

一、四海：称东海之神，南海之神，西海之神，北海之神。

一、四渎：称东渎大淮之神，南渎大江之神，西渎大河之神，北渎大济之神。

一、各处府州县城隍，称某府城隍之神，某州城隍之神，某县城隍之神。

一、历代忠臣烈士，并依当时初封名爵称之。

天下神祠无功于民不应祀典者，即系淫祠，有司毋得致祭。

於戏！明则有礼乐，幽则有鬼神，其理既同，其分当正。故兹诏示，咸使闻知。

厘正祀典的过程就是有所取舍，规定应祀与不应祀的范围。在国家确定祀典的同时，开始了淫祠的禁毁。洪武三年（1370）六月，朱元璋发布《禁淫祠制》，指出："普天之下民庶繁多，一日之间祈天者不知其几，渎礼犯分，莫大于斯。古者天子祭天地，诸侯祭山川，大夫士庶各有所宜祭，礼部其定议颁降，违者罪之"。中书省根据朱元璋的精神，制定了相关政策："凡民庶祭先祖，岁除祭灶，乡村春秋祈土谷之神。凡有灾患，祷于祖先，若乡厉、邑厉、郡厉之祭则里社自为之；其僧道建斋设醮不许奏章上表，投拜青词，亦不许塑画天地神祇，白莲社、明尊教、白云宗、扶鸾祷圣书、符咒水诸术，并加禁止，庶几左道不兴，民无惑志。"①

《禁淫祠制》的着眼点有两个：一方面，人人"各有所宜祭"，即致祭者的世俗地位（阶层）与所奉祀的神祇必须相配，这正是《礼记》"非其所祭而祭之，名曰淫祀"精神的体现，也是传统中国儒家维护等级秩序的一贯准则。另一方面，禁止民间秘密宗教和巫咒等活动，以防止其对国家统治和社会秩序产生威胁。朱元璋夺取政权是在白莲教起义的基础之上，他明晓民间秘密宗教对政权的危害性。此后，明王朝又对《禁淫祠制》进行法律化、细致化，将所谓"亵渎神明""师巫邪术"等都列为罪名。如："其不当奉祀之神而致祭者，杖八十。"②"凡私家告天拜斗，焚烧

---

① 《明太祖实录》卷五三，洪武三年六月甲子。

② （明）李东阳等撰，申时行等重修：《大明会典》卷一六五《刑部》七《律例》六《祭祀·致祭祀典神祇》，中华书局1989年版。

夜香,燃点天灯七灯,亵渎神明者,杖八十;妇女有犯,罪坐家长;若僧道修斋设醮,而拜奏青词表文,及祈禳火灾者,同罪,还俗。"① "若军民装扮神像,鸣锣击鼓,迎神赛会者,杖一百,罪坐为首之人。里长知而不首者,各笞四十。其民间春秋义社,不在禁限。"②

滨岛敦俊使用"原理主义"来概括朱元璋的这一系列祭祀政策,他认为这是一些儒者以儒家意识形态为标准,借朱元璋之手,利用国家权力,对民间信仰进行褫夺,实际上并未得到有效推行。③ 但是正如赵轶峰指出的,中国传统社会中儒、释、道并存,大众信仰关系复杂、相互纠结,如果简单地以两元对立观念考察其中任何两者的关系,都易流于表面化。

首先,朱元璋的这次改制,并没有脱离传统中国历代王朝对祭祀和信仰的一贯政策。无论是强调祭祀的等级秩序,还是强调对秘密宗教的打击,都是历代王朝一以贯之的,朱元璋只是在前代的基础上进一步细化而已。所谓对"儒家原理主义"的强调,也是朱元璋一贯强调明朝与元朝"异族""胡族"不同,以确保明王朝合法性的反映。其次,朱元璋这一系列政策并不是对民间信仰简单地"褫夺",更类似于改造或者利用,而改造或利用其实也并非是单向的。正如赵轶峰和其他学者指出的,单就城隍信仰而言,这次改制与其说是"褫夺"了旧有的城隍信仰,不如说他树立了新的城隍信仰。④ 正是在这次改制后,城隍信仰开始大范围在全国推行。这是符合朱元璋统治利益和统治理念的,这些政策既有朱元璋手下儒者大臣的推动,同时也是他宸衷独断的行为,绝非单纯地受到裹挟。

洪武改制的以下措施更体现了朱元璋自己的心意。

首先是京城诸庙的建设:"初称十庙,北极真武以三月三日、九月九

---

① (明)李东阳等撰,申时行等重修:《大明会典》卷一六五《刑部》七《律例》六《祭祀·亵渎神明》,中华书局 1989 年版。

② (明)李东阳等撰,申时行等重修:《大明会典》卷一六五《刑部》七《律例》六《祭祀·禁止师巫邪术》,中华书局 1989 年版。

③ 参见[日]滨岛敦俊,朱海滨译:《明清江南农村社会与民间信仰》,厦门大学出版社 2008 年版,第288 页。

④ 参见赵轶峰:《明初城隍祭祀:滨岛敦俊"洪武三年改制"论商榷》,《求是学刊》2006 年第 1 期。

日，道林真觉普济禅师宝志以三月十八日，都城隍以八月祭帝王后一日，祠山广惠张王渤以二月十八日，五显灵顺以四月八日、九月二十八日，皆南京太常寺官祭。汉秣陵尉蒋忠烈公子文、晋成阳卞忠贞公壶、宋济阳曹武惠王彬、南唐刘忠肃王仁瞻、元卫国忠肃公福寿俱以四孟朔，岁除，应天府官祭。惟蒋庙又月四月二十六日之祭。功臣庙为十一。后复增四：关公庙，洪武二十七年建于鸡笼山之阳，称汉前将军寿亭侯。嘉靖十年订其误，改称汉前将军汉寿亭侯。以四孟岁暮，应天府官祭，五月十三日，南京太常寺官祭。"后世如成祖等又在十庙的基础上，于南京增祀了汉前将军寿亭侯关公庙（四孟岁暮遣应天府官祭，五月十三日又遣南京太常寺官祭），天妃宫（正月十五日、三月二十三日遣南京太常寺官祭），京都太仓神庙（二、八月十五日遣南京户部官祭），司马、马祖、先牧神庙（二、八月中旬择日遣南京太仆寺官祭）。① 除了部分前朝忠臣良将，也将如祠山、五显等神灵纳入其中，其实是一种折中处理。但朱元璋及后世皇帝的这一行为并不为儒家所认可，如后文将及，弘治元年（1488）给事中张九功在奏章中指出，除了太仓之神、关羽、文天祥是"祀典应祭"之外，其他的神祇是否致祭，都应该讨论研究。这种质疑还体现在《钦定续文献通考》的编纂中，编者认为："诸神虽不尽应祀典，然皆太祖所定，有明一定因之，而不敢废。"②

其次是厉鬼的祭祀。根据明人叶盛的说法，洪武四年（1371），"特敕郡邑里社各设无祀鬼神坛，以城隍神主祭，鉴察善恶。未几，复降仪注，新官赴任，必先谒神与誓，期在阴阳表里，以安下民。盖凡祝祭之文，仪礼之详，悉出上意，于是城隍神之重于天下，蔑以加矣如？"③"无祀鬼神坛"所祭的就是那些流离失所的"厉鬼"，这就是所谓"祭厉"。《左传·昭公·昭公七年》言："鬼有所归，乃不为厉。"祭厉最早见于《礼记·祭法》："王祭泰厉，诸侯祭公厉，大夫祭族厉。"郑玄注："汉时民间皆秋祠厉。"但此后并没有形成官方制定的祭厉程序。不过据《礼记》，

① 参见(明)李东阳等撰，申时行等重修：《大明会典》卷九三《奉祀三》，中华书局 1989 年版。
② (清)嵇璜等：《钦定续文献通考》卷七九《群祀考》，《景印文渊阁四库全书》第 628 册，台北商务印书馆 1986 年版。
③ (明)叶盛，魏中平校点：《水东日记》卷三十《城隍神》，中华书局 1980 年版，第 297 页。

所谓泰厉、公厉、族厉都是王、诸侯、大夫无后者,因无所依归,好为民作祸,需要祭祀以安抚。但是明代的祭厉针对的是天下所有流离失所的孤魂野鬼,虽然也分泰厉、国厉和郡邑厉,但这只是从祭祀主体进行划分,祭祀对象并无差别。朱元璋祭厉的目的是安抚黎民百姓,有安抚人心、威慑教化、稳定秩序之意。洪武十一年(1378)四月,发生在江苏境内的一件事,可以为这个政策提供一个注脚。当时,永嘉侯朱亮祖奏,安东(今涟水)、沭阳二县"野有鬼,民人暮惊"。朱元璋专门御制敕文,遣使谕祭,祭文如下:

> 明有礼乐,幽有鬼神,此前圣格言。然国之有祀,以为民也,祀不为民,则非也。若庶民之宜祀者,止于祖宗;非祖宗而祀之,岂特非礼之宜,神亦不享也。且岳镇海渎山川之神,载之祀典者,莫不承上帝后土之命,以司福善祸淫之权。若祸福倒置,不惬民心,且将获戾于天矣,尚恶得谓之神乎?朕思鬼神之鉴人,虽毫发不可伪,特其变化神妙,而人不之测耳。今洪武十一年四月十四日,永嘉侯遣人奏安东、沭阳二县民人暮惊,谓野有持夜炬者数百,或成列,或四散。巡检逐之,无有也;击之,若有应之者。朕不能尽信,特遣人致牲醴,会鬼神而敕问之:夫中原之地,自有元失政,生民涂炭,死者不可胜计,有绝宗覆嗣者,有生离父母妻子而死于非命者。尔持炬者,岂无主之孤魂,而欲人之祀欤?父母妻子之永隔而有遗恨欤?无罪遭杀而冤未伸欤?或有司怠于岁祀而有怨欤?四者必一焉。朕以四事问尔,尔果何为而然欤?朕自即位以来,事神之礼未尝缺也。然非当祀者,亦不敢侫。尔持炬者,宜祸其宜祸者,而福其应福者,勿妄为民害,自贻天宪。①

在明代以前,一般认为人死后,灵魂由东岳庙主管,东岳是阴间主司。但是随着城隍神信仰的传播,在宋、元时期,人们认为,城隍为本地阴间主神,具有把灵魂送至东岳庙的功能。到了朱元璋统治时期,官方正式确定了城隍是本地亡魂的管理者,祭厉也在城隍庙进行。在朱元

① 《明太祖实录》卷一一八,洪武十一年四月戊午。

璋眼里，皇帝是最高的主宰，无论是黎民百姓，还是孤魂野鬼，都在他的统治之下，无论是人间的官员，还是阴间的城隍，都要服从他的安排，根据各自的职能处理各自的事务。在他眼中，城隍只是皇帝的治理工具，而孤魂野鬼通过祭祀能够得到安置。

朱元璋的所有改制措施都是围绕着巩固皇权、加强统治进行，所谓"儒家原理主义"在某种程度上和民间信仰中的城隍一样都只是他巩固皇权的工具。历朝统治者除了对秘密宗教持严厉反对态度之外，对民间信仰大多持放任不管的态度，更何况朱元璋出身贫寒，不能脱离民间传统的积淀，他处理民间信仰的很多理念并不是建立在系统、理性的儒家理念之上。他的很多措施前后矛盾，正反映了其思想的混乱，也为后世的改弦易辙和民间的利用改造留下了空间。

其实到永乐时期，朱元璋的改制政策已经在一定程度上被抛弃。永乐七年（1409），妈祖信仰被正式纳入明代国家祀典，成为朱元璋规定的"十庙"体系之外新增的四庙之一。早在永乐三年（1405）正月，负责漕粮海运的平江伯陈瑄请示在直沽建天妃庙。① 永乐五年（1407）九月，出使西洋回来的郑和报告，称"天妃女神多感应"，于是明成祖下令新建龙江天妃宫。② 永乐七年（1409）正月，明成祖正式下令：封天妃为"护国庇民妙灵昭应弘仁普济天妃，赐庙额曰弘仁普济天妃之宫，岁以正月十五日及三月二十三日遣官致祭，著为令"③。此规定后载入《大明会典》，具有法律效力。明成祖对天后的赐爵、加封完全违反了太祖关于"溢美之称，皆与革去"的规定。不仅如此，永乐十五年（1417）三月，明成祖又"建洪恩灵济宫于北京，祀徐知证及其弟知谔"。徐知证及其弟徐知谔二人"尝帅兵入闽靖群盗，闽人德之，为立生祠于闽县之鳌峰，累著灵应。宋高宗敕赐祠额灵济宫"。相传，朱棣"闻之，遣人以事祷之，辄应。间有疾或医药未效，祷于神辄奇效"。于是，"命立庙北京皇城之西，赐名洪恩灵济宫"，并加封徐知证和徐知谔，同时"命礼部新鳌峰之庙，春

---

① 参见《明成祖实录》卷三八，永乐三年正月甲寅。

② 《明太宗实录》卷七一，永乐五年九月戊午。

③ 《明太宗实录》卷八七，永乐七年正月乙酉。

秋致祭,及洒扫五户"。① 可以说,明清两朝历代帝王基本上延续明成祖将民间信仰纳入祀典后赐爵、加封的政策。清时一般规定"封号至四十字不复加",但是这一规定也被突破,"金龙四大王四十字外加号锡祐,天后加至六十字"。

在明成祖之后,明王朝也几度尝试对祀典和民间信仰政策进行调整。一次是在弘治初年,刚刚即位的孝宗皇帝有励精图治之相。弘治元年(1488)四月,时任礼科给事中张九功上奏:

> 臣惟国之大事在祀与戎。祀典不正,则神人渎乱,妖诞所由兴,人心所由不正也,故祭必有义。君天下者,祭古先圣王,以其有功德于民也;祭日月星辰,以其民所瞻仰也;祭山岳河海,以其利泽及人也。祀典所载,惟此族类。考之祭法,概可见矣。方今圣明御极,欲其首正人心,必先修明祀典。不然,则人祭非鬼,神奸惑人,煮蒿妖诞之说纷起,欲天下务民义而正风化也难矣。如蒙乞敕,礼部通行天下有司,除祀典应祭者依例致祭外,若神非其地者,气非其类者,非有功德于民者,非天地之正者,悉皆除去,勿使惑人。……臣观朝廷常祭之外,尚有释迦牟尼、文佛之祭,有三清三境天尊之祭,有九天应元雷声普化天尊之祭,又有金阙真君之祭,有玉阙真君之祭,有金阙元君生辰之祭,有神父神母之祭,宫观中水官星君、诸天诸帝之号之祀,不可枚举。凡此皆异端茫昧之说,祀典所不载者。……如蒙乞敕礼部于诸宫观寺庙中,不在祀典非礼之祭,逐一查出,尽行罢去。②

张九功所说的这些情况,显然皆与洪武时期所定的制度相冲突。根据张九功的建议,孝宗命礼部会官考详何神立于何代、何神有功于国、何神泽及生民、如今应否祭祀,明白说来。于是,英国公张懋组织时任礼部右侍郎倪岳进行了调查。倪岳等上奏,称:当年洪武改制是"拯弊俗于千古,垂至戒于万世,至深切矣"。此后"列圣相承,恪遵成宪"。但

---

① 《明成祖实录》卷一〇五,永乐十五年三月辛丑。
② (明)倪岳:《青溪漫稿》卷一一《祀典三》,《景印文渊阁四库全书》第1251册,台北商务印书馆1986年版。

"间有因所感应之事,而增益祠祭,或以万寿千秋等节而修建斋醮,一时行之不察,后遂袭以为例,因循莫改,增置益繁。异端之徒转相鼓扇,怪诞相乘,矫诬殊甚"。他们承认:"非礼之祭、非类之祷,近代帝王固不能无","非圣明之君卓然有见,必不能深禁而痛绝之"。给事中张九功上奏,正是"深有望于今日者也"。所以,他们建议:完全恢复洪武时期的制度,"凡有一应斋醮祷祠之类,通行革罢。不惟屏斥异端之奸,亦可节省无益之费"。同时"仍通行天下,除应祀神祇,照旧致祭外,其余非有功德,利泽及民,及不经奏勘,不合祀典者,即系淫祠,俱各查考,尽行革去。僧道修斋设醮,师巫假降邪神,左道乱正者,严加禁约,敢有故违,依律问罪。其在京各宫观、寺庙,神祇出处不载于正经,功泽莫稽其显迹,但系非时遣祭者,并皆停免。中间有经累崇建,难于辄废,亦宜厘正其名号,减杀其礼仪"。他们认为,当时京城各项祭礼,"除太仓之神、汉寿亭侯关羽、宋丞相文天祥"外,都应进行调整。接下来,他们还详细分析了各类神祇祭祀在嬗变中产生的问题,如北极紫微本为帝星,不应在道观中设像祭祀等。议既上,孝宗曰:"是。修建斋醮,遣官祭告,并东岳庙、真武庙、城隍庙、灵济宫祭礼俱照旧,二徐真君并其父母、妻宜革出帝号,止仍旧封号……余如所议行之。"①

嘉靖即位后,借着著名的"大礼议"事件,对相关祭祀制度等进行了较大规模的改革。② 小岛毅认为,不管嘉靖皇帝主观意图如何,但客观上这一系列改革在向洪武三年(1370)的改制回归。③ 其中,就有关于民间信仰方面的内容。嘉靖九年(1530)十月,监察御史熊荣请修天下神庙祀典所载者,世宗下旨称:"近年以来,有奸民阿奉镇巡司府州县等官,不问贤否,既立祠堂、去思碑,并私创庵观、淫祠。其令巡按御史逐一查毁,即以所鬻价修理神庙费,不得更为科扰。"④次年,根据这一精神,有朝臣请改大慈恩寺兴辟雍,以行养老之礼,同时撤灵济宫徐知证、

① (明)倪岳:《青溪漫稿》卷一一《祀典三》,《景印文渊阁四库全书》第 1251 册,台北商务印书馆 1986 年版。

② 参见赵克生:《明朝嘉靖时期国家祭礼改制》,社会科学文献出版社 2006 年版。

③ 参见[日]小岛毅:《嘉靖の礼制改革について》,《东洋文化研究所纪要》第 117 册,1992 年版。

④《明世宗实录》卷一一八,嘉靖九年十月癸酉。

徐知谔二神,改设历代帝王神位。礼部覆议,认为:不必更葺梵宇旧址,重立辟雍;大慈恩寺内"欢喜佛系胡元淫制,败坏民俗,相应弃毁";灵济宫在"当时已得罪名教,固宜撤去",不过地方窄隘,恐不足以改设帝王庙。嘉靖帝下旨,命将"夷鬼淫像"毁弃。①

孝宗调整政策是因为即位之初企图励精图治,世宗改革则另有目的,一系于人,一系于事,他们推行改革均有一定的偶然性。而他们两人殊途同归的是,在执政不到数年就开始沉湎于方术、炼丹,之前所定政策大都抛于脑后。他们的改革其实并没有试图恢复到洪武制度的原点,而是对各方面都作出了让步,也是折中的做法。可以这么说,想要回归到洪武改制只是偶然,放任不管才是常态。万历二年(1574)十一月,礼科给事中梁式上奏:"迩来邪说浸淫,民习蛊坏,不经之祠宇日侈,异教之供事争先,转相幻诱,备极淫奢,遂有大干条宪"。他建议:一清祠宇,二革僭逾,三禁香醮。万历皇帝回答:"左道惑众之徒,严行禁革,其余亦从民俗,不必清查烦扰"②。对于民间信仰,万历皇帝采取听之任之的态度,对于不想上朝的他来说,正常的国家祭祀尚且不在他关心的范围之内,更何谈民间信仰。万历二十一年(1593)七月,礼科都给事中张贞观上奏:万历皇帝登基以来,"何尝不兢祀",只是因为"圣体违和",需要由天子主持的国家祭祀"闻有遣代"。如今,"淮甸之水,畿辅之旱,湖、襄之风霾,兖、豫之淫潦,所在为沴。而地震天鸣,甘、宁殆无虚月;流星火光,辽、蓟屡有报闻。沈阳之天火,焚毁千家;留都之迅霆,猥及陵树",因此率领朝臣、主持祭祀"固可以徵天心之仁爱,而亦可以见宗宫之怨恫,则竭诚以格祖回天,正今日吃紧第一义也"。但是疏上,万历皇帝将之留中不报,不理不睬。③ 此后明王朝迅速滑入崩溃的轨道,皇帝们自顾尚且不暇,至于祀典更不在他们的考虑范围之内,民间信仰完全处于自由发展的状态。

清人入关后,随着其统治渐趋巩固,开始制定文化政策。清朝政府的民间信仰政策大体上跟随明制,但实践上并非遵照洪武制度,而是明

---

① 参见《明世宗实录》卷一二一,嘉靖十年正月丁酉。
②《明神宗实录》卷三一,万历二年十一月甲午。
③ 参见《明神宗实录》卷二六二,万历二十一年七月己未。

代后期政策的延续。清廷均给各神祇加以爵号。如雍正三年（1725），给事中李兰条奏，要求根据《圣迹图志》追封关帝祖父爵号。礼部覆奏，认为《圣迹图志》"系近时卢湛所撰，与正史不合"，"尊崇正神，理宜详慎，亚圣孟子之父，未详名讳，止称先贤孟孙氏，所以阙疑也"，"应照前例，追封关帝三代，俱为公爵，牌位止书追封爵号，不著名氏。于京师白马关帝庙后殿供奉，遣官告祭。其山西解州、河南洛阳县冢庙，并各省府州县，择庙宇之大者，置主供奉后殿，春秋二次致祭"。① 虽然详慎，但也只是详慎，此后，很多神祇陆续纳入了国家正祀，如刘猛将军就被雍正敕封，天后、文昌帝君等均列入祀典。而且有地方官上奏，清廷基本上都会给地方神祇封号，如江苏多地的城隍都有敕封。

另一方面，清廷对民间秘密宗教的打击较明代更加严厉。顺治三年（1646）清廷承袭明律，制订禁止师巫邪术条例。顺治六年（1649）规定："僧道巫觋，妄行法术，蛊惑愚众者，治以重罪。"顺治十三年（1656）谕："凡左道惑众，如无为、白莲、闻香等教名色，起会结党，迷诱无知小民，殊可痛恨。今后再有踵行邪教，聚会烧香，敛钱号佛等事，在京着五城御史及地方官，在外着督抚司道有司等官，设法缉拏，穷究奸状，于定例外加等治罪。"顺治十八年（1661）又规定："凡无名巫觋，私自跳神者，杖一百。因而致人于死者，处死。"康熙元年（1662）题准："人有邪病，请巫觋道士医治者，须禀明都统，用印文报部，准其医治。违者巫觋道士正法外，请治之人亦治以罪。"康熙十八年（1679）议准："凡迎神进香，鸣锣击鼓，肆行无忌者，为首之人照邪教惑众律拟绞监候，秋后处决。为从之人，枷号三月，系旗下，鞭一百。系民，责四十板，俱不准折赎。"相关管理者渎职放任，均要追究其责任。雍正七年（1729）修订律例时又规定："熟习符咒，不畏刑罚，不敬官长，作奸犯科，惑世诬民者，照光棍例，为首者立斩，为从者拟绞监候，秋后处决。"雍正十一年（1733），对于传习各种避刑邪术者，规定"为首传授者，拟绞监候，为从学习之人，杖

① 《钦定皇朝文献通考》卷一百五《群祀考上》，《景印文渊阁四库全书》第 636 册，台北商务印书馆 1986 年版。

一百,流三千里"。①

清廷整治"师巫邪术"采取"两手抓"的措施:一方面强化律条,实施严惩,在涉及社会稳定的问题上坚决执行强硬方针;另一方面加强意识形态的灌输,企图通过道德教化来改造人心。康熙十年(1671)十月,康熙皇帝谕礼部,提出了以"文教是先"为核心的十六条圣训:"敦孝弟以重人伦;笃宗族以昭雍睦;和乡党以息争讼;重农桑以足衣食;尚节俭以惜财用;隆学校以端士习;黜异端以崇正学;讲法律以儆愚顽;明礼让以厚风俗;务本业以定民志;训子弟以禁非为;息诬告以全良善;诫窝逃以免株连;完钱粮以省催科;联保甲以弭盗贼;解仇忿以重身命。"②圣谕第七条"黜异端以崇正学"中的"异端"应该就是指淫祀、师巫邪术之类。后来雍正皇帝在《圣谕广训》中对此条内容加以阐发说明:"自游食无藉之辈阴窃其名以坏其术,大率假降灾祥祸福之事,以售其诞幻无稽之谈,始则诱取资财以图肥己,渐至男女混淆,聚处为烧香之会,农工废业,相逢多语怪之人。又其甚者,奸回邪慝窜伏其中,树党结盟,夜聚晓散,干名犯义,惑世诬民。及一旦发觉,征捕株连,身陷囹圄,累及妻子,教主已为罪魁,福缘且为祸本,如白莲、闻香等教皆前车之鉴也。"③

乾隆、嘉庆年间,各省白莲教起义蔓延极广。一方面,清廷更加细化法条,强调严惩不贷。如嘉庆十八年(1813),皇帝下旨:"嗣后审办白阳、白莲、八卦等邪教,凡传徒为首者,定拟绞决。"④另一方面,嘉庆皇帝专门撰写《邪教说》《原教》《弭邪教说》《化民成俗论》《善教得民心》《我亦欲正人心》等文,指出:邪教"惑世诬民,接踵而起",是由于"正教不明",因此要"黜邪崇正","提倡正教,使归于正道"。所谓正道,就是:"三纲五常之外,别无所谓教;天理王法之外,他无可求之福。君臣父子之经,仁义礼智之性,为万世不易之道,朝廷所修明,师儒所讲习,都必须以此为正轨"。⑤

① 《钦定大清会典事例》卷七六六《刑部·禁止师巫邪术》,《续修四库全书》史部第 809 册,上海古籍出版社 1995 年版。
② 清世宗,周振鹤撰集,顾美华点校:《圣谕广训:集解与研究·序言》,上海书店出版社 2006 年版,第 1 页。
③ 清世宗,周振鹤撰集,顾美华点校:《圣谕广训:集解与研究》,上海书店出版社 2006 年版,第 290 页。
④ 《钦定大清会典事例》卷七六六《刑部·禁止师巫邪术》,《续修四库全书》史部第 809 册,上海古籍出版社 1995 年版。
⑤ 《钦定大清会典事例》卷三九九《礼部·风教·训饬风俗》,《续修四库全书》史部第 809 册,上海古籍出版社 1995 年版。

二、明清时期江苏地区的"毁淫祀"

历代王朝的祠祀政策"无非是体现为废与立的两面,在王朝的政策体系中,两者互为依存,互为条件"①。进一步来说,有毁就有立,有立就有毁,在不同历史时期,所谓"淫祠"遭遇的实际情况互有差异,应以动态的观点来看待。从朝廷的角度来说,对待淫祠、淫祀的态度是矛盾的,一方面遏制淫祠淫祀发展和壮大,另一方面又不可避免地加以利用。宋代以后,随着民间信仰的逐渐发展与传播,许多地域性神灵跃升为全国性神灵;同时,朝廷赐封号和赐额增加了不少"淫祀"成为"正祀"的可能性,两者的互动与纠葛亦成为封建王朝后期民间信仰发展的突出现象。

明清时期,江苏地区的民间信仰逐渐发展起来,由此必然衍生出地方官府对民间祠庙与信仰的态度和处理问题。第一种方式是接受并纳入祀典。被朝廷敕封的神灵地位甚高,大多会派专门的官员前往致祭。如城隍、关帝、东岳、天妃、碧霞元君、刘猛将军等被列入官方祀典的信仰,地方官府与官员不遗余力地参与其祠庙的建设,且按照要求加以定期祭祀。前文中这种类型与情况颇多,在此不再展开论述。

第二种方式是对某些祠庙和信仰采取中立的态度,不干涉也不倡导。比如光绪《海门厅图志》所述:

> 其民间私祀,关帝庙处处有之。长兴镇、汇通镇、三阳镇,皆有文昌宫,坝头镇有庙,合祀关帝、文昌。天补镇西徐公堤上有海神庙,江家镇有天后宫,三星镇、大成镇、蔡家港、聚兴镇,皆有猛将庙。亦有不在祀典,而举莫敢废者,曰善庆堂在厅署西南,曰善庆东堂在六匡镇,曰拱辰堂在三星镇东,皆祀玉皇。观音堂在师山。他若宁波会馆之祀天后,徽州会馆之祀徽国朱文公,则各从其俗之所敬云。②

---

① 王健:《利害相关:明清以来江南苏松地区民间信仰研究》,上海人民出版社 2010 年版,第 189 页。
② 光绪《海门厅图志》卷一四《祠祀志》,《中国地方志集成·江苏府县志辑》第 53 册,江苏古籍出版社 1990 年版。

这则材料涉及的神灵与信仰,包括关帝、文昌、天后、刘猛将军、玉皇、观音、朱文公等。关帝、文昌、天后、刘猛将军,均属于祀典之内的神灵和信仰,不过此处将之定性为"私祀",可能跟其所祀的地方,即位于海门县各镇之中有关。一般来说,不少民间信仰,尤其是被列入祀典的民间神灵,在某地不止有一座祠庙。在诸多祠庙之中,基本上只有一座是官方致祭的场所,即所谓"官祭"。① 而城镇里其他各座祠庙,原则上允许民众祭祀,不加以干涉与管理。这可能就是"私祀"的特性,一种介于"正祀"与"淫祀"之间的祭祀形态。另外,对于不在祀典范围内的某些神灵和商业会馆之中所祭祀的天后等,官府也采取折中的态度,"各从其俗之所敬",体现了海门地方政府对民间信仰相对宽松的政策。

第三种方式是官方不认可某些祠庙和信仰,禁止其传播和展开祭祀活动。淫祠是指地方,指那些未入祀典,方志未载,由民间额外创设的不具有官方合法性的祠庙。如海瑞在应天做巡抚时规定:"各府县境内有寺观庙宇庵堂等项,查非额设,系是淫祠,即兴改悔(毁)。"②淫祀是行为,即"祭所不当祭"③。两个概念清晰明确,但在现实中情况复杂得多。比如,同一神灵在官、民两种语境中表达不同,较为典型的就是关帝信仰。光绪《海门厅图志》卷十四《祠祀志》载:"按明以前武庙祀太公,国朝祀关帝,官祠称武庙,民祠称关帝庙"。武庙与关帝庙均祭祀关帝,不过两者一官一民,称谓却有差异。其他如民国《重修沭阳县志》同时记载了武庙与关帝庙④,其中:武庙只有一处,位于城内东北草巷口街北,其被记载的位置处于邑厉坛与文昌阁之间,具有明显的官方祠庙的意义;而沭阳关帝庙则有五处,均位于县属乡镇聚落之中,其所记位置杂糅于"寺观"门类之中,其地位明显逊色于武庙。总之,作为官方致祭

---

① 道光《重修宝应县志》记载:"关帝庙,祀汉寿亭侯,一在县治北门外,明嘉靖十年建,官祭在此"。由"官祭"可见这座关帝庙的显要地位。

② (明)海瑞撰,陈义钟编校:《海瑞集》,中华书局1981版,第257页。

③ (明)张萱:《西园闻见录》卷一〇六《毁淫祠》,《续修四库全书》子部第1169册,上海古籍出版社1995年版。

④ 参见民国《重修沭阳县志》卷一《舆地志·建置》,《中国地方志集成·江苏府县志辑》第57册,江苏古籍出版社1990年版。

的关帝祠庙可能只有一处，其他关帝祠庙未被视作淫祠，进行着前文所述的私祀，政府对这些祠庙采取的是中立的态度。

即便是列入祀典的合法之神，也可能会被斥责乃至禁止。如徐知谔信仰永乐时进入祀典，弘治中被下令撤出。又比如东岳信仰兴起于山东地区，后来逐渐传播至全国其他地区，如果按照"祭不越望"的准则，山东地区之外的东岳信仰祭祀活动都是淫祀。乾隆《通州直隶州志》记载："按东岳乃泰坛之神，非一郡所当私建。相传地高敞，堪舆家谓龙气所钟，常建神庙厌之。郡人遂捐金立此庙，楼阁伟然，足称壮观。但典非应祀，惟三月二十有八日知州诣庙行香，不致祭。重越祀，故慎之尔。"①在这里，虽然并未将东岳庙定为淫祠，不过对其慎重祭祀的态度十分明显。总体来说，地方官员与士人对淫祠、淫祀，"仍持一种比较宽容的标准"②。就以东岳信仰来说，某些士人坚持赞成的态度，诚所谓"神庇吾民，功非渺矣。先是民岁裹粮，走数千里，登泰山上香币。今行宫成，则民将就宫祷焉，得免远跋，亦可省民数百金，故以一劳而博永佚"③。从这个角度理解的话，确实是合乎情理的。

今天，大部分学者都认为，中国古代的王朝和世界其他各地的政权相比，宗教意味淡薄，世俗性更加强烈。其实中国古代历朝同样包含"神权"的成分，只不过更强调用神权赋予皇权合法性，用皇权来驾驭神权，加强统治。中国古代历朝均强调建立和完善国家祭祀制度，其目的就在于此。儒家士大夫虽然宣称"子不语怪力乱神"，但是理论上他们同样要延续《周礼》以来规定的各种礼制，通过国家祭祀制度来构建等级制度，同时来实现对民众的教化，并抵制其他邪术和宗教对儒家思想的入侵。正如赵克生等人所言，国家控制祀典、禁毁淫祠本质上说是用政治权力垄断"神权"。中国古代宣称皇帝是"天子"，具有神性，这是其维护统治权力合法性的重要基础。而"淫祠"所祀神灵在国家祀典之外，凭借"显灵"，获得了本应由国家控制的神性，打破了国家对神性的

---

① 乾隆《通州直隶州志》卷八《祠祀志》，乾隆四十八年刻本。
② 王见川、皮庆生：《中国近世民间信仰：宋元明清》，上海人民出版社2010年版，第77页。
③ 乾隆《如皋县志》卷一五《祠祀志下》，乾隆十五年刻本。

独占。"淫祀"则是礼义上的僭越,使社会秩序受到冲击。① 皇帝更加在意前者,士人更加关注后者,均认为是异端对正统的挑战。所以皇帝和士人在这一方面的立场是完全一致的。

但问题是,中国历代王朝不是依靠儒家的理念,而是依靠赤裸裸的权力博弈建立起来的,所以尽管儒家是中国传统王朝的正统意识形态,所有的国家祭祀体系也都建立在这一基础之上,但是它改变不了皇帝的个人行为,对皇权完全没有约束力。所有的政策能否执行完全取决于皇帝,如果皇帝恣意而为,士人除了上奏抗议之外,没有其他办法,因此主动迎合以求进身者常有,得过且过,只管自己一亩三分地的更是占绝大多数。正是在这种情况下,维护国家祭祀体系,毁"淫祀""淫祠"的行为在历朝历代,少见由上到下、皇帝发动的全国性行为,而多是地方官员的自主行为。这种自主行为也大多发生在特定的时期,由特定的个人来推进。大部分时间,各个地方官员对民间的信仰习俗持放任不管的态度,给民间信仰的存在、生长留下了空间。

根据王健等人的研究,明清两代在江苏地区进行的反淫祀行动主要有以下几次。

一是在成化、弘治年间。

成化十四年(1478),吴江士人史鉴上书时任县令冯衡,称:"吴江之俗信鬼神,人病率不饮药,惟巫言是听,祀神礼巫之费殆不可胜计,富者倒困仓,贫者鬻田屋弗惜也。故其巫日肥而民日瘠,虽以衣冠之家,亦习以为常,莫有悟其非者。"冯衡收到上书后,"亦知巫之病民也,以为不治则日深,乃赫然下令,分捕其魁,得若干人,悉置于法,余皆逃奔出境"。② 弘治四年(1491),金洪任吴江县令后,亦曾"崇儒新学舍,正俗毁淫祠"。③

弘治六年至十一年(1493—1498)时任江阴知县的黄傅曾说:当地

---

① 参见赵克生、于海涌:《明代淫祠之禁》,《社会科学辑刊》2003 年第 3 期。

② (明)史鉴:《西村集》卷五《诛巫序》,《景印文渊阁四库全书》第 1259 册,台北商务印书馆 1986 年版。

③ (明)赵宽:《半江赵先生文集》卷五《送金明府》,《四库全书存目丛书》集部第 42 册,齐鲁书社 1997 年版;嘉靖《吴江县志》卷一八《官政志·名宦传》,《中国史学丛书三编》第四辑,台北学生书局 1987 年影印版。

"有所谓陈老太、沈老太"的民间神灵，"祠不可以地举，像不可以数计，盖与编户相为多寡，聚庐炊烟，莫非其祠，庋壁悬楣，莫非其像，举版图十余万人，除衣冠数十家，阀阅数十家，又除衣食给足数百家，其余大抵巫也，不则事巫者也。吉凶缓急，惟巫之听，贻祸流毒，言之痛心。其最酷者病不许药，必欲饮其符水，其言曰：'敢食黄草根者绝吾坛籍，吾不有之。'民则惴惴其栗，虽父怒而驱，子泣而强，不敢复向药也，遂剧以毙相望也。"①为了扭转这种风习，黄傅在任期间，大举禁毁，其中最有影响者便是对当地李太尉、王太尉、陈烈士等地方土神的禁毁，在其所修方志中还对本为祀典神，实为江阴地方某巫师家族祖先的陈烈士的形象进行了辩驳。②

曹凤于弘治六年至十五年（1493—1502）任苏州知府，"以为为国治郡，当澄源培根，不宜使百姓重困，乃先斥其一二大者，而以毁淫祠，节丧费，绝赌博，禁烧香为首，号令一出，民相戒弗敢丝毫犯"③。时人桑悦专门作诗以纪之，有"上方妖庙何丽壮，巫觋安得醉蛛丝"④等语，可见上方山五通神当是其整治的重点。同时期新增设的太仓州首任知州李端也废毁淫祠甚力。⑤

弘治初年，昆山县令杨子器在当地开展毁淫祠的行动，"表彰先贤祠墓，撤毁淫祠百区，悉取土木偶投诸水火，禁绝僧道巫祝游民及四月十五日山神会，尚鬼之俗为一变"⑥。弘治九年（1496），他调任常熟，继续执行之前的政策。当初，常熟"祀典所载之外，神庙错列……民俗敬奉于此，比之寺观特甚，香火血食，晨设昼续，庙貌威仪，日新月盛，凡禳疾病，知奔走诸庙而以医药为不能效，凡祷水旱，知俯仰诸庙而以社稷为不敢

① 弘治《江阴县志》卷一一《异端》，《无锡文库》第一辑，凤凰出版社 2011 年版。
② 参见弘治《江阴县志》卷一一《陈烈士庙辩驳》，《无锡文库》第一辑，凤凰出版社 2011 年版。日本学者滨岛敦俊在研究江南地方神灵时，对此曾有过专门的讨论，认为它反映了当时理学思潮在江南的高涨。参见滨岛敦俊，朱海滨译：《明清江南农村社会与民间信仰》，厦门大学出版社 2008 年版，第 2 章。
③ （明）杨循吉：《松筹堂集》卷四《太守曹侯事十咏诗序》，《四库全书存目丛书》集部第 43 册，齐鲁书社 1997 年版。
④ （明）桑悦：《自序》，弘治《太仓州志》，《日本藏中国罕见地方志丛刊续编》第 3 册，北京图书馆出版社 2003 年版。
⑤ 参见王健：《十五世纪末江南毁淫祠运动与地方社会》，《社会科学》2015 年第 6 期。
⑥ 嘉靖《昆山县志》卷九《名宦》，《天一阁藏明代方志选刊》第 9 册，上海古籍书店 1981 年版。

干,崇信之久,习尚之同,有不知其为非者",他到任后"深鉴其弊,禁止毁撤之未已,时方骇愕,明者服之,向之所谓日新月盛者,渐以衰矣"。①

二是嘉靖时的毁淫祠。

嘉靖时,时任南京礼部尚书的霍韬在南京"禁丧家宴饮,绝妇女入寺观,罪娼户市良人女,毁淫祠,建社学,散僧尼,表忠节"②。霍韬推行明世宗禁绝佛教的政策,重点是毁尼寺,毁淫祠只是顺带而为,但他确实推进了江苏地区毁淫祀的进程。当时最有影响的是巡盐御史雷应龙等人在扬州组织的毁淫祠行动。史载:

> 会郡邑诸生请禁淫祠,君即下令首撤五司徒庙铜像,建祀胡安定先生于中……未几,郡官迎五司徒像复诸旧庙,御史金堂李君佶继君巡盐,新郑王君鼎亦来巡按,更追君志而严正之,碎五铜像补铸两学文庙祭器。又榜五司徒不当祀之义,以觉民警俗。夫以雷君持法严毅如是,而其崇正黜邪一念耿耿,至死不乱。③

雷应龙以禁淫祠之名撤毁五司徒庙,并在此基础上修建胡安定先生祠。胡安定即胡瑗,是北宋初年著名理学家,与孙复、石介并称为"宋初三先生"。宋元以后,程朱理学逐渐成为王朝的正统思想。胡瑗是江苏本地人,利用他来反对淫祀、捣毁淫祠,具有一定的合理性。

雷应龙的毁淫祠行动并不局限于扬州,这一政策在泰州、盐城等地也有实施。汉唐以来,泰州、盐城等地是苏北重要盐产区。由于滨临黄海的缘故,盐业生产时常受到海潮的侵袭和破坏。唐宋时期,莅任于此的地方官员锐意修筑堤防,保障盐民生计与生活。其中,江淮制置发运使张纶、淮南转运使胡令仪、监西溪盐仓范仲淹的功绩最为显著。后人为了感念他们的恩德与惠泽,纷纷修建三贤祠纪念与祭祀他们,所谓"历宋越元,莫不同时而贤之"④,以至于"三贤之祀,遍于诸场"⑤。这些

---

① 弘治《常熟县志》卷三《叙官治·神祀》,《四库全书存目丛书》史部第185册,齐鲁书社1997年版。
② (清)张廷玉:《明史》卷一九七,中华书局1975年版,第5214页。
③ 嘉靖《惟扬志》卷一八《秩官列传》,《天一阁藏明代方志选刊》第12册,上海古籍书店1981年版。
④ (明)李思敬:《重修三贤祠记》,康熙《淮南中十场志》卷八《艺文·碑记》,康熙十二年刻本。
⑤ 嘉庆《东台县志》卷一三《祠祀》,《中国方志丛书·华中地方·江苏省》第27册,台北成文出版社1970年版。

三贤祠大多也在淫祠改造基础上修建而成,其中主持者就有雷应龙。康熙《淮南中十场志》载:富安场三贤祠由"明嘉靖丁亥盐御史雷公应龙改淫祠为之"①,安丰场、梁垛场等地三贤祠的修建亦是如此。嘉靖丁亥即嘉靖六年(1527),这与扬州毁淫祠的时间一致,应该是雷应龙毁淫祠行动的重要组成部分。除了三贤祠,泰州、盐城等地亦曾为范仲淹设立专祠祭祀,是为范公祠或范文正公祠。雷应龙还曾利用官侯庙旧址,改造建成栟茶场二贤祠,祭祀乡贤缪思恭、缪思敬兄弟。②

三是康熙年间汤斌禁毁五通祠。

康熙二十三年(1684),理学名臣汤斌擢江宁巡抚,开始了清代在江苏规模最大的毁淫祠行动。③ 汤斌此举的目的是移风易俗。他指出,"吴中之俗尚气节而重文章,闾阎读书,以著述相高,固天下所未有也","但其风俗淫靡,黠者藉以为利,而愚者堕其术中,争相仿效,无所底止",而最重要的是淫祠"挟祸福之说,年代久远,入人膏肓"。因此,他想以禁毁楞枷山的五通祠为切入点,通过获得康熙的支持,"奉天语申饬",以便"永绝根枝"。选择五通神开刀,他有以下几个原因。一是"荡民志":"远近之人奔走如鹜,牲牢酒醴之飨,歌舞笙簧之声,昼夜喧阗,男女杂遝,经年无时间歇,岁费金钱何止数十百万"。二是"耗民财":"商贾市肆之人谓称贷于神,可以致富,借值还债,祈报必丰,里谚谓其山曰'肉山',其下石湖曰'酒海'。"三是"败坏风俗":"凡少年妇女有殊色者,偶有寒热之症,必曰五通将娶为妇,而其妇女亦恍惚梦与神遇,往往羸瘵而死。家人不以为哀,反艳称之。每岁常至数十家。"当时皇帝"治教如日中天",当然不能"容此淫昏之鬼肆行于光天化日之下"。汤斌"收取妖像,木偶者付之烈炬,土偶者投之深渊,檄行有司,凡如此类,尽数查毁,撤其材木,备修学宫、茸城垣之用"。此举引起了民众的不满:"民始而骇,继而疑,以为从前曾有官长厌其妖妄,锐意除之,神即降

① 康熙《淮南中十场志》卷五《坛庙》,康熙十二年刻本。
② 参见嘉庆《东台县志》卷一三《祠祀》,《中国方志丛书·华中地方·江苏省》第27册,台北成文出版社1970年版。
③ 关于汤斌毁淫祠事件,可参看蒋竹山的《汤斌禁毁五通神——清初政治菁英打击通俗文化的个案》(《新史学》1995年第2期)和吴建华的《汤斌毁"淫祠"事件》(《清史研究》1996年第1期)。

之祸殃,皆为臣危之。"等到"数月之后,见无他异,始大悟往日之非"。但是,汤斌因为"吴中师巫最黠而悍",担心在自己离开之后"又造怪诞之说,箕敛民财,更议兴复,必复举国若狂,不可禁遏",因此向康熙请求,"赐特旨严禁,勒石山颠,令地方官加意巡察,有敢兴复淫祠者作何治罪。其巫觋人等,尽行责令改业,勿使邪说诳惑民听"。他同时希望"通行直、省,凡有类此者,皆行禁革"。① 可见,汤斌希望以禁毁五通神为模板,在皇帝的支持下形成长效的治理机制,通过勒石严禁、通行直省等措施一劳永逸地解决淫祠问题。从这一点来看,他吸取了前人的教训,并作好了一定的准备。

明代弘治、嘉靖年间,江苏地区反淫祀的行动其实是和朝廷推行的政策密切相关的。王健就指出,他在统计明代毁淫祠事例时,发现几次毁淫祠的高峰,即弘治十年(1497)左右、正德元年(1506)左右以及嘉靖初年至十年(1531)左右,这些高峰的形成其实与中央王朝的相关政策有很大关系。② 如杨子器在昆山反淫祀时,曾任侍读学士的吴宽为其撰《叶文庄公祠记》,指出:杨子器初至昆山,已有毁淫祠、崇先贤之意,一时无从措手,"适近天子初即位,用臣下言,撤天下佛庐之私建者,君承诏而喜曰:吾志可成也",此后进行了全面的毁淫祠活动。③ 因此后世一些文献直接说杨子器是"奉诏毁寺观庵院"④。嘉靖年间如皋知县吴宗元也称"奉敕谕,毁境内淫祠"⑤。如前所述,弘治年间的改革政策只限于京城,嘉靖年间的改革政策只限于民间私创的寺观、淫祠,而且重点针对的是佛寺,要求废毁无额寺院、私创庵院,从某种程度上看,这是那些坚持儒家思想的地方官员的个人行为,他们只不过借着朝廷政策的转向为自己的毁淫祀行为提供合法性。

和汤斌一样,这些主持毁淫祀的人,如霍韬、杨子器等都是理学思

---

① (清)汤斌:《汤子遗书》卷二《请革淫祠疏》,《景印文渊阁四库全书》第 1312 册,台北商务印书馆 1986 年版。

② 参见王健:《教化之外:明代毁淫祠的多重面相》,《史林》2019 年第 1 期。

③ 参见(明)吴宽:《匏庵家藏集》卷三六《叶文庄公祠记》,《景印文渊阁四库全书》第 1255 册,台北商务印书馆 1986 年版。

④ 道光《双凤里志》卷二《古迹志》,《中国地方志集成·乡镇志专辑》第 9 册,江苏古籍出版社 1992 年版。

⑤ 嘉靖《重修如皋县志》卷九《诗文》,《天一阁藏明代方志选刊续编》第 10 册,上海书店出版社 1990 年版。

想的支持者,如嘉靖初年在宝应知县任上"毁撤淫祠,正人心"的闻人诠就先后受学于王阳明、湛若水等人①,他后来升任南直隶提学,曾命毁宿州东岳行祠②。在他们的眼中,毁淫祠、崇正学是一体两面,毁淫祠的主要目的是推广儒家伦理思想,正风俗,崇正学。正如常建华指出的,嘉靖初年很多毁淫祠的官员往往有推行乡约的举动。③

在雷应龙建二贤祠的栟茶场还建有五贤祠,祭祀周敦颐、程颢、程颐、张载、朱熹五人。当时周镰向巡盐御史刘存建奏请建立五贤祠时就指出:

> 祠为何而设也？欲其兴文教、准道化、示民方也。滨海之民以煮海为役,无所闻见,而其子弟恒多朴野,间有秀出,而成名者无多焉。吾虑其弗兴于文也;文兴矣,吾虑其材之不达也;材达矣,吾虑其无向道之准也。自尼圣而下,民孰能底其盛？且郡县祀典移之盐场,其势必难,势难必衮。嗣是而下有周、程、张、朱五大儒,实能续道统之传,其备道成身,辅翼经训,为范百世。自天子以至庶民,由都国以达海隅,人皆家诵而户传之矣。④

泰州、盐城等滨海之地以熬波煮盐为业,文化教育事业发展迟缓,管理盐业的官员周镰感慨系之,愿以己之力扭转盐场文教困顿之局。孔子作为儒学创始人,其懿言德行无疑可垂范后世,不过在各盐场设立祠庙祭祀孔子,与祀典秩序颇相违背。而理学的五位宗师继承儒家道统,其思想风范亦可为后人所仿效。于是,五贤祠在栟茶场得以建立起来,能够发挥教化民众的作用。总体来看,无论是毁淫祠还是创建五贤祠,其立足点均在于依靠理学名家及其思想观念,建立起符合儒家教化与伦理的社会秩序。建二贤祠、五贤祠、孝子祠以及文天祥祠、陆秀夫祠等饱含孝义观念的祠庙,是官员施政理念——整顿风俗、教化民众的外化表现形式。

---

① 参见《教化民众遗爱碑文》,嘉靖《宝应县志略》卷四《附录诗文》,《天一阁藏明代方志选刊》第 15 册,上海书店出版社 1981 年版。
② 参见嘉靖《宿州志》卷六《建设志》,《天一阁藏明代方志丛刊》第 23 册,上海古籍书店 1981 年版。
③ 参见常建华:《明代宗族研究》,上海人民出版社 2005 年版,第 212 页。
④ (明)周镰:《五贤祠记》,康熙《淮南中十场志》卷八《艺文·碑记》,康熙十二年刻本。

正是由于他们秉持的是儒家理念，所以也得到了地方上同道的支持。蒋竹山就认为，汤斌禁毁淫祠之所以能取得一定的成功，主要是"普遍获得士绅的认同"①。杨子器在常熟的禁毁淫祠行动，就得到了当地人的支持。钱仁夫就表达过对杨子器到来的欢迎："慈溪杨公始自高平来治常熟，昔治昆山有善政善教，常熟接境昆山，尝愿借治而不可得者，至是则巡抚大臣顺民情而请之，圣天子贤宰相合舆论而允之，常熟愿治之民冀公之来有养，而恨公来之不早也。"②有时候，士绅们还主动参与毁淫祠的行动，如常州在嘉庆年间重毁五通祠，就有"绅士列状请毁其祠"③。

但是从唐代狄仁杰毁淫祠以来，这种行动从来都没取得较为长效的成绩，往往是人去政息。王健就指出，杨子器、黄傅等人在弘治年间的反淫祠行动，在他们离任之后，一切又回到了原点，如苏州府昆山县有山神庙在当地马鞍山下，"弘治中知县杨子器悉禁绝之，及其去任而复兴矣"④，同时由他建立起来的那些祭祀忠臣义士的所谓"正祠"却大多淹没于荒草之中。嘉靖间霍韬在南京废毁淫祠尼庵，也走向了同样的命运。顾起元指出，由于霍韬当时"只行汰除，而不计尼之亡所归者"，所以"久而渐复营建，至今日而私创者，闾闬间且比比矣。尼之富者，衣服绮罗，且盛饰香缨麝带之属，淫秽之声，尤腥人耳，而祠祭之法独亡以及之"。⑤

乾嘉之后的五通神信仰不再如康熙中前遍及江南城乡⑥，但汤斌的禁毁也并未真正奏效。赵翼在《陔余丛考》中称，汤斌奏除五通神淫祀，妖祸遂绝，实未尽绝，"山村野岸，尺五小庙，所在有之"。直到嘉庆时，"常郡犹被其扰，郡民黄姓被蛊，绅士列状请毁其祠"，时任常州知府卞雅堂"乃檄八属撤之"⑦，再次禁毁。到道光四年（1824），有人上奏，称政

---

① 蒋竹山：《宋至清代的国家与祠神信仰研究的回顾与讨论》，《新史学》1997年第2期。

② 弘治《常熟县志》卷二《叙宫室·居室》，《四库全书存目丛书》史部第185册，齐鲁书社1997年版。

③ （清）朱方增：《求闻过斋诗集》卷四《过卞雅堂同年毗陵官舍即赠四首》，《续修四库全书》集部1501册，上海古籍出版社1995年版。

④ 嘉靖《昆山县志》卷二《学校》，《天一阁藏明代方志选刊》第9册，上海书店出版社1981年版。

⑤ （明）顾起元撰，陈稼和点校：《客座赘语》卷二《尼庵》，中华书局1987年版，第68页。

⑥ 参见蒋竹山：《宋至清代的国家与祠神信仰研究的回顾与讨论》，《新史学》1997年第2期。

⑦ （清）朱方增：《求闻过斋诗集》，《续修四库全书》集部第1501册，上海古籍出版社1995年版。

府对五通等神"日久禁驰",遂使民间赛赓如故。道光帝指出,这种情况"不独苏州一府为然",所以"不可不严行饬禁"。他严令将五通等的"淫祠"撤毁,"女巫等随时防拿,严厉惩治"。不过这一次禁毁同样没有根除五通神信仰。民间应对的另一个办法是转换崇拜的方式:"吴下五通祠自经汤文正毁禁后,不复为祟。愚民私盖小屋,名曰圣堂,俗习相沿,不能革也。"①

不仅如此,地方上还公开批评他们毁淫祠的行为,这里面甚至包括当初拥护他们行为的人。比如前述曾经热烈欢迎杨子器毁淫祠的钱仁夫,就曾对此事进行了反思。正德九年(1514),邑人王金赴京上奏,请求恢复被杨子器毁掉的常熟二郎神庙,钱仁夫为之作记,明确批评杨子器作为"为政者好奇立异,怒视而斥逐,此何为哉"②。又如在杨子器主修的弘治《常熟县志》中,中山永定公信仰被归为"莫详神之姓名事迹",而民俗敬奉"不知其为非"一类。但是到了嘉靖间,邓韨认为中山永定公信仰是"本于人心之义,义也者。天下后世之大公,国是有未定,人心之公义乃能定之,则举而崇之于祠,何但如祭法所列而已"③。就算是毁淫祠的推动者——地方官员本人,即使意志再坚定,面对滔滔的舆论,有时也会犹豫不决,甚至怀疑自己。弘治间,苏州知府曹凤在当地捣毁五通庙时就遇到这样一件事:"一爱妾忽得奇疾,良医环榻莫能奏绩。妾忽张口谵语,谓曹曰:吾乃五通神,民间敬信,汝今禁吾,汝之高、曾、祖、考某某等吾俱追至,今当拘妾及汝矣。曹虽不为所惑,然能呼祖考之名,亦心疑之,且恐丧厥爱,忧懑不知所出"④。

类似的情况还出现在被雷应龙毁掉的五司徒庙上,只不过要更加复杂。在他离任后不久,郡守官员又将五司徒铜像恢复于庙中,后来巡盐御史李佶、王鼎等人再度损毁铜像、撤毁淫祠。光绪《增修甘泉县志》记载:"广陵三先生祠,在城西十里平山上,旧为司徒庙。嘉靖六年,巡

---

① (清)汤用中:《翼駉稗编》卷七《五通请稳婆》,文物出版社2017年版,第340页。
② (明)钱仁夫:《奏复二郎神庙碑》,邵松年辑《海虞文征》卷六,光绪三十一年鸿文书局石印本。
③ (明)邓韨:《宋太尉刘公祠记》,嘉靖《常熟县志》卷三五《叙文》,《北京图书馆藏古籍珍本丛刊》第27册,书目文献出版社1997年影印本。
④ (清)褚人获:《坚瓠集》辛集卷四,《续修四库全书》子部第1261册,上海古籍出版社1995年版。

盐御史雷应龙、巡按御史王鼎撤司徒像,塑安定先生像于中,令有司春秋祭祀……复以宋乡贤乐庵先生李衡、竹西先生王居正,并设木主同祀。"①可见,李佶、王鼎吸取了此前的经验和教训,除了供奉胡安定,还在祠中供奉李衡、王居正,故五司徒庙改称广陵三先生祠。李衡、王居正曾是扬州的重要乡贤,供奉他们可能就是为了顾及扬州当地官员的感受。可见,在扬州毁淫祠行动中,形成了巡盐御史与扬州地方官员这两大派别,不难看出他们对毁淫祠及地方文化的不同看法。总之,各方势力围绕五司徒信仰展开博弈,使得这一信仰呈现出更加复杂的格局。

　　毁淫祠的复杂性还体现在某种程度上这一行为和钱有关。自秦以来,传统中国形成了大一统中央集权,财政集中于中央,地方节余极少。至明清两朝,城市、社会、经济都得到了迅速的发展,因此对基层治理的要求也就越来越高,有限的地方财政经费根本无法解决这些问题。在这种情况下,有些地方官就把目光放到了禁毁不违背国家政策但不符合传统儒家观念的淫祠上来。如弘治初年,昆山县令杨子器在当地开展毁淫祠的行动,就"以其材修理学校、仓廪、公馆、社学、楼橹等事","又给发余材太仓、镇海二卫,凡所颓废率与兴举"。对于杨子器这种利用淫祠资源推进地方建设的举动,当地人陆容大为赞赏,认为:"使当路有子器其人,则国家之废事以举,官府之缺典以完,又何难哉"②。这种想法和做法,在当时并非个例。如皋县境内的毁淫祠行动就与地方财政有关,万历时的知县就说:"时漕河变迁,财用告匮,会大司空万公檄下郡县查勘祠宇,令毁诸淫祀,改其宇为公署,藉其材充驿传,以纾民力"③。常州人薛应旂甚至在科举策论出题时让士子们讨论:军队屯田,若地不足,可"取之毁废淫祠之田园","梵寺淫祠,以无牒废者,日益于天下,而未见公家取以为利,此不可以置屯耶"?④

---

① 光绪《增修甘泉县志》卷八《祠祀上》,《中国地方志集成·江苏府县志辑》第43册,江苏古籍出版社1990年版。

② (明)陆容:《菽园杂记》卷一五,中华书局1985年版,第183页。

③ 乾隆《如皋县志》卷一五《祠祀志下》,乾隆十五年刻本。

④ (明)薛应旂:《方山先生文录》卷二十《策问·附福建丁西程策五道》,《四库全书存目丛书》集部第102册,齐鲁书社1997年版。

也许杨子器、黄傅毁淫祠完全是出于公心，他们将这些被毁淫祠的材料全部用于公共工程建设，但难保没有地方官员真的把毁淫祠当成一个生意。要知道，一座庙宇的背后其实牵扯到很多人的利益。嘉靖十三年（1534）八月，朝廷曾经下旨："严禁有司不得假以拆毁之例，肆为鱼猎之场，或利木石而克落修理之价，或改为书院而身动帑藏之积，名则为国家毁淫祠，实则为贪官开骗局。"①需要朝廷下旨，可见这种情况绝非少数，甚至可能很普遍。

弘治初年，在毁淫祀运动在苏州诸地搞得热火朝天的时候，当时人就发现其实很多地方并不坚决执行。陆容曾经如此解释这种现象："淫祠之宜毁，人孰不知，而能果行之者鲜矣。朝有令，部有符，府有期会，邻邑所同也，然惑于祸福而不敢辄行者有矣，惜其所费而不忍遽废者有矣，有不急自解而因循旧贯者有矣"②。这些固然要紧，可陆容忽略或不愿指出的是，禁毁无效的主要原因在于政府本身。光绪末年，任阳湖知县的李超琼经常指责淫祠四立，但同时又因刘云山"神灵夙著，洵能御患捍灾，核与功德及民，准予题请敕加封"③。在当时的条件下，无论是中央还是地方官吏一旦遇到特殊情况，即便他们内心不相信神灵，往往也只有求助于神灵保佑一途。李超琼之所以在刘云山神像前跪倒，并亲撰祭文，是因为"至于水旱灾祲之祈报，危难疑事之祷卜，此又守土者之所宜致其诚敬也"④，"稼穑必祈，疑事必告，水旱疾疫必祷"，祷告是地方官员的主要职责之一。如前所述，历代地方官祷雨、祷晴早已是其常规工作。康熙间常州知府骆钟麟便有《常州祈晴不应，自羁郡狱，赋此为民请命》一诗，记录了地方官的心态："吾闻古司牧，是为民父母。一岁绾郡符，莅此非不久。旷官应灾沴，谁与任其咎。遑敢爱牲玉，群望亦遍走。上苍怒不回，罚殛良自取。尸职甘诛夷，何止婴枷纽。嗟予蠛

① （明）俞汝楫等撰：《礼部志稿》卷八五下《严名宦乡贤祀》，《景印文渊阁四库全书》第598册，台北商务印书馆1986年版。
② （明）陆容：《昆山县公馆记》，嘉靖《昆山县志》卷一五《集文》，《天一阁藏明代方志选刊》第9册，上海古籍书店1981年版。
③ （清）李超琼：《阳湖详请奏加刘云山封号》，《石船居公牍剩稿》，光绪二十二年刻本。
④ （清）汤成烈：《重建阳湖县城隍庙碑记》，《古藤书屋文集》，清钞本。

虿臣,肝胆良可剖。有罪加臣身,幸勿逮黔首。沥血写精诚,天高听卑否。"①

在古代中国社会中,地方官和百姓一样,在面对人力无法解决的难题时,会尝试求助地方神灵来获得自己管治的合法性和权威性。面对无法解释和应对的自然灾害,地方官往往被认为要担负主要的责任,或者是有冤狱,或者是不勤政,总之是"不德致灾,以累民"②。求助城隍之类的地方神祇,一方面,是为了让老百姓相信他解决问题的诚意;另一方面,是认为"阴阳一理",城隍及其他地方神"同有民社之责",应该起到和地方官一样的作用,担负一样的责任。与此同时,在民间信仰中,城隍等神仙作为冥界"一级地方官"也必须遵循一定的程序,或者因"事忙",或者因有规定,不一定能提供有效的帮助;即便要提供帮助,也必须让地方官付出一些代价,封赠便是其中的一种。诚如王斯福所认为的,在中国的民间信仰体系中,冥界其实是现实的隐喻,或者说是以现实为基础的想象。③

总之,古代中国社会中的人和神始终处于这样的互相利用的状态,这就是韩森所说的"人神互存"。人需要神祇的护佑,神祇则需要人的承认与报答。④ 因此,毁淫祠行动终不能完全有效。在传统社会中,各行各业都有自己的需要,构建并崇拜属于自己的神祇。《咫闻录》卷四《泥皂隶破案》称:"江南之苏松常镇,浙江之嘉兴湖州,凡城隍庙中装饰皂隶,皆阳间得时皂隶出资鸠工,自塑形象于旁,高帽皂衣,腰牌书己姓名,望死后可作阴间皂隶了。"而《折狱龟鉴》记录了阴间皂隶帮助阳间皂隶抓人的故事:"某年嘉平月底南门教场中一男子为人谋死,武进令验毕,吊苦主至谒,以死者何事进城。因知其人有养媳,将以除夜成婚,先期进城制备喜事所需诸物,身边带有佛番数十元,趁晚归家,不图中途忽遭此厄也。教场地僻四无居人,武进令遣役四出侦探,迄今未得凶

---

① (清)潘衍桐辑:《两浙輶轩续录》卷一,《续修四库全书》集部第 1685 册,上海古籍出版社 1995 年版。

② (清)邵长蘅:《邵子湘文集》卷一二《中宪大夫常州府知府骆公墓表》,《四库全书存目丛书》集部第 247 册,齐鲁书社 1997 年版。

③ 参见[英]王斯福、赵旭东译:《帝国的隐喻:中国民间宗教》,江苏人民出版社 2018 年版。

④ 参见[美]韩森著,包伟民译:《变迁之神:南宋时期的民间信仰》,浙江人民出版社 1999 年版,第 45 页。

手。"知府卞雅堂秘密派遣江阴捕役六名,以半月限期,令其破案。当时"城隍庙两庑所塑土偶有邱缺鼻",是"阴役之最灵者"。江阴捕役"市香烛至城隍庙祷之",最后根据邱缺鼻提供的线索破了案,领了赏,"遂往城隍庙演戏三日,酬谢邱缺鼻而去"①。

第二节　明清时期的民间信仰生态

为了规范等级秩序、强化等级意识,古代王朝很早就已经将国家祭祀划分成大祀、中祀、小祀(群祀)三个等级。明清王朝继承了这样的等级规定,对不同等级祭祀的规格进行了规定。

一般而言,皇帝躬亲大祀及太岁、星辰、风云、雷雨、岳镇、海渎、山川之祀,其他中祀及小祀则遣官致祭。府州县地方政府则要祭祀社稷、风云、雷雨、山川、厉坛、先师庙及所在地方帝王陵寝。② 这是现实社会中等级秩序的某种反映,更可以被看作统治阶层宇宙观、宗教观、伦理观、政治观综合状态的缩影。

与此同时,随着社会的变化,明清两朝的民间信仰政策进行了不断的调整。明王朝成立之后,为了重建国家祭祀体系,洪武元年(1368),朱元璋下令中书省官员赴各地郡县访求应祀神祇,包括名山大川、圣帝明王、忠臣烈士,"凡有功于国家及惠爱在民者,著于祀典,令有司岁时致祭"。洪武二年(1369),又诏:"天下神祇,常有功德于民,事迹昭著者,虽不致祭,但禁人毁撤祠宇。"

正德时期编定的国家行政法典《大明会典》,根据洪武以来的政策制度,对全国各地纳入群祀的名单作了非常系统而具体的规定。其中,除了城隍等全国性神祇外,在江苏的还有以下:

---

① (清)胡文炳:《折狱龟鉴补》卷四《捕役劫人》,《续修四库全书》子部第 973 册,上海古籍出版社 1995 年版。
② 参见(清)张廷玉:《明史》卷四七,中华书局 1975 年版,第 1225—1226 页。

一是在南京的"后增祀神祇"：

汉前将军寿亭侯关公庙（四孟岁暮遣应天府官祭，五月十三日
又遣南京太常寺官祭）

天妃宫（正月十五日、三月二十三日遣南京太常寺官祭）

京都太仓神庙（二月十五、八月十五日遣南京户部官祭）

司马、马祖、先牧神庙（二月、八月中旬择日遣南京太仆寺官祭）

二是南直隶的各处祠庙：

镇江焦光祠（祀汉隐士焦光）

常州泰伯祠（洪武初有御制祭文，又苏州亦有庙）

常州吴季子庙（洪武初赐额曰"嘉贤"）

常州陈司徒庙（祀隋臣陈果仁）

江阴陈烈士庙（祀烈士宋人名忠）

苏州吴公祠（祀孔门弟子言偃）

苏州泰伯庙

苏州伍子胥庙（祀今称吴大夫伍公之神）

苏州范文正公祠（祀宋参知政事范仲淹）

苏州韩蕲王庙（祀宋韩世忠）

苏州魏了翁祠（祀宋参知政事魏文靖公）

苏州顾侍郎祠（祀顾野王）

苏州两尚书庙（祀国朝夏忠靖公原吉、周文襄公忱）

吴江二高祠（祀越范蠡、晋张翰、唐陆龟蒙）

扬州旌忠庙（祀宋死事之臣王方、魏全）

高邮康泽祠（祀宋人耿遇德）

淮安平江祠（祀永乐间漕运总兵官陈瑄）

徐州灵源弘济庙、河平神庙、龙神庙（俱岁祭）

根据赵轶峰的统计，《大明会典》列出的所有小祀共 355 个，其中前
代功臣、忠义、名儒类最多，有 126 祀；本朝功臣、名儒次之，有 101 祀；
前代帝王有 38 祀。此三类中包括轩辕等传说中的人物，但在明人观念
中，此类传说等于历史，故可一起看作国家政治生活中的典范人物。三
类合计 265 祀，占总数 355 祀的 74.65%。赵轶峰认为，这反映出明代

国家规定的地方政府祭祀极重人事,其中以本朝功臣为祭祀对象的做法尤其体现了以人为神的教化用意。① 虽然一些民间杂神等崇拜对象被明朝加入国家祭祀体系中,如灵济宫二真君、天妃等,但其总量不多,江苏也只有最后列出的徐州三个可以归到这一类中。

但是随着时间的推移,这些规定大都被突破。一是文昌帝君、刘猛将等信仰相继被纳入祀典中,文昌帝君、天后已经与关公并称,八蜡基本上被刘猛将取代。二是《大明会典》中城隍只列南、北两京所祀的都城隍,而到了《大清会典》中,各地城隍都陆续加了封号,仅光绪《大清会典》中所载从咸丰到光绪年间江苏各地城隍被敕封的就有:咸丰五年(1855)敕封江苏六合县灵应城隍之神,咸丰八年(1858)敕封江苏太仓州绥福城隍之神,咸丰十年(1860)敕封江苏甘泉县孚感城隍之神,同治六年(1867)敕封江苏吴江县普庇城隍之神,同治八年(1869)敕封江苏常熟县护国城隍之神、昭文县襄顺城隍之神,光绪九年(1883)敕封江苏仪征县绥靖城隍之神,光绪十二年(1886)敕封江苏苏州府沛泽城隍之神、吴县绥猷城隍之神、长洲县灵应城隍之神、元和县保民城隍之神,光绪十三年(1887)敕封江苏东台县溥泽城隍之神、徐州府赞化城隍之神。② 三是一些各地的杂神也被纳入祀典,并加封号。仅《清史稿》中涉及江苏的便有如下几例:雍正时,宿迁祀河神宋谢绪;江南山阳祀唐许远,封威灵显佑王。嘉庆时,江南山阳祀湖神谭氏,封昭灵显佑水府都君;湖州、苏州祀太湖神明王天英;高邮祀露筋祠神;淮扬运河厅祀康泽灵应侯宋耿裕德;茅山庙神张仁皓;镇洋祀元忠正王李禄、宋忠惠侯杨滋;淮安祀周王子晋,封普惠祖师。光绪时,江都祀汉杜女仙暨康女仙紫霞;平江祀唐杨孝仙耀庭。四是明代不加封号的规定也逐渐被突破,清代"定例,封号至四十字不复加,间有之,非常制,止金龙四大王四十字外加号锡祜,天后加至六十字,复锡以嘉佑云"。③

总体而言,一方面,统治者不可能将民间的神祇不加挑选地全部纳

① 参见赵轶峰:《明朝国家祭祀体系的寓意》,《东北师大学报(哲学社会科学版)》2006 年第 2 期。
② 参见《钦定大清会典事例》卷四四四《礼部·群祀》,《续修四库全书》史部第 809 册,上海古籍出版社 1995 年版。
③ 赵尔巽:《清史稿》卷八四《礼三·吉礼三》,中华书局 1977 年版,第 2544—2550 页。

入祀典；另一方面，民间的神祇也处在不断地发展变化之中，仅根据祀典，无法判断民间信仰的基本生态。

地方志中会刊载本地祠庙的情况，刊载祠庙与否，基本上一本于祀典。如光绪《武阳志余》卷四之一《祠庙》即云："国家祠祀之典，其自大祀中祀而外，郡邑之所祀，一准于礼经，以劳定国，以死勤事，虽时有增设，要皆生平大节，炳如日星，及有功德于民者，垂为令典，掌于礼部，綦严且慎。"可以说方志中刊载的祠庙便属于正祠。而民间淫祠并没有得到官方认可，甚至是被严厉禁止的，当然不可能列入官方的地方志的记载中。根据武进县各方志《赋役志》的记载，城隍庙、土地庙、关帝庙、刘猛将军庙、营田庙、文昌阁、忠佑庙、火神庙等 13 个庙是由府县政府每年拨祭祀银负责春秋祭祀的①，所谓"祭事悉遵大清通礼及支用官项致祭者"②，这些就属于"群祀"。但问题是，清代武进县各方志刊载的庙宇并不止这 13 个，而是 34 个，这剩下的 21 个庙宇，"不在祀典而著称灵应"，因为"间阎报功崇德之诚，不可泯也"，所以也列入志书之中，但是和前面 13 个祠庙不在同一等级。光绪《武阳合志》称之为"里祀"，还有一些方志则称之为"私祀"。正德《姑苏志》坛庙的记载中则明确将地方祠祀分为"通祀""祀典""先贤""土人私祀"等，并认为"郡人之私祀亦或有义"。嘉靖《吴江县志》在述及地方祠庙时，也指出"余志祀典而事神之礼备矣。复有祠庙则私祀也，祀典稽诸邦礼，私祀达乎人情，恶得而废诸"③。如果按照传统的礼法，不当祀而祀之，均是"淫祀"，而地方志将不在祀典范围内的神灵和不应该由民间祭祀的神灵都纳入，允许民众祭祀，这体现了"私祀"的特性——"各从其俗之所敬"。

以下对明清时期几个重要的民间信仰在江苏境内的传播情况进行简单介绍。

1. 城隍信仰

宋元时期江苏各地有城隍庙，但在明清时期，城隍信仰受到国家提

① 参见道光《武进阳湖县志》卷八《赋役志》，光绪十二年刻本。
② 光绪《武进阳湖县志》卷四《禋祀》，《中国地方志集成·江苏府县志辑》第 37 册，江苏古籍出版社 1990 年版。
③ 嘉靖《吴江县志》卷一五《典礼志五》，《中国史学丛书三编》第四辑，台北学生书局 1987 年影印版。

倡，呈现出较前朝明显不同的特色。

一是明代的城隍改制推动城隍信仰的发展。

宋元时期城隍信仰还没有形成体系。明代城隍祭祀因国家提倡而重于往代，随着洪武二年（1369）和三年（1370）的城隍改制①，城隍信仰随之制度化。

丘濬曾记载："聚一方之民，而为高城深池以卫之，必有所以主之者，此城隍之神所以神欤？国初，承前代之旧，洪武元年皆加以封爵，府曰公、州曰侯、县曰伯。三年，诏革去封号，止称某府、某州、某县城隍之神。是年六月二十一日，又降旨各处城隍庙屏去间杂神道。"②洪武二年（1369），朱元璋下诏对天下城隍之神大加封赐。他认为："明有礼乐，幽有鬼神，兹以临御之初，与天下更始，凡城隍之神皆新其命。"③于是，加封都城南京城隍神为"承天鉴国司民升福明灵王"，又加封开封城隍神为"承天鉴国司民显圣王"。不久，应天府城隍被封为帝，开封、临濠、太平府、和州、滁州城隍被封为王，其他各府州县城隍分别被封为公、侯、伯。到洪武三年（1370），与将岳镇海渎之神俱依山水本称，不加溢美政策一致，城隍神亦改题本主，曰某处城隍神。洪武三年（1370）六月，又"诏天下府州县立城隍庙。其制高广各视官署厅堂，其几案皆同，置神主于座。旧庙可用者修改为之"。④洪武三年（1370）九月，京师城隍庙建成。⑤洪武六年（1373）三月，"制中都城隍神主成"。朱元璋所制祝文称："今遣官敬奉神主，安于庙廷，使神有所依，民有所瞻奉。神其享之"⑥。赵轶峰曾查现存明代方志，发现洪武六年（1373）以前各地建立城隍庙记载极多，且多明言奉太祖旨意而行。⑦ 正是官方推行神道设教

① 关于这两次改制以及明清城隍的研究，详见［日］滨岛敦俊：《明初城隍考》，《榎博士颂寿纪念·东洋史论丛》，汲古书院 1988 年版；《明清江南城隍考》，唐代史研究会编：《中国都市的历史研究》，刀水书房 1988 年版；《朱元璋政权城隍改制考》，《史学集刊》1995 年第 4 期；巫仁恕：《节庆、信仰与抗争：明清城隍信仰与城市群众的集体抗议行为》，《"中央研究院"近代史研究所集刊》第 34 期。
② （明）丘濬：《大学衍义补》卷六一《秩祭祀》，《景印文渊阁四库全书》第 712 册，台北商务印书馆 1986 年版。
③ （明）黄光昇：《昭代典则》卷六《太祖高皇帝》，上海古籍出版社 2008 年版。
④ 《明太祖实录》卷五三，洪武三年六月戊寅。
⑤ 参见《明太祖实录》卷五六，洪武三年九月戊子。
⑥ 《明太祖实录》卷八十，洪武六年三月癸卯。
⑦ 参见赵轶峰：《明初城隍祭祀：滨岛敦俊洪武"三年改制"论商榷》，《求是学刊》2006 年第 1 期。

的政策,使城隍信仰在江苏进一步发展。

二是城隍从地方保护神发展成秩序守护神。

在明代之前,城隍被视为地方保护神。明代之后,城隍被视为监察当地官民乃至地方鬼神,使之遵纪守法、免为恶行的秩序守护神,城隍神被赋予了和现世府、县相对应的冥界行政官的特性。传说乾隆时常州知府胡文伯在城隍庙内祷雨,对城隍有这样一番问话:"胡某与神总司八邑,旱乾水溢,同有民社之责,魃虐如是,神岂得安坐而享血食乎?"可见,官员也认同城隍神在冥界的权责,故有"城隍之祀阴佐官守之听讼而得平其情也"①的说法。一般新任的地方官员,都要"期斋后宿庙下,五鼓盛冠服,烬燎必虔必肃,北而跪祭,祭毕誓于神,曰职则希默相,否则罪谴,然后诣郡县视事。自此以往,月朔必躬谒行礼,不敢忽"②。以至于州县之外的行政机构也有了相对应的城隍,于是城隍形成类似的行政序列。正是因为有这样的规定,各地逐渐增建城隍庙,常州的城隍庙就从宋元时期的一个增加到三个。武进和阳湖分县之后,阳湖县因此会以"分县宜有特庙祀城隍神"③为由请求建立新庙。

明清两朝,从上到下都认为,行政官员履有守土卫民的职责,城隍神灵则有保护城市安全的力量,一阳一阴相互配合,共同构建平和安宁的地方社会。诚所谓:"圣天子以明德骏功统驭四海,为天地生灵鬼神主既疆郡邑,设守令以礼乐教其民。复怀柔百神,随守土,定分封,俾司城隍阴相保障,显职幽赞,神人协同。"④比如,官员初到某地,对当地情况并不了解,担心承担不起治理地方的重任,希望得到城隍神灵的襄助。安东知县余光祖到任前夕,就去拜谒城隍庙并祷告祈福,他说:

> 维神与予共莅此土也,幽明原无二理,心期自当预告,念神之保障于兹,历有年所矣。今予衔天子命剖符斯邑,适值水旱频仍,用滋忧惕,岂灾祲之偶然,抑亦莅此土者之有以致之也……夫治民

---

① (清)汤用中:《翼駉稗编》卷六《威灵公》,文物出版社 2017 年版,第 314 页。

② (清)陈玉璂:《城隍庙记》,道光《武进阳湖县志》卷一三《坛庙志一·祠庙上》。

③ 道光《武进阳湖县志》卷一四《坛庙志二·祠庙下》,光绪十二年刻本。

④ (明)胡义心:《重建城隍庙记》,隆庆《丰县志》卷九《艺文》,丰县地方志办公室、丰县档案局 1985 年铅印本。

事神,邑宰之责也;御灾捍患,则神之功也。予惟既厥心与神共相质证焉耳,敢自怠肆乎哉? 以谨告。①

余光祖到任时,恰值水旱灾害频发。他首先想的不是修建水利设施去治理灾害,而是寄希望于城隍神灵。宝应县的情况大致相似,"其水旱祈祷及官司莅任、朝觐考绩,皆设特祭"。高邮州官员抱有同样的态度和心理,"独崇城隍庙之祀著在令典,与守令并有司民之任。盖明有礼乐以维民生,幽有鬼神以司民命,意则深矣"②。这种观念也为其他社会群体所认可,海门县耆老曾经建言:"明有礼乐,幽有鬼神,祖制炳蔚,宜各受职,庙当亟成"。

一方面,城隍神被纳入祭祀体系中,具有强烈的政治性,并由官方主导;但另一方面,城隍神被人们赋予监察的职能,很多地方的士人开始利用这一点,在对阳间的统治和司法缺乏信心的时候,借城隍神来表达抗议,争取自己的权益,还衍生出一套控诉的仪式,称为"告阴状"或"放告"。如这则发生在苏州府长洲县入城隍庙"告阴状"的故事。里人郑灏继娶后妻,在摆宴席的过程中,丢失一银杯,重数两。郑灏家中是开织坊的,"家织帛工及挽丝佣各数十人"争相表示自己不是小偷,"相率列名书状为誓,投之城隍神祠"。有一日,郑灏突然晕倒,不省人事,"四肢已冷,独心下微暖",至半夜方醒。据他说是被城隍的皂役拖到了城隍庙,城隍神发怒说:"此杯是汝孙盗耳,如何诬妄他人,致其干扰官府。"③至晚明,在江南地区人们经常聚集在城隍庙,利用神灵抗议政府,表达对富豪的不满。学者巫仁恕对此曾有详细研究。④ 此处不再赘述,仅试举数例。

崇祯十三年(1640)无锡县发生灾荒,米价大涨,乡绅马世奇拿了县令二百金,却迟迟不肯买米平粜,"众大不平,群聚城隍庙,录其不法十

---

① (清)余光祖:《到任前一夕告城隍文》,雍正《安东县志》卷一三《艺文中》,《复旦大学图书馆藏稀见方志丛刊》第5册,国家图书馆出版社2010年版。

② (明)张綖《重修城隍庙碑记》,嘉庆《高邮州志》卷一一上《记》,《中国地方志集成·江苏府县志辑》第46册,江苏古籍出版社1990年版。

③ (明)陆粲撰,谭棣华点校:《庚巳编》卷四《郑灏》,中华书局1987年版,第43页。

④ 参见巫仁恕:《节庆、信仰与抗争:明清城隍信仰与城市群众的集体抗议行为》,《"中央研究院"近代史研究所集刊》第34期。

七事,欲与为难"。乾隆五年(1740),当时苏州织造的所官奚廷秀"欲将春季口粮,九折放给,至冬季总算,倘有余剩,再行派给各匠,以免赔累"。各匠与奚廷秀之间出现沟通误会,于九月二十七日"纠众身背黄布冤单,头扎神马,拜往城隍庙,唱戏盟神,经过廷秀之门,焚化神马"。奚廷秀门前原有稻草,火焰蔓延,导致"厨房失火,毁屋六间"。① 乾隆十二年(1747),江苏沿海各盐场发生潮灾,通州所属余西场沙地盐民在次年二月二十四日聚集数十人,扛抬城隍神像,"至场官衙署,吵闹求赈"。②

明代嘉、隆以后,原有的社会经济秩序已经不适应商品经济发展带来的变化,新的秩序又没有建立起来,社会治理出现了缺位,由此引发了一系列动荡。明末农民起义、清兵入关激化了社会矛盾,在江苏一带,奴变、民变迭起。百姓们因而选择借助阴间的城隍来表达自己的不满,城隍也提供了民间发泄的渠道,在一定程度上起到了减压阀的作用。

三是市镇城隍的兴起和发展。

城隍信仰具有较严格的等级秩序,即从都、省、府、州直至县级城隍庙。洪武年间给不同层级的城隍庙封赐爵号,也说明了其内部严格的秩序,所谓:"天下都郡州县,必建立城隍神庙。而为王为公为侯伯,爵秩亦因有等差。"庙大多修建于保有城池的地方,至少修建在有资格建筑城墙的地方,是当时人们的共识。诚如乾隆时人陈填说:城隍庙"非有城之地,辄不得设"③。不过这一条规定逐渐被突破。

最初,人们认为非府、州、县的地方,如果筑有城墙,也可以修建城隍庙。阜宁城隍庙的建立便是如此,阜宁设县之前为庙湾镇,由于庙湾较高的海防地位,虽为一镇,也修筑庙湾城墙,《阜宁县志》载:"城隍庙,在城南东隅,与城同建"④。瓜洲镇也是如此。虽然瓜洲规模不大,但是其地当要冲,为南北漕运中枢。南宋乾道年间,为了抵御金兵进攻,开始修筑瓜洲城。明隆庆年间,瓜洲镇人魏浙修建城隍庙。

不过,随着区域社会经济的不断发展,以城墙作为修建城隍庙的必

---

① 彭泽益编:《中国近代手工业史资料》,中华书局1984年版,第95页。

② 中国人民大学清史研究所、档案系中国政治制度教研室编:《康雍乾时期城乡人民反抗斗争资料》,中华书局1979年版,第566页。

③ (清)陈填:《城隍庙碑记》,(清)王叶衢辑:《海安考古录》卷六《碑记》,1922年《海陵丛刻》铅印本。

④ 光绪《阜宁县志》卷二《建置·坛庙》,光绪十二年刻本。

备条件的规定有所松动,在某些商业市镇也开始修建城隍庙。江苏各地镇城隍,甚至村城隍纷纷出现。如苏州府吴江县的黎里镇①、昆山县的千墩镇②、长洲县的甫里镇③、太仓州的双凤镇④、常州府江阴县的杨舍⑤、江阴县的泾里⑥等,几乎每个市镇都建有城隍庙。申浩指出,这个趋势和学者研究的明中叶以来江南市镇的发展是一致的。⑦ 类似的情况在苏北的运河沿线市镇也有出现,最著名的就是淮安清江浦。清江浦是运河沿线重镇,直至晚清时期,清江浦才修筑城墙。不过乾隆《山阳县志》卷五《坛庙》记载:"清江浦城隍庙,在户部前"。可见,在清江浦城墙修筑前,该地已经建立起城隍庙。而且,在江南部分市镇,城隍庙还不止一处,如:太仓茜泾镇有南城隍庙、东城隍庙⑧、沙溪镇有城隍庙二处⑨;吴县甫里镇有府城隍庙、昆山县城隍庙⑩;吴江县震泽镇有昭灵侯庙(即城隍庙)二处⑪,同里镇有南观北观两处城隍庙⑫,盛泽镇有东西两城隍庙⑬,此外陆墓镇、黎里镇、平望镇、陈墓镇等也是如此;昆山县的菉葭镇有城隍庙三处,其中一处为府城隍行宫,而另外两处是县城隍行宫⑭。这些都是市镇逐渐从一个市场中心发展到有多中心的反映。

① 参见嘉庆《黎里志》卷三《祠庙》,《中国地方志集成·乡镇志专辑》第 12 册,江苏古籍出版社 1990 年版。

② 参见康熙《淞南志》卷四《寺庙》,《中国地方志集成·乡镇志专辑》第 4 册,江苏古籍出版社 1990 年版。

③ 参见康熙《吴郡甫里志》卷《祠庙》,《中国地方志集成·乡镇志专辑》第 5 册,江苏古籍出版社 1990 年版。

④ 参见道光《双凤里志》卷二,《中国地方志集成·乡镇志专辑》第 9 册,江苏古籍出版社 1992 年版。

⑤ 参见光绪《杨舍堡城志稿》卷一三《坛庙》,《中国地方志集成·乡镇志专辑》第 14 册,江苏古籍出版社 1990 年版。

⑥ 参见雍正江阴《泾里志》卷七《古迹》,《中国地方志集成·乡镇志专辑》第 14 册,江苏古籍出版社 1990 年版。

⑦ 参见范毅军:《明中叶以来江南市镇的成长趋势与扩张性质》,《"中研院"史语所集刊》2002 年第 3 期;申浩《明清民间信仰视域中的江南社会》,《徐州师范大学学报(哲学社会科学版)》2008 年第 2 期。

⑧ 参见乾隆《茜泾记略》《寺观》,《中国地方志集成·乡镇志专辑》第 8 册,江苏古籍出版社 1990 年版。

⑨ 参见乾隆《沙头里志》卷三《寺观》,《中国地方志集成·乡镇志专辑》第 8 册,江苏古籍出版社 1990 年版。

⑩ 参见康熙《吴郡甫里志》卷五《神庙》,《中国地方志集成·乡镇志专辑》第 5 册,江苏古籍出版社 1990 年版。

⑪ 参见道光《震泽镇志》卷六《祠庙》,《中国地方志集成·乡镇志专辑》第 13 册,江苏古籍出版社 1990 年版。

⑫ 参见嘉庆《同里志》卷六《风俗》,《中国地方志集成·乡镇志专辑》第 12 册,江苏古籍出版社 1990 年版。

⑬ 参见民国《盛湖志》卷三《风俗》,《中国地方志集成·乡镇志专辑》第 11 册,江苏古籍出版社 1990 年版。

⑭ 参见乾隆《菉溪志》卷二,《中国地方志集成·乡镇志专辑》第 8 册,江苏古籍出版社 1990 年版。

从传统礼制的角度来看,镇一级建立城隍庙,应该属于"逾制",逾制同样属于"淫祀",但是这些城隍庙都被收入到各镇乃至各县、各府的地方志,说明了本地官方对其的认可。此外,许多地方士人意识到当中的问题,往往会为其"正名"。如《黎里志》中唐维申就提出了一个观点:城隍神祠"建于邑治间,亦有增设于乡镇",和"王侯之有离宫别苑也"是一样的。[1] 在平望镇有人认为城隍祀典"宜郡若邑,此外未合祀礼"时,黄庆澜则指出吴江城隍"肇封之年实吴江置县之年",而平望原属乌程,后来改隶吴江,所以有必要单独建立城隍庙。[2] 常熟支塘镇也认为支塘本来是旧县城,"例得建庙,固与他镇不同"[3]。这些其实也是市镇寻求国家权威的认可的表现。值得一提的是,各镇有两个甚至三个城隍庙的,这些城隍庙往往是府县城隍的行宫。这是市镇发展起来后,其作为人口和财赋聚集之所,管理缺位问题逐渐突出,呼吁乃至尝试府、县级别的官员驻镇管理的反映。[4]

2. 关帝信仰[5]

关帝,原为三国蜀汉将领关羽。起初关羽和张飞跟随刘备起兵,后被曹操俘虏为其所用,曾被封为汉寿亭侯,不久复归刘备麾下。他西战东征,忠义神勇,可惜最终败走麦城,与儿子关平同为吴军惨杀,被追谥为壮缪侯。此后,关羽的故事不断演绎,在民间社会广为传播。唐宋时期,在佛教僧众的推动下,关帝信仰开始萌动与兴起。北宋中期,关帝信仰引起了统治者的注意和重视。宋哲宗绍圣年间,敕封玉泉山关庙额曰"显烈",即当阳县显烈庙。[6] 据《宋会要辑稿》等文献所载,宋徽宗

---

[1] 参见（清）唐维申：《城隍庙增建环碧堂望春亭记》，嘉庆《黎里志》卷三《祠庙》，《中国地方志集成·乡镇志专辑》第12册，江苏古籍出版社1990年版。

[2] 参见（清）黄庆澜：《昭灵侯庙记书后》，光绪《平望续志》卷十《集文》，《中国地方志集成·乡镇志专辑》第13册，江苏古籍出版社1990年版。

[3] 乾隆《支溪小志》卷四《往迹志五·神庙》，《中国地方志集成·乡镇志专辑》第10册，江苏古籍出版社1990年版。

[4] 参见张海英：《"国权"："下县"与"不下县"之间——析明清政府对江南市镇的管理》，《清华大学学报（哲学社会科学版）》2017年第1期。

[5] 关于关公信仰，最早的研究始于日本学者井上以智为的《関羽祠廟庙の由来並に変遷（二）》（《史林》1941年第2号）、《関羽信仰の普及》（《福冈商大論叢》第14辑），此后研究论著非常丰富。本书参考了包诗卿的《庇佑"敌国"：明代江南地区关羽信仰的传播》（《史林》2014年第4期）以及朱海滨的《明中期以降关羽信仰的普及——以东南地区为中心》（《历史地理》第三十三辑）等论著。

[6] 参见（宋）王象之：《舆地纪胜》卷七八，中华书局1992年版，第2565页。

图 5.1 关帝(来自禄是道《中国民间崇拜》)

崇宁元年(1102)封关羽为"忠惠公",大观二年(1108)加封为"武安王",此后又加封"义勇""壮缪"等爵号。① 元代以后,对关羽的敕封逐步升级,由原来的"公""王"渐至"圣""帝",其地位愈趋显著和隆盛。随着朝廷敕封的不断升级,关羽信仰逐渐发展与传播,成为具有全国影响力的信仰。

乾隆《通州直隶州志》记载:"通州关帝庙,在州治西街,唐天宝五年建"②。就全国来说,唐朝后期出现关帝信仰的零星记载,北宋中期才开

---

① 参见王见川、皮庆生:《中国近世民间信仰:宋元明清》,上海人民出版社 2010 年版,第 264—265 页。
② 乾隆《通州直隶州志》卷八《祠祀志》,乾隆四十八年刻本。

始为其修祠立庙。据此,通州关帝庙始建于唐天宝五年(746)之说颇为可疑。在宋代,苏北的关帝庙逐渐增多。比如,海州关帝庙,位于东海城内西山之上,宋景定四年(1263)由安抚使张汉英创建。① 张汉英对佛教颇为推崇,宋代海州有名僧藏禅师,张汉英"知其名,屡召之始至,使居安抚使衙后僧舍……咸淳间建寺造浮图居焉"②。由此可知,张汉英创建海州关帝庙的说法较可信。此外,宋咸平二年(999),泰兴县黄桥镇亦修建关帝庙。③ 在苏南地区,宋代可能亦有关羽庙。据说,(南京)关羽庙"旧在针工坊,宋庆元间建"④。南京燕子矶"有汉寿亭侯庙祠,相传创自建炎,芜废已甚"⑤,苏州有淳熙三年(1176)之公牒,"盖当时市户俞拱等请府判执状置祠石本也"⑥。不过南京、苏州在宋元时期均有方志存世,其中并未有关羽庙的记载,因此,上述诸说均存疑。

元代是关羽信仰的发展期,时人郝经曾言:"其(关羽)英灵义烈遍天下,故所在庙祀。福善祸恶,神威赫然,人成畏而敬之,而燕赵荆楚万笃,郡国、州县、乡邑皆有庙。"⑦这一时期在江苏地区较有代表性的是扬州关圣祠。元人冯子振记载:"长河之南,大江之北,陋之而偏州,迁之而僻县,枵然数十之众,辄衰金券地、畚土伐木。即鹑衣百结,不敢虚丹腾于云长之祠祀;即蜗涎一角,不敢乏牲酒于云长之庙宫,矧大邦剧邑、人物充斥之乡乎?"⑧即便是荒陬野村,对关帝的崇拜与祭祀,也是极尽隆重之能事,扬州为商市繁华、人文萃集之地,对关帝庙的修建和祭祀更是高度重视。

---

① 参见嘉庆《海州直隶州志》卷二九《寺观录》,《中国方志丛书·华中地方·江苏省》第35册,台北成文出版社1970年版。
② 嘉庆《海州直隶州志》卷二九《寺观录》,《中国方志丛书·华中地方·江苏省》第35册,台北成文出版社1970年版。
③ 参见康熙《泰兴县志》卷四《祠祀》,《泰州文献》第1辑第5册,凤凰出版社2014年版。
④ 洪武《京城图志·坛庙》,《北京图书馆古籍珍本丛刊》第24册,北京图书馆出版社1989年版。
⑤ 薛甲:《燕子矶集序》,(清)黄宗羲辑:《明文海》卷二二一,《景印文渊阁四库全书》第1455册,台北商务印书馆1986年版。
⑥ (明)祝允明:《重建武安王庙》,(明)钱穀辑《吴都文粹续集》卷一四,《景印文渊阁四库全书》第1385册,台北商务印书馆1986年版。
⑦ (元)郝经:《陵川集》卷三三《汉义勇武安王庙碑》,《景印文渊阁四库全书》第1192册,台北商务印书馆1986年版。
⑧ 光绪《增修甘泉县志》卷八《祠祀上》,《中国地方志集成·江苏府县志辑》第43册,江苏古籍出版社1990年版。

明清时期,苏北地区的关帝信仰迎来了发展的高峰期,城乡各处修建为数众多的关帝祠庙。比如,江都县"关帝庙城内外建庙甚多"①;海门县"关帝庙处处有之"②;东台县境设有多处盐场,对关帝神灵"各场、镇庙祀甚多"③,梁垛场、丁溪场、栟茶场、草堰场、角斜场等处均建立关帝庙④;徐州沛县"各村率有关圣帝君神祠,春秋祈报,肃观瞻焉"⑤;淮安府四门内、新城、高家堰、军宫中、清江浦、板浦以及各乡镇俱有关庙⑥。此外,包诗卿⑦指出,元末明初,卫所军人就已经开始了关庙的零星修建。至正十七年(1357),朱元璋大军下江阴,指挥使定远人吴良与其弟天兴右翼副元帅吴祯共同领兵镇守于此。吴良在元代澄江书院故址上修建起江阴县第一座关将军庙。⑧ 吴县的专诸巷关庙也是在永乐年间由苏州卫官军建。⑨ 此后,本地人也逐渐参与到关庙的修建中。如相传在南宋淳熙年间修建的苏州府长洲县关庙,就是在明宣德年间,由主庙道士张嗣宗与庙旁民人何渊等,在太守况钟的支持下"募众鼎建之"⑩。而应天府六合县县东朱家嘴关庙正德年间由民人袁文章、陈谟等建。⑪

　　关羽当年为吴人所害,所以吴地是否有必要建关庙就成了不断争论的话题。弘治年间,太仓州教场内的关王庙久废,"众欲改立于新教场内",大家咨询新上任的首任知州李端议,李端议回答:"王虽忠勇,然

---

① 雍正《江都县志》卷一一《祠祀志·寺观附》,《扬州文库》第 9 册,广陵书社 2015 年版。
② 光绪《海门厅图志》卷一四《祠祀志》,《中国地方志集成·江苏府县志辑》第 53 册,江苏古籍出版社1990 年版。
③ 嘉庆《东台县志》卷一三《祠祀》,《中国方志丛书·华中地方·江苏省》第 27 册,台北成文出版社1970 年版。
④ 康熙《淮南中十场志》卷五《坛庙》,康熙十二年刻本。
⑤ 民国《沛县志》卷六《祠庙寺观》,《中国方志丛书·华中地方·江苏省》第 82 册,台北成文出版社1970 年版。
⑥ 参见《古今图书集成·职方典》卷七四八《淮安府祠庙考》,中华书局、巴蜀书社 1985 年版。
⑦ 参见包诗卿:《庇佑"敌国":明代江南地区关羽信仰的传播》,《史林》2014 年第 4 期。
⑧ 参见成化《重修毗陵志》卷二七《祠庙》,《四库全书存目丛书》史部第 180 册,齐鲁书社 1997 年版。
⑨ 参见崇祯《吴县志》卷二一《祠庙下》,《天一阁藏明代方志选刊续编》第 16 册,上海书店出版社 1990年版。
⑩ (明)祝允明:《怀星堂集》卷一四《碑版·蜀前将军关公庙碑》,《景印文渊阁四库全书》第 1260 册,台北商务印书馆 1986 年版。
⑪ 参见嘉靖《六合县志》卷三《宫室志·寺观》,《天一阁明代方志选刊续编》第 8 册,上海书店出版社1990 年版。

与吴为雠，不当庙食于吴，遂毁之"①。不过李端议的意见在他离开后就被否定了。仅仅六年后，太仓卫武臣白于、总督备倭都指挥西公就将关庙修举如故。② 陆伸在其所作《太仓关王庙记》中为此辩解："今天下大一统，非复偏据一隅之吴矣。况国初定鼎于钟山，钟山非孙氏开国之地乎，故有公庙而新之，是时礼官无以为否者，必有说也。"③顾璘则进一步指出，"忠义"二字可超越时空局限，"天下之同尊曰义，人之大节曰忠。唯义通乎四海，唯忠贯乎百世"④。嘉靖三十五年(1556)，徐海就擒，赵文华"益神侯之功，命有司立庙于常州。侯之庙盛于北，而江南诸郡庙侯自此始"，常州因而成为江南地区最早敕建关庙之地。⑤ 包诗卿发现，对于这一创庙于吴地的行为，一代文宗唐顺之曾专门撰文辩解。⑥ 他认为，关羽的目标虽然是灭吴，但他是为了清除吴国的"奸雄乱贼"，以拯救吴民于水火之中。既然关羽一心想替吴民除去乱贼，那么他就是在为吴民着想。⑦ 唐顺之基本上解决了在吴地为关羽建庙的合法性问题。此后吴地开始兴建关庙。万历八年(1580)，王世贞写道："故前将军汉寿亭侯关公之祠庙遍天下，几与学宫、浮屠埒，而其在吾太仓者，亡虑十数"⑧；而到了崇祯年间，根据苏州巡抚张国维的说法，"帝之庙于苏者，无虑什百"，可见又有大幅增长⑨。

为何明清时期江苏各地掀起兴建关帝庙的热潮呢？ 主要在于朝廷

① 弘治《太仓州志》卷四《祠庙·关王庙》，《日本藏中国罕见地方志丛刊续编》第 3 册，北京图书馆出版社 2003 年版。

② 参见嘉靖《太仓州志》卷四《公署志·汉寿亭侯关公庙》，《天一阁藏明代方志选刊续编》第 20 册，上海书店出版社 1990 年版。

③ (明)陆伸：《太仓关王庙记》，(明)钱穀编：《吴都文粹续集》卷一四《祠庙》，《景印文渊阁四库全书》第 1385 册，台北商务印书馆 1986 年版。

④ (明)顾璘：《重修汉荡寇将军关公庙记》，(明)赵钦汤辑撰《汉前将军关公祠志》卷八《艺文中》，《关帝文化集成》第 15 册，线装书局 2009 年影印本。

⑤ 参见光绪《海盐县志》卷一一《典礼考·坛庙》，《中国地方志集成·浙江府县志辑》第 12 册，上海书店出版社 1990 年版。

⑥ 参见包诗卿：《庇佑"敌国"：明代江南地区关羽信仰的传播》，《史林》2014 年第 4 期。

⑦ 参见(明)唐顺之：《荆川先生文集》卷一二《常州新建关侯祠记》，《四部丛刊初编》第 262 册，上海书店 1989 年影印本。

⑧ (明)王世贞：《弇州山人四部稿·弇州续稿》卷六一《前将军汉寿亭侯关公庙记》，《景印文渊阁四库全书》第 1283 册，台北商务印书馆 1986 年版。

⑨ 参见(明)张国维：《公置关庙祭田记》，(清)崔应榴等辑《关帝事迹征信编》卷九《祠庙·苏州庙》，《关帝文化集成》第 5 册，线装书局 2009 年影印本。

的提倡。洪武二十七年(1394)正月,明太祖"建汉寿亭侯关羽庙于鸡鸣山之阳。旧庙在玄津桥西,至是改作焉,与历代帝王及功臣、城隍庙并列,通称十庙云"①。从此,关庙进入以"十庙"为代表的国家级祀典。正德《大明会典》载:(南京)汉前将军寿亭侯关公庙,四孟、岁暮遣应天府官祭,五月十三日又遣南京太常寺官祭。② 一年之中关帝庙有六次官方祭祀,在十庙中是祭祀次数最多的之一。永乐皇帝迁都北京后,又建立汉寿亭侯庙(白马庙),与其他中央王朝直辖的庙一起合称为北京"十庙"。关羽庙在祀典上虽然属于"小祀(群祀)",但五月十三日关帝生日这一天,太常寺官员祭祀用的祭品是"太牢"。③ 朱海滨就指出,在明朝所有祠庙中能够享有这种礼遇的只有太庙、真武庙、都城隍庙等少数几所。④ 此后,关庙一直受到明廷的重视。弘治元年(1488年),根据礼部给事中张九功及礼部侍郎倪岳的上奏,明孝宗对全国的祠庙信仰进行了清理整顿,在倪岳的奏章中,没被视为清理对象的祠庙只有三种,其中就有关庙。⑤ 万历四十二年(1614)十月十一日,司礼太监李恩奉皇帝之命,前往北京月城关羽庙,赐予关羽神以"三界伏魔大帝神威远镇天尊关圣帝君"封号。⑥ "天启四年七月,礼部覆题得旨,祭始称帝"⑦。从万历到天启,完全推翻了明太祖关于神祇不再赐予封号的规定,关羽信仰也开始达到极盛。明末胡应麟在谈及这一时期的关羽信仰时道:"而祀典之盛极于本朝庆、历间。今香火蒸尝薄海内外,孩提走卒靡不知有侯者。"⑧到清代,不仅继承了明代的封号,而且对关羽的崇祀又有增加。嘉庆十八年(1813)九月十五日,传说林爽文起义攻入紫禁城时,"恍惚之中望见关帝神像","立时畏慑奔窜,悉就歼擒"。于是,朝廷专门让

①《明太祖实录》卷二三一,洪武二十七年春正月。
② 参见(明)李东阳等撰,申时行等重修:《大明会典》卷八五《合祀神祇》,中华书局 1989 年版。
③ 参见(明)李东阳等撰,申时行等重修:《大明会典》卷九三《京都祀典》,中华书局 1989 年版。
④ 参见朱海滨:《明中期以降关羽信仰的普及——以东南地区为中心》,《历史地理》第三十三辑,上海人民出版社 2016 年版。
⑤ 参见(明)倪岳:《青溪漫稿》卷一一《祀典三》,《景印文渊阁四库全书》第 1251 册,台北商务印书馆 1986 年版。
⑥ 参见(明)沈德符:《万历野获编》卷一四《加前代忠臣谥号》,中华书局 1959 年版,第 364 页。
⑦ (明)刘侗、于奕正:《帝京景物略》卷三《关帝庙》,北京古籍出版社 1983 年版,第 97 页。
⑧ (明)胡应麟:《少室山房集》卷九十《关忠义侯祠记》,《丛书集成续编》第 172 册,上海书店出版社 1994 年版。

"太常寺于冬至前诹吉,在地安门外关帝庙报祀,一应礼仪,即照春秋二祭之例,定期具奏"。届时"皇次子前往行礼,用答神庥"。在官方的推动下,关羽已经成了全民信仰。

关羽忠诚信义的品质是其信仰广泛传播的重要原因。关羽讲究忠诚信义,这一精神在关帝信仰中被极力颂扬。邳州是关羽曾经戍守之地,当地建有祠庙加以供奉,称为武安王庙。赵权《重修显灵义勇武安英济王庙碑》载:

> 当炎汉衰微,奸雄舞智,挟屏献以令诸侯,志在篡夺。王与张桓侯同辅昭烈,恩若兄弟,誓以其死。是以王为昭烈之爪牙,战守攻讨,不避艰险,号万人敌,为世虎臣,一时名将无出其右……故王忠义之诚,能服汉贼。①

关羽对刘备忠心耿耿,为其出生入死,其忠臣良将的形象垂范于后世。在如皋马塘场重修关帝庙时,亦有人指出:"如皋马塘场,人抱忠信之风,户修怀葛之业,素崇帝庙。"②因为当地崇尚忠信,关羽恰好有此品性,故关帝信仰相当盛行。

关帝信仰蕴含的忠信思想,是儒家重视的传统伦理与道德之一,不过在佛教和道教的影响下,关帝信仰夹杂了诸多佛、道因素,比如佛教尊奉关羽为"伽蓝"(护法神),道教尊奉关羽为"伏魔大帝",甚至编撰种种"神迹"来凸显关帝的灵验和不凡,招致不少批判。

明人阎尔梅论述:"壮缪殆未可妄施月旦也,若夫尊之为大帝、为真君,忽而佛、忽而仙,则亦忠臣烈士、贞夫贞妇观感兴起,无以畅其好善尊古之怀,不得不取时尚同称者。"③清代海安人张符骧认为:"侯生平大节光昭史册,村妪牧竖皆知爱敬其为人,而二氏猥援之,一以为伽蓝,一以为伏魔。夫以侯之气谊,正命而行,岂肯伛偻二氏门下?而使侯蒙伽蓝、伏魔之号于身后,侯则何辜!且使侯之神灵深入乎愚夫愚妇之心,

---

① 民国《邳志补》卷二三《金石》,《中国地方志集成·江苏府县志辑》第 63 册,江苏古籍出版社 1990 年版。
② 乾隆《如皋县志》卷一五《祠祀志下》,乾隆十五年刻本。
③ (明)阎尔梅:《关帝阁碑记》,乾隆《沛县志》卷九《艺文》,《沛县旧志五种》,凤凰出版社 2021 年版。

徒以伽蓝、伏魔能作佛老功臣,侯何不幸!"①阎尔梅、张符骧所批判的关帝信仰混乱局面,一方面体现了佛、道二教向民间信仰的渗透,另一方面也反映出当时关帝信仰相当盛行,以至于被当作其他宗教传播和发展的"凭借"。

3. 水神信仰

明清以后,各地关系水运安全的神祇越来越多,这是漕运和商业贸易发展的一个反映,如宋代常州没有天后庙,而明清时期天后庙开始进入祠庙的行列中,晏公庙、金龙四大王庙也随即出现。这些祠庙大都在运河沿线,商人是这些祠庙的主要修建者,如常州金龙四大王庙是由布业、木业和运输业商人分别投资创建的,最终演变成了同业公所。

苏北地区南临长江,东滨黄海,西襟洪泽、高邮诸湖,京杭运河纵贯南北,众多河渠水道与江、淮、运河、湖相互沟通,由此构成了纵横交错的水网格局,交通区位优势相当显著,素有"鱼米之乡"的美誉。随着黄河夺淮的形势愈趋明显直至定型,苏北地区原有的水系结构被打破,各类水资源相互作用导致水环境逐渐复杂,经常酿成严重的洪涝灾害。②这一条约的变化,投射到民间信仰层面,即是水神信仰的发展和传播。在国家漕运和河道治理的推动下,苏北水神信仰更加盛行。

碧霞元君信仰始于北宋大中祥符元年(1008)。相传,宋真宗封禅泰山还,涤手山顶池内,有一石像浮出水面,原为泰山神前金童玉女雕像中的玉女。真宗命有司建小祠安奉,号为"圣帝之女",封"天仙玉女碧霞元君"。③ 可见,和泰山崇拜一样,碧霞元君的信仰也是由帝王所倡导。明初祀典中只有泰山神而无碧霞元君。但碧霞元君的信仰在民间一直流行。所以,有正德十一年(1516)山东镇守太监黎鉴请收香钱以及时修理碧霞元君祠的奏请和得到许可之事。不过此事遭到工科给事中石天柱等人的批评。他们认为:"祀典惟东岳泰山之神,无所谓碧霞元君者。淫祀非礼,可更崇重之乎?况收香钱,耗民财,亏国典,启贪

① (清)张符骧:《关帝庙碑记》,咸丰《古海陵县志》卷五《艺文》,《中国地方志集成·江苏府县志辑》第 53 册,江苏古籍出版社 1990 年版。
② 参见彭安玉:《明清苏北水灾研究》,内蒙古人民出版社 2006 年版;张崇旺:《明清时期江淮地区的自然灾害与社会经济》,福建人民出版社 2006 年版。
③ 参见(明)刘侗、于奕正:《帝京景物略》卷三《弘仁桥》,北京古籍出版社 1983 年版,第 133 页。

盗,崇邪慢,请毁之便。"疏上,明武宗令"付所司知之"①。可见批评并未让皇帝收回成命。而且武宗曾诏宠幸伶官臧贤往泰山祠祀碧霞元君。②到了隆庆年间,倡言收取碧霞元君祠香钱的人物已经不再是宦官,而是朝廷大员。隆庆四年(1570),工部议覆总理河道都御史翁大立条陈议处河工钱粮三事。其中一事是:"宝应河滨碧霞元君祠香钱,宜择府佐之治河者综其出入。"③万历年间,碧霞元君信仰传播益广,"自京畿至方国,莫不祗事"④。万历皇帝的崇信和敕建"天仙金阙",无疑又推动了碧霞元君信仰的进一步传播。清康熙、乾隆以后,碧霞元君逐步被纳入国家祀典之中。⑤ 在碧霞元君神格地位不断提升的过程中,祭祀碧霞元君的祠庙遍布全国,诚如谢肇淛所说:"今世所崇奉正神,尚有观音大士、真武上帝、碧霞元君,三者与关壮缪香火相埒,遐陬荒谷,无不尸而祝之者。"⑥在民间社会,碧霞元君祠香火旺盛的原因,主要在于人们认为这一神灵具有送生保育、护佑妇孺、驱疫除病等职能,是有求必应、无所不能的存在。

明清时期,苏北地区的碧霞元君信仰呈现出浓厚的水神特质,尤其是在运河沿线地区。兵部侍郎蒋应奎所作的《宝应新建碧霞元君祠炉瓶记》载:

> 元君翊国福民,因山灵而奔走遐迩,阐普度感应甚捷,神英尤弥漫紘域,随所显着,辄益黔黎,故自济淄以南行宫殆以百计。嘉靖壬戌,宝应湖水溢,民甚恐,祷于元君,默示壅决之所,爰筑堤防,力少功倍,湍澜随定,民荷厥庇。金酿金树祠以昭休贶,江淮士咸趋事焉。徽扬善士鲍子柏辈素矢诚奉元君者,亟往瞻拜。⑦

嘉靖末年,江淮地区不仅遭受倭寇的侵扰,而且面临严重的洪涝灾害,

---

① 《明武宗实录》卷一三九,正德十一年七月甲申。
② 参见《明武宗实录》卷一六三,正德十三年六月辛未。
③ 《明穆宗实录》卷四五,隆庆四年五月乙酉。
④ 《明神宗实录》卷五二六,万历四十二年十一月庚申。
⑤ 参见刘兴顺:《泰山国家祭祀史》,山东人民出版社 2017 年版,第 332—338 页。
⑥ (明)谢肇淛:《五杂组》卷一五《事部三》,上海书店 2009 年版,第 303 页。
⑦ (明)蒋应奎:《宝应新建碧霞元君祠炉瓶记》,隆庆《宝应县志》卷八《艺文》,《天一阁藏明代方志选刊续编》第 9 册,上海书店出版社 1990 年版。

短时间内人力无法抵御来势汹汹的水情,民众生命与村舍田庐亟待保全,人们不得不将希望寄托在求助于碧霞元君上。许毂将碧霞元君与河伯相对并论,曰:"抑此湖水溷溷,其狂或横厥流,或溃厥坊,污我田畴,溺我舟航。元君戾止,覃威孔将,覃威伊何,降鉴有赫,震彼冯夷,以肃河伯"①。此处将碧霞元君视为河伯的克星,塑造出其为民除害解难的神灵形象。为了感念碧霞元君,江淮官民争相出资修祠立庙,即所谓碧霞元君庙,又称为"碧霞宫""泰山庙"。这座碧霞元君庙建在晏公庙旧址,晏公也是重要的水神,不过其祠庙却被碧霞元君占用,反映出当时碧霞元君信仰强劲的发展势头。吴敏道说道:"盖自是堤不决者四年,后乃决,即决,有司亟祷元君塞之,亦易底绩,埽不复走","兹元君之庙之建,有以哉,有以哉!庙且建,元君顾,愈益著灵,响震遐迩。江浙闽广之人,与穷陬僻壤、村隈墟落之夫,靡不分曹结侣扬旛执幢,函香瓯帛,盛鼓乐诣宝应,舳舻相衔于道,香火炙天,宵昼不绝"。这段记载可能有溢美之嫌,却可以看出宝应碧霞元君庙极广泛的辐射力。

高邮州城北三里处,亦建有碧霞行宫,原名"泰山元君祠",供奉泰山碧霞元君。据嘉庆《高邮州志》记载:"明孝宗三年白昂建。嘉靖三十六年,倭毁。四十五年改今名。工部分司朱应时、知州袁思忠重修。隆庆三年,总河翁重修"②。这座碧霞宫祠受到历任官员的重视,反映出当时碧霞元君信仰的影响力。值得注意的是,泰山元君祠最初由白昂创建,后又曾由总河翁大立重修,从治水名臣白昂、翁大立的创建和修缮行为来看,这座祠庙所供奉的碧霞元君,应是以水神的形象存在。

再如沛县泰山庙位于珠梅闸上。据知县许嘉猷记载:

> 嘉庆元年丙辰,河流漫溢,百里汪洋。珠梅闸上旧有泰山庙一座,崇垣倾陷,神像漂流。厥后,大王庙中暂供香火。暨七年壬戌,武昌左卫运职等倡议重建,第虑工钜费大,独力难支。住持僧性诚捐资得半,遂观厥成。余承乏是邑八载于兹,庚午春督挑竣事,冬

---

① (明)许毂:《宝应新铸天仙玉女碧霞元君宝像碑》,隆庆《宝应县志》卷八《艺文》,《天一阁藏明代方志选刊续编》第9册,上海书店出版社1990年版。
② 嘉庆《高邮州志》卷一《舆地志·庙宇》,《中国地方志集成·江苏府县志辑》第46册,江苏古籍出版社1990年版。

复往来河干,因得瞻仰庙貌光昌、神灵巩固,既羡运职之好施,又嘉僧人之有志也,是不可以不记。①

这则材料提供了诸多线索:泰山庙位于珠梅闸之上,必临近河道;由于洪水肆虐,泰山庙受损严重;倡议重建的人是"武昌左卫运职","武昌左卫"是负责漕运的卫所组织,运输途中难免遭遇凶险,故抱有祈求水神佑助的急切愿望。无论从泰山庙的位置及周围环境,还是从倡议重建泰山庙的人群,都可以看出这座祠庙蕴含的"水神"要素。

天妃信仰是明清时期苏北地区另一重要的水神信仰。由于洪涝灾害不断发生,加之国家漕运的现实需求,明清时期天妃信仰在苏北地区获得了大幅发展。淮安为明清漕运管理的核心区域,漕运总督驻节于此,天妃信仰在淮安相当盛行。建立于清江浦的灵慈宫就是其中的代表性祠庙。杨士奇曾描述灵慈宫的修建:

> 永乐初,命平江伯陈瑄率舟师,道海运北京,然道险,所致无几,乃浚济宁、临清之河以达北京,以便饷运。岁发数千艘,每春冰泮,则首尾相衔而上。河狭且浅,一雨骤辄溢,雨止复竭,加有洪闸之艰且险,舟稍不戒,非覆则胶。时平江公仍奉命督饷运,慨然念曰:凡大山长川皆有主宰之神,能事神则受福。往年吾董海运,凡海道神祠,吾过之,必颙颙持敬,如神之临乎前也。间遇风涛及鱼龙百怪有作,辄叩神佑,靡不响应。今兹祠祀未建,非缺典欤?遂作祠于淮北之清江浦,以祀天妃之神。盖公素所持敬者,凡淮人及四方往来公私之人,有祈于祠下,亦皆响应。守臣以闻,赐祠额曰灵祠宫,命有司岁用春秋祭。②

明永乐初年,朝廷漕粮海运,作为海上航行保护神灵的天妃,自然受到督运漕粮的平江伯陈瑄的青睐。后来,国家漕运方式由海运转为河运,即通过疏凿运河转运漕粮,清江浦河是陈瑄疏凿的重要运河河道,所以

---

① 民国《沛县志》卷六《祠庙寺观》,《中国方志丛书·华中地方·江苏省》第82册,台北成文出版社1970年版。

② (明)杨士奇:《东里续集》卷四四《灵慈宫碑》,《景印文渊阁四库全书》第1239册,台北商务印书馆1986年版。

在此设祠立庙祭祀天妃,仍是希望天妃神力护佑漕粮运输。由此,天妃信仰从原来的海洋水域拓展至运河沿线并逐渐传播开来,形成了两条轨迹:位于沿海区域的天妃宫庙,主要分布于东台、阜宁、赣榆、海门、海州、如皋、通州、盐城等地;位于运河沿线的天妃宫庙,则分布在山阳、清河、高邮、宿迁、沛县等地。其中,扬州天妃宫,相传乃程有容受惠于天妃神灵后感梦兴建,魏禧曾作记文曰:

> 一日过万安宫,见故像如梦中乃大惊,将卜宫后址祀天妃。其友闵君世璋曰:不可。万安宫祀火神,而天妃水神也,于生克义不宜,宜水次。程君于是卜广陵驿之河东废地,特建宫,下临邗水,漕运盐艖百货之舟日夜过不绝……明永乐、嘉靖间,屡著神异,晋封奉神,而夫人之游江海及水旱疾疫,每祈辄应。若程君之事不一而足,则其为有功德于民,而可列诸祀典无疑也。[1]

此处明确指出,天妃乃水神,其宫庙应置于水边。建成之后的扬州天妃宫毗邻邗沟,成为过往漕盐商贸船只与人群祭祀天妃的场所。碧霞元君与天妃同为水神,因相似性而相互融合乃至纠缠。比如淮安惠济祠中的天妃信仰与泰山娘娘即碧霞元君信仰就发生了较复杂的关系。[2]又如,东台县碧霞元君信仰与天妃信仰之间也发生了类似的情况,嘉庆《东台县志》记载:"泰山,上建碧霞宫,故名。泰山又曰天妃山"[3]。

除了碧霞元君、天妃以外,苏北地区的水神信仰还包括金龙四大王信仰、晏公信仰以及诸多地方性水神信仰。比如,仪征境内便有多处水神祠庙,包括晏公庙、萧公庙、四圣庙、三坛庙、广惠庙等。[4] 其中,晏公庙与萧公庙是比较典型的祭祀水神的祠庙。下表为山阳县、清河县水神祠庙的修建情况,从中可对明清时期苏北地区水神信仰的情况窥见一斑。[5]

① (清)魏禧:《魏叔子文集》卷一六《扬州天妃宫碑记》,《续修四库全书》集部第 1408 册,上海古籍出版社 1995 年版。

② 参见王聪明:《明清漕运与淮安天妃信仰的变迁》,《安徽史学》2014 年第 6 期。

③ 嘉庆《东台县志》卷九《山阜》,《中国方志丛书·华中地方·江苏省》第 27 册,台北成文出版社 1970 年版。

④ 参见康熙《仪征县志》卷一四《祠祀志上·诸庙附》,《扬州文库》第 2 册,广陵书社 2015 年版。

⑤ 王聪明:《双城记:明清清淮地区城市地理研究》,社会科学文献出版社 2020 年版,第 325—328 页。

淮安水神祠庙一览表

县(镇)区	祠庙名称	具体方位	始建时间
山阳县(32)	灵慈宫(天妃宫)	郡城西南隅	南宋嘉定年间
		新城大北门内	明代前期
	天妃祠	察院西侧	
	龙王庙	新城北城上	元代
		郡城东门外	崇祯年间重建
		板闸镇百子堂东	乾隆二十六年(1761)重建
		龙兴寺前	乾隆年间
	真武庙	信字坝南	永乐年间
	督抚名臣祠	郡治东南一里	正德十一年(1516)
	清源宫(二郎庙)	淮安卫东	明代前期
	篆香楼	淮安关署东北二里	嘉靖三十年(1551)
	三官殿	旧城锅铁巷	嘉靖年间
		河北镇西里	万历年间
	柳将军庙	西门外运河南岸	隆庆五年(1571)
	镇海金神庙	新城东门外	隆庆六年(1572)
	显应祠	草湾镇	万历四年(1576)
	淮渎庙	新城北门外	
		河下罗家桥	万历三十九年(1611)前
	大王庙	淮安大关楼后	万历四十七年(1619)
	三元宫	板闸镇南街	万历四十七年(1619)
	王公祠	城西楼前	万历年间
	陈公祠	西门外皇华亭北	万历年间
	金龙四大王庙	郡城外西南隅	明代后期
	冯公祠	养济院市口	
	施公祠	西门外南侧	
	邵公祠	龙兴寺东禅堂内	明代后期
	刘公祠	西门瓮城口	
	宋公祠	韩侯祠东侧	

县(镇)区	祠庙名称	具体方位	始建时间
	关帝庙①	河下竹巷	乾隆五十四年(1789)
	风伯祠	城西天后宫内	
	真武庙	新城内	
	杨泗庙	河下四版桥	
清河县(28)	真武庙	去治数十步	永乐十年(1412)重修
	淮神庙	治东二里许	正德三年(1508)
	大王庙	近新庄闸口	明代前期
	金龙四大王庙	治前百步许	
	三官殿(庙)	治东一里	嘉靖二十一年(1542)
	惠济祠	新庄闸河口	嘉靖二十七年(1548)
		西滩镇	嘉靖年间
		马头镇	天启年间
		惠济正闸	崇祯三年(1630)
		惠济越闸	康熙四十九年(1710)
		官庄	康熙年间
		武家墩	乾隆八年(1743)
		杨庄头坝	乾隆三十六年(1771)
		王营减坝	嘉庆十六年(1811)
		吴城七堡	嘉庆二十三年(1818)
	金龙(四)大王庙	五孔闸	嘉庆二十五年(1820)重建
	清源祠	治西半里	天启五年(1625)
	显王庙	武家墩	天启年间
	东岳庙	七里墩	顺治初年移建
	薛将军庙	治东二里	康熙七年(1668)
	金龙大王庙	顺黄坝	康熙三十一年(1692)

---

① (清)王光伯原辑、程景韩增订、荀德麟等点校的《淮安河下志》卷四《祠宇》(方志出版社 2006 年版,第 88 页)引程锺《淮雨丛谈》"窦筠生增武成王庙"条中曰:"乾隆五十四年七月,湖水大涨漫堤,险危已极,忽西风陡转,云雾中有金光,而水骤落,巡堤官弁见有金身像浮近堤面,下水举之,数十人方起至堤,则铜身关帝像也,重几二百斤。当详河督建庙供之,即今关帝庙像也,屡著灵异,保障河流云云。余十六岁迁居竹巷,对门居邻有邱鲁士先生,尝修理关帝庙"。

县(镇)区	祠庙名称	具体方位	始建时间
	风神庙	清口	康熙五十四年(1715)
	张将军庙	清口	乾隆三年(1738)
	河神庙	顺黄坝	乾隆四十三年(1778)
	三神庙	束清坝西岸	乾隆中改建
	黄大王庙	旧御黄坝	嘉庆十五年(1810)
	龙王庙	御黄坝	嘉庆二十三年(1818)
	惠济龙王庙	南头坝	嘉庆二十五年(1820)
清江浦(41)	灵慈宫		宣德年间
	金龙(四)大王庙	小河北西	洪武间建、乾隆间改建
		抬花巷北	嘉靖间建、乾隆间重建
		清江闸	康熙三十八年(1699)
		八面佛	嘉庆十九年
		兵四堡	嘉庆二十二年(1817)
	恭襄祠(陈公祠)		正统六年(1441)
	玄(元)地山	清江浦运河南岸	正统年间
	弘济祠	清江浦工部前	弘治年间
	灵应祠	清江浦户部前	嘉靖年间
	九龙将军庙	运河东岸	天启五年(1625)
	寿济祠	清江浦西河厂	天启年间
	福运祠	清江浦东河厂	天启年间
	火土大王庙	厂前坊	天启年间
	王公祠	海神庙东侧	天启年间
	龙王庙	运河北岸太史庄	崇祯年间
		运河南岸五孔闸西	乾隆四十九年(1784)
	斗姥宫	东门内	明代
	海神庙	小河北	顺治十四年(1657)
	护国大王庙	仁义洼	康熙三十八年(1699)
	四公祠	海神庙西侧	雍正、乾隆年间
	陈潘二公祠	禹王台西北向	乾隆二十二年(1757)
	禹王宫(元帝山)	清江浦楼之西	乾隆二十七年(1762)

续表

县(镇)区	祠庙名称	具体方位	始建时间
	风湖大王庙	清江闸下南岸	乾隆二十八年(1763)
	禹王庙	清江浦玄(元)地山右	乾隆三十二年(1767)
	北极宫	城西禹王庙基址	乾隆三十七年(1772)
	河西大王庙	清江浦米市	乾隆年间
	碧霞宫	玉带河北	乾隆年间改祀天后
	东岳庙	清江浦楼西	嘉庆九年(1804)重建
	金龙大王庙	凤阳厂	嘉庆九年(1804)重建
		下马头	嘉庆十二年(1807)
	九龙将军庙	迎水坝	嘉庆二十三年(1818)
	黎公祠	先农坛东南	道光九年(1829)
	栗大王庙	米市大王庙旁	光绪三年(1877)
	徐公祠	旧丰济仓	清代后期
	李公祠	旧书院内	
	真武庙	玄地山	
	海神庙	清江浦运河北岸	
	三义阁(关帝庙)	清江闸下馆驿之南	
	杨泗将军庙	运河北岸洋桥东侧	
	阴泽侯祠		

4. 驱蝗神:从八蜡到刘猛将

蝗灾是中国古代社会人们遭遇的主要灾害之一,江南地区蝗虫经常为害。“自万历三十三年北上,至天启元年南还,七年之间,见蝗灾者六,而其盛于丁巳。……江南人不识蝗为何物,而是年亦南至常州,有司士民尽力扑灭乃尽。”[①]而且蝗灾很容易发生次生灾害,往往旱蝗相继。比如,元至大元年(1308),常州地区遭遇旱蝗灾害,“民食草根、树皮,俱尽”[②];咸丰六年(1856),溧水地区“旱蝗为灾,人乏食,黠者将谋乱”[③]。于是,

① (明)徐光启撰,石声汉校注,西北农学院古农学研究室整理:《农政全书校注》,上海古籍出版社1979年版,第1300—1301页。

② 康熙《常州府志》卷三《祥异》,《中国地方志集成·江苏府县志辑》第36册,江苏古籍出版社1990年版。

③ 同治《续纂江宁府志》卷十四之九上《人物·义行》中,《中国地方志集成·江苏府县志辑》第2册,江苏古籍出版社1990年版。

这些地方产生了针对蝗灾的巫禳习俗。

最早与蝗虫有关的民间信仰是八蜡信仰。所谓"八蜡",是指八种农事神,包括先啬(神农一类的神)、司啬(后稷)、农(古代有功于民间田种的官)、邮表畷(田间小亭,传说能显灵)、猫虎、坊(堤坊)、水庸(沟城)、昆虫。八蜡庙逐渐演化为祭祀农作物害虫的综合性神庙,又演化为主要供奉蝗神的庙。据说蜡祭始自伊耆氏,"蜡者,索也,合聚万物而索飨之也。制始于伊耆氏族","其飨祀以岁之十二月","古蜡祭亦通于侯国,故后世郡邑皆有之"。① 自汉而宋,国家皆举行蜡祭,但是元以后,虽然八蜡仍然在国家祀典之列,但皆不举行蜡祭。明清时期均有人疏请恢复蜡祭活动,但皆未获允许。即便如此,八蜡信仰在江苏地区的官方和民间都比较流行,特别是在蝗灾比较多的江苏北部地区。地方官不仅春秋仲月上戊日要前去八蜡庙致祭,在蝗灾发生时还要亲临庙堂进行祭祀。如嘉靖二十九年(1550),六合知县董邦政祷告于八蜡之神,虔诚求以驱蝗。② 万历十六年(1588)宝应有大旱疫,既而又蝗,知县耿随龙为文"告八蜡之神,蝗不为灾"③。各地还建有八蜡庙。盱眙县八蜡庙,在县治东琵琶井。④ 山阳县八蜡神庙,在东门外,崇祯十五年(1642)漕储道王任重建。⑤ 阜宁县八蜡庙,在旧县城外长生桥东,乾隆十年(1745)陈增就茶庵故址改建,咸丰五年(1855)知县顾思尧同邑绅丁如茯重建,光绪六年(1880)知县蓝采锦重修。⑥ 江都县八蜡庙,在城西三里,嘉靖二十年(1541)建。⑦ 高邮八蜡庙在州治东北海子河边,雍正元

① 乾隆《江都县志》卷八《祠祀》,《中国地方志集成·江苏府县志辑》第66册,江苏古籍出版社1990年版。
② 参见光绪《六合县志》卷七,《中国地方志集成·江苏府县志辑》第6册,江苏古籍出版社1990年版。
③ 道光《重修宝应县志》卷九《灾祥》,《中国方志丛书·华中地方·江苏省》第109册,台北成文出版社1970年版。
④ 参见光绪《盱眙县志稿》卷三《建置》,《中国地方志集成·江苏府县志辑》第58册,江苏古籍出版社1990年版。
⑤ 参见同治《重修山阳县志》卷二《建置》,《中国地方志集成·江苏府县志辑》第55册,江苏古籍出版社1990年版。
⑥ 参见民国《阜宁县新志》卷二《祠墓》,《中国地方志集成·江苏府县志辑》第60册,江苏古籍出版社1990年版。
⑦ 参见万历《江都县志》卷一一《秩祀志》,《四库全书存目丛书》史部第202册,齐鲁书社1997年版。

年(1723)知州张德盛重建。① 泰州八蜡庙,在南门外,乾隆九年(1744)飞蝗入境时,运判张诚"祷之有应,创建"②。东台县八蜡庙在分司署右巷内,崇祯十三年(1640),旱蝗相继,分司大使卓尔康特建八蜡庙于司署之西。雍正元年(1723)对此八蜡庙修过一次,重修原因就在于此年春夏之交,"雨泽愆期,蝗蝻大作。渐食草木,民灶震恐"。分司大使虽下令捕蝗,但还是担心"种类苞孽或萌,与吾民争此禾草,其若之何?"于是与神约,神果能驱蝗保民,当修缮庙宇。③

雍正之后,在国家祭祀体系中,八蜡逐渐被猛将取代,猛将成为国家认可的驱蝗正神。根据学者的研究,猛将信仰主要流行于江苏和浙江地区。④ 关于刘猛将的原型,大致有刘锜、刘锐、刘宰、刘鞈、刘承忠、刘璋几种说法,江南地区的猛将信仰主要是刘锜或刘锐,他们都是抗金名将。据褚人获《坚瓠集》引《怡庵杂录》,刘锜曾在南宋景定年间被敕封为"扬威侯天曹猛将之神"⑤,从此被称为"刘猛将",后又被封为"吉祥王",人们在苏州建祠立庙,即"吉祥庵",俗称"猛将堂"。但是根据前述滨岛敦俊、董圣兰、陈泳超的研究,这些封号应该都是民间杜撰。洪武《苏州府志》载:"吉祥王庙,在西中街路。景定间因瓦塔而创,神姓刘也。"⑥但此时吉祥王应该还没有和刘锜等联系在一起,或是这一联系没有被地方政府确认。至正德《姑苏志》已载:"猛将庙,在中街路仁风坊

① 参见嘉庆《高邮州志》卷一《坛庙》,《中国地方志集成·江苏府县志辑》第46册,江苏古籍出版社1990年版。

② 道光《泰州志》卷一二《祠祀》,《中国地方志集成·江苏府县志辑》第50册,江苏古籍出版社1990年版。

③ 参见嘉庆《东台县志》卷二十《职官》,《中国方志丛书·华中地方·江苏省》第27册,台北成文出版社1970年版。

④ 关于猛将信仰,最早有影响的成果是日本学者泽田瑞穗的《驱蝗神》(《中国の民间信仰》,工作舍1982年版),此后滨岛敦俊的《明清江南农村社会与民间信仰》(厦门大学出版社2008年版),车锡伦、周正良的《驱蝗神刘猛将军的来历和流变》(《中国民间文化:稻作文化与民间信仰调查》,学林出版社1992年版),吴涛、周中健的《刘猛将军信仰与吴中稻作文化》(《农业考古》1998年第1期),董圣兰的《惟其功德之宜:民间力量对清代苏州信仰文化的塑型》(硕士学位论文,南京大学,2017年),陈泳超的《互文形塑:刘猛将传说形象的历史辨析》(《民族艺术》2020年第2期)对这一课题均有开拓。

⑤ (清)褚人获:《坚瓠集》首集《扬威侯敕》,《续修四库全书》子部第1261册,上海古籍出版社1995年版。

⑥ 洪武《苏州府志》卷一五《祠祀》,《中国方志丛书·华中地方·江苏省》第135册,台北成文出版社1970年版。

之北。景定间因瓦塔而创,神本姓刘名锐;或云即宋名将刘锜弟,尝为先锋,□敌保土者也。尝封'吉祥王',故庙亦名吉祥庵。"①至此,刘猛将信仰大致形成。王稚登《吴社编》言,吴地庙会"有松花会、猛将会、关王会、观音会。松花、猛将二会,余幼时犹及见,然惟旱蝗则举……"②可见,此时(即嘉靖初年)刘猛将已经成为驱蝗神。影响所及,苏北地区也相继建成猛将庙。江苏东台县刘猛将军庙,在县署内,"相传北直、山东诸省有蝗蟵之患,民间往祷于宋刘统制锜之神,辄著灵应。因呼之为刘猛将军,未知其审,今庙祀遍东南矣"③。海安镇东凤山上有刘猛将军庙,右翼巡检朱积塑像祀之。④ 靖江县刘猛将军庙在澜港庙侧,祀因驱蝗蟵有功的宋故提举江洲等处制置使刘锜。⑤

猛将信仰在清代前期曾屡遭打击,前述汤斌禁毁淫祀,刘猛将就是打击对象。但是不到五十年,刘猛将地位突然扶摇而上。雍正年间,时任直隶总督李维钧在河北驱蝗过程中,编造出一个"刘猛将军降灵"的故事:将军自述为刘承宗,广东吴川人,元顺帝时授指挥之职,赴江淮剿除群盗,凯旋返舟时,值蝗虫为孽,民不聊生,因情急而自沉于河,后有司闻上,遂授猛将军之职。一般认为,刘猛将无论是刘锜还是刘锐等,都是抗金英雄,而满族为"后金",统治者自然不好接受,这可能是当年汤斌禁毁猛将信仰的原因所在。李维钧作为嘉兴人,在直隶驱蝗时自然而然地想到猛将信仰,但他不好直接将刘锜、刘锐等人的故事引入,因此将其改造成蒙古执政时期的元朝将官,避免了忌讳,因此得到雍正帝的认可并下令推广。清世宗专门敕谕江南、山东、河南、山西各建立刘猛将军庙,并于畅春园择地建庙,并规定于每年冬至后第三戌日及正月十三日依照八蜡例祭祀。此后猛将还在咸丰到光绪年间得到了日益增多的封号,据《清朝续文献通考》记载,到光绪十二年(1886)后,

① 正德《姑苏志》卷二七《坛庙上》,《天一阁明代方志选刊续编》,上海书店 1990 年版。
② (明)王稚登:《吴社编》,《四库全书存目丛书》子部第 241 册,齐鲁书社 1997 年版。
③ 嘉庆《东台县志》卷一三《祠祀》,《中国方志丛书·华中地方·江苏省》第 27 册,台北成文出版社 1970 年版。
④ 参见咸丰《海安县志》卷二《祠祀》。
⑤ 参见光绪《靖江县志》卷二《坛庙》,《中国地方志集成·江苏府县志辑》第 5 册,江苏古籍出版社 1990 年版。

刘猛将的完整封号为"灵孚翊化襄济灵惠显应普佑保康刘猛将军"①。

　　但在江南民间,猛将既不是刘锜,更不是刘承宗,而是一个小男孩。根据陈泳超的研究,这个男孩出生于苏松地区某村镇(多称上海的青龙镇)。据传,他幼时生母病故,父亲续娶,继母带来一个弟弟。他受尽继母虐待,落水几死,幸得神灵护佑,被外公救起,并在舅家劳动生活。他后得宝剑、铠甲等神奇物品,揭皇榜驱蝗有功,获得各种敕封,最后上天封神。总之,这是一个苦孩子成为少年英雄的神灵故事。这样的民间叙事,最晚在明代后期已经盛行。万历年间松江府人宋懋澄言:"吴人又祀刘猛将,云是刘顺昌弟。而民间祀本称刘为青龙镇人,困于后母,乘潮溺死,故披发不冠。"②刘猛将在民间祠庙中大都是一小孩形象。如清代吴江人袁栋言:"夏秋间有蝗蝻害禾,俗祀刘猛将为蝗神。新年鸡豚赛会,春间演剧酬神,举国若狂,乡农处处皆然。且塑一短小身躯,云是幼时即为神者,编神歌以实之。歌中极言其幼时之厄难,词极俚鄙。"③沈钦韩《刘猛将考》更描述猛将"塑像状如婴儿",而且"王之额豁口大,王之像为人嗤笑也"④。在民间叙事中,刘猛将因为各种原因弄破了额头,故其神像造型经常头扎红布带,称为"扎头猛将",恰恰符合"王之额豁口大"的说法。正是因为猛将扎头,所以民间出会时,当地人会"首缠绛帕,手执戈矛旗纛,击鼓吹箫,刲羊醨酒,相率而祈赛其中,曰将以祛旱蝗也"。同时,多有少年扮演猛将,乱奔乱走,以倾跌为乐。如顾禄在《清嘉录》中记:一月十三日,"官府致祭刘猛将军之辰。游人骈集于吉祥庵。庵中燃铜烛二,大如栲捲,半月始灭,俗呼'大蜡烛'。相传神能驱蝗,天旱祷雨辄应,为福畎畝,故乡人酬答尤为心愫。前后数日,各乡村民,击牲献醴,抬象游街,以赛猛将之神,谓之'待猛将'。穹隆山一带,农人舁猛将,奔走如飞,倾跌为乐,不为慢亵,名曰'趣猛将'"⑤。

① 刘锦藻:《清朝续文献通考》卷一百五十七《群祀考一》,《续修四库全书》史部第 816 册,上海古籍出版社 1995 年版。
② (明)宋懋澄撰,王近校点:《瞻途纪闻》,《九籥集》,《续修四库全书》集部 1372 册,上海古籍出版社 1997 年版。
③ (清)袁栋:《书隐丛说》卷一四《猛将》,《四库全书存目丛书》子部第 116 册,齐鲁书社 1997 年版。
④ (清)沈钦韩:《幼学堂文稿》卷五《刘猛将考》,《续修四库全书》集部第 1499 册,上海古籍出版社 1997 年版。
⑤ (清)顾禄:《清嘉录》卷一《正月·祭猛将》,江苏古籍出版社 1999 年版,第 25 页。

　　其实,江南各地的猛将赛会并不局限于这一官方祭祀时间,而是多与当地民间节日和庆祝活动结合在一起。如吴江县平望镇八月中秋节左右,在"城隍、刘王两庙悬灯,如正月中故事",除夕"祭城隍、刘王诸神马,亦有祭于其庙者,曰'过年'"①。吴县东山六月二十四日雷祖诞,"进香于莳山庙,并抬刘猛将前往,登舟赏荷"②。更多地方的祭猛将活动则和农业生产特别是水稻种植有密切的关联。如每年正月十三日,吴江县黎里"乡人就田中立长竿,用槁筿夹爆竹缚其上,旁设刘猛将军之神。香烛果品罗列照耀,更有赞神曲,且拜且唱,四周金鼓之声不绝。少年好事者往往买雪炮(流星、赛月明之属),远远射之,谓之'打田财'。间有打着烧去者,则田家再缚如初,自黄昏起至夜半或竟夜,乃举火焚之,谓之'烧田财',盖即'照田蚕'之讹也"③。在民间信仰中,猛将的职能也逐渐从防蝗虫扩大到预防所有的水稻病虫害。如吴滔和周中建指出:农历七、八月,吴中农家有祭土谷神的风俗,名"青苗社"。每年行青苗会的时候,正值单季稻将熟、晚稻灌浆之际,往往是虫害多发之期,"青苗"就是要使禾苗返青的意思。吴中民间多有"烧青苗""做青苗"之类的习俗,其间常伴有祀猛将、赛猛将的活动。④ "是时田夫耕耘甫毕,各酿钱以赛猛将之神,异神于场。击牲设醴,鼓乐以酬,田野遍插五色纸旗,谓如是则飞蝗不为灾,谓之'烧青苗'"⑤。正是因为猛将信仰与稻作习俗紧密联系,所以迅速在苏南各地扩展。仅苏州相城一地在清末就有十座猛将庙⑥,吴县东山乡在民国时期则有大小猛将庙一百多座⑦。

　　根据吴滔等的研究,刘猛将庙众多,逐渐形成了一个信仰网络,在这个网络中下位庙宇向上位庙宇进香。⑧ 例如,光绪年间,江阴县除在南门外驻节亭右有刘猛将军庙外,在葫桥、花山、萧歧、双牌、三官诸处

---

① 道光《平望志》卷一二《节序》,《中国地方志集成·乡镇志专辑》第13册,上海书店出版社1990年版。

② 民国《乡志类稿·风俗》,《中国地方志集成·乡镇志专辑》第8册,上海书店出版社1990年版。

③ 嘉庆《黎里志》卷四《风俗》,《中国地方志集成·乡镇志专辑》第12册,江苏古籍出版社1990年版。

④ 参见吴滔、周中建:《刘猛将信仰与吴中稻作文化》,《农业考古》1998年第1期。

⑤ (清)顾禄:《清嘉录》卷七《七月·烧青苗》,江苏古籍出版社1999年版,第153页。

⑥ 参见民国《相城小志》卷二《庵观祠庙》,《中国地方志集成·乡镇志专辑》第8册,上海书店出版社1990年版。

⑦ 参见长春:《东山风俗:抬猛将小考》,《吴县文史资料》第3辑。

⑧ 参见吴滔、周中建:《刘猛将信仰与吴中稻作文化》,《农业考古》1998年第1期。

有行宫,云亭、青旸、顾山、沙洲则肖像祀之。① 其中,南门外的刘猛将军庙是中心庙宇,猛将行宫则属次级庙宇,而只奉肖像的级别最低,它们共同构成一个空间上的信仰等级结构,进而成为联络不同社区间人们生产生活的一种模式。② 周庄也存在类似情况。③ 费孝通先生在《江村经济》中曾经提到:在江村(即吴江开弦弓村),有一个由大约三十家住户组成崇奉"刘皇"(即刘猛将)的地域群体,称为"段",每个段奉祀刘皇像,同段的每一户每年要出一个代表,在正月和八月各聚会一次。聚会时,把神道请到其中一户人家里,这家的主人则准备好盛宴供奉。④

5. 瘟神:张巡信仰与都天会

流行传播的恶性传染病(即瘟疫)即便在今天都是令人恐慌的事情,在科学不发达的古代更是"谈瘟色变"。中国古代的人们认为瘟疫是恶鬼缠身所致,汉刘熙在《释名释天》中便言:"疫,役也,言有鬼行疾也。"因此,只能寄希望借助超自然的力量来消弭瘟疫。江苏地区最重要的瘟神信仰就是张巡信仰。⑤

张巡是中国历史上知名的忠烈之士,南阳邓州人,唐开元末进士及第,由太子舍人累官至主客郎中、河南节度副使,拜御史中丞。史称,安史之乱时,他和许远坚守睢阳城,当时"贼欲绕出巡后以扰江淮,巡退军睢阳,扼东南咽领。自春讫冬,大战数十,小战数百,以弱制强,出奇无穷,杀馘凶丑凡十余万,贼不敢越睢阳取江淮,江淮以完",最后城孤粮

① 参见光绪《江阴县志》卷六《杂志》,《中国地方志集成·江苏府县志辑》第 26 册,江苏古籍出版社 1990 年版。
② 参见吴滔、周中建:《刘猛将信仰与吴中稻作文化》,《农业考古》1998 年第 1 期。
③ 参见光绪《周庄镇志》卷四《风俗》,《中国地方志集成·乡镇志专辑》第 6 册,上海书店出版社 1990 年版。
④ 参见费孝通:《江村经济》,商务印书馆 2001 年版,第 98—99 页。
⑤ 关于张巡信仰,可参见台湾学者范纯武的《张巡信仰的历史、祀典封号及其影响》(《台湾宗教研究通讯》2003 年第 6 期)及《双忠崇祀与中国民间信仰》(博士学位论文,台湾师范大学历史系,2003 年),陈春声的《明末东南沿海社会重建与乡绅之角色:以林大春与潮州双忠公信仰的关系为中心》(《中山大学学报(社会科学版)》2002 年第 4 期)与《"正统"神明地方化与地域社会的建构:潮州地区双忠公崇拜的研究》(《韩山师范学院学报》2003 年第 2 期)是关于潮州双忠公信仰与地域社会研究的力作,而关于江淮等地张巡信仰的研究,可看看何方的《唐至清代"双忠"信仰的地域扩展研究:以江淮与东南为中心》(硕士学位论文,暨南大学,2016 年),另外孙跃在《清代长江三角洲地区民间信仰研究》中也专门对此有所讨论。

尽,城陷死之。① 张巡、许远扼守睢阳城,确保了东南地区的安全,在当时就被认为有深远的影响:"天宝末,禄山乱两河郡县,多所陷没……然使贼锋挫衄,不至江淮,巡、远之力也"②,"张巡、许远守睢阳以全江淮,而东南赋入得济中兴之需"③。一般史家都认为张、许的抗争遏制了安史叛军南下,江淮经济得以保全,保障了唐室中兴的经济基础,甚至被认为是日后江南发展的一个重要转折点,在中国历史上有重大意义。他们受到了唐王朝的尊崇。"肃宗下诏,赠巡扬州大都督,远荆州大都督,立庙睢阳,岁时致祭";唐德宗时,对至德以来功绩特别显著的将相,按等级安排顺序,以颜真卿、袁履谦、卢奕以及张巡、许远、南霁云为上等;自是讫僖宗,求忠臣后,无不及巡、远者,大中年间,又图巡、远像于凌烟阁,睢阳至今立祠祭祀,号"双庙"云。④

至宋代,张巡和许远的双忠庙依然备受重视。至宋神宗时,御史张方平在上《论鬻祠庙》,阻止司农寺将祠庙"召人承买,收取净利"时,举例称:"又有双庙,乃是唐张巡许远,以孤城死贼,所谓捍大患者。今既许承买,之后小人以利为事,必于其间营为招聚,纷杂冗亵,何所不至。慢神渎礼,莫甚于此。"⑤不过也正是在此时,又出现了忠靖王信仰。《宋会要辑稿》记云:临汀有靖王祠,"在临汀蓬城县南,嘉定间敕赐庙额,按王,淮阴人张有严之子,唐开元元年八月十八日生,十四年七月二十五日入灭为神,护国救民,封成济侯。宋太祖亲征太原,川水泛溢,上忧之。冰忽合,师遂济,空中见神来朝,加征应护圣使者。熙宁五年,升济物侯。宰相王荆公令有司勘合灵显事迹,再封忠懿文定武宁嘉定侯。南渡以来,神复响答于浙间,而此方尤显著,累封东平忠靖王,邑人尊事之。殿基旧卑隘,淳熙九年重建"⑥。前述常州宋代的嘉应侯庙就是纪念他的。"神姓张,夫人吕氏,始封嘉应侯,后封东平忠靖孚应王"。镇

---

① 参见(宋)欧阳修:《新唐书》卷二〇三,中华书局 1975 年版,第 5777 页。

② (唐)李吉甫:《元和郡县图志》卷七《河南道三》,中华书局 1983 年版,第 179 页。

③ (宋)黄震:《古今纪要》卷一一,《景印文渊阁四库全书》第 384 册,商务印书馆 1986 年版。

④ 参见(宋)欧阳修:《新唐书》卷一百九十二,中华书局 1975 年版,第 5534 页。

⑤ (明)杨士奇等辑:《历代名臣奏议》卷二百八十四,《景印文渊阁四库全书》第 438 册,台北商务印书馆 1986 年版。

⑥ (清)徐松辑:《宋会要辑稿》礼二十之一三四,中华书局 1957 年版。

江也有东平靖王庙。丹徒县"东平忠靖王别庙在小沙中保,宋末里人重建"①。明代之后,嘉应侯庙不再进入祀典,在这种情况下,很多地方都以"忠臣张巡实之"②,嘉应侯庙逐渐被改造为张巡庙,张有严之子和张巡混为一谈,包括封赐。《靖江县志》曾举出张巡在宋至明代的封赐情况:"宋元丰三年始奉嘉应侯;政和三年九月奉灵佑侯;政和六年十月奉佑顺显灵公;宣和七年赐庙额加封'昭烈'二字;建炎二年奉忠靖王;绍兴十七年奉中丞,妻协惠夫人;绍兴二十二年封忠靖威显王;隆兴元年,封忠靖威显灵佑王;乾道七年,奉忠靖威显灵佑英济王。元仍封英济王。明洪武间,封东平忠靖保佑真君。"③其中何者为张巡,何者为张有严之子,已经是混淆不清了。

宋元时期,在民间信仰中,张巡逐渐成为瘟神。元末人谢应芳曾经在无锡目睹当地民众迎赛张巡:"往予过无锡,适州人出郭迓神,赤发青面,吻出两牙,状极诡异,旗旄鼓吹,卫从而舁之。予尝讶而问焉,人曰:'此唐张巡也。'"当地人说,张巡"死时自谓当作厉鬼,故世以公为疫疠之神而崇奉焉"。谢应芳对此十分不满,认为"何邪说者附会如此"。他指出,"所谓厉鬼,乃泛言刚厉之鬼,若韩文驱厉鬼之厉相似,非疫疠之鬼也",说张巡是疠鬼,其实就认为他"为害天下后世之人",是"诬枉前贤,罔惑后世"。④

根据正史,关于张巡死后为厉鬼的说法,《旧唐书》中记载如下:"城将陷,两向再拜,曰:'臣智勇俱竭,不能式遏强寇,保守孤城。臣虽为鬼,誓与贼为厉,以答明恩。'"⑤这段话在《新唐书》中稍稍做了一些改变:"巡西向拜曰:'孤城备竭,弗能全。臣生不报陛下,死为鬼以疠贼。'"⑥正如谢应芳所言,无论是厉还是疠,瘟疫、疾病其实只是其多重含义之一,说张巡死后将成为恶鬼,并不等于瘟疫之鬼。明人陆容也这

① (元)俞希鲁:《至顺镇江志》卷八,江苏古籍出版社1999年版,第338页。
② 万历《常熟私志》卷三之二《祀典志》,民国瞿氏抄本。相关研究参见王健:《明清江南士绅的祠祀观念:以苏松为中心的考察》,《传统中国研究集刊》第二辑,上海人民出版社2006年版。
③ 光绪《靖江县志》卷二《营建·坛庙》,《中国地方志集成·江苏府县志辑》第5册,江苏古籍出版社1990年版。
④ 参见(元)谢应芳:《龟巢稿》卷一四《厉鬼辩》。
⑤ (后晋)刘昫等:《旧唐书》卷一八七下,中华书局1975年版,第4901页。
⑥ (宋)欧阳修:《新唐书》卷一九二,中华书局1975年版,第5539页。

样辩解:"后人多误解此字,致生邪说,至有以厉即古疠字,谓巡为掌疫疠之鬼,若致道观塑巡为青面鬼状,世之讹谬如此,正由误解此字故也。"①但对于百姓而言,他们本意就是附会。因此,再如何解释,也改变不了张巡成为瘟神这一结果。所以,清人宋荦曾在常熟方塔寺内看到有青魃菩萨,"即睢阳张巡,赤发蓝面,口衔巨蛇,如夜叉状"。他"视之不可解",旁人道:"公自矢死为厉鬼杀贼,此盖厉鬼像云。"

明清以后,朝廷对于张巡更是推崇备至,曾经多次对其进行赐封,仅清后期就增加了许多列入祀典的奉祀张巡的祠庙。嘉庆八年(1803),加封显佑安澜神(即张巡)为显佑安澜宁漕助顺之神,庙祀江南丹徒县;咸丰八年(1858),又加封显佑安澜神为显佑安澜宁漕助顺效宁助顺彰威之神,庙祀江南高堰武家墩;同治七年(1868),又加封显佑安澜神为显佑安澜宁漕助顺效宁助顺彰咸灵佑护国之神;光绪六年(1880),又加封显佑安澜神为显佑安澜宁漕助顺效宁助顺彰威灵佑护国翊运之神。② 在这种情况下,江苏地区建了大量奉祀张巡的祠庙。根据何方以及其他学者的统计,在明清时期,江苏地区至少有双忠祠庙58处:江宁府4处,其中上元、江宁两县1处,江浦2处,句容1处;苏州府3处,其中吴县2处,常熟县1处;通州2处,其中如皋1处,海门1处;太仓州6处;镇江府1处;徐州府1处;淮安府7处,其中山阳县1处,阜宁县1处,盐城5处;扬州府27处,其中仪征县1处,宝应县1处,江都县11处,甘泉县7处,东台县5处,兴化县2处;常州府6处,其中武进1处,无锡1处,江阴3处,靖江1处;另当时属于安徽的盱眙1处。③

很多张巡祠庙,特别是在江苏地区的多被称为"都天庙"(也有的称"棠梨宫""宏通庙""景佑庙"等)。如靖江都天江神祠庙在东塔寺旁,万历三十年(1602)建,祀张巡,当地人祭祀张巡,是因为他"职司瘟部,统辖神兵,捍寇御灾,保宁家国"④。江苏如皋县"都天庙,在县东北,祀司

---

① (明)陆容:《菽园杂记》卷六,中华书局1985年版,第67页。

② 参见《钦定大清会典事例》卷四四六《礼部》,《续修四库全书》史部第809册,上海古籍出版社1995年版。

③ 参见何方:《唐至清代"双忠"信仰的地域扩展研究:以江淮与东南中心》,硕士学位论文,暨南大学,2016年,第48—49页。此处根据地方志略作增补和修订。

④ 光绪《靖江县志》卷二《坛庙》,《中国地方志集成·江苏府县志辑》第5册,江苏古籍出版社1990年版。

疫之神也"①。如阜宁县的都天庙,据《阜宁县志》记载:"有神散瘟于水,此老夺瓢自饮,愿代民死,乃受帝封'孚佑帝君'"②。厉秀芳《真州风土记》记载:仪征人相传,一书生夜遇疫鬼散毒井中,自拼一死,以救万人,新城镇石墓,即书生当日投井处。该墓白石垒成,历久弥光,"进香士女必来庙后参谒,手拂拭石谓可不龟,钱磨厉石,谓可避疫"③。

之所以称为"都天",地方志都解释是与瘟疫有关。如《江都县续志》便称:"都天,司疫之神也,以禳胃、昴、虚、危之气也,民间崇祀,犹礼之傩也"④。《甘泉县续志》也解释:"都天庙,祀司疫之神也。礼月令二傩以为疫者,昴,胃中大陵,积尸气,及虚危中坟墓,诸星气所轶出世。"⑤对于"都天"与瘟疫的关系,清人俞正燮在《癸巳存稿》中说:"张(巡)自言愿为厉鬼杀贼,厉即瘟神都天。今丹徒句容都天降福元帅祠,亦张公也。"⑥可见,都天即是瘟神之意。张巡瘟神的形象正好符合"都天"之意,由此张巡自然也就成为都天庙中的都天大帝了。

不过,值得注意的是,都天庙中供奉的也不一定就是张巡,如《江都县志》中记载的都天庙供奉的是孚惠先生。孚惠同样有灵异传说:"相传元至大初,有孚惠先生,楚人也,得其师真牧公之学,由浔阳东游至仪征,怜民病疫,以神符秘□饮之,皆立应。仪扬间奉以为神,殁葬仪之新城,后人即其墓所立庙,故扬亦崇祀焉。其庙号曰都天,莫之所本,江都城内外多有庙,唯建于南门外者最久。每岁五月,邑人迎赛,谓神实司疫厉云。"⑦

更有很多人说,都天庙里供奉的其实是张士诚。张士诚的家乡泰州就持这样的观点:

> 轰轰烈烈之都天会,实为吾泰民族英雄张吴王士诚举行,非为睢阳太守发也。吴王抗御胡儿,思有以复兴汉族,事虽未成,武功

① 嘉庆《如皋县志》卷三《建置》,《中国方志丛书·华中地方·江苏省》第9册,台北成文出版社1970年版。
② 光绪《阜宁县志》卷二《建置·坛庙》,光绪十二年刻本。
③ (清)厉秀芳:《真州风土记》,《扬州文库》第55册,广陵书社2015年版。
④ 光绪《江都县续志》卷一八《祠祀考》,《扬州文库》第12册,广陵书社2015年版。
⑤ 民国《甘泉县续志》卷一一《祠祀考》,《扬州文库》第16册,广陵书社2015年版。
⑥ (清)俞正燮:《癸巳存稿》卷一三《张王神》,辽宁教育出版社2003年版,第408页。
⑦ 乾隆《江都县志》卷八《祠祀》,《中国地方志集成·江苏府县志辑》第66册,江苏古籍出版社1990年版。

自在。在政宽简尤得民心。既失败,吴人思念不忘,多立其像而祀之。只以明主枭雄,多所嫉妒,小民恐其干涉,不得不有所附托,以避指目。此犹三月十九日之太阳生日,实为明思宗煤山殉国而留纪念也。虽然,此非乃安一人之私言,前人已有言之者矣。周宏炽《张吴王传》云:"江淮之民念王逝,则托之张睢阳,所谓金容大帝、行灾大帝皆是。"又《琅峰遗稿》云:"王殁后,江浙民立祠祀王,为明祖所知,民乃以金饰王容,托称金容大帝。或赭容王,称朱天帝。"此皆都天为张吴王之托。且民间祀王,不仅托之睢阳,亦或称某王,托之晋孝侯周处。或立庙范王兄弟暨太夫人,而讳之曰五圣(同上)。或于七月三十烧久思香,托之于地藏菩萨(见《梵天庐笔录》)。而其实,皆祀吾泰之民族英雄张吴王也。①

上文提到的都天会就是都天神灵的迎神赛会,镇江、扬州、仪征、淮安等地的都天迎神赛会非常热闹。都天迎神赛会一般在五月十五(也有在五月九日的,也有在四月中下旬的,也有在六月的)举行。徐谦芳说:"扬州在昔六月间迎都天会,台阁以精致为先,伞旗以美丽为主,鼓吹、椿盏、羽葆、秋千之属,争奇竟异,极一时之盛"②。仪征是盐码头,所谓"都天会起赛神忙,儿女沿堤尽点香"③。在淮安,都天会又分小都天、大都天(小都天庙在河下,大都天庙在河北)。都天会之赛期,在每年四月中、下两旬,"与会者尽系商家,分米、钱、绸、布各业,共有二十余业之多。每业皆备有执事全副,区别其业,则以某安胜会办之(如钱业曰文安,绸业曰普安)"④。清江浦因是南河总督府所在,盐商也云集此地,都天会办得红红火火。商家的介入,使都天瘟神的赛会渐渐地淡化了驱疫观念,更多地是在娱神的同时达到娱人的目的。

最兴盛的都天会则在镇江。根据《集说诠真》引《印雪轩随笔》的记载:"赛神之盛,莫过于镇江之都天会。考神为唐睢阳公,镇江人奉之极

① 俞扬辑注:《泰州旧事摭拾》,江苏古籍出版社1999年版,第277—278页。
② (清)徐谦芳:《扬州风土记略》卷下《岁时》,《扬州文库》第55册,广陵书社2015年版。
③ (清)袁枚:《真州竹枝词》,王英志主编:《袁枚全集》,江苏古籍出版社1993年版,第586页。
④ 胡朴安:《中华全国风俗志》下编卷三《淮安风俗志》,《中华民俗方言文献选编》影印本,台北文海出版社1985年版。

度,此会义借以逐疫会。"①清人金安清在《水窗春呓》中也说:

> 都天会最盛者为镇江,次则清江浦,每年有抬阁一二十架,皆扮演故事,分上、中、下三层。最上一层高至四丈,可过市房楼檐,皆用童男女为之,远现亭亭然,如彩山之移动也。此外旗伞旌幢,绵亘数里,香亭数十处无一同者。又有坐马二十四匹,执辔者皆华服少年。又有玉器担十数挑,珍奇罗列,无所不备。每年例于四月二十八日举行。其最不可解者,抬阁一二十座非一人所能办,必一年前预为之;而出会之前一日,尚不知今年之抬阁是何戏剧也,其慎密如此。使上下公事皆能如之,独不妙乎。②

著名诗人赵翼曾有《都天会》诗云:"神会盖始乡人傩,黄金四目扬瑂戈。汉家原庙亦遗制,衣冠月游长乐坡。城阳景王岁一驾,用二千石仪卫多。南朝蒋侯更出荡,张弓拔白声驱魔。有元帝师泥银伞,至拨卤簿为搗呵。流俗相沿遂成习,附会神鬼讹传讹。润州城东都天会,年年四月大报赛。七香亭导八掮舆,彩仗前驱一对对。金童玉女乘云軿,夹以铙箫溢阛阓。刀矛浴铁皆似银,旗帜绣丝不用绘。列队计长十余里,糜财不在万金内。但求角胜肯惜费,富者破悭贫者贷。不知是何神,擅此大富贵。或言唐张巡,睢阳百战捍贼尘,保障功在江淮民。或言一儒巾,夜遇疫鬼散毒氛,独以一人活万人。究竟未识何者是,徒令世眼滋拟议。我思天下庙宇多,原可不必一一考姓字。"③他指出,都天赛会其实始于乡人傩,是傩仪式的变形。汉代的城阳景王、南朝的蒋子文出巡其实都是这一变形的发展过程。至于这神是不是张巡,"我思天下庙宇多,原可不必一一考姓字",看着热闹就行了。

6. 本地神祇

城内祠庙的创立和修建,本地人是主要的参与者。和其他纳入祀典的神祇相比,地方神祇更具有平民性。这种乡土情结和平民性决定了在任何一地的民间信仰中,本地的地方神祇都占据着非常重要的位

---

① (清)黄伯录:《集说诠真续编》,光绪三十二年铅印本。
② (清)欧阳兆熊、金安清著,谢光尧点校:《水窗春呓》卷下《都天会》,中华书局 1997 年版,第 75 页。
③ (清)赵翼:《瓯北集》卷四一,上海古籍出版社 1997 年版,第 982 页。

置,对地方神祇的研究有助于分析民间信仰的地方特性。

刘云山是清代常州地区出现的一个重要的本地特有的神祇。关于刘云山的灵异故事,《清稗类钞》有如下的记录:

> 刘云山,常州医也。康熙丙午,杭州有巨室子某病亟,忽有一医到门,曰:"我毗陵人刘云山也。"投一匕而霍然。赠之金,不受,曰:"他日寻我于毗陵之司徒庙巷。"逾月,某至常,询于人,庙侧有老叟,曰:"云山死三十七年矣。"顾其生时笃信鬼神,曾授梦于是庙之神,募地以广祠宇,因自为像于神旁,尚可识其形容也。某惊愕,入拜其像,宛然,乃哭祭而去。①

类似的记载也出现在《虞初新志》《池北偶谈》《客窗偶笔》等笔记中,内容基本上大同小异,最早记录此事的则是明末的金铉。刘云山是何许人也,最初并无人知悉。后据记载,乾隆三十六年(1771)三月城隍庙火灾,只有刘云山像未被毁掉,在重修城隍庙、整修刘云山祠的过程中,工匠在塑像中得到一张小纸片,上称刘云山名朝宇,字济宇,号云山,湖北江陵人。传说他在明代于各处行医,但"工医而名未显"②,郁郁而终。刘云山祠如何建成,有两种说法。一种是如《清稗类钞》和《客窗偶笔》所言,他生时笃信鬼神,"募地以广祠宇","自塑立像,舍身庙中"③。另一说是"见梦于吾县之某氏,笃疾以瘳,某氏感其德,为塑像于城隍祠左侧"。相传,刘云山在病人梦中行医,并"有祷辄应,灵异大著"④。阳湖派的著名文人恽敬曾自称他在梦中被刘云山治愈:"乾隆之五十一年敬游太原,得胃疾,脘时张欲裂,梦色扬而髯者进饮,觉,暴下,下数日已已。后复下,时下时已,几一年而疾除。"⑤另一个著名文人,作为毗陵七子之一的赵怀玉同样记录:"己酉夏,余患胸中气,几死,屡祷而无梦,一夕家君梦人道服俨然,造庭曰:'肝脾实相为表里,治肝心本治脾。先儒

---

① 徐珂:《清稗类钞》第 10 册《迷信类》"刘云山死而为医",中华书局 1986 年版,第 4765 页。
② (清)赵怀玉:《刘云山祠碑记》,道光《武进阳湖县志》卷一四《坛庙志二·祠庙下》,光绪十二年刻本。
③ (清)金捧阊:《刘仙师》,《客窗偶笔》卷二,同治七年刻本。
④ (清)陆继辂:《刘云山画象记》,《崇百药斋文集》卷一五。
⑤ (清)恽敬:《大云山房文稿》初集卷三《刘先生祠堂壁铭并叙》,《续修四库全书》集部第 1482 册,上海古籍出版社 1995 年版。

有言,气以成形,理亦赋焉。俗医岂不知耶?'觉而异之,余病亦寻愈。"因此,"邑人渐神之",一般人有病,"署'刘先生请进'五字于门堂中,焚香设茗,以待先生,或至,或不至,至则梦授针药,病立愈。于是病者之家人人意中若有刘先生者"①。直到晚清依然是"郡人祈祷无虚日",金武祥还有一首诗称颂:"云山苍苍水泱泱,先生之风高且长。我今述祖征灵迹,来乞仙翁肘后方。"②

　　和一般的地方神祇相比,刘云山及其灵异故事有其独特性。首先,和陈果仁不同,刘云山不是官员,是平民,而且他不是本地人,他是一个在异乡谋生的外来者,一个有抱负却无法施展,郁郁而终,长眠他乡的普通人。他的灵异故事能够在异乡得到传播,最终成为一个城市中所有居民,不论是土著还是客籍,不论是精英还是平民共同的信仰,这既是城市越来越平民化和世俗化的表征,也是城市外来谋生者越来越多的反映,说明城市开始具有越来越大的包容性。其次,刘云山信仰的形成,其背后并没有政府的因素,政府所做的只不过是在最后对这个神祇进行了认可。这说明民间信仰可以有自己构建和流播的渠道与方式,不必借助政府的力量便可以登上所谓"正祀"的大雅之堂,被精英文人接受,为官方所认可。可见,随着交通和商业的发展,在当时的城市社会中,已经有一张相当繁复和精密的信息传播网,深入到包括精英文人在内的民众的现实生活之中。正是这种信息的传播网络使得个别的事件成了公众事件,使得一个普通的灵异故事迅速得到传播,最终构建出一个地方神祇。据记载,刘云山早期的灵异故事发生在杭州,意味着这个信息传播网络已经不局限于单独一个城市,而是已经跨城市地在整个长江三角洲地区甚至更广泛的范围内形成。最后,通过刘云山像的塑造和刘云山祠的修建过程,我们可以发现,在民间信仰的构建过程中,世俗化的作用已经越来越明显,有可能由于完全个人或经济上的原因塑造一个新的神祇。

① (清)赵怀玉:《刘云山祠碑记》,道光《武进阳湖县志》卷一四《坛庙志二·祠庙下》,光绪十二年刻本。
② (清)金武祥:《陶庐六忆》,粟香室丛书本。

第三节　明清时期的迎神赛会

迎神赛会,在民间又称"出会""巡会",起源于周代的蜡祭,后发展成社礼。宋代高承《事物纪原》云:"郑康成谓岁十二月,索鬼神而祭祀,则党正以礼,属而饮酒,劳农而休息之,使之燕乐","今赛社则其事尔"。所以,迎神赛会最初就有岁末祭祀鬼神、表示酬谢之意。迎神赛会到宋代得以延续,"以岁十月农功毕,里社致酒食以报田神,因相与饮乐"[①]。此后,迎神赛会的范围从田神扩展到几乎所有重要的神灵,成为集祭祀神灵、商品交易、游戏娱乐于一体的一种民间大型集会。《清稗类钞》曾以"巡会"概括赛会:"具仪仗杂戏迎神,以舆舁之出巡,曰赛会,各省皆有之。"[②]将神像从祠庙中迎出,然后抬着到各地巡游,这就是迎神赛会的基本特点。

一、迎神赛会的基本形态

顾颉刚曾经将南方的赛会和北京的妙峰山庙会做过比较:"赛会是南方好,因为他们文化发达,搬得出许多花样,而且会斗心思,一个地方有了几个赛会,就要争奇斗胜,竭尽他们的浮华力量。"[③]江苏的迎神赛会就是南方赛会的典型,从南到北,从城市到乡村,热闹异常。时任江苏巡抚的陈宏谋曾如此描述:江南"每称神诞,灯彩演剧,……技巧、百戏、清歌、十番轮流叠进。更有投身神庙,名为执役,首戴枷锁,名为赦罪,拉神游市,炉亭旗伞,备极鲜妍,抬阁杂剧,极力装扮。今日某神出游,明日某庙胜会,男女奔赴,数千百里之内,人人若狂,一会之费,动以千计,一年之中,常至数会"[④]。苏州"五方贤圣会"是当时最奢靡的赛会之一,每一举行则"会所集处,富人有力者,捐金谷,借乘骑,出珍异,倩

---

① (宋)高承:《事物纪原》卷八《赛神》,中华书局1989年版,第439页。

② 徐珂:《清稗类钞》第10册《迷信类》"赛会"条,中华书局1986年版,第4671页。

③ 顾颉刚编著:《妙峰山》,上海文艺出版社1988年版,第11—12页。

④ (清)陈宏谋:《培远堂偶存稿·文檄》卷四五《风俗条约》,《清代诗文集汇编》第280册,上海古籍出版社2010年版。

伎乐,命工徒雕朱刻粉,以主其事"①。常州"祭赛祷祀之无已时"②,"每出会时奔走杂逻,举国若狂"③。苏北的安东县在二月社日举行迎神赛会活动。④ 阜宁县的赛神活动更加盛行,引起了地方官员的关注和批评,史载:当地"三月赛东岳会,五月赛都天会,嚣且尘上,靡丽争奇,是皆可已而不已者也……鼓吹旌旗,招摇过市,若村人赛会者"⑤。高邮地方官员对各种赛神活动也颇有异议,且采取必要的举措加以禁止,只在节庆时分才解除禁令:"元宵前二日,官府弛禁,纵民偕乐,寺观各垂彩带,悬诸花灯,街市结松棚,悬华灯,放诸火药,人家食粉圆,好事者结灯社,出各体灯谜……宋陈造诗,吾乡灯火旧豪奢,喜我春来恰到家……社日,乡人有社会祭。"七月十五日,"僧尼为盂兰会,人家祭先,荐以新谷,晚迎城隍会,竞剪采为灯伞……冬至俗称大冬,用牲醴祀先,视常节最隆"。⑥ 江南各个市镇的迎神赛会也非常热闹,吴滔曾指出,吴江县的黎里镇、平望镇、同里镇和震泽镇皆有三月二十八日乡人赴镇庙拈香的传统⑦,是日,四乡农民驾驶农船,飞棹往来,以至各镇"阗塞衢路","楼船野舫充满溪河"⑧。

1934年《吴县日报》描绘了当时苏州一次祈雨仪式中的迎神赛会的盛况,虽然当时已是民国,但与明清时期的迎神赛会基本相差无几,可以大致得窥迎神赛会的实态。⑨ 一般来说,迎神赛会的流程大致为:"前导金鼓二,即大锣也,而衔牌、伞、扇、旗、红帽、黑帽、香亭及陈设各物之亭继之,中杂以乐队、骑队。神舆将至,则先之以提炉,而僧道及善

---

① (明)王稚登:《吴社编》,《四库全书存目丛书》子部第241册,齐鲁书社1997年版。
② (清)王元炬:《商子祠记》,光绪《武阳志余》卷四之一《祠庙补遗》,《中国地方志集成·江苏府县志辑》第38册,江苏古籍出版社1990年版。
③ (清)汤修业:《赖古斋文集》卷一《都城隍辨》,道光九年刻本。
④ 参见雍正《安东县志》卷二《建置志·风俗》,《复旦大学图书馆藏稀见方志丛刊》第5册,国家图书馆出版社2010年版。
⑤ 光绪《阜宁县志》卷一《疆域·风俗》,光绪十二年刻本。
⑥ 嘉庆《高邮州志》卷六《风俗》,《中国地方志集成·江苏府县志辑》第46册,江苏古籍出版社1990年版。
⑦ 参见吴滔:《清代苏州地区的村庙和镇庙:从民间信仰透视城乡关系》,《中国农史》2004年第2期。
⑧ 参见嘉庆《黎里志》卷四《风俗》;道光《平望志》卷一二《节序》;乾隆《吴江县志》卷三八《生业》;嘉庆《同里志》卷六《风俗》。
⑨ 转引自沈洁:《现代中国的反迷信运动:1900—1949》,博士学位论文,中国人民大学,2006年,第364—365页。

男信女则随于后,有系铁链于手足者,有服赭衣而背插斩条者,有裸上体而悬香炉于臂者,皆先期许愿,至是还愿之人也"①。迎神赛会的形式五花八门,诸如台阁等。洪亮吉曾记常州的迎神赛会:"里中赛神以清明、中元、下元三节,届期城隍神皆诣北坛行礼,出入仪从甚盛,兼设云车、台阁故事,倾城士女咸设幕观焉。"②所谓"台阁",是"赛神会中每用七八人扛一棹,上扮金元院本诸故事,名曰'台阁'"③。此外,还有丰富多彩的其他活动,比如调三十六行、走高跷、调马灯、荡湖船等,"并有愚民装作罪犯及踩高桥、烧手臂香等"④。

　　各地的迎神赛会还有各自的特色,如常州地区最有特色的就是云车戏。⑤ 云车戏与陈果仁信仰有关,是常州城"陈烈帝诞日"迎神赛会的必备仪式。云车,传说是陈果仁的兵器,恽毓鼎在《澄斋日记》中认为其原称是"轮叉","声近于轻,因讹为车"⑥。洪亮吉则称:"吾乡云车,相传为隋司徒陈果仁守城时所制,不知即古云梯遗制也。《墨子》'公输班为云梯',《淮南兵略训》'攻不待冲隆云梯而城拔',高诱注:'云梯,可依云而立,所以瞰贼之城中。'今吾乡云梯,高亦与雉堞齐。惟古法以数十人推挽而前,今则以有力者一人肩之,为不同耳。"⑦金武祥称云车的来源是某年流寇入侵常州城,陈果仁"令每丁肩二草人游四城,助以锣鼓,贼终惧,城遂获全"。他认为,云车既可以用来指"云车风马,为神仙之称",也可以用来指"云车云梯,为战胜之具",因为均可附会。⑧ 根据现在一些乡镇志的记载及老年人的回忆,云车:用铁条和竹子制成一个大兜,四周装饰得五颜六色、鲜艳夺目,一般附有珠龙、绢花、镜片等;兜里坐着两个化妆的儿童,打扮成一折戏里的男女主角;掮云车的人臂力过

① 徐珂:《清稗类钞》第 10 册《迷信类》"赛会"条,中华书局 1986 年版,第 4671 页。
② (清)洪亮吉:《卷施阁诗》卷十《里中十二月词》,刘德权点校:《洪亮吉集》第二册,中华书局 2001 年版,第 680 页。
③ (清)洪亮吉:《卷施阁诗》卷九《南楼忆旧诗四十首》,刘德权点校:《洪亮吉集》第二册,中华书局 2001 年版,第 665 页。
④ 张澹庵编:《武进指南》,武进建设协会 1948 年铅印本,第 73 页。
⑤ 参见叶舟:《民间信仰的多元图景:以武烈帝陈果仁为例》,《民俗研究》2009 年第 3 期。
⑥ (清)恽毓鼎:《澄斋日记》,浙江古籍出版社 2004 年版,第 38 页。
⑦ (清)洪亮吉:《卷施阁诗》卷九《南楼忆旧诗四十首》,刘德权点校:《洪亮吉集》第二册,中华书局 2001 年版,第 665 页。
⑧ 参见(清)金武祥:《金滩生日记》同治十一年五月十五条,上海图书馆藏稿本。

人、手脚灵活，身穿铁背褡，背着一个连着铁花环的四五米高的铁杆，杆上绑着装有两个小孩的兜，耍着各种花式，一般有右腿跪式、左臂独立、拱手作揖、三步一坐马势等，重量二百余斤，前后左右有多人护卫。①

根据清人龚百药的《云车记》②，儿童所扮演的故事，曾经发生三个阶段的演变：先是"为勇士将军装束，操戈予剑戟刀楯弓矢，旗麾纷纭，若战斗状"，然后"不数年见为佛道鬼神，驾龙作凤，瑰诡不经"，最后"为妇女冶容靓服，张纨绮锦绣，缀金银珠宝玩好之物"。龚百药为此感叹："变而益侈，渐失其旨"。仔细研究可发现，第一阶段其实是陈果仁原型故事的复现，第二阶段是民间信仰与宗教融合，最后一个阶段是民间信仰从神性向人性、向娱乐性的最终转化完成。这种神性向人性以及娱乐性转化的另一个标志是，云车戏不再从属于陈果仁信仰，而是成为一种完全独立的娱乐形式。至清代，云车戏的主题基本上是《白蛇传》或者《西厢记》之类的戏文。从清代直到民国，每一次常州城乡的迎神赛会，云车戏都是一个必不可少的精彩节目。"五月二十五日，东岳生日，云车集于东门之庙中，老少罗拜。""五月二十八日，相传郡城隍神生日，是日云车大集，演戏设祭。""七月初三日，县城隍生日……云车演戏如郡神生日。"③

也许是为了安全，也许是为了更好地娱乐，云车戏在许多地方变成了云车灯。其中，最有名的便是湟里云车灯。根据《湟里乡志》记载："云车灯高约丈余，分上、中、下三屋，可以分脱进屋，下座阔约一公尺五，宽约一公尺，以竹篾扎成骨架，凹凸不等，糊轻薄绢绸，绘画彩色云宵，所以叫云车。中坐像块石碑，纵横三比二。车面构思奇特，都是一出出戏文，有水泊梁山、郭子仪庆寿、百岁挂帅，按照戏文情节，有琴棋书画、亭台楼阁、远山连水，青松翠柏，疏密有致，颇具匠心。上座两个假人，如黛玉与宝玉，张生与莺莺，吕布和貂蝉。中座两侧，是篾扎的十二月花卉盆景，有的是一对飞禽。以一人肩负前进。云车以方祥元店

① 参见成章乡编史修志领导小组：《成章乡志》，1984 年，第 237 页；横山桥公社编史修志领导小组：《横山桥公社志》，1985 年，第 227 页。
② 康熙《武进县志》卷一三《风俗》，清康熙二十三年刻本。
③ 康熙《武进县志》卷一三《风俗》，清康熙二十三年刻本。

主方小山设计最佳,长年请了缝工,用五彩丝绸劈细条,包着灯草,缝成无数彩条,按照图案编成平面花卉,上下左右前后都是红蓝紫的明角灯,四面点有风烛,上灯后烛影晃红,光彩艳异,从远处眺望,仿如一座仙山琼宫。"①

正是由于迎神赛会规模庞大、花样繁多,而且一些形式如云车戏等需要一定的训练和技巧,所以迎神赛会的实施往往需要具有一定专业知识的人员,由此就形成了相应的组织,在苏北地区最有名的就是香火会。《扬州画舫录》便载:"土俗以二月六日、九月之十九日为观音圣诞。结会上山,盛于四乡,城内坊铺街巷次之。会之前日,迎神轿斋戒祈祷。至期……极旗章伞盖蟠幢灯火傩逐之盛。……傩在平时,谓之香火,入会谓之马披。马披一至,锣鸣震天。……杀鸡噀血,谓之剪生。上殿献舞,鬼魅离立,莫可具状。"②

根据车锡伦等人的研究,香火神会其实是之前傩巫的延续,旧时流行于江苏省长江以北各地(只有徐州及其下属各县未发现)及邻省安徽的天长、来安等县,并随船民、渔民流传到苏南太湖流域,今天只有在南通和金湖地区的农村尚有活动。香火会一般按做会的目的和内容称"某某会",除了家族或者家庭组织的会之外,主要就是举办各种迎神赛会,如:村落举办的牛栏会、青苗会、蝗虫会、花棚会、丰收会,各个行业举办的大王会(又称"龙王会",由船帮主持)、汤神会(由澡堂业主持)、财神会(由商人主持)、鱼栏会(又称"耿七公会",由渔民主持)、张鲁班会(由木工、瓦工主持),以及全社会参与的观音会、城隍会,等等。这些会多有固定的会期,组织者设会首、都管来主办,香火会的香火童子主持或参与敬神祭祀活动。③

"香火童子"就是《扬州画舫录》所言的入会的"马披"。黄文虎曾经引虞兆隆《天香楼偶得·马字寓用》"俗于纸上画神佛像,涂以红黄采色,而祭赛之,毕即焚化,谓之甲马。以此纸为神佛之所凭依,似乎马也",认为:甲马是神的凭依,而马披就是人形的甲马。不过至晚清以

---

① 湟里乡编史修志领导小组:《湟里乡志》,1986年,第279页。
② (清)李斗:《扬州画舫录》卷一六,中华书局1960年版,第366页。
③ 参见车锡伦:《江苏的香火神会、神书和香火戏提纲》,《戏曲研究》2003年第1期。

后,"马披"一词逐渐消失,被香火童子取代。① 所谓"香火童子""马披"就是香火会的从业人员。各地的香火童子均在一定的范围内活动,这种活动范围被称作"方"。"领方"的香火童子称为"醮首",设"香火堂",为本方内集镇、村落、社会职业集团和民众主持做会。醮首做会若感人力不足,也可请方外的香火童子协助,被邀请者称作"客师"。

根据车锡伦的研究,香火会信奉"洪山教",有较为统一的组织。它以"香主""马披""香童"为首,按地区、宗族或社会职业建团,开设"堂门",发展"香众"(会众),以做香火会为主要活动形式。② 香火会就是苏北地区迎神赛会的具体组织和操作者,具体运营一般有"开坛、请神、跳神、发表、净坛、送神、结坛"等程式。各个程式中还有一些活动细节,大都源于道教的科仪。在整个做会的过程中,香火童子要进行各种技艺的表演。云车戏等有技术含量的仪式基本上都由香火童子完成。民众一般将迎神赛会上童子的各种表演技艺统称为"香火戏"。③

二、城市、市镇与乡村的迎神赛会

根据地方志的记录,当时常州城内主要的出会有以下几个:四月二十五日,吴季子生日,乡人作会,四方商贾俱集;五月十三日,关壮缪生日,邑人皆罗拜其庙设祭;五月十五日,陈烈帝生日,云车毕集其庙;五月二十五日,东岳生日,云车集于东门之庙中,老少罗拜;五月二十八日,相传郡城隍神生日;七月初三日,县城隍生日;十一月初三日,白云渡以水神晏公生日作会。④ 农村也有大量的迎神赛会,详见下文。但是,城乡的迎神赛会有所不同。

首先是时间上的不同。乡间的庙会主要集中在三月份,占了庙会总数的一半多。常州乡间曾有一句谚语可以说明为什么大部分庙会都安排在三月:"正月拜年,二月赌钱,三月庙会,四月种田"⑤。城中五月

---

① 参见黄文虎:《"马披"琐谈》,《傩苑:中国梵净山傩文化研讨会论文集》,中国戏剧出版社 2004 年版,第 48 页。

② 参见车锡伦:《江苏的香火神会、神书和香火戏提纲》,《戏曲研究》2003 年第 1 期。

③ 参见车锡伦:《江苏的香火神会、神书和香火戏提纲》,《戏曲研究》2003 年第 1 期。

④ 参见康熙《武进县志》卷一三《风俗》,清康熙二十三年刻本。

⑤ 类似的农谚在汤山、南京也有。

份举行的庙会占了一半,而乡间五月份的庙会只有一个。城乡庙会在时间安排上的不同,是由各自的生活节奏决定的。

农村之所以把庙会安排在三月,主要是因为从农历四月开始,农村开始进入春耕大忙季节,农民可以在农忙之前祈神赐福,求菩萨保佑当年风调雨顺,同时也可以在紧张的农忙到来之前轻松一下。而城市把庙会安排在五月,因为时值夏季,城市开始进入它的休闲节奏,各个行业都是淡季,商人有机会可以休闲一下,也更要趁此创造一个新的消费机会。这样的时间安排说明了休闲和娱乐已经成了庙会的主题,并且这种娱乐是囊括所有地区和所有人的,无论是乡村还是城市,无论是平民还是绅士。洪亮吉称:"观邦国之蜡,曳杖而必偕,赛里社之神,联裾而早集,其高致又一也。"①下面的诗更写出了庙会的休闲味道:

迎神赛会四首②

芳原雨霁野畦开,满眼轮蹄动地埃。罗绮春华公子笑,裙钗时样美人来。玉骢惯识东塘路,画鹢轻飞北陆隈。游侠传呼金鼓震,千家红粉一时回。

憧憧车马望中过,士女趋跄舞欲傞。奋臂争前依古岸,回头愈媚转横波。珠帘半卷娇容露,金扇佯遮卖眼多。独有街衢求利客,经营未暇意云何。

明神远出路回环,暂驻襜帷暮霭间。临水数竿坡老竹,开轩半壁米家山。绣旗斜插香烟篆,彩盖中停烛影殷。仿佛离宫别馆地,满堂骨董更千般。

斜晖西下照高楼,啸侣同归道路修。尘暗争驱金勒马,水香齐泛木兰舟。娇娃步小摩肩集,吉士情长驻足稠。竞醉艳阳明媚色,短箫横笛起清讴。

---

① (清)洪亮吉:《卷施阁文乙集》卷五《南华九老会倡和诗序》,第 323—324 页。

② (清)潘振华:《瓯舫诗文钞》卷六,《近代中国史料丛刊》正编第 645 册,台北文海出版社 1971 版。

其次是级别上的不同。虽然城市和乡村的庙会往往针对同一个主要的神祇，比如城隍或者东岳，但城市的城隍比乡村的城隍级别要高，因此城市的城隍庙会，往往会有官员的参与，而官员参与祭祀，一方面说明了官员对迎神赛会的认同，而另一方面也证明了官员对赛会事务的介入。

乾隆年间武进知县王祖肃曾经遇到一个关于城隍出会的争议：

> 常州一府两县各有城隍庙，又有都城隍庙，每逢春秋出巡祭坛，府县致祭，已多历年所矣。是年阳湖有监生姜某与县书谋毁都庙，商之府厅，武进书役弗从。三月将近清明，又复勾通乡愚，欲于清明出巡日半途阻挠，不令都城隍到坛。而此庙供事者大半皆本地绅士，并营武衙门府厅，武进书役次之，闻有阳邑拦阻之议，亦议有预备，以争胜负。余访知此事，恐酿成事端，即赴府请求。府曰："此事最易，府县俱出示，禁止都庙出巡，便无事矣。"余已知府有先入之言，恐难挽回，因起立壮色而言曰："都庙设有祭坛，相沿已久，宪驾莅此，已祭过二年矣。如果应禁，何不早禁？ 现在次日清明即行出巡，庙内供事人等俱已有一定局面，临期四庙一同出巡，人则盈千累万。倘此间半路阻禁都庙，夫人而皆知为阳邑官吏意见，争端四起，人命之多固有所不免，且恐有酿成巨案之处。武进首县，不能弹压之咎，谁为宽贷，令人寒心。官可不做，不肯代人受过，自跌声价。"将怀内抱印交与本府案头，辞出回县，衙前已有数百人探信，进署内向幕友详述其事。言未毕，而府委经历官将印送还，述府谕："都庙出巡，一切仍旧，不必示禁。"已谕阳湖县，次日郊外弹压，不许阻挠生事，余遂赴府禀谢，从此得以全息鼎沸矣。次日各庙照旧出巡，安帖无事。①

关于都城隍庙的争论由来已久，汤修业认为都城隍庙"不正不信，非淫祀而何"②，已经有毁庙的提议。此次毁庙是否与他有关，不得而知。但

---

① （清）王祖肃：《敬亭自记年谱》乾隆二十九年条，《北京图书馆藏珍本年谱丛刊》第 99 册，北京图书馆出版社 1997 年版。

② （清）汤修业：《赖古斋文集》卷一《都城隍辨》，《清代诗文集汇编》第 37 册。

事实上毁庙并非如此简单,背后既有两邑绅士的影子,也代表了武进县和阳湖县之争。姜某与县书不可能凭借一己之力毁庙,而知府的先入之见肯定与阳湖县衙有关。身为武进知县的王祖肃自然要维护本县的利益,所以他用辞官来威胁知府。而知府也知道禁毁庙宇、阻止出会,有可能会影响多方面的利益,导致严重的冲突,而一旦真的"酿成巨案",他的官位也危在旦夕,最后他也只能接受王祖肃的建议。由此案例可以发现,迎神赛会其实包含各个方面利益的博弈,往往表面的热闹和繁荣下有着更为复杂的故事。

神祇的级别在迎神赛会中的一种重要仪式——"解钱粮"上表现得尤为突出。"解钱粮"原本是明清时期国家征收税粮的用语。在迎神赛会仪式中借用这一用语,反映了信仰世界其实是现实世界的某种映照。苏州吴县祈雨的迎神赛会中就有"解钱粮"仪式,即"一府三县城隍神均亲自押解天饷至元妙观三清殿,并上奏天表"。在民间信仰的语境中,一府三县城隍向上天"解钱粮",和人世间本府本县官员有组织百姓向朝廷照章纳税的义务,而朝廷有保护本府本县的责任是一致的。

城隍向上天"解钱粮"反映的是地方政府与国家之间的关系,明清时期更多的"解钱粮"则反映的是地方上从府、县、镇到村的层级关系。各个祠庙由于所处地域的不同而形成了上位与下位的层级关系,在上位庙举办庙会时,下位庙要向前者上交现世的铜钱和冥界的纸钱,这些铜钱和纸钱就叫"钱粮",上位庙征收的行为叫"催征"或"征钱粮",下位庙交纳的行为叫"输粮","解钱粮"反映的就是国家田赋的催、征、解、收的征收关系。[①]

关于"解钱粮",众多学者在此前多有研究[②],此处不再赘述,只是略作介绍。王健指出,明代弘治《常熟县志》就有其他庙宇朝拜东岳庙的记载:"前每岁春三月城中福山聚为春会,其事势尤为可怪……世传三

---

① 参见吴滔:《清代苏州地区的村庙和镇庙:从民间信仰透视城乡关系》,《中国农史》2004 年第 2 期。

② 关于"解钱粮"的研究,始于日本学者滨岛敦俊的《明清江南农村社会与民间信仰》(日文版《總管信仰》,研文出版 2001 年版)。此后,吴滔的《清代苏州地区的村庙和镇庙:从民间信仰透视城乡关系》(《中国农史》2004 年第 2 期)及王健的《明清以来江南民间信仰中的庙界:以苏、松为中心》(《史林》2008 年第 6 期)在滨岛敦俊的基础之上进行了大量有价值的探索,将这一课题进行了深入拓展,本书多有参考。

月廿八日,东岳山神降诞时,执圭臣卫十二庙,连舆晨进万年"①。只不过,此时还没有出现"解钱粮"的记录。到了万历年间,已经有了各庙宇向东岳庙解纸钱的记载。当时常熟每年"三月廿八日东岳天齐帝诞日,邑中十二庙炳灵公、清源君、寿亭侯、白龙王、睢阳公、孚应王、惠济侯、利济侯、永定公、李烈士、周孝子、城隍神齐来祝寿",又"起解纸之说,每神诣岳解纸钱,钱几扛焚之"。② 到了清代,"解钱粮"在江南各地已经非常普遍。《清嘉录》载:"春中,各乡土地神庙,有解天饷之举,司香火者董其事。庙中设柜,收纳阡张、元宝,俗呼钱粮。凡属境内居民,每户献纳一副、十副、数十副不等。每完一副,必输纳费钱若干文,名曰解费。献纳稍迟,则遣人于街鸣锣使闻,谓之催钱粮。有头限、二限、三限之目,限满之日,盛设仪从鼓乐,戴甲马,舁神至穹隆山上真观,以钱粮焚化玉帝殿庭,为境内居民祈福,名曰'解天饷'"③。在太仓浏河镇还专门为"解钱粮"设立了天库:"玉皇宫及五岳庙有天库一座,乃镇乡之城隍土地解天饷焚化之所。"④

根据王健等人的研究,在民间信仰中,东岳神的地位最高,它既可以接受来自镇城隍和其他中心庙宇的钱粮,也可以直接接受来自各土地神的钱粮,同时又无需向其他神灵交纳钱粮。城隍庙处于第二级,它要向东岳庙交纳钱粮,同时也接受来自各村土地庙的钱粮。⑤ 吴县的黄埭镇就是典型:"俗于四月间赛城隍会三日,谓解天饷,循年例也。第一日巡行本街为演会。第二日诣管山解东岳饷为正会,时日导从之盛,仪仗之丰为他乡所莫比……第三日至琳桥为末会,俗称神望外婆家,到则一年平安,田地丰盛,否则彼处不吉。"⑥在这里,祠庙层级体现得非常清楚。庙会第一天,城隍神在黄埭镇的街市范围里巡游,第二天向更高一级的管山东岳庙作参拜,第三天至琳桥对其所管辖的村庙进行保佑。⑦

① 弘治《常熟县志》卷三《神祀》,《四库全书存目丛书》史部第185册,齐鲁书社1997年版。
② 万历《常熟私志》卷三《叙俗》,民国瞿氏抄本。
③ (清)顾禄:《清嘉录》卷二《二月·解天饷》,江苏古籍出版社1999年版,第54—55页。
④ 道光《刘河镇纪略》卷九《街巷》,《中国地方志集成·乡镇志专辑》第9册,上海书店出版社1990年版。
⑤ 参见王健:《明清以来江南民间信仰中的庙界:以苏、松为中心》,《史林》2008年第6期。
⑥ 民国《黄埭志》卷二《风俗》,《中国地方志集成·乡镇志专辑》第7册,上海书店出版社1990年版。
⑦ 参见吴滔:《清代苏州地区的村庙和镇庙:从民间信仰透视城乡关系》,《中国农史》2004年第2期。

上位庙对于下位庙的统制,表现出一种有形的世俗性上下级关系。其实,对世间等级制度的模仿远不限于此,如在太仓州迎神赛会的队伍中,"有中军官及解粮厅,各色僭服品级顶带"①。

不过,各级的迎神赛会虽然有很大的区别,但等级并不真如人世间那样不可逾越。当时的城市和乡村已经有着比较发达的交通网络,城市和乡村也时有参与对方庙会的记载。比如说,当时武进庙桥的迎神赛会便曾一度吸引宜兴、金坛、武进、无锡等城市的人来此观看,局戏之甚,穷尽达晓,摩肩接踵,殆逾十万。赵翼有《三月十八日檀桥门首同看小茅山香会经过》诗,其中有"竿木逢场好冶游,小茅山会此停骖。门前往来人千万,偷眼争看两白头"②之句。而村民进城看庙会更是频繁,乡间便有"二月二,上城看土地"的谚语。随着江南城市内部交通和贸易日益发达,本地的人还经常参加外地的庙会。比如著名的西湖天竺香市就吸引了来自江南各地的香客③,《杭俗怡情碎锦》便有"苏常各路来香客络绎而至"④的记录,赵翼诗中也有"赛神父老争欢喜,不向西湖乞梦遥"⑤之句。袁景澜《吴郡岁华纪丽》专门列有"杭州进香船"一条,对苏州前往进香的情况有较详细的叙述:"吴郡去杭四百里,天竺灵隐香市,春时最盛。城乡士女,买舟结队,檀香柏烛,置办精虔。富豪之族,则买画舫,两三人为伴,为挈眷偕行,留连弥月。比户小家,则数十人结伴,雇赁楼船,为首醵金之人曰香头。船中杂坐喧嘈,来往只七日,谓之报香,船上多插小黄旗,书'天竺进香'四字,或书'朝山进香'字。"⑥

无论是城市的迎神赛会还是乡村的迎神赛会,有一点基本相似,就是越来越受到商业化的影响。无论城乡,无论南北,基本上所有的迎神赛会都有商人参与组织。如南京的金陵灯会"花灯炫彩华丽",灯彩扎

① 嘉庆《直隶太仓州志》卷一六《风土上》,《续修四库全书》史部第697册,上海古籍出版社1995年版。
②(清)赵翼:《瓯北集》卷五二,上海古籍出版社1997年版,第1334页。
③ 关于西湖香市的研究,可参看王健:《多元视野下民间信仰与国家权力的互动:以明清江南为中心》第三章《明清以来天竺进香史》,上海辞书出版社2019年版。
④(清)佚名:《杭俗怡情碎锦》,《中国方志丛书·华中地方·浙江省》第136册,台北成文出版社1970年版。
⑤(清)赵翼:《瓯北集》卷二一,上海古籍出版社1997年版,第444页。
⑥(清)袁景澜撰,甘兰经、吴琴校点:《吴郡岁华纪丽》卷三《杭州进香船》,江苏古籍出版社1998年版,第101页。

花所需竹木全部来自木行捐助。① 徽州木商捐助上新河灯会和都天会已成为每年的惯例。② 无锡是当时著名的米码头，府城隍庙赛会主要是"米行祝氏主之"③。清代扬州为盐商聚集之地，扬州六月观音山香会就有盐商的支持。"上山一路设灯蓬，广结茶缘说有功。不取分文凭解渴，原来施主有财翁。"④扬州盐商是本地迎神赛会的主要赞助者，并借此奢靡铺张，以夸耀豪富。"扬州好，商界势熏天，食客盈门工献策，财神大会广开筵"⑤。关帝圣诞，"商家供奉尤虔，陈列古物，矜奇炫异，盖祀神而兼斗富者"⑥。常州城中灵官庙"郡中每至九月，各商诣灵官庙报赛演剧，无虚日"⑦，而雪堰镇的洋移庙也是"取诸镇商月输而岁会之用"⑧。

图 5.2　财神[来自(清)周培春绘《民间神像图(五十幅)》]

---

① 参见《雨阻赛会》，《申报》1877 年 12 月 17 日第 2 版。

② 参见潘宗鼎：《金陵岁时记》，南京出版社 2006 年版，第 18 页。

③ (清)黄印：《锡金识小录》卷十一《纪异》"府城隍受戒"条。

④ 雷梦水等编：《中华竹枝词》，北京古籍出版社 1997 年版，第 1365 页。

⑤ (清)黄鼎铭：《望江南百调》，《扬州文库》第 55 册，广陵书社 2015 年版。

⑥ 徐谦芳原著，蒋孝达、陈文华校点：《扬州风土记略》，江苏古籍出版社 2002 年版。

⑦ (清)汤用中：《翼駉稗编》卷一《曹大》，文物出版社 2017 年版，第 41 页。

⑧ (清)陆鼎翰：《洋移庙记》，光绪《武阳志余》卷四之一《祠庙下》，《中国地方志集成·江苏府县志辑》第 38 册，江苏古籍出版社 1990 年版。

和明清时期很多公益慈善事业一样,江苏地区很多的祠庙是采用向商家抽厘的形式来获得长期的修建和维护费用的,如康熙四十五年(1706)吴江盛泽镇修建三义殿就是通过这一办法来获得稳定的经费来源:"此庙历世常新之着,实在此一厘。缘凡省商贾贸易于斯者,计银两之多寡,留储每两千分之一"①。很多地方类似地形成商家定期抽成捐助迎神赛会的制度,来确保每年迎神赛会的正常举行。如苏州府元和县的"韩王神诞会"由六陈米麦行中的籴粜客商和牙行共同捐输,"每石共捐制钱四文,以资备祭祀和神诞庆祝"②。镇江"都天会"也实行厘金制,参加者须按营业额抽取一分左右的厘头,称"公厘",作为活动经费。③ 光绪八年(1882)扬州举行"都天神会",同样由各行业提厘为出会经费。④ 在金陵"东岳会"中,"油漆铺认牌对,绸缎染坊认伞旗,丝行认香亭",各业"衔牌牌式不一,皆紫檀嵌空,两面镶五色玻璃。伞数百柄,计一伞之值不下三四十金,内绣四大名山、长江全图等,其价又不止以十倍数"。⑤

迎神赛会既是一种休闲空间,又是一种交易场所。比如,常州城中吴季子出会,便是"四方商贾俱集"⑥。乡间更是以交易农具为迎神赛会的主要目的。金武祥曾回忆他的家乡江阴姬山"每岁于清明日交易农具各物,谓之作节场,并醵钱演剧,亲朋往来尽一日之乐",他专门撰诗云:"耕织家家集众材,日中为市广场开。"⑦很多商人利用赛会推销商品,地方上也想用赛会来繁荣市场。晚清时京口举办赛会,主办者就认为可以"一则预复往昔之盛观,一则藉获商民之齐集,以有易无,市面必更热闹"⑧。

---

① 《备修三义殿一厘缘碑记》,江苏省博物馆编:《江苏省明清以来碑刻资料选集》,生活·读书·新知三联书店1959年版,第440页。
② 《元和县示禁保护韩蕲王庙祀碑》,王国平、唐力行主编:《明清以来苏州社会史碑刻集》,苏州大学出版社1998年版,第472页。
③ 参见小田:《在神圣与凡俗之间——江南庙会论考》,人民出版社2002年版,第139页。
④ 参见《都天胜会》,《申报》1882年6月8日第2版。
⑤ 《东岳盛会》,《申报》1887年5月9日第2版。
⑥ 康熙《武进县志》卷一三《风俗》,清康熙二十三年刻本。
⑦ (清)金武祥:《陶庐杂记》,粟香室丛书本。
⑧ 《京口赛会》,《申报》1879年6月6日第2版。

由于很多祠庙由同业会馆公所创办,这些会馆公所也将这些祠庙的迎神赛会作为展示本行业的舞台。如在苏州,周宣灵王是玉器业所奉祀的行业神,玉器业中人建有周宣灵王庙一所,所在地方就叫周王庙弄,苏州城内凡玉器行业从业者无不崇拜此神,每年都要举行周王出巡的仪式。1934 年 7 月 24 日举行周王出巡祈雨、解饷元都的赛会就是典型。沈洁根据当时的报刊,对这次出会作了详细的叙述:

> 这次迎神赛会全以玉器物件为主体,更谢绝其他仪仗队的加入。当日随周王出巡的仪仗,除碧玉青华大将军、白玉茶箱、翡翠团鹤伞、白玉寿字伞、白玉九如意、紫晶大五方等,又有全副玉鸾驾、六房(小孩乘马)、神马(象牙踏登连马原担)、玉小五方、跋轿及其他零星玉件,名目极为繁多。除上述各项外,还有一种"神船"加入仪仗中随行。种船约有两开间门面之长,三尺阔,内中各色小摆设,举凡船中应有之物,无不齐备。奇巧玲珑,都是极为罕见之物。原陈设于周王庙中的这艘神船从未在赛会中移至外间,为表示这次祈雨盛典的隆重之意,特意在神船下装置了四个轮盘,以便拖行,船中一切小摆设,并不移动,任人参观,为仪仗增色不少。周宣灵王的神像则乘于神轿中,由仪仗队抬至元妙观内解饷,一路上一股善男信女跟随前往进香者络绎不绝。整个仪仗因为有珠玉宝石的点缀,而显得珠光宝气,极为夺目。[1]

从今天的角度来看,这样的出会无疑已带有广告宣传的策略意味。又如,苏州府城隍庙赛会每一举行,则"郡中市肆,悬旌入行,聚规、罚规,皆在庙台击牲演剧,香火之盛,十百于他神祠"[2]。这同样是行业信用的宣传。商家充分利用赛会的机会进行商业营销,大大地推动了本地商业贸易的发展。据《镇江市志》载:晚清至民国时期"每年镇江'都天会'后各批发行业生意兴隆,成交额达数百万两之多"。民国时期吴江盛泽镇的"双杨会"出会期间,当地酒楼饭馆等的直接经济收益仅数万元,但

---

① 沈洁:《现代中国的反迷信运动:1900—1949》,博士学位论文,中国人民大学,2006 年,第 377—378 页。

② (清)顾禄:《清嘉录》卷三《三月·犯人香》,江苏古籍出版社 1999 年版,第 68 页。

"双杨会"后的丝织品交易额却高达几十万元,约占盛泽镇全年丝织品交易额的十分之一。① 也正是因为充分意识到迎神赛会的商业价值,为了确保赛会的正常进行,吸引更多的游人、富商、大贾,苏州地区甚至不惜对虎丘地区利润高但污染重的染纺业进行限制。②

三、迎神赛会的禁与不禁

虽然迎神赛会具有休闲、贸易、娱乐等多重功能,但是官方或者文人在扮演不同角色的时候,他们对迎神赛会的态度也就不同。当他们把自己当成地方政治的主导者的时候,他们会积极地参与迎神赛会的组织活动,把迎神赛会纳入自己的轨道之中;当他们把自己看成社区内的一份子的时候,他们会持一种欣赏的态度,充分利用迎神赛会的功能来享受休闲,参与交易;当他们把自己看成高高在上的精英文化的代言人的时候,他们就会对迎神赛会持一种批评的态度,他们会立足于精英文化的立场,对民众文化不断地加以引导、清理,对迎神赛会中有碍社会稳定或者有伤风化的部分加以限制,直至禁止。

迎神赛会和"淫祀"的问题一样,官方最担心的是会对统治秩序造成影响,威胁社会治安:"其间或勾结匪类,或诓骗钱财,其为地方之蠹"③;轻者也会破坏社会风气,"闻吴下风俗,笃信师巫,病不求医,惟勤祷赛。中产以下,每致破家。病者未必获痊,生者已致坐困,愚民习而不悔,尤属可悯"④。所以,官方在很长时间内对于赛会都持反对态度。

明初时就已经定下严禁赛会的原则,《大明律》规定:"凡军民装扮神像,鸣锣击鼓,迎神赛会者仗一百,罪坐为首之人,里甲知而不首者,各笞四十,其民间春秋义社,不在此限。"⑤随着明朝中央政权控制力的削弱以及嘉隆以后地方商品经济的发展,相关禁令逐渐成为一纸空文。清王朝建立后,延续明代的政策。顺治二年(1645)十二月,明令禁止王

---

① 参见徐因时:《盛泽社会之一斑》,《新黎里》1923 年 6 月 1 日第 2 版,苏州吴江市档案馆藏。
② 参见苏州博物馆编:《明清苏州工商业碑刻集》,江苏人民出版社 1981 年版,第 71 页。
③《清高宗实录》卷一九〇,乾隆八年闰四月丙寅。
④《清高宗实录》卷一九,乾隆元年五月丙戌。
⑤(明)刘惟谦:《大明律》卷一一《礼律》"禁止师巫邪术",《续修四库全书》史部第 862 册,上海古籍出版社 1995 年版。

公、百官参加从年前的十二月二十九日至正月初二日的祭赛活动。^① 至顺治十一年(1654)正月,禁令范围扩大到民间,谕令春节及元宵节期间"不赛神,不还愿"^②。康熙二十三年(1684),汤斌在江宁巡抚任上禁毁淫祠的同时,也认为迎神赛会搭台演戏"耗费尤甚,酿祸更深","皆地方无赖棍徒,借祈年报赛为名,图饱贪腹",所以"出示严禁"。^③ 但是,崇俭抑奢的道德教化,根本无助于问题的解决。

随着清朝统治的日益稳固,部分地方官员意识到迎神赛会的正面作用,开始建议对赛会进行弛禁。较早提出这一建议的是时任安徽巡抚赵国麟,他在乾隆元年(1736)所作的《为钦奉上谕宽禁演戏等事奏折》中说:"祈年报赛、演戏酬神,即吹豳饮蜡之遗风,诚如圣谕所云,人情之常,何可概禁者?若蠲免洪恩,万姓欢欣情不自禁,大都巨镇,偶有一二演戏,用申感戴之忱,非相率皆然也……如有酗酒斗殴、蹂躏田禾、耗消资种者,督率属员实力查察禁止,并劝谕乡民百凡撙节勤俭,以防民情纵逸之渐,仰副圣朝宽严相济之治理。"^④乾隆在他的奏折上朱批了一个"好"字,从此开始放松对赛会的监管。他认为:"祀神报赛,大抵借蜡之遗意,以尽其闾井欢洽之情,犹有吹豳击鼓之风,亦皆听从民便,未尝禁止。是蜡祭原行于民间,但田夫萃处,杂以嬉戏,各随其乡之风尚,初不责以仪文,若朝廷议祀,洁蠲虔享,必严肃整齐。"^⑤此后这一政策一直延续了下去,推动了全国各地迎神赛会越办越热闹。只不过在嘉庆以后,随着民间宗教组织越来越威胁到王朝的统治,对设棚聚赌、借会立教和跨省酬神等防范着力更重。

对于迎神赛会,基层的地方官员和本地的士人,除了害怕威胁社会秩序,更担心的是有伤风化。"庙居阛阓,当水陆冲,市豪乡氓,肩摩踵接,方春爇香燃楮,祷祀宇下,男妇莫辨,昼夜不停,夏秋交疾疫时,则有

---

① 参见《清世祖实录》卷二二,顺治二年十二月庚子。

② 《清世祖实录》卷八十,顺治十一年正月癸卯。

③ (清)汤斌:《汤子遗书》卷九《禁赛会演戏告谕》,《景印文渊阁四库全书》第1312册,台北商务印书馆1986年版。

④ 《乾隆元年四月二十五日赵国麟奏折》,哈恩忠编:《乾隆初年整饬民风民俗史料(上)》,《历史档案》2001年第1期。

⑤ 《清高宗实录》卷二五四,乾隆十年十二月戊申。

刉牲载酤,合祠罗拜,道士分日司事,鸣钟挝鼓之不暇,遑问阁哉。是以游人杂查,毁楯画漫,其侧病夫孱子坦卧荐处,清严之宇翻成亵秽。"①他们对"社庙神祠士女繁"②的现象尤为不满,认为"男女几于无别矣",建议"有志正风俗者当于此首禁之"③。所以,有"好女不踏青,好男不耍灯"④的说法。他们还认为迎神赛会浪费钱财,容易形成奢靡之风。迎神赛会本身内容繁多,演戏、行头、酬神、表演耗资甚巨,费用与日俱增,"年来里中赛神之会事事竞胜,较十年前费已百倍矣"⑤。而且,迎神赛会不管是在乡间还是在城市,经费来源中虽然有商人集资部分,但是本社区居民自筹也占了相当大比重。乡间出会时,每人要捐出二三升米或若干钱币,再加上有"亲朋往来尽一日之乐"⑥,所费颇多,给百姓造成了经济负担,即所谓"首事敛钱星火急,夜深犬吠傍篱藩"⑦,"明朝处处赛城隍,回头向妻索钗珥"⑧。

嘉道时期,常州地方人士在时任湖南巡抚左辅的率领下,要求禁止元宵灯会赛神就是一个典型案例:

为节财除弊呈请示禁事

窃常郡民多愿朴,俗颇勤生,虽界居苏扬之间,幸未染浮靡之习。乃廿年以来,渐失古风,每侈豪举。近多侠少,益事游嬉。职等闻得城东某某者,呼朋引类,派敛民赀,于明正元宵大张灯会,已赛神而作誓,即醵饮而选魁。鬭靡夸多,穷工极巧。自通湖桥迄政成桥止,计籍无八百余户,派费至一万余金。或一家值数家之灯,或数家共一灯之费,括搜殆尽,比屋交愈,举而弗惩。厥弊有六。

① (清)恽厥初:《玉皇阁记》,道光《武进阳湖县志》卷一四《坛庙志二·祠庙下》,光绪十二年刻本。
② (清)潘振华:《瓯舫诗文钞》卷二《东青四时田园杂兴六十首》,《近代中国史料丛刊》正编第645册,台北文海出版社1971版。
③ 康熙《武进县志》卷一三《风俗》,清康熙二十三年刻本。
④ (清)徐书受:《教经堂谈数》卷五《闺人戒冶游》,《丛书集成续编》子部第91册,上海书店出版社1994年版。
⑤ (清)洪亮吉:《更生斋诗集》卷七,第1373页。
⑥ (清)金武祥:《陶庐杂记》,粟香室丛书本。
⑦ (清)潘振华:《瓯舫诗文钞》卷六,《近代中国史料丛刊》正编第645册,台北文海出版社1971版。
⑧ (清)邵长蘅:《邵子湘文集》卷三《祷雨词仿张王体》,《四库全书存目丛书》集部第247册,齐鲁书社1997年版。

常郡地寡民众，生少用多，即竭终年，犹呼庚癸。乃以侈一时耳目之玩，夺终年衣食之赀，物力既靡，民财益匮。弊一。喧传远近，阗集舟车，士民皆舍业而嬉，闾巷悉堵墙而进，婆娑一市，狂荡兼旬，废事失时。弊二。因而宾朋丛集，亲串远来，或结髦而典钗，或卖丝而剔肉，有亡罔勉，皇迫昏朝。弊三。灯之所至，箫鼓喧阗，蚁聚蜂团，街之涂偪仄，去者难去，来者方来，障力难支，拔身无计。始则伤筋折骨，继且殒命戕生。去秋灯节，已事彰彰。弊四。当此之时，老幼扶门，而牖户少备；男女交路，而瓜李无嫌。狂且动念，宵小生心，抵隙乘闲，为淫为盗。弊五。生侈靡之阶，长无赖之习，闻风者继起，踵事者增华。昔年北门十爱，东门千诗，亦已竭尽心思，殚其技巧。今犹以习见无奇，变本加厉，将来效尤，不知所届。弊六。惟此六弊，为害实深。乃巧附衢歌巷舞之名，侈陈火市星桥之盛，不知远虑，且有近忧。伏惟老公祖大人维持风俗，惠爱人民。职等欣沐棠阴，计周梓里，用敢胪陈。伏求示禁，合郡戴德。①

乾隆在第四次南巡过扬州时作诗道："三月烟花古所云，扬州自昔管弦纷。还淳拟欲申明禁，虑碍翻殃谋食群。"在诗末的自注中，他指出："常谓富商大贾出有余以补不足，而技艺者流借以谋食，所益良多。"②来到繁华的江南，乾隆逐渐意识到要禁"繁华歌舞"绝非易事。

中国人早在古代就认识到，与其强调俭朴，不如扩大消费。《管子·侈靡》中就有"莫善于侈靡"之说，意思是要把扩大消费放在第一位，只不过这时认为"侈靡"要以搞好农业生产为基础。宋代范仲淹通过兴奢的方式，包括鼓励竞渡、推动寺庙兴修、大量建设公共工程来解决灾荒问题，在朝廷上有异议时，他为自己辩解："所以宴游及兴造，皆欲以发有余之财，以惠贫者。贸易饮食、工技服力之人仰食于公私者，日无虑数万人。荒政之施，莫此为大。"③明代以后，随着商品经济的发

---

① （清）盛康编：《皇朝经世文续编》卷七四《礼政十四·正俗》，《近代中国史料丛刊》正编第 831 册，文海出版社 1971 年版。

② 嘉庆《重修扬州府志》卷三《巡幸志三》，《中国地方志集成·江苏府县志辑》第 41 册，江苏古籍出版社 1990 年版。

③ （宋）沈括：《梦溪笔谈》卷一一《官政一》，《历代笔记丛刊》，上海书店 2003 年版，第 99—100 页。

展,越来越多的人认为扩大消费而非限制消费才是发展经济、改善民生的重要手段,其中最有名的莫过于上海人陆楫,他在其著作中第一次全面地论及"奢靡"问题①。他认为,游玩歌舞看起来是"奢",但其实养活了众多"舆夫舟子,歌童舞妓"。消费风气促进了市场繁荣,繁荣的市场则改善了人民生活。陆楫的观点并非个例。清乾隆时苏州人顾公燮也有相近的言论:"即以吾苏郡而论,洋货、皮货、衣饰、金玉、珠宝、参药诸铺,戏园、游船、酒肆、茶座,如山如林,不知几千万人。有千万人之奢华,即有千万人之生理。若欲变千万人之奢华而返于淳,必将使千万人之生理亦几于绝。"②"治国之道,第一要务在安顿穷人。……金阊商贾云集,宴会无时,戏馆数十处,每日演剧,养活小民不下数万人,原非犯法事。如苏子瞻治杭,以工代赈。今则以风俗之所甚便,而阻之不得行,其害有不可言者。由此推之,苏郡五方杂处,如寺院、戏馆、游船、赌博、青楼、蟋蟀、鹌鹑等局,皆穷人大养济院。一旦令其改业,则必至失业,且流为游棍,为乞丐,为盗贼,害无底止矣。""昔日陈文恭公宏谋抚吴,禁妇女入寺烧香,三春游屐寥寥,则舆夫、舟子、肩挑之辈,无以谋生,物议哗然,由是弛禁"。③ 道光时人袁景澜在描述端午龙舟赛会时说:"夫其繁费无度,作为无益,固非敦本崇模之道。顾吴俗华靡,而贫民谋食独易。彼其挥霍纵恣,凡执纤悉之业,待以举炊,而终岁无冻馁者比比也,此贫富相资之一端,为政者,迨不可执迂远之见,以反古而戾俗也。"④

其实,那些反对奢侈之风的人自身并不一定就不奢侈,甚至本人亦极奢侈;反对迎神赛会的也有可能是参与迎神赛会的积极分子。这些人之所以反对奢侈,反对迎神赛会,并不一定是表里不一,很大程度上是因为消费和娱乐虽然有助于社会进步,却挑战了传统社会的基本秩序。传统社会国家的目的是保证统治者可以掌握和支配绝对的财富以

---

① 参见(明)陆楫:《蒹葭堂稿》卷六,《续修四库全书》集部第 1354 册,上海古籍出版社 1995 年版。

② (清)顾公燮:《消夏闲记摘抄》卷上《苏俗奢靡》,《涵芬楼秘笈》第 2 册,北京图书馆出版社 2000 年影印本。

③ (清)顾公燮:《消夏闲记摘抄》卷上《抚藩禁烧香演剧》,《涵芬楼秘笈》第 2 册,北京图书馆出版社 2000 年影印本。

④ (清)袁景澜撰,甘兰经、吴琴校点:《吴郡岁华纪丽》卷五,江苏古籍出版社 1998 年版,第 179 页。

确保统治的延续性，而并不是推进整个社会的经济发展。消费虽然可以推进经济的发展，却有可能会破坏统治秩序，这就是历代统治者一直提倡禁奢崇俭、重本抑末，对迎神赛会持警惕态度的原因。

但百姓对迎神赛会有着自己的考虑。首先，迎神赛会能够让百姓们获得精神寄托。《清稗类钞》便称："道德法律皆不足以救世，犹幸有宗教以维系人心于万一耳，迷信果尽除，小人亦何所惮而不为耶？"①其次，迎神赛会可以提供给百姓一种难得的休闲娱乐方式。乔启明曾说过："我国农民，多无正当娱乐，迎神赛会，可说稍含娱乐性质。"②其实不光是农民，中国传统社会的大部分普通人都没有什么正当的娱乐，除了这种所谓"迷信"的娱乐，他们根本找不到其他的渠道。更重要的是，迎神赛会也是百姓用来增进社区成员之间的感情的方式。通过组织参与本社区的赛会活动，在其中各司其职，社区成员频繁接触，社区的凝聚力便随之增强。

滨岛敦俊发现江南行政村落的聚落形态与土地庙之间存在关系，土地庙的"庙界"往往就是一定的行政村落的范围。他由此认为，乡镇以庙宇、神灵为中心的生活空间，包括共同的祭祀、娱乐活动等，构成了传统中国"农村居民之社会共同性"成立的契机之一。前述江南迎神赛会"解钱粮"现象其实就是庙界现象的反映，此后，吴滔③、王健④等也对这一问题的研究进行了推进。

江南乡镇的祠庙都有属于自己的庙界或者庙境，这个庙界或者和农村基层组织——图重合，或者包括若干个图。庙界中的所有乡民都应该参加迎神赛会的筹备工作，而出会的路程也主要在境内进行，通过迎神赛会，整个庙界或者社区的居民自然而然地凝聚成一个整体。这个过程既是社区内部的向心力逐渐形成和强化的过程，同时也是本社区和其他社区之间竞争的过程。

秦汉时，于春分、秋分后戊日举行迎神赛会、祭祀后土之神已经蔚

---

① 徐珂：《清稗类钞》第4册《宗教类》"我国之宗教"条，中华书局1986年版，第1938页。
② 乔启明：《中国农民生活程度之研究》，《社会学刊》1930年第1卷第3期。
③ 参见吴滔：《清代苏州地区的村庙和镇庙：从民间信仰透视城乡关系》，《中国农史》2004年第2期。
④ 参见王健：《利害相关：明清以来江南苏松地区民间信仰研究》，上海人民出版社2010年版，第2章。

然成俗。所以,以里为单位进行社祭和迎神赛会是自古以来的传统。至明清以后,虽然基层组织与前代相比发生变化,但社祭的基本模式没有太大变化。根据费孝通在《江村经济》中的记载,江村(即开弦弓村)有奉祀刘猛将的地域性群体,由大约 30 户组成,被称为"段"。不过这一时期与上古的不同之处在于市镇得到了相当大的发展。正如滨岛敦俊的研究所表明的,江南地区镇城隍庙的产生,其实是明末清初以后农村商业化、市镇发达和"乡脚"形成在宗教上的表现。① 随着农村与市场的关联加深,农民日常生活的圈子超越了本村的范围,开始以市镇为中心②,乡村的信仰活动往往也以市镇为中心,祭祀范围也由此逐渐扩展。庙界或者庙境的概念与前代相比有很大不同。如武进庙桥镇的兴起,据乡镇志引《白氏宗谱》称:"庙桥城南一镇也,无壮丽梵刹,有社庙一区,相传在宋末年间,怡穆将军与元将伯颜相战,怡穆将军殉节文德桥下,葬永安河畔,后遂祀为社庙,庙桥镇遂兴,境颇繁衍,计四十八村,户口三千。"庙桥镇因社庙而兴,庙桥镇的最早辐射范围也是其庙境。③ 塘桥镇每年阴历三月十一日为庙会,邻近有四十八个村作集,这四十八个村既是塘桥镇平日的主要服务对象,也属于当地人所称的兴隆庙境下。④ 王健曾引用乾隆《唐市志》提到的常熟土谷神灵周孝子的祠庙在当地乡村的祭祀情况:灵惠庙"祀宋周孝子容在河东中市,其在市泽者为孝子故居,俗名老府,又名隆兴庙。近市乡村几百家之聚,里人必立庙以祀,不能具载"。可见,周孝子庙的庙界就是"近市乡村几百家之聚"。⑤ 正是在这种情况下,"段"从一个村扩展到周边邻近地区。如王健就指出,吴县善人桥的穹隆山东南各村,"向例每越七年,必举行穹隆老会一次,加入计四十村,约一千余户,分作七十二段,木渎区与本区各占其半"。而且,这七十二段还有主段、散段之分,"主段之村落,轮值主持会务,散段之村落,仅可协助会务。主段为柳家场、唐冈头、堰头村、

---

① 参见[日]滨岛敦俊,朱海滨译:《明清江南农村社会与民间信仰》,厦门大学出版社 2008 年版,第 5 章。
② 参见吴滔:《清代苏州地区的村庙和镇庙:从民间信仰透视城乡关系》,《中国农史》2004 年第 2 期。
③ 参见庙桥乡编史修志领导小组:《庙桥乡志》,1986 年,第 11 页。
④ 参见龙虎塘乡编史修志办公室:《龙虎塘乡志》,1985 年,第 206 页。
⑤ 参见乾隆《唐市志》卷上《祠宇》,《中国地方志集成・乡镇志专辑》第 9 册,上海书店出版社 1990 年版。

旺家坞、石臼亩、徐家场、上堰头七村,各家所认定之仪仗,亦有老账根据,不可轻易变更,如力不能负,虽借债卖田,亦所情愿。会中偶像每七年一次,轮值供奉在七村段头家内"。①

迎神赛会是建立在社区的基础之上的,由此也就产生了社区和社区之间的竞争。比如武进夏庄桥原来没有庙会,只有嘉泽庙会行会经过。嘉泽庙会每次行会经过夏庄桥,夏庄桥都要筹资备饭,嘉泽庙会的组织者却经常认为夏庄桥招待不周。二者逐渐产生了矛盾,久而久之,夏庄桥的村民便决定自己筹办庙会,认为:有自己的庙会后可以与嘉泽比场面、比阔气,而且能增加营业收入。于是,夏庄桥筹款造了关帝庙,并将庙会日期定在嘉泽庙会举办的三天前(即三月十五日)。② 武进厚余的东岳庙会由庙境内(即钦风乡全乡)三个分会组织,大南会(原钦风乡三十都的一二三四图)抬着大老爷,中会(原钦风乡二十八都三四图)抬着二老爷,北会(钦风乡北部地方)抬着三老爷。这三个东岳庙老爷是由同一棵大杨树做成的三个木身,有大、二、三老爷之分。三个分会将神像从本地抬来,先到厚余镇上去朝观(太和观),然后再上街。朝观也有次序,有大小之分,不能违背。但是之后三个会就互相比,看谁的花样多,每个会甲都必须翻花样,如果此次落了下风,下次便不能再当会甲。③ 这些社区之间的竞争还会导致区域与区域之间的盛衰转换。王健曾举例,常熟璜泾东岳庙本为"方一二百里祈福之所",但乾隆初年游击营移驻于茜泾,不久茜泾筑城,成为当时的"海疆重地",地位提升,经济发展,人流物流聚集,当地人陆氏便投入重金修葺东岳庙,甚至分走了璜泾东岳庙的香火,使庙界的中心发生了转移。④

其实城市中的庙会也是如此。不过与乡村不同,城市中的庙会既代表了社区,也代表了行业。如常州每次迎神赛会必出的云车戏便是由各坊厢出钱建造,"云车,吾邑旧有十八坊厢,每一坊出云车一乘",有

---

① 参见王洁人、朱孟乐编:《善人桥的真面目》,转引自王健:《利害相关:明清以来江南苏松地区民间信仰研究》,上海人民出版社2010年版,第98页。
② 参见嘉泽乡编史修志领导小组:《嘉泽乡志》,1984年,第241页。
③ 参见厚余乡编史修志领导小组:《厚余乡志》,1985年,第209页。
④ 参见王健:《利害相关:明清以来江南苏松地区民间信仰研究》,上海人民出版社2010年版,第122页。

"十八坊厢车十八,谁家儿女得钱多"①的说法,各坊厢自己出钱建造云车,竞相造得绚丽多彩,在迎神赛会中进行展示和评比,以争得本坊厢的荣誉。又如常州城四周有南、北、西三个金龙四大王庙,分别代表木商、布业和船帮,每年四月和九月的十六、十七日两天为出会的日子,三个金龙四大王庙竞相演戏酬神,以展示本行业的力量。②

第四节　近代以来的反迷信运动与民间信仰

近代是中国社会发生剧烈变革的时期。西方坚船利炮挟裹着各种西学与西方价值观念,不断冲击侵蚀着中国传统的社会秩序。在西方列国强势打开中国国门后,不少有识之士开始转变思想,积极倡导并不断推进向西方学习的步伐,以探求一条救亡图存的道路。这是国家逐渐步入近代社会的过程,也是民众智识逐渐提升的过程。晚清以降,江苏地区开风气之先,成为新思想传播和发展的重要舞台,是近代经济起步早、发展快的地区。民国的历史虽然短暂,但与旧有的帝制王朝相比,是一个在政治上有所进步的时代,同时在社会经济上取得一定发展的时期。江苏在抗日战争全面爆发前十年,社会经济、文化教育事业均有了较快的发展。但与此同时,由于境内战争频繁、自然灾害频发,农村逐渐凋敝,各类社会问题日益严重。特别是由于漕运逐渐停废、新式交通短缺等因素的限制,苏北近代化、工业化的状况相较于苏南地区明显滞后,南北之间的差距日益拉大。受制于区域经济与社会发展水平,近代苏北虽有一定程度的发展,不过总体来说是趋向衰落的。这一时期,新思潮的传播和新的政治体制的建立对江苏地区的民间信仰也造成了一定影响。民间信仰在新旧交替之中不断经受考验和批判,其根基实际并未彻底动摇,仍然有着顽强的生命力。

---

① 周葆贻:《常州竹枝词》十首,《企言诗存》,1935 年铅印本。
② 参见查秉初:《略论常州土布业转变为染织厂之经过》,常州纺织工业局编史修志办公室编:《常州纺织史料》第二辑,1983 年,第 39 页。

一、"迷信"和反迷信

儒家强调"子不语怪力乱神",所以儒家精英分子常有反淫祀等行为。但是在近代,随着新思想的传播,"迷信"这一概念逐渐传入,反迷信运动取代了反淫祀,成为压制、打击民间信仰的重要方式。

据路遥的研究,"迷信"一词最早见于魏晋以来的汉译佛籍中,"属于佛经格义而作宗派哲理的阐释",而不是指民间淫祀。在明末清初的中西礼仪之争中,天主教的汉语文献开始用"迷信"一词批判中国的佛道二教和民间信仰。徐光启所译的《破迷》、朱宗元的《破迷论》、罗文平的《醒迷篇》等就是代表。① 但是,此时儒家知识分子在对民间信仰的判断中仍然使用传统的"正祀""淫祀"及其相关话语,"迷信"一词并未得到广泛使用。

据沈洁的研究,近代的"迷信"观念始于戊戌维新前后。"迷信"一词较早出现在由麦仲华主编的《皇朝经世文新编》与陈忠倚主编的《皇朝经世文三编》。这两部经世文编均成书于光绪二十四年(1898)。② 次年即 1899 年的 4 月 10 日,《清议报》第 11 期开始刊载伯伦知理(Johann Bluntschli)的《国家论》③,这可以看作近代政治学意义上的国家理念在中国的最初传播。《国家论》中有言:"近世君主,欲撞其威福,乘民之迷信宗教,托于神者有之"。这里的"迷信"虽然是动词,但与宗教联系在一起,可以说已经基本具备了后世"迷信"的一般意思。光绪三十一年(1905)十二月十五日《新民丛报》第 24 期上刊载了日本《人性》杂志主笔富士川游所著的《论信仰》一文,由中国人署名"咀雪者"译出。作者运用德国哲学的知识论,为"信仰"作了概念界定,并对"理性之信仰"与"迷信"作了区分。这篇文章是较早的由中国人翻译的运用德国哲学理性主义的概念工具分析宗教、信仰、迷信等的专论。④ 此后,

---

① 参见路遥:《中国传统社会民间信仰之考察》,《文史哲》2010 年第 4 期。

② 参见沈洁:《"反迷信"话语及其现代起源》,《史林》2006 年第 2 期。

③ 根据巴斯蒂的研究,这是梁启超抄录节选的日人吾妻兵治的译本,参见[法]巴斯蒂:《中国近代国家观念溯源:关于伯伦知理〈国家论〉的翻译》,《近代史研究》1997 年第 4 期。

④ 参见沈洁:《"反迷信"话语及其现代起源》,《史林》2006 年第 2 期。

"迷信"成为非科学、非理性的思维习惯的代称。有人将中国之前的贫穷落后、被帝国主义列强的欺凌都归因于迷信,迷信不仅与反科学联系在一起,还与专制统治下大众的盲从联系在一起。如祖籍歙县、居于扬州的王钟麒在发表于光绪三十三年(1907)的《中国宗教流弊论》[①]中就认为"吾国数千年来学问不进之故,皆由于迷信鬼神",重点批判了民间多神信仰,将其均归为"迷信"加以贬责。他指出,中国宗教之所以不如西方发达,是由于"千百年后迷信日益深,思想日益阻……今日不得不执此以为罪案明矣"。

光绪三十年(1904),《江苏》杂志上发表了一篇文章《江苏人之信鬼》。这篇文章罗列了江苏人的很多迷信礼俗,认为"江苏人之信鬼,亦江苏人腐败之特色":

> 见有疾病之家,膏肓已入,医药无灵,问之卜人(俗尊之曰起课先生),则曰白虎也,朱雀也,腾蛇也,勾陈也,皆凶象也,鬼来作怪,足令闻者酸鼻,而病家信之。问之女巫(俗尊之曰双仙人),则曰若祖也,若宗也,若亲也,若戚也,来求食也,鬼话连篇,不值识者一笑,而病家信之。于是请二三巫祝(俗尊之曰太保先生),摆几位纸马,设几样酒肉,念几句乱话,磕几个乱头,锣鼓喧哗,非常热闹。当午夜,病者不得睡,精神愈敝,疾病愈剧,不顾也。天将晓,化几串纸钱,爆几声边跑,名曰送夜客。而彼巫祝者方将乞其祭余,醉酒饱肉,信口大嚼,意气扬扬,主人出数串钱为巫祝寿,然后去。俗称之曰献菩萨,又曰敲太保,又曰用铜钱。呜呼!不祭鬼实祭人,鬼不食而人食之。一夜之挥霍,已货数日之盖藏。然鬼而灵也,病而愈也,犹可言也。乃甫收拾排场,料理酒食,起视病人,则已奄奄一息,医药无灵而求诸鬼神,鬼神无灵,其将奚求乎?人虽至愚,谁不知其妄,乃邻舍闻之,不以为戒,家人见之,不以为异,昏昧如故,畏怯如故,崇信如故,后有疾病,仍施其故技而已。因昏昧而畏怯而崇信鬼,鬼之惯弄其技者,方以为人之呆期也。狐仙之妖物,五

---

① 王钟麒:《中国宗教流弊论》,《南方报》1907年1月18、19日。

通之邦崇,相逼而来,白昼现形,借口妄语,恐吓要挟,无所不至,而江苏之世界几成魔鬼之世界。若夫良辰佳节,赛会龙华,香烛冥镪,相望于道,老妪幼妇,络绎于途,不知其几千万人也。问之则曰烧香拜佛也,佛果何在乎? 虽信佛,实则信鬼。亦有寒食、清明,家家扫墓,龙蟠草囷,堆积陇头,蝴蝶纸灰,飘摇空际,不知其几千万也。问之则曰拜祖敬宗,祖宗果何在乎? 名虽信祖宗,实则信鬼。更甚者,风水务求吉地,婚嫁必择良辰,建庙宇,竞为壮丽,施僧钱,动辄万千,感应阴骘之文,惜字放生之局,遍于州县,充于街衢。无非信鬼之心中之,以言求生,则个人之生也。以言求福,则个人之福也。

作者指出,他责怪的并不是江苏人信鬼,而是"责其信鬼而其智昏""忧其信鬼而气馁",因为"气馁矣,智昏矣,欲其发自由思想,振独立精神,断无望矣"。当前时势正处于"欧西强国,鲸吞虎视,朝割一省,暮割一都,中国之地有限,外人之欲无穷,生死祸福之关键,间不容发"。而江苏人信鬼,中国人信鬼,本质上是"求个人之生,个人之福",在这种情况下"民智安望其开,民气安望其壮乎"? "四百万方里之地,四百兆黄族之民,说鬼话,拜鬼像,祭鬼食,施鬼钱,畏鬼祸,求鬼福,无时无鬼,无地无鬼,无人心目中无鬼,欲其与世界竞争,为黄种吐气,以免分割之祸,以伸国民之权更无望矣"。要改变这一状况,就要"去习见,革陋俗,铸自由脑,聚独立之魂,使吾黄帝子孙不沦为外族之奴隶与奴隶之奴隶者也"。要"去习见,革陋俗,铸自由脑,聚独立之魂",就要从"毁鬼庙,弃鬼神,绝鬼祀"做起。可见,作者是将反迷信视为改变国人的精神面貌进而救亡图存的最重要、最关键的手段。此后,无论是传统士人批评大众"愚昧",还是新知识分子反迷信,出于不同立场的人在反对民众所谓虚妄的信仰上是一致的。

在中国近代历次的思想解放运动中,几乎所有的领袖人物都倡导反迷信,对"迷信"活动进行严厉揭露和批判。维新变法期间,谭嗣同认为中国出现的"乡曲之牛鬼蛇神,一木一石,一藤一井,皆虔而祀之,祷而祈之"的偶像崇拜是中国历史上遗留下来的陋习①,主张"毁天下寺观庙宇",必须"如西人将种种虚妄一扫而空,方能臻于精实"②。资产阶级民主革命时期,孙中山同样批评:"我国人民,俗尚鬼神,年中迎神赛会之举,十七帛烧纸之资,全国计之每年当在数千万。此以有用之财作无益之事,以有用之物作无用之施。此冥冥一大漏卮,其数较鸦片尤甚,亦有国者所当并禁也。"③新文化运动时期,陈独秀劝导百姓说:"那西洋人不信有什么菩萨,像那烧香打醮,做会做斋的事,一概不做,他反来国势富强,专欺负我们敬菩萨的人,照这样看来,菩萨是断断敬不得的了。"④毛泽东也说:"中国的四万万人,差不多有三万九千万是迷信家。迷信鬼神,迷信物象,迷信运命,迷信强权,全然不认有个人,不认有自己,不认有真理。"⑤因此,他号召彻底扫除那些长期束缚人们头脑的迷信思想,冲破黑暗,寻找光明。

可以说,通过从维新变法到辛亥革命到新文化运动的不断宣传,"迷信"和"破除迷信"这些名词和观念逐渐在社会上得以传播,由此对传统的民间信仰产生了重要的影响。

二、毁庙兴学:反迷信的实践

近代以来,反迷信并不仅仅停留在口头的批判揭露和新思想的灌输上,而是付诸实践,采取各种各样的措施来对"迷信活动"进行改造和打击,其中最典型的就是庙产兴学运动。⑥

19世纪后半期,在西学东渐思潮的引导下,传统的知识价值观逐

① 参见《谭嗣同全集》卷三,生活·读书·新知三联书店1954年版,第393页。
② 《谭嗣同全集》卷三,生活·读书·新知三联书店1954年版,第414页。
③ 孙中山:《革命与共和》,天津人民出版社2017年版,第9页。
④ 《陈独秀著作选》第1卷,上海人民出版社1993年版,第49页。
⑤ 毛泽东:《陈独秀之被捕及营救》,中共中央文献研究室、中共湖南省委《毛泽东早期文稿》编辑组编:《毛泽东早期文稿(1912.6—1920.11)》,湖南出版社1990年版,第305页。
⑥ 关于庙产兴学运动的研究,主要有[美]杜赞奇《从民族国家拯救历史》一书中的"反宗教运动"部分。另外,还有王雷泉的《对中国近代两次庙产兴学风潮的反思》(《法音》1994年第12期)、王雷泉的《世纪之交的忧思:"庙产兴学"百年祭》(《佛教文化》1998年第1期)、吴林羽的《清末庙产兴学及其社会反应》(《济南大学学报(社会科学版)》2005年第3期)、沈洁的《现代化建制对信仰空间的征用:以二十世纪初年的庙产兴学运动为例》(《历史教学问题》2008年第2期)、许效正的《清末民初庙产问题研究(1898—1916)》(博士学位论文,陕西师范大学,2010年)等。

步动摇,中国的教育制度、教育体系、教育内容、教育观念都发生了重大的变化。特别是甲午战争后,各地一些有识之士痛定思痛,开始加快教育改革,欲以此为变法之本、中国富强之本。在中国传统社会,官方所办的学校一般只到县一级,虽然地方上也有一定数量的书院和社学,但或是覆盖面不广,或是教育质量不高,要以原有的这些学校为基础创办新式学校,难免有无米之炊的问题。而当时中国内忧外患、国库空虚,无论是朝廷还是地方,既无能力,也无资本去创办新式学校,很多人就把目光放到了庙产上。

在中国传统社会中,民间信仰的祠庙往往是民众活动的公共空间,用它来开办慈善及教育事业并不是近代方有的事。常州地区的会馆公所就往往和祠庙一体,如天后宫就是福建会馆,江西会馆就是许真君祠,药业公所设在药王庙,米业公所设在祭祀五谷之神的菅田庙。祠庙办教育也并非鲜见。嘉庆二十四年(1819),苏州木渎镇的济善堂就设于镇城隍庙东,收埋惜字,同治年间又移入城隍庙中。另外再租房改建,并设义塾于其中,教里中子弟。① 特别是太平天国运动之后,各地在文教受到破坏之后,大量兴建义塾,很多都设在祠庙之中。可见,民间信仰的祠庙的功能本来就并非单一,只不过无论是教育、善堂、会馆公所和祠庙都是和平相处、互不影响。也正是这样一个传统,使得很多人想利用祠庙来兴办新式教育。但是,这些有着新思想、视迷信为万恶之源的知识分子并不想与祠庙和平相处。

目前学术界认为,较早明确提出废庙兴学建议的是章太炎。光绪二十四年(1898)春天,章太炎写出了著名的《鬻庙》,建议恢复施行宋代的鬻庙政策,且"以淫祀与寺观为鹄的",目的是兴学。"今增置学堂,其费不赀。县取一区,以为学堂之址,所节啬多矣,则是不鬻而可以少费也。复鬻之足以代赋税,即有不鬻,则又足以省费,计无便于此者"②。在当时维新知识分子之中,有章太炎这样的想法的并不只是少数,而且他们马上

① 参见民国《吴县志》卷三十《公署三》,《中国地方志集成·江苏府县志辑》第 11 册,江苏古籍出版社1990 年版。
② 章炳麟:《訄书》第四十七《鬻庙》,生活·读书·新知三联书店 1998 年版,第 104 页。

行动起来。是年五月（1898 年 7 月），康有为向光绪帝呈递了《请尊孔圣为国教立教部教会以孔子纪年而废淫祀折》，提出了"罢废淫祠"的主张。他认为中国不如西方的一个很重要的原因是"惟中国尚为多神之俗，未知专奉教主"，所以应该废除多神之俗，以孔子为教主，而兴"孔教"，就要废"淫祀"。据此，他提出了"及祀典垂昭者外，所有淫祠，乞所在有司立行罢废，皆以改充孔庙，或作学校，以省妄费，而正教俗"的主张。① 很显然，光绪帝采纳了这个主张，五月颁布的兴办学堂上谕中就明确表示："民间祠庙不在祀典者，一律改为学堂，以节靡费而隆教育。"②

持废庙兴学主张的并不只有维新党人。六月初七日，张之洞向光绪皇帝进献了著名的《劝学篇》，文中提出解决学堂场地和经费问题的四种措施："先以书院改为之""可以善堂之地、赛会演戏之款改为之""可以佛道寺观改为之""可以祠堂之费改为之"。随后，他专门强调："今天下寺观何止数万，都会百余区，大县数十，小县十余，皆有田产，其物业皆由布施而来。若改为学堂，则屋宇、田产悉具，此亦权宜而简易之策也。"他认为，应该"大率每一县之寺观，取十之七以改学堂，留十之三以处僧道；其改为学堂之田产，学堂用之七，僧道仍食其三。计其田产所值，奏明朝廷，旌奖僧道，不愿奖者，移奖其亲族以官职"。只不过他应该已经意识到如果强制将寺观改为学堂，可能会引出诸多麻烦，所以他折中建议："若各省荐绅先生以兴起其乡学堂为急者，当体察本县寺观情形，联名上请于朝，诏旨宜无不允也"③。即由士绅提出建议，朝廷顺水推舟允准，这样可以免除一些麻烦和纠纷。

维新变法虽然失败，但是关于教育的改革被继承了下来。光绪二十七年八月初二（1901 年 9 月 14 日），清廷颁布了兴办学堂的上谕，重新强调光绪二十四年五月（1898 年 7 月）的上谕精神。此后，为了加强对新式学堂的管理，统一全国的学制系统，清政府于 1902 年 8 月 15 日

---

① 参见(清)康有为：《请尊孔圣为国教立教部教会以孔子纪年而废淫祀折》，汤志钧编：《康有为政论集》，中华书局 1981 年版，第 280 页。

② 赵尔巽：《清史稿》卷一〇七，中华书局 1977 年版，第 3126 页。

③ (清)张之洞：《劝学篇》，苑书义等主编：《张之洞全集》，河北人民出版社 1998 年版，第 9739—9740 页。

颁布了《钦定学堂章程》,即《壬寅学制》,但未及施行。此后又于1904年1月13日颁布了《奏定学堂章程》,即《癸卯学制》。这些措施促进了各级各类新式学校的发展。在历次颁布的章程中,都有利用祠庙发展学堂的要求。如《钦定小学堂章程》中言:"地方绅商得依小学堂章程,立寻常小学堂、高等小学堂……均得借用地方公所祠庙,以省经费。"①《奏定初等小学堂章程》则继续规定:"各省府厅州县,如向有义塾善举等费,皆可酌量改为初等小学堂经费;如有赛会演戏等一切无益之费积有公款者,皆可酌量改为初等小学堂经费"②。相关章程颁布后,各地迅速推进实施。江宁巡抚于光绪三十年(1904)九月向各县发出札文:"饬设立学堂,如实在款难筹画,准将寺田提拨,酌量办理。"③不难想象,在政府推动下,必然会引发一系列征用寺庙、兴办学堂的行为。

由于废庙兴学针对的是包括佛道寺观在内的所有宗教场所及设施,相对而言,能量更大的佛道人士的反应更加激烈,不久就发生了浙江僧人要求皈依日本本愿寺以对抗朝廷的事件。在这种情况下,清廷对政策进行了调整,于光绪三十一年(1905)三月颁布了保护寺产的上谕:"着各省督抚令饬地方官,凡有大小寺院,一切僧众产业,一律由官保护,不准刁绅蠹役,藉端滋扰,至地方要政,不得捐勒庙产,以端政体。"④但这样一来,学堂经费就成了问题。袁世凯于光绪三十一年(1905)四月二十八日上奏朝廷,建议:"其或确载祀典及僧人手置产业,均不得稍有侵占,停清界限。余如淫祠,本干例禁,私设庵院,律有明条,又绅民先曾布施,原无殊于善举,或僧众情殷报效,未便令其向隅者,均由公正绅者分头筹办,应请悉如其旧,以昭大信。倘有刁绅蠹吏藉端滋扰,遵旨从严禁办,不稍宽容"⑤。袁世凯的这一奏章将寺观排除在外,只是将未入祀典的庙宇纳入改造范围,减少了矛盾,也符合历朝

---

① 朱有瓛主编:《中国近代学制史料》第二辑上册,华东师范大学出版社1989年版,第157页。
② 朱有瓛主编:《中国近代学制史料》第二辑上册,华东师范大学出版社1989年版,第176页。
③《酌提寺产》,《申报》1904年10月10日第2版。
④ (清)朱寿朋编:《光绪朝东华录》(五),中华书局1958年版,第5321页。
⑤ 袁世凯:《遵旨严禁刁绅蠹吏滋扰寺院并分别声明折》,廖一中、罗真容:《袁世凯奏议》(下),天津古籍出版社1987年版,第1154—1155页。

的信仰政策，得到了朝廷的认可。此后，庙产兴学运动开始在各地全面推进。如光绪三十二年(1906)闰四月，镇江府知府下令，认为"近以扩张学务，筹款维艰"，要求"通饬各县，密查不在祀典之庙产，开列清单详报，以便提半归公，充作学堂经费"。① 又如光绪三十四年(1908)，邳州知府批准了聂之佑等人的请求，将聂家阁旧有关帝庙庙田七十亩中的四十亩拨给育英初等小学堂，作为该学堂的常年经费；同时，还批准了邳州属北乡第二区劝学员董景虎等人的请求，将议定在岔河圩及浦汪存废庙公田五十余亩拨给会萃高等小学堂，作为该学堂的常年经费。② 还有庙宇中的僧道主动捐赠庙产兴学的事例，如光绪三十三年(1907)，江苏省阜宁县大王庙僧昌智就曾捐钱五百三十千，充作学堂经费。③ 当然，这是出于主动，还是被迫无奈捐资兴学，已经不得而知。

在这种情况下，各地大部分新建的学堂都由庙宇改造而成。据王树槐关于江苏省的研究，在吴县、江阴、高邮、南通、邳县、阜宁等地，学堂所占用寺庙在各地寺庙中的百分比分别是 67.8%、50%、78%、100%、30.9%、71%。④ 虽然根据欧阳楠、张伟然的研究⑤，这一数字不完全正确，比如南通的数字全来源于张謇的《张季子九录》，一共只有 10 所学堂，而这 10 所学堂全由庙宇改造而来，所以占比便成了 100%，但整体而言，这一比例大致反映了当时的基本情况。根据前述欧阳楠等人的统计，1898—1949 年整个江南地区(即清代江苏的松江府、太仓州、海门厅、苏州府、通州、常州府、镇江府、江宁府、扬州府和浙江的杭州府、嘉兴府、湖州府、宁波府、绍兴府等 14 府州厅)共有 905 所学校是由庙宇改造而来的。其中，武进、江阴、兴化三县均有超过 100 所学校是由庙宇改造而来的。仅袁世凯上奏之后的一年内(即 1906 年)，这一地区就有 76 所学校源于庙产兴学。

---

① 《拟提庙产兴学》，《申报》1906 年 5 月 27 日第 9 版。

② 参见《邳州兴学汇志》，《申报》1909 年 1 月 7 日第 1 版。

③ 参见《寺僧上控劣董》，《申报》1907 年 6 月 14 日第 12 版。

④ 参见王树槐：《中国现代化的区域研究：江苏省》，"中研院"近代史研究所 1984 年版，第 210 页。

⑤ 欧阳楠、张伟然：《清末至民国时期江南地区庙产兴学的时空分析》，《历史地理》第 24 辑，上海人民出版社 2010 年版。

此后在晚清地方自治期间,对庙产的改造挪用又产生了一个新的高潮,不仅将庙宇改造为学堂,还将其改造成各种地方自治的机构。光绪三十四年(1908)十二月二十七日,清廷颁布了《城镇乡地方自治章程》,其中第十四条明确规定:"自治公所,可酌就本地公产房屋或庙宇为之。"①江苏省谘议局也通过《清查公款公产办法》,规定:"凡先贤祠庙由公建者,所有财产均以公产公款论。"②于是,各地纷纷在庙宇里设立自治会、自治公所等机关。据《江苏省自治公报类编》记载,宣统三年(1911)江苏省共成立自治公所 26 个,其中就有 16 个建在庙宇里,占总数的 61.5%。③

　　征用庙产,在一定程度上解决了地方上兴修学堂、组织地方自治缺乏场所和经费的问题。那些民间信仰不在祀典之中,往往被舆论视为革命、科学、进步、民主的反面,征用它们的祠庙受到的阻碍相对较小。但这在一定程度上影响了普通百姓的生活。很多祠庙是和当地百姓日常生活、日常生计密切相关的,一旦被占用后,求诉无门的百姓就有可能会采取一些暴力手段,由此引发了社会的动荡和秩序的混乱。百姓当然不敢把矛头指向由政府主导的自治机构,往往针对的都是占用祠庙的中小学堂,这就是晚清至中华人民共和国成立前各地常见的毁学案。

　　根据学术界的研究,晚清最早的毁学案于光绪三十年(1904)发生在江苏无锡县,之后迅速向全国蔓延。④《东方杂志》就指出:"无锡毁学之事起,而江西平乐继之,四川夔州继之,广东又继之,今则山东沂州又有毁学之事矣。"⑤而在新政推行期间,毁学达到了高潮。当时常州籍著名学者蒋维乔就说,宣统二年(1910)"自正月内江苏宜兴县乡民误会调

① 徐秀丽编:《中国近代乡村自治法规选编》,中华书局 2004 年版,第 3 页。
②《江苏省自治公报类编》卷一《自治纪事》,《中国近代史资料丛刊》三编第 53 辑,台北文海出版社 1971 年版。
③ 参见《江苏省自治公报类编》卷二《图表》,《中国近代史资料丛刊》三编第 53 辑,台北文海出版社 1971 年版。
④ 参见许效正:《清末民初庙产问题研究(1898—1916)》,博士学位论文,陕西师范大学,2010 年,第 101 页。
⑤《劣僧亦思抗阻学务耶》,《东方杂志》1904 年第 1 卷第 12 期。

查户口始,调查员皆学界中人也,于是群起毁学……江苏之太仓、东台、镇江、扬州、淮安、海州、或焚学十余校,或焚数十校"①。根据王树槐的统计,仅当年一年中,江苏省城乡就砸毁学堂 50 余所、自治公所 18 所。② 毁学案在江苏从南到北不断发生,几乎蔓延到每个地区。下面试举数例:

光绪二十九年(1903),无锡因学堂经费支绌,议将本邑米商捐入各庙的经费充学堂经费,"化无用为有用",但这个提议得到了米商的阻挠,议久不决。至光绪三十年(1904),因要推广办理竢实学堂,邑中绅董重申前说,并控诉米董赵某、张某"把持庙捐"。江苏学政要求无锡知县处理此事,即将赵、张二人提县,后经协调,米董已经同意分拨庙捐,事将有成。此时,正好商部委员杨道霖回乡,召集各行业的商董,讨论成立商会,并有所谓设立"商局捐"的说法。因此,谣言蜂起,各商号以为要将各项商捐全部充作学堂经费,遂至人心惶惶。士绅要求知县出示晓谕,说明并无"捐及各商之事,以靖人心",但地方官置之不理。在一些不怀好意的人的暗中鼓动下,各米行开始罢市,如果不参与罢业,会有无赖趁机"即行打毁"。光绪三十年(1904)七月初二日,米董至县署协商,定议每年分庙捐一千元充作学堂经费,赵、张二人也随时可以释放。但此时,骚乱已经不可控制,在一些米行的鼓动下,"城厢内外一律罢市,奸人乘之,竟敢烧毁杨绅(杨模)住宅","十点钟拆毁竢实学堂房舍数十间及堂中一切用具、理化器械、藏书楼至图书标本等,尽毁无遗,十二点钟拆毁三等学堂及堂中书籍器具等物,下午半点钟拆毁东林学堂,堂中器具图书标本等击毁殆尽"。③ 无锡毁学案最初其实与毁庙无关,只是受到新思想影响的士绅和米商关于将米商庙捐分出一部分充作学堂经费没有达成协议,同时,包括米商在内的商人群体对于以地方新政为借口,随意加重商人负担严重不满,而地方政府又漠不关心、置之不理,最终导致祸乱一发不可收拾。这其实是清末地方危机的体

① 蒋维乔:《论宣统二年之教育》,《教育杂志》1911 年第 3 卷第 1 期。
② 参见王树槐:《中国现代化的区域研究:江苏省》,"中研院"近代史研究所 1984 年版,第 389—391 页。
③《详述无锡阖城罢市拆毁各学堂情形》,《申报》1904 年 8 月 19 日第 1 版。

现。而此后越演越烈的毁学案,虽然规模大小不一,起因各不相同,参与人士多样,但本质都不是简简单单的因庙产兴学而引起的矛盾。

光绪三十三年(1907)八月,常州北门外小新桥地方演剧酬神,该处图董屠某拟借道乡小学堂,为伶人寄宿之所。校董、教习等磋商至再,允让寄宿舍一间,而屠董"坚欲全护",于是"唆使乡民数十人哄入堂中,将校中器具任意毁坏,学生三十余人无可驻足,立时解散。该学堂学董即入县察请查究"①。

宣统元年(1909)三月,镇江文昌阁道士聚众毁学。镇江学董王孝伯在文昌阁左侧创办顺江洲公益两等小学堂,并将该庙产业充作学堂经费,文昌阁道士成宗元因香火不盛,迁怒学堂,便借赛会为名,造言煽惑,聚集数百人,于初七日哄至王君庄房,大肆滋闹,势甚汹涌,并将庄房树木捣毁一空。②

宣统三年(1911),江苏海州僧徒毁学。光绪三十四年(1908),海州蔚文小学设立于城中观音堂内,所有经费皆由本地士绅杨承裕筹垫。此时"因款拙,禀请学司提拨观音堂庙田,作为常年经费",正巧此时"同邑开明学堂,亦有拨产定案之批到州",僧人闻之,大为惶恐,于某日午前"率二十余人蜂拥至蔚文学堂,拆毁原有神像及圣神位,又嫁祸学生闯入教堂办事室,捣毁校具,成绩文牍为之一空。教员孔江二君正在授课,忽被拖下讲台,既加凶殴。复曳至粪坑,倒投其中者三,几至毙命。学生等恐惧异常,幸逃避迅捷,未遭毒手"。当地士绅大为愤怒,当即察请省府官吏予以严惩。③

如此众多的毁学案引起了官方的重视,很多人开始反思处理的方式,对政策进行调整。江宁巡抚在批示全省的札文中再次强调整顿自治方法十三条中的第五条,即公有庙宇只可商借,不可强迫。为防止因此滋生事端,苏抚通令全省各府州县官员务必对借用庙宇之事再三筹议,严格执行。尤其是那些为民众信奉、香火素多的庙宇,地方官员在

---

① 《乡董捣毁学堂》,《申报》1907 年 10 月 9 日第 12 版。
② 参见《道士借端毁学》,《申报》1909 年 5 月 1 日第 11 版。
③ 参见《恶僧毁学》,《教育杂志》1911 年第 3 卷第 1 期。

处置时更应当格外谨慎,"即宜划清界限,除酌就办事处所外,仍听俗例进香,以免误会而启争端"。另外,对于已经划归本地公用并查封的庙产,必须于承领后由自治职员点验房屋器具,开折呈报收管,以明心迹。① 这表明上层开始意识到,一旦地方官员的废毁行动过于激烈,会激化被改造者的反抗情绪。因此,要求在处理相关事宜时尽量不要侵犯到百姓的私人权益,同时在实施庙产充公的同时允许民众保留其信仰与仪式。当时也有很多地方在庙产兴学的过程中采取了较为妥当的办法。比如江阴沙洲福善镇的三贤庙,清末兴学运动中将庙田拨充学堂经费,但仍允许以余田三十余亩作祀。② 宣统二年(1910)发生毁学风潮时,时任两江总督的端方也曾专门饬文全省,重申了朝廷严令,并规定此后办学一事,必须责成公正明通、深明学务的士绅办理,凡"刁绅劣监"借学之名,觊觎庙产者,一律严行惩究。③

中华民国成立后,至高无上的皇权荡然无存,宗教信仰以及各种民间信仰也成为革命人士攻击的主要对象,破除迷信运动迅速风靡全国。同时,新政权成立伊始,各项事宜处于草创阶段,资金匮乏的问题更加突出。在以上两种因素的推动下,各地庙产征用的力度和范围都有了进一步的发展。据中华佛教总会1913年12月上国务院书称:当时各省"纷纷攘夺庙产。假以团体名义,毁像逐僧者有之,苛派捐项者有之,勒令还俗者有之,甚至各乡董率领团勇强行威逼,稍有违抗,即行察报该管官厅严行拘捕,各僧道累讼经年,迄未得直。强半假托议会议决,莫可回护于抽提庙产者,益肆行无忌,仍欲继续勒捐,否则认为违(法)犯罪。有财产,均一律充公。去年湖南、奉天、安徽、吉林、河南、江苏、浙江各省僧徒,以此毙命者,均征诸事实。而各省僧徒流离失所相丐于道者,亦实繁有徒"④。佛教寺庙的情况尚且如此,民间信仰相关祠庙的

① 参见《详抚宪奉批饬修正整顿自治方法十三条开折请鉴示遵文》,《江苏省自治公报类编》,台北文海出版社1971年版。
② 参见陈思修、缪荃孙纂:民国《江阴县续志》卷八《秩序》,江苏古籍出版社1991年版。
③ 参见《学宪樊移本处奉抚札准督咨通饬各府厅州县保存庙产文·附录督宪咨苏抚原文》,《江苏省自治公报类编》,台北文海出版社1971年版。
④ 中国第二历史档案馆编:《中华民国史档案资料汇编·第三编·文化》,江苏古籍出版社1991年版,第691页。

命运可想而知。正如前述欧阳楠等人的文章统计的,在 1913—1915 年左右,庙产兴学达到了一个高潮。

南京国民政府成立后开展的破除迷信运动更加强势。1928 年,政府内政部长薛笃弼在第一次全国教育大会上提议改"僧寺为学校",随后主持制定了一系列"反迷信"的法令。中央大学邰爽秋教授等人积极响应,联名发表《中华民国庙产兴学促进会宣言》,并成立庙产兴学促进委员会。① 当时甚至有呼吁摧毁所有寺庙来创办学校的声音:"彼诈骗人民血汗所集之庙产,藏污纳垢一切之寺庙,奸淫邪盗公然腐化之僧尼,哀哀无告辗辗泥途之民众,有不得不收寺庙为公产,放僧尼为民众,以教养失学之人民矣!"② 此后,庙产兴学一直延续至 20 世纪 40 年代,虽然数量不如晚清和民国初年,但因创办新式学校而发生的占用庙产的案例屡见不鲜,许多新式学校的兴办都借力于寺庙财产。

与此同时,征用庙产办理其他活动也屡见不鲜。如 1920 年时,苏州吴县地区设立的 81 处通俗教育馆和演讲部中,有 22 处是由寿星殿、天后宫等庙宇改建而成。③ 又如 1940 年,江苏教育厅在省会南京的南园地区成立教育实验区。这一实验区的施教区域就是本地公产南禅寺、羊王庙、相王庙三个地方。④

在这一时期,对寺庙的处理已经不仅仅停留在征收产业、兴办各类机构上,而是展开了摧毁庙宇和神像的运动。1912 年 2 月,常州就发生了"打城隍"事件。军方的赵将军"猝派多兵,赴府县城隍庙,将所有城隍夫妇公子及十八阎罗,刀山剑树,剖肠剔骨,种种迷信时代之怪现象一律仆击殆尽。旁及龙王殿、三茅宫等"。"此举本为元旦日进香迷信男女而发,先期取之,亦一节省靡费之善政"。不过,本地士绅却认为这涉及地方政争,是时任民政长屠寄欲封庙产为局所。"先期声言天宁寺、清凉寺及都城隍庙均以纳贿未累,府县城隍因未纳贿,遂受民政长

① 参见《中华民国庙产兴学促进会宣言》,《民国日报》1931 年 7 月 4 日第 10 版。
② 嵇翥青:《庙产兴学议》,《京报副刊·教育评论》1928 年第 8 期。
③ 参见吴县劝学所编:《七年度吴县学事年报》,商务印书馆 1920 年版,第 261—267 页。
④ 参见江苏省民政厅秘书处编:《江苏省民政年刊》第 4 编《教育类》,苏州印务处 1941 年版,第 206—208 页。

之指使,尽力毁之。毁像时,至于对于城隍夫人加以调笑,而裂其足,捫其乳,遂攫各像中金心玉胆以去。军人因争此金心玉胆,至相斗殴。旧历初三,又至东岳庙,将各像毁去,至关帝庙,将关帝庙像开放排枪,像身颇受重伤"。① 对神像开枪捣毁的事情并不仅仅发生在常州。如1929 年,"苏州胥门外香山乡一般农民所供奉之淫祀木化精,经吴县党部四区二分部执委周依之提议焚毁","由党部、商团、乡行政局、公安支局等四机关派员会同执行"。等到庙中后,"将木化精金身偶像(高约二尺,作妇女装)曳出后,剥去袍衣,临时众议须先枪毙,乃由商团以实弹快枪向该偶像头部射击一枪,洞穿而过,然后举大火焚毁"。②

随着庙产兴学的高潮过去,占用庙产引发的纠纷日益激烈,民国的建立以及以《临时约法》等为代表的一大批法律的颁行,特别是"信仰自由"的相关内容纳入《临时约法》等法律,僧道们开始组织起来,创建全国性的宗教社团,他们频繁上书,并以法人名义发动了大量庙产诉讼,政府再也无法用简单粗暴的方式处理庙产问题。值得注意的是,政府在不断调整其信仰和寺庙管理的相关政策,尝试将其逐步纳入法制化轨道。

三、制度建设:对民间信仰的立法与管理

中华民国成立后,制定了中国历史上第一部资产阶级性质的法典——《临时约法》。《临时约法》第六条第七款规定:"人民有信教之自由。"这是中国历史上第一次将信教自由纳入法律规定中,也是自西周以来中国历史上第一次将所谓"淫祀""正祀"之分彻底废除。不过限于当时的形势,"信教自由"这一理念虽然已经写入《临时约法》,但要在现实环境中执行推广仍存在诸多困难。正如前文所引中华佛教总会的相关文件指出的,在民国成立后,征用改造庙产的情况依然屡见不鲜。政府也意识到相关的问题。1912 年,江苏都督府颁发的第五十三期《江苏省公报》中刊出了关于"拨用庙产界限"的通令。通令称,各地学款庙

---

① 《常州大打城隍》,《申报》1912 年 2 月 25 日第 6 版。
② 《淫祀木化精执行枪毙》,《时报》1929 年 3 月 7 日第 2 版。

产,"易滋纠葛",原因在于界限未明而生争端,或者是主管官员"假公益以蠲私权,恃宗教而蔑义务"。为此,江苏都督府饬民政司并通令省教育行政会议议决通过:以后各地方的庙产应当先经立案,确定其用途,为学务用者,应归各县市乡行政机关管理;经立案的庙捐应继续缴纳,从前归学校用者,仍旧充地方教育经费,除此以外的庙产、庙捐一律不得"非法相凌"。这样才能做到公益、私权两无妨碍。① 由此可见,当时的政府已经在尝试将庙宇的使用以及庙产的产权分配纳入法律条文的规范内。

这个进程当然不是一蹴而就的。1912年10月19日,内务部颁发了《内务部通咨各省都督、民政长调查祠庙及天主耶稣教堂各表式请查照饬遵文》。在这份公文里,将庙产分为官产、公产和私产三类,并对三类庙产的判断标准作了说明:"如该祠庙隶属于国家祀典者为官产,其有年代碑记无考非公非私者亦属官产,由地方公共鸠赀或布施建设者为公产,由该祠庙住守人募化及以私产建设者为私产"②。可是,传统社会中很多庙产都是由社会各界共同捐助的,这些公产站在住持僧道的立场上来说就是募化,站在社会各界人士的立场上来说就是布施,募化和布施其实是一体两面的关系。如果将布施而来的庙产视为公产,同时又将僧人募化而来的庙产视为私产,自然会引起产权的争议。

1913年1月,内务部回答了祠庙方面的一些问题。关于庙宇住持僧道犯罪是否没收其庙产的问题,内务部回答:"查中国习惯,各项祠庙莫不以慈善为性质,公益为目的,无论对于国家对于宗教,纯粹正当公产。而祠庙既非自然人,自不能不藉居住人代行其职务"。从前法律不完备,"往往因其居住人之不法而罪及其主体,目为淫祠,概予收没",而"以后如遇居住人不法者,即不能罪及祠庙,以符世界各国保护慈善公

① 参见《拨用庙产之界限》,《教育杂志》1912年第4卷第8号。
②《内务部通咨各省都督、民政长调查祠庙及天主耶稣教堂各表式请查照饬遵文》,《政府公报》第一百七十一号,1912年10月19日。

益之意"。① 该文件第一次明确规定庙产是宗教的公共财产,这是一个重大突破。同时,指出不能因为某些人的非法行为而判定某些寺庙为"淫祠",这同样是关于民间信仰政策的重大调整。历来各王朝判断一座祠庙是否为"淫祠",是基于其中有没有未经许可的信仰活动,即所谓"非其所祭而祭之,名曰淫祀"。而此处规定认为,即使存在类似的未经许可的信仰活动,也与祠庙无关,不能因此借口征用庙产。这两点都是中国民间信仰相关政策的重大变化。

　　1913年初,内务部发出《内务部通饬各省民政长请转饬所属切实保护祠庙文》,要求:"凡祠庙所在,不论产业之公私,不计祀典之存废,不问庙宇之新旧,均应一律妥为保存。"②问题是,如果只是简单地不计祀典的存废,不问庙宇的新旧,完全根据保护"信教自由"或者"保护公民财产"这样的法律精神对所有各类民间庙产加以保护,是不符合当时的社会实际的,而如果不加限制地继续随意征用庙产,又会引起宗教界人士和普通民众的不满。

　　1913年6月,内务部颁布了《寺院管理暂行规则》,规定国家保护寺庙的范围"以供奉神像见于各宗教之经典者为限。寺院神像设置多数时,以正殿主位之神像为断"③。作为法令条文,这段文字其实并不严谨,人们可以理解成"各宗教"应并不局限于儒、释、道,则民间信仰也可包括在内,这样保护寺庙的范围就不再存在"正祀"和"淫祀"之分,从这一点来说,可以称得上是中国民间信仰政策的重大突破。条文的不严谨,留下了很多模糊不清的空间。各宗教的"经典"包括什么?没有神像的寺庙是否包括在内?这些都没有明确的说明。为了解决这些问题,1915年10月29日,北洋政府颁布了《管理寺庙条例》,包括总纲、寺庙之财产、寺庙之僧道、寺庙注册、罚则、附则共六章31条,尤其是在"寺庙之财产"一节,规定:"凡寺庙财产应按照现行税则一体纳税","凡寺庙现有财产及将来取得财产时,须向该管地方官禀请注册","寺庙财

---

①《内务部咨浙江都督覆陈本部对于各项祠庙意见请酌量办理文》,《政府公报》第二百四十七号,1913年1月13日。

②《内务部保护祠庙之通饬》,《佛教月报》1913年第1期。

③《寺院管理暂行规则》,《政府公报》第四百三号,1913年6月20日。

产不得抵押或处分之"，"充公益事项必要之需用，禀经该管地方官核准者，不在此限"。① 这些规定在保护寺庙财产方面有明显的进步。1921年 5 月 20 日，徐世昌政府又颁布了《修正寺院管理条例》，专门强调："凡寺庙财产及僧道，除本条例有特别规定外，与普通人民受同等之保护"。但是，这两份条例都有一些不完善之处。如规定寺庙财产"与普通人民受同等之保护""不得抵押或处分"，但又规定这种保护存在着"本条例有特别规定"的例外，这一例外就是"充公益事项必要之需用，禀经该管地方官核准者，不在此限"。这其实就为政府提供了"充公益事项必要之需用"这一借口，可为强制将庙产改为学校以及其他相关机构开了绿灯。所以，整体而言，在这一阶段祠庙的命运没有太多的改变。

1927 年，南京国民政府成立后，一方面致力于树立现代国家形象，另一方面出于统治的需要，进一步强化了对社会各方面的管理。要树立现代国家的形象，就需要旗帜鲜明地反对愚昧、落后；要强化对社会的管理，就需要打击异端。围绕这两个目标，国民政府出台了一系列关于民间信仰以及反迷信的法律法规。

1928 年 9 月 5 日，国民政府内政部公布了《加强查禁社会群众神权迷信办法》，认为"假托神权迷信，从事活动，足以淆乱人心，阻碍国民精神总动员之工作"，应当依法查禁。② 这是由国民政府正式颁布的最早的有关查禁社会迷信的法令。大致可以把这部法令所定义的迷信对象分为以下两个类型：其一是一些以敛财为目的的个人性迷信行为，比如扶乩、符咒、图谶，以及散布和扩大这些违反时代精神言论的行为；其二是与宗教、信仰相关的群体性迷信行为，包括"未经许可"的信仰仪式行为、以宗教信仰作为动员力的秘密结社组织等。无论是个人性的还是群体性的"迷信行为"，都对现存社会秩序构成了某种程度的威胁。

此后，国民政府还出台了一系列反迷信的相关法令。1928 年 9 月

---

① 《管理寺庙条例》，《时报》1915 年 11 月 25 日第 9 版。
② 参见《制定加强查禁社会群众神权迷信办法》，《内政公报》1939 年第 12 卷第 7—9 期。

22 日,内政部公布了《废除卜筮星相巫觋堪舆办法》,对于迷信营业者作了更加明确的界定。1929 年 4 月,卫生部咨令各省通行《严禁药签神方乩方案》,查禁在寺庙中以仙丹、药签、神方、乩方等之名敛钱的行为。1930 年 3 月,内政部下达《取缔经营迷信物品业办法》,规定称:凡是供鬼神所用的锡箔、纸炮、荚锡、纸钱、黄表、符箓、文疏以及纸马等冥器都属于迷信物品,一切从事迷信物品制造和贩卖的营业都要坚决予以取缔。

在这一时期,最重要的法律法规是 1928 年 10 月内政部以警字第三号训令向各省市颁布的《神祠存废标准》。该令称:"我国自秦汉以后,淫祠渐多,虽历代迭有毁废,而一政纲废弛,教育不振,民智顽陋之故,旋废旋兴,不可究诘,兹就各省最近所盛行之祠宇,规定一淫祠之标准。"《神祠存废标准》指出了淫祀的危害:"无论山野乡曲之间,仍有牛鬼蛇神之俗,即城市都会所在,亦多淫邪不经之祀,际此文化日新,科学昌明之世,此等陋俗,若不亟予改革,不惟足以锢蔽民智,实足腾笑列邦"。"现在不唯神权早成历史上之名词,即君权亦为世界不容","所有足为民族民权发展之障碍者,均应一举廓清,不使稍留余烬","若对于盘踞人心为害最烈之淫邪神祠,不速谋废除之方,提倡反对君权而心实严惮神权,欲谋民权之发展,真所谓南辕而北辙矣"。因此,"参考中国经史及各种宗教典籍详加研究,将神祠之起源、淫祠之盛行,以及我国先贤破除迷信之事迹,神祠应行存废之标准、祠神礼节应行改良之必要等项,分别考订列举"。《神祠存废标准》将中国的神祇分为四大类:应保存的有先哲类和宗教类。因为"先哲类本后人敬仰示怀之意,宗教类乃法律信教自由所许"。应行废除的为古神类和淫祠类。古神类,"即古代科学未明,在历史上相沿崇奉之神,至今觉其毫无意义者属之",如日月星辰、山川土地之神、五岳四渎、东岳大帝、龙王、城隍、土地等。淫祠类,"即附会宗教,藉神敛财,或依附草木,或沿袭齐东野语者均属之",如张仙、送子娘娘、财神、二郎、齐天大圣、瘟神、痘神等。在第五章"祀神礼节应行改良之必要"中还规定,即使崇拜受保护之神祇,也应该是重在钦佩其人格,宣扬其学说和道德功烈,凡是旧时代的烧香跪拜的旧礼节,均应废除,"至各地男女进香朝山各寺庙之抽签、礼忏、设道场、放焰口等陋俗,尤应特别禁止"。至于废除祠庙的程序,《神祠存废标准》规定,先由内政部将命令下达至各省市民政厅,再由"各厅转饬所属各市县政府、公安局,遵照所定标准,督饬各行政人员先行尽量宣传并斟酌地方情形妥慎设法办理"。①

《神祠存废标准》已经将佛教、道教的神祇纳入保护范围,通过把不符合标准的神祇排除在"宗教"之外,解决了如何执行"保护信教自由"政策的问题,同时又避免了激化矛盾。但《神祠存废标准》其实只是传统社会儒家"淫祀"观念在新时代的延续而已。整个民国时期,尽管受到各种各样的批评和打击,包括江苏在内的全国各地的民间信仰并未如人们想象的那样处在衰落状态,而是有着相当旺盛的生命力。可想而知,《神祠存废标准》在具体实施中会遇到相当大的阻碍。1929 年 1 月 23 日,内政部给行政院呈上了一份报告备案,就称"各省查报因拆毁神祠时引起纠纷,人心颇感不安"。内政部考虑到"地方安宁,特拟补救办法,分电各省市于接电三个月内暂行,一律停止拆毁","由各特别市公安局局长及各县县长分别查明妥慎办法,不得由其他机关或团体及人民任意拆毁,以杜纠纷而维秩序"。②

在吸取教训之后,1929 年 1 月 25 日,全新的《寺庙管理条例》经过一系列立法程序,终于经国民政府第五七号训令公布。《寺庙管理条例》并没有关于淫祠的专门法条,只有第五条规定:"寺庙废止或解散时,应将所有财产移归该管市、县政府或地方公共团体保管,并得酌量地方情形,呈准兴办各项公益事业。"第六条对第五条中举办的各项公益事业进行了细化。③ 在《寺庙管理条例》出台后,内政部宣布自"本年(即 1929 年)2 月 2 日,准内政部咨为《寺庙管理条例》,业经明令公布,以前部颁神祠存废标准,自应废止。本部前颁神祠存废标准,原为一时

① 立法院编译处编:《中华民国法规汇编》第 4 编《内政》,中华书局 1934 年版,第 807—814 页。
② 《内政部呈:呈行政院:呈为各省拆毁神祠纠纷定一补救办法分电各省三个月内一律停止拆毁等情请备查由》,《内政公报》1929 年第 1 期。
③ 参见《寺庙管理条例》,《行政院公报》1929 年第 17 期。

参考起见"①。

1929 年,行政院向内政部下发了第二六七三号指令,承认相关措施"施行困难","拟先制淫祠邪祀调查表征集各地民意,以为废除张本"。② 在行政院的指令下,内政部于 1929 年 10 月 2 日下发训令,指出:"迷信神权为国民惰性表现,淫祠尤妨害善良风俗,当此科学竞进时代,凡附会设教以及藉神敛钱之类,即应扫除净尽,以求我民族之发扬"。"因乡僻固蔽,忸于旧习。各地征询未备,遽然施行,操之过切,则纠纷立至"。"拟先行制定淫祠邪祀调查表颁行各省,藉悉各地方淫祠之种类暨人民信仰之程度并征集意见与办法"。相关部门在接到训令三个月内,"由该厅、局汇集报部以便核办"。内政部还制定了《淫祠邪祀调查表》以及填表例言,随同训令下发至各省市。③ 但是,这次调查除了少数省份执行之外,并没有在全国范围内推行下去。国民政府统治时期只是形成了名义的统一,很多地方各自为政,这次淫祠调查流产恰恰是国民政府统治状态的一个缩影。

1934 年,内政部神祀存废讨论委员会决定重新执行《神祠存废标准》,希望通过"负面清单"形式列举出应废除的神祠,以增强管理的可操作性:"附会无稽缺乏事实可考者,如文昌宫财神庙,张仙庙,及其他风火雷电山神土地等祠;迷信神权锢蔽民智者,如城隍庙,阎罗殿,瘟神庙之类;藉神敛钱诱惑群众如天花宫狐仙庙之类;海海盗盗有碍风化者,如送子娘娘,时迁庙之类。"④不过,中国的民间信仰五花八门,这种"负面清单"形式执行起来并不有效。

1937 年,内政部又发布训令,要求"查处分寺庙或祠庙,应先研究其性质是否属于寺庙范围,抑属于祠庙范围"。如果属于公有寺庙或祠庙,则应当按照《监督寺庙条例》或者《先哲先烈祠庙财产保管规则》分别办理,如确属于《监督寺庙条例》第三条第三款规定之寺庙或私有祠

---

①《内部咨告废止神祠存废标准》,《江苏省政府公报》1929 年第 81 期。
②《令内政部:呈赍拟订淫祠邪祀调查表征集各地民意请核示由》,《行政院公报》1929 年第 86 期。
③ 参见《内政部训令:令首都公安局、各省民政厅:令发淫祠邪祀调查表仰饬属于三个月内填报由(附表)》,《内政公报》1929 年第 2 卷第 10 期。
④ 黎丽:《废除淫祠邪祀》,《崇民报》1934 年 1 月 23 日第 4 版。

庙,则应以所有人之意旨为依归。其既非寺庙或祠庙,而确系淫祠者,才应废除所有遗产。① 但全面抗战的炮火已经日益逼近,相关规定的执行只能暂时告一段落。

正如杜赞奇所言,国民政府推动这一系列法律法规的制定,目的就是塑造一个"政府谴责迷信而保护宗教"的形象,通过这些法律,国民政府就可以宣布自己的现代思想,确认合法的信仰者,排斥那些难以从政治上加以控驭的非法信仰者,从而巩固对于地方社会的控制。②

四、走向民间:对民间信仰的再认识与改造

虽然民间信仰自近代以来一直是作为愚昧、落后的代名词,受到政府的打击、舆论的压制,但是其生命力依旧顽强,并没有衰落的迹象。民国时期出台的一系列法律法规虽然可以用外力来改造社会大众外在的行为,但很难迅速地调整人们的内心世界。

1930 年,内政部曾经进行过一次关于全国各地寺庙的调查,江苏除常熟、汤山、丰县、宿迁四县未据查报外,共有寺庙 12814 座,居全国第一。21 个县的庙产共有现金 7881268 元,17 个县的寺庙田产共有 261704 亩,同样高居全国第一。而据 1935 年的调查,武进共有寺庙庵堂 1315 所③,江阴共有 650 所④,兴化共有 617 所⑤。虽然这里面包括佛道寺观,但仍可知民间信仰祠庙数量众多。除了祠庙众多之外,各种各样的迎神赛会依然非常活跃,下表是 20 世纪 20 年代武进县各乡镇的迎神赛会情况。⑥

---

① 参见《神祠存废事项》,《内政公报》1937 年第 4 期。
② 参见[美]杜赞奇,王宪明等译:《从民族国家拯救历史:民族主义话语与中国近代史研究》,社会科学文献出版社 2003 年版,第 102 页。
③ 参见常州市民族宗教事务局编:《常州市宗教志》,1991 年。
④ 参见《江阴社会调查》(1935 年),江阴市档案馆藏档案。
⑤ 参见民国《续修兴化县志》卷一《舆地志》,《中国地方志集成·江苏府县志辑》第 48 册,江苏古籍出版社 1990 年版。
⑥ 本表根据 1927 年《武进年鉴》编制,部分内容根据各乡镇志作出补充,需要指出的是各乡镇还有其他的庙会,此处列出的是其中比较有影响的。

民国时期武进县各乡镇迎神赛会情况

乡别	镇名	日期	神祇名称/祠庙	乡别	镇名	日期	神祇名称/祠庙
怀南	小茅山	三月十八	通乙观	德泽	太阳庙	三月二十	太阳神
	邹堰	三月初八	灵山庙		龙虎塘	七月十三	猛将
	西横林	三月初三		依东	圩塘	二月廿八	城隍
怀北	连江桥	三月廿五	田螺		圩塘	四月初一	城隍
	前萧庙	三月十五	烈帝	依西	魏村	三月廿八	东岳
安东	吕墅桥	清明	城隍		魏村	七月三十	地藏
	吕墅桥	四月初八	待云寺	通江	小河	九月廿四	猛将
	吕墅桥	三月初八			孟河	九月十五	天地菩萨
安西	奔牛	三月廿八	东岳		万绥	三月廿八	东岳
	奔牛	七月十五	城隍	丰北	陈墩山	三月廿八	东岳
鸣凤	卜弋桥	三月十五			石堰	七月十五	张济阳
	邹堰	三月初八		丰南	横山桥	八月初二	白龙庙
钦凤	厚余	三月廿八	东岳	丰东	郑陆	三月十九	太阳
孝东	安家舍	七月十五	城隍	政成	戚墅堰	二月初二	土地
		七月三十	地藏	安尚	东横林	二月初二	土地
孝西	西夏墅	二月初二	土地	升东	坂上	三月初五	三茅
		三月十五	烈帝	定西	湖塘桥	五月十三	关帝
		十月十五	昊天大帝		清凉寺	六月十九	观音
	罗墅湾	三月初三	土地	惠化	鸣凰	二月初八	
大有	夏溪	三月廿四	东岳		鸣凰	七月廿二	财神
尚宜	东安	四月初一		从政	运村	二月十二	百花戏
旌孝	湟里	三月廿六	城隍	太平	漕桥	三月二十六	漕桥
	湟里	正月十五	蜡烛庙	新塘	雪堰桥	二月廿八	杨时
德泽	塘桥	三月十一		迎春	古竹	二三月间	
	大坝头	八月二十					

即使是在上层社会,信神信鬼的依然大有人在。1917 年,江苏无锡人杨睿联合同乡俞复、丁福保以及浙江桐乡人陆费逵成立了上海灵学会,并出版了会刊《灵学丛刊》。值得一提的是,俞复是文明书局的创始人,陆费逵是中华书局的创始人,丁福保是近代著名的中医学家。俞复和陆费逵创办的出版机构是著名的新思想的传播机构,按理说他们都应该是反迷信的先驱,可是他们受到西方灵学思想的影响,为中国传统的鬼神迷信披上科学的外衣,大搞迷信活动,甚至宣扬"鬼神之说不张,国家之命遂促",还得到了很多社会上层人士的支持。鲁迅为此曾专门写文章予以痛斥:"沪上一班昏虫……人事不修,群趋鬼道,所谓国将亡听命于神者哉!"[①]1918 年他还在《新青年》杂志上写文章说:"现在有一班好讲鬼话的人,最恨科学。因为科学能教道理明白,能教人思路清楚,不许鬼混,所以自然而然的成了讲鬼话的人的对头。"[②]

而地方官员也照样参与到如求雨等一些民间信仰活动中。如 1917 年 5 月前后,全国各地旱情严重,在江北各县,"多有设坛祈雨","若道尹,若知事,几为求雨之代表",和旧时知县、知府等地方官员主持祈雨活动如出一辙。[③] 1934 年,"全国 14 省发生大面积旱灾,……灾情以长江中下游、沿洞庭鄱阳两湖各县、浙西和淮河沿岸最重。其中苏、浙、皖以旱为主……被灾田亩约占灾区耕地的 46%"[④] 当时江苏各地的社会民众、宗教和慈善人士、地方绅商以及政府官员都加入祈雨活动中。[⑤] 在南京市郊,民众祈雨时"编扎水龙一条",祈雨民众举着游行于街巷田陌。[⑥] 在江阴,民众"在南街关帝庙设坛祈雨"[⑦]。在如皋,"四乡农民,

---

① 鲁迅:《致许寿裳》,《鲁迅全集》第 11 册,人民文学出版社 2005 年版,第 360 页。

② 鲁迅:《科学与鬼话》,《新青年》1918 年第 4 期。

③ 参见庸:《杂评二:祈雨》,《申报》1917 年 5 月 29 日第 11 版。

④ 李文海、程歗、刘仰东、夏明方:《中国近代十大灾荒》,上海人民出版社 1994 年版,第 343 页。

⑤ 关于 1934 年求雨情况的研究,可参看沈洁的《反迷信与社区信仰空间的现代历程:以 1934 年苏州的求雨仪式为例》(《史林》2007 年第 2 期)、王加华的《1934 年江南大旱灾中的各方矛盾与冲突:以农民内部及其与屠户、地主、政府间的冲突为例》(《中国农史》2010 年第 2 期)、张帆的《1934 年亢旱中的江南祈雨——以信仰、参与者和方式为中心的考察》(《宁波大学学报(人文科学版)》2015 年第 6 期)、胡勇军的《"狂欢"中的"异声":民国知识分子对民间祈雨信仰的态度与认知》(《兰州学刊》2017 年第 7 期)等。

⑥ 参见《农民求雨》,《中央日报》1934 年 6 月 22 日第 2 版。

⑦ 《江阴旱象已成电省报灾》,《申报》1934 年 7 月 1 日第 13 版。

纷纷举行迎神祈雨,每日将王灵官神像招游全市"①。而苏州更是接连出动观音、猛将、春申君等,盛况空前。②在祈雨所请的众神中,甚至还加入了辞世不久的孙中山先生。有祈雨队伍,一面打着青天白日旗,一面高擎黄色雨龙,"还抬着一个先总理的画像。……旁边贴一副很狭的对联:'求雨尚未成功,同胞仍须努力'"③。

虽然包括苏州在内的各个地方政府陆续出台规定,制止了求雨仪式,但问题是,在大规模的"反迷信"风潮之后,为什么各个阶层的人们还是想要通过求雨来解决旱灾?这真的像当时人所言将"民族的弱点暴露无遗",是"近数十年来教育的彻底失败"吗?④

正如杜赞奇所言,"尽管可以把民间信仰看成是父权制的,迷信的,但它却构成了一个观念和习俗的世界,涉及地域、社群、家族、时间、娱乐、营生等"⑤。在普通农家岁时节令的庆典中,处处可见信仰与神灵的痕迹。比如,根据乔启明的调查,民国时期在江宁淳化镇,阴历正月初一,为元旦节,家家敬拜祖先、天地及五路财神;自元旦日起至五日止,每饭必先祀祖先,又在此五日内,不扫地,不泼水,名曰"聚财"……四月初八日农家都吃乌饭,因为传说这一天是佛爷的生日,吃了乌饭,是可以免灾的(也有人认为这个习俗是由木莲僧救母的故事脱胎,据说木莲僧之母,因犯冥罪,打入地狱,木莲僧纯孝性诚,屡以白饭相飨,不料均被魔鬼抢去,因是改用乌草煮成乌饭,使魔鬼不易发现,而其母始得救,后人为避灾计,亦相习成风)。⑥

民国时期所谓"淫祠"重新抬头,本质上是因为社会存在需求。当时居住于苏州小镇角直的叶圣陶在观察了当地迎神赛会后,感受到迎神赛会对于农民的意义:"要知道迎一回神,演一场戏,可以唤回农民不

---

① 《如皋亢旱声中农民祈雨》,《中央日报》1934 年 7 月 8 日第 3 版。

② 参见沈洁:《反迷信与社区信仰空间的现代历程:以 1934 年苏州的求雨仪式为例》,《史林》2007 年第 2 期。

③ 先河:《求雨》,《申报》1934 年 7 月 6 日第 17 版。

④ 参见卒:《简评:汪院长通电禁止求雨》,《民间》(北平)1934 年第 1 期。

⑤ [美]杜赞奇,王宪明等译:《从民族国家拯救历史:民族主义话语与中国近代史研究》,社会科学文献出版社 2003 年版,第 102 页。

⑥ 参见乔启明:《江宁县淳化镇乡村社会之研究》,金陵大学农学院 1934 年版,第 29—31 页。

知多少新鲜的精力,因而使他们再高兴地举起锄头"①。当时在南京内政部任职、强烈呼吁全国淫祠亟应废除的孟普庆说:淫祠"废除之根本办法,应从教育着手,若社会文明,科学进步,淫祠自趋于消失"②。

随着时间的推移和新思想的传播,地方上的民间信仰在潜移默化地发生着变化。据著名报人徐铸成的回忆,他的家乡宜兴县城城隍庙附近的送子观音庙里,设有一所育婴堂,育婴堂大门口有"公共阅报处"。宜兴县城,"纵横只有一里,城隍庙在城中心,却占着不下十亩那么一块地方,其中,除了城隍老爷的办公厅——大殿之外,还有戏台,十殿阎王和其他附属机关如吕祖殿、财神庙、痘神庙等等"。而且大殿后面,还有城隍的"公馆"。这座城隍庙是全城唯一的游乐之地,过年有社戏,平时也有耍猴戏和卖梨膏糖的"小热昏",还有一些零星摊头和测字卖卦的。③ 城隍庙、送子观音庙、育婴堂、测字卖卦和读书阅报融为一体,其实是传统中国向近代发展的艰难而又复杂的过程的缩影。从传统到现代,从迷信到科学,从来都不是一蹴而就的。在这一过程的最初阶段,传统和现代、迷信和科学往往会并存,只要耐心等待着时间的酝酿,最终必将会发生质变。如果在这个时候,不是从基层着手,从实践开始,从本我做起,而只是单纯地痛心疾首,除了延长这一过程之外,没有任何用处。

正是在这一时期,越来越多的人意识到这一点,对于民间信仰给予充分的同情和理解,并从基层着手,从各个方面一点点地改变着民间信仰在地方上的生态。

以顾颉刚为代表的学者最早意识到民间信仰的价值和意义,他们不再如传统士大夫那样高高在上地用一种怜悯的态度试图粗暴地改变民众的信仰生活,而是尝试以一种平等的态度来走进民众,通过理解民众和民众的生活来认识民间信仰,在这个基础上实现对民间信仰的改造。他在《民俗》周刊的发刊词中写道:"我们要站在民众的立场上来认

---

① 叶圣陶:《倪焕之》,叶至善、叶至美、叶至诚编:《叶圣陶集》第 3 卷,江苏教育出版社 1987 年版,第 85—86 页。
② 《全国淫祠亟应废除》,《时代公论》(南京)1934 年第 94 期。
③ 参见徐铸成:《旧闻杂忆》,辽宁教育出版社 2000 年版,第 22—24 页。

识民众！我们要探检各种民众的生活，民众的欲求，来认识整个的社会！我们自己就是民众，应该各自体验自己的生活！我们要把几千年埋没着的民众艺术、民众信仰、民众习惯，一层一层地发掘出来！我们要打破以圣贤为中心的历史，建设全民众的历史！"[1]他对国民政府强拆庙宇、捣毁偶像的运动表达了不同的意见，他认为："这种用了外力去改变的，实在没有多大力量，一旦政治情形改变便什么都恢复了"，"武人不干预文化的建设，我总觉得是可以害怕的一件事"，"结果迷信未必能打倒，而先民的艺术遗产则真的打倒了"。[2]

　　更多的基层工作者，则将顾颉刚等人的思想化成实践，身体力行地深入到民众中去，来进行民间信仰的改造。比如江苏无锡的黄巷实验区是当时的乡村建设实验基地。黄巷村有一种传统的佛会组织，参加者大多是村中的老妪，在一起念佛宣卷。实验区的女性工作人员意识到可以利用这一集会向村民们宣传科学知识。因此，每逢佛会举行，她们无论多忙都尽量参加。参加佛会时，这些乡村建设者便会趁机在宣卷时插入时事报告、家事谈话以及劝用改良种子等宣传。这常常能引起良好的反应。在血河会叙餐时，她们就会向村子里的妇女们演讲生产、保婴、儿童卫生、儿童教育以及如何过健康的性生活等知识。因为参加血河会的都是村里的少女和少妇，她们对女性乡村工作者的演讲持欢迎的态度，而且总能够接受这些宣传的科学知识。这样，原本进行烧香拜佛等信仰仪式的血河会叙餐会，就逐渐变成了乡村建设者们宣传科学卫生知识的宣讲会了。通过这日复一日的宣传推广，健康的卫生习惯也就逐渐在村民中间普及开来。同时，针对村民们得病后不看医生而请女巫或烧香拜佛的习惯，实验区的工作人员在村中设立了民众诊疗处，由江苏省立教育学院民众医院的医生每天到黄巷村为村民们免费治病，有时还免费给药；每到春秋两季免费布种牛痘，夏天则劝打防疫针；病家不请医生的，工作人员就上门劝导，用治愈事实来改变农民们迷信神佛的观念。经过一段时间的工作，不少村民都认识到只

---

① 同人：《〈民俗〉发刊辞》，《民俗》1928 年第 1 期。
② 顾潮：《顾颉刚年谱》，中国社会科学出版社 1993 年版，第 193、177 页。

有医生才能治好病,于是有病延医的村民渐渐多了起来。甚至以为人祈愿为职业的女巫,在假借神名为人看病时也常常劝人去看医生。1932年6月,黄巷村的一个"仙人"曾半夜力劝并亲自陪伴一个女病人到普仁医院中求治霍乱,那个妇人捡回了一条性命。①

中国共产党人在苏北抗日根据地采取了多种措施,开展破除迷信活动。比如,通过普及卫生知识、建立卫生院和医生治病救人的现身说法,改变人们通过拜神仙来求医问药的做法;发展生产运动,让从事迷信活动的人员如巫婆、庙祝等从事生产,等等。根据黄雨蓓的研究,当时苏北根据地的报纸上经常会刊登一些通俗易懂的科学普及文章,以逐步扭转百姓心中的迷信观念。② 例如,中共盐阜地委创办的机关报《盐阜大众》曾在第50期第3版专门辟出"反对迷信"栏目,刊登了《小妖怪的故事》《看到底有神没神》《当真没有神》几篇文章,告诉群众"活菩萨是奸人造谣骗钱"的。③《迷信害死人》这篇文章,讲述了盐东黄沙区荡坍乡四保刘福堂没有把得了病的妻子送医,反而相信所谓的"菩萨"而导致妻子死亡的故事。④ 通过类似的宣传,人们开始相信,"在共产党领导的民主政府的地方",大家只要努力生产就能"有吃有穿,生活天天好起来,没有什么苦难,因此也没有什么要求神了"。⑤ 所以,"盐城秦南庙上的道奶奶……自动向政府要求,租给人家的田,拿回二亩,让庙里三四个道奶奶自己动手生产,她们以为:倒头经念了有什么用,要求,就在土上求"⑥。

在苏州唯亭进行乡村建设实验并取得显著成果的唐希贤这样总结他的经验:"我们并没有劝他们不要拜菩萨,而他们却因智识的增长,与

① 参见秦柳方:《本院民众教育破除农村迷信之一实例:黄巷迷信风俗的体认与破除》,《教育与民众》1933年第4卷第9、10期。
② 参见黄雨蓓:《地方党报的群众路线实践研究:以〈盐阜大众〉为考察对象》,硕士学位论文,南京大学,2020年,第42—43页。
③ 参见季万:《活菩萨全是假的》,《盐阜大众》1944年6月5日第3版。
④ 参见沈颖:《迷信害死人》,《盐阜大众》1944年7月21日第3版。
⑤ 参见《泥菩萨和仙奶奶害人》,《盐阜大众》1944年8月4日第3版。
⑥《道奶奶自己生产》,《盐阜大众》1944年9月22日第3版。

眼见了榜样而不去拜菩萨了。"①唐希贤的话对于今天看待民间信仰也有参考价值:不是贬低、嘲讽,更不是粗暴地干涉,而是通过耐心的观察、思考和善意的引导,只有这样,才有可能更准确地理解民间信仰的历史和现实,推动民间信仰的改造。

---

① 唐希贤:《不问贡献多少　只知继续干去》,施中一编:《旧农村的新气象》,《民国史料丛刊续编》第771册,大象出版社2012年版,第219页。

结　语

在距今 7000 年前的新石器时期,原始信仰在江苏境内萌芽,自此以后,在历史长河中,江苏人创造出内涵丰富、特征鲜明的地域文化,民间信仰是其中不可分割的重要组成部分。近代以降,以顾颉刚为代表的众多江苏籍学者在中国民间信仰研究方面作出了突出的贡献。当时间来到 21 世纪后,从诸多方面寻觅、审视江苏民间信仰的演变轨迹,既是对过去历史的回顾和思考,也反映了人们对江苏文化未来的关注。

第一节　江苏民间信仰的特征

古人曾有"百里不同风,千里不同俗"的说法,可见,一个地域甚至一个小地区,也会有自己独特的风俗习尚。就江苏而言,这里的民间信仰既是中国传统社会民间信仰的一部分,但同时由于其自然地理环境、社会经济状况及其本身所特有的文化传统,这里的民间信仰也有属于自身的鲜明特色。

首先,自然地理环境的内部差异和历史上政区的变迁塑造了江苏民间信仰的多元性和复杂性特征。

20 世纪 30 年代,地理学家张其昀在所著的《本国地理》中认为:"一省之内,山川风物迥乎不侔,经济状况亦大相径庭,其人民情感利害,本不一致,则在政治上必有意见分歧互相牵制之弊,江苏省之情形尤为显著。"著名历史地理学家谭其骧在 1989 年中国行政区划学术讨论会上所作的《我国行政区划改革设想》报告中,对导致江苏、安徽内部差异显著的历史原因进行了详细的分析:"江苏、安徽二省都是既跨有长江南北,又跨有淮河南北的不符合自然、经济和文化区域的区划,这是把君主专制制度发展到顶峰的明太祖朱元璋搞出来的。……直到康熙初年,才觉得这个省太大,要把它一分为二。又因如果分为南北二省,则贫富过于悬殊,所以就分为东西二省,东为江苏,西为安徽。这样划分下来,便形成了二省都有江南、江北、淮北三个不同经济风俗地域的格局。"①可见,当初出于维护王朝统治的目的进行的行政区划,并未考虑到是否有利于地方建设和经济发展,由此导致了一省之内存在着明显的地域间差异。

江苏民间信仰区域性特征的形成即与这一文化地理条件密切相关。胡福明就认为,江苏不仅处于内陆文化圈和海洋文化圈的过渡地带,还处于长江以南的南方文化圈和长江以北的北方文化圈的接合部位,由此可见江苏区域的复杂程度。② 20 世纪 30 年代,李长傅在《分省地志·江苏》中将江苏的地理区域分为西南丘陵、江南平原、江北平原和淮北平原四个部分,认为江南平原与浙西同属一个地理区域,可称为太湖流域,在文化方面也比较相近,同时认为江北平原大部分为黄土平原,以杂粮为食,风俗勇悍而耐苦,自然人文景观与北方相似,与鲁南、豫东、皖北同属一个自然区。③

直至今日,大部分研究江苏地域史的学者,均不把江苏看成一个完整的文化板块。根据周欣的研究,大致有二分、三分、四分、五分等不同的说法。其中,五分法以王长俊主编的《江苏文化史论》为代表,把江苏境内的区域文化划分为五大块:吴文化,以苏、锡、常地区为中心;金陵文化(宁镇文化),以南京、镇江为中心;徐淮文化(楚汉文化),指徐州、淮安、宿迁以及连云港、盐城的部分地区;维扬文化,以扬州及泰州为中心;苏东海洋文化,指南通、盐城及连云港的海岸区域。四分法则将上述五分法调整为吴文化、金陵文化、淮扬文化和楚汉文化。周欣本人则

---

① 谭其骧:《长水粹编》,河北教育出版社 2000 年版,第 37—38 页。
② 参见胡福明:《序》,张乃格:《江苏民性研究》,江苏人民出版社 2004 年版,第 3 页。
③ 参见李长傅:《分省地志·江苏》,中华书局 1936 年版。

进一步细化,将江苏地域文化分为宁、吴、扬、徐四个主区以及镇、淮、通、盐四个亚区。三分法是分为苏南、苏中、苏北。二分法则直接以南北划分,即苏南和苏北。二分法和三分法都是依自然屏障来划分的。殷光中认为,自古以来,除东部沿海渔民、盐民的特殊风俗外,江苏以淮河为界,截然分作南北两系,只不过在长江两岸存在着一个过渡地带,可以称之为中部或中介区。这是二分、三分法的来源。① 目前比较一致的看法是,中国南北的分界线是在秦岭和淮河一带,2009 年江苏淮安就建有南北分界标志。本书基本上采用南北分区的观点,将江苏的民间信仰分为苏南、苏北两个部分。所谓"苏北",本书将之界定为江苏省的长江以北地区,在这一基础上可再分为江淮、淮北这两个地理概念。就当今行政区划论,它包括徐州、连云港、宿迁、淮安、扬州、泰州、盐城、南通所辖区县。就水系结构来说,苏北地区分属长江、淮河两大流域,包括长江、淮河、沂沭泗三个水系。苏南即长江以南地区,就当今行政区划论,包括南京、镇江、常州、无锡、苏州五市所辖区县,即今太湖流域。

江苏地区地理环境比较复杂,虽然平原占据主要地位,但境内也有丘陵和山脉,有湖泊和海洋,长江、淮河两条大河贯穿而过,因而,南北地方信仰差异比较突出,神灵体系更为庞杂,地域性特征较为明显。淮河以北地区因为两宋以来黄河南迁夺淮,陷入了灾害连年、土地质量下降的困境,生产资源日益匮乏,当地百姓容易将各种生活理想寄托于臆想的超自然力量。苏南地区气候适宜,土壤肥沃,农业发达,商业和手工业繁荣,所以这里俗尚奢靡,祠庙宫观建设得宏伟壮丽,祭祀仪式相对较为繁复,民间信仰受商业影响也较强。但其实,苏南得到充分开发前的地理环境是"江南卑湿,丈夫早夭",是这里的人民通过开凿运河,建设塘浦圩田系统以及其他水利设施等,才逐渐将其改造成"膏腴沃衍,无不耕之地"的富裕丰饶的鱼米之乡。 即使是这样,苏南洪涝、干旱灾害也常有发生,再加上这里河道纵横、经济发达,各种水神信仰十分兴盛。

----

① 参见周欣:《江苏区域文化划分研究综述》,《扬州大学学报(人文社会科学版)》2007 年第 5 期。

其次,各种文化的交汇融合塑造了江苏民间信仰的开放性和包容性特征。

胡福明为张乃格《江苏民性研究》作序时就称:江苏自古以来就处在不同文化形态激烈冲撞的交汇区。正是不同文化形态的激烈碰撞,形成了江苏民间信仰的基本特色。

根据考古发现,江苏是中国最早的类人猿的发源地,早在 35 万年前就已经有人类生存,是晚期直立人的发祥地之一,大约在 8000 年前,江苏进入新石器时代,创造的文化在中国史前文化中占有极其重要的地位,足以与中原文化相媲美。民间信仰的早期形态——原始宗教,就在这一时期产生,并逐渐由简单发展到复杂多元,并伴随着这里人类文明的发展而不断变化。

在夏王朝主导中国之前,今天的江苏中部和南部长江下游地区在新石器时代已经经历了从马家浜文化(约开始于距今 7000 年)到崧泽文化(约开始于距今 5800 年)再到良渚文化(约开始于距今 5300 年)的持续发展,其发展线索和发展特征与黄河中下游的中原地区迥然不同,特别在良渚文化时期,以玉器、水稻、养蚕为特征的文化更是形成了足以与黄河中下游的中原地区相提并论的顶峰。董楚平认为,这一时期长江下游的基本居民与中原的华夏人不同,今江苏境内除了北面一部分属于华夏文化范围之外,大部分地区的居民均为所谓的"夷越"人,正是他们创造了本地文化的黄金时代。[①] 良渚文化衰落后,来自中原地区的文化进入长江中下游地区,把新的元素注入当地。如广富林文化、湖熟文化、马桥文化的出土遗存都"具有明显的中原文化的特征"。此时,江苏地区的大部远离华夏中心,独自发展和延续的局面开始被冲破。春秋时期的"太伯奔吴"标志着来自中原的力量正式进入江苏,由此打开了江苏文化发展的新篇章。所以董楚平认为,正是从这一时期开始,直至汉朝建立,夷越文化逐步转变为汉族文化。

自先秦以来,在江苏的徐楚地区,从彭祖开始至老子、庄子,传道之风一直绵延不断,汉代陆贾著《新语》宣扬无为而治,淮南刘向著《列仙

---

① 参见董楚平:《吴越文化概述》,《杭州师范学院学报》2000 年第 2 期。

传》构建神仙传说,最终丰邑张道陵创立道教,江苏成了道家和道教文化的发源地,道教文化对江苏的民间信仰产生了深远的影响。

江苏南部的吴文化区长期被北方民族视为蛮荒之地,《隋书》有载:"江南之俗,火耕水耨,鱼稻富饶,不忧饥馁,信鬼神,喜淫祀。"此后至魏晋南北朝时期,六朝建都建康(今南京),江苏文化开始产生全国性影响。西晋末年永嘉之乱和晋室南渡以后,中国历史上出现了一个北方移民南迁的过程,大量北方移民进入江苏境内,江苏人口迅速增长,劳动力得到了较大的充实。他们带来了大量社会财富和先进的生产技术,提高了本地区社会经济和文化发展水平,他们的生活方式、信仰习俗等直接影响并改造着江苏地区的民间信仰,并与本地的民间信仰相融合。也正是在这一时期,原本在北方地区流行的佛教开始在江苏地区传播。东汉初年,居徐楚之地的楚王刘英"学为浮屠","尚浮屠之仁祠",首开佛教在江苏传播之先河,此后,佛教在整个江苏地区日益盛行。与此同时,江苏作为道教的发祥地之一,从葛洪到陶弘景,道教不断文人化、正统化,茅山宗的形成更标志着江南士人道教徒创立官方化的正统道教的完成。佛教和道教既影响和改造着江苏民间信仰的方方面面,自身也被本土民间信仰同化改造,由此密不可分,你中有我,我中有你。

唐以前,黄河流域一直是汉文化的中心,永嘉之乱与晋室南迁之后,初步形成南北抗衡格局,不过北方仍占文化优势。隋大业六年(610)京杭大运河南段开通,不仅使南方与北方相连通,而且刺激了运河沿线地区的经济发展,江苏地区从淮扬到苏南受益最为明显,扬州成为全国瞩目的大城市。天宝年间裴耀卿改革漕运及唐代设立江南、淮南转运使更成为中国经济史上重要的分水岭,这是江淮税米每岁上供成为定式的标志,也是中国经济重心由北向南转移的重要节点。不久,安史之乱使黄河中下游残破不堪,继之以藩镇割据,"户版不籍于天府,税赋不入于朝廷",江南赋税成为唐在安史之乱后得以维持的关键,所谓"军国费用悉取江淮"。这不仅加速了中国经济重心的南移,而且使整个国家更加依赖于江苏地区。所以韩愈才说:"赋出天下,而江南居十之八九。"

五代时,江苏所在的南唐、吴、吴越各国虽偏安一隅,却政治安定,一心发展经济,故而获得了新的发展机遇。至两宋时期,江苏经济文化之繁荣已经在全国领先,所谓"国家根本,仰给东南",特别是北宋末年的"靖康之难",促使中原人口又一次大规模的南移。江苏地区,特别是苏南地区,不但成为全国的经济中心,同时也成为政治与文化中心。"苏常熟,天下足"的俗谚便是证明。与此同时,由于手工业蓬勃发展、城市繁荣,江苏还吸引了大量文化人南迁,人文日盛。由于商业发达、贸易兴盛,民间信仰的跨区域传播日益显著,各地庙宇林立,仪式日益繁复,并且与各类节日紧密结合,"举国若狂"的情形到处皆然。也正是在这一时期,在隋唐以前经济文化水平高于苏南的苏北地区,先是遭遇黄河南迁夺淮,其后又成为南北对抗的前线,两淮地区陷入多灾多难的困境,而同时苏南整体经济水平全面超过苏北,苏南和苏北之间民间信仰的差异越来越明显。

明清以后,江苏地区,尤其是以苏州为代表的苏南地区成为全国的经济、文化中心。这里农业和手工业生产走在全国前列,商品生产发达,商品流通规模空前,全国各地的地域商帮云集。由于城市化、商业化进程的加快,文化中的世俗化和平民化倾向越来越占据主导地位。在民间信仰上,就体现在岁时节令更加讲究,民间娱乐丰富多彩,丧葬习俗更加趋于奢靡,本土神灵既有着较浓郁的地方性色彩,也出现了全国性的影响力。同时,越来越多的本区域以外的神灵如天后等开始流行,民间信仰的全国性融合日益明显。

第二节　江苏民间信仰的历史与未来

民间信仰是传统中国社会的有机组成部分,因此,民间信仰是认识传统中国社会的一个切入口。研究民间信仰不仅要讨论神灵谱系、祭祀仪式、祭祀场所,更要分析民间信仰活动的空间和人群。对江苏民间信仰历史的追溯和讨论,为了解江苏文脉发展的历史进程提供了一个新的路径和视角。

首先,江苏民间信仰的历史其实和江苏发展的历史是同频的。

　　原始时期是江苏民间信仰的萌芽期。新石器时代江苏大地上兴起的各种文化已经有了独特的个性,同时江苏境内南北之间的差异也开始产生:受到山东和中原影响的淮北地区,形成了北辛—大汶口—山东龙山文化的完整序列;环太湖的苏锡常地区则和浙江杭嘉湖地区及上海共同形成了马家浜—崧泽—良渚文化序列。这一切都奠定了江苏原始信仰的基本特点。先秦两汉时期是江苏民间信仰的形成期。这一时期,江苏民间信仰既保留了之前的"原始性"和地方个性,同时随着中原文化的影响不断渗入,逐渐形成了多元因素杂糅并存的特征。六朝时期是江苏民间信仰的发展期。这一时期,江苏地区在经济上得到了深入的开发,在政治上成为政治的中心。随着民族的大迁徙,南北社会、经济、文化、思想交流融合,加上佛教和道教的发展,江苏的民间信仰也日益多元和繁荣。隋唐宋元时期是江苏民间信仰的成熟期。一方面,随着王朝中央集权的加强,江苏的民间信仰日益受到来自朝廷政策的影响;另一方面,随着经济重心的南移,江苏特别是苏南地区已经成为全国经济发展的中心,加上安史之乱与靖康之变后两次大量移民的涌入,他域文化不断与本地文化相融合,江苏地区的民间信仰也日益繁复兴盛。明清时期是江苏民间信仰的繁荣期。这一时期,江苏境内社会稳定、经济繁荣、文化发达,随着城市化、商业化进程的加快,民间信仰的面貌发生了重要的变化。近代以来是江苏民间信仰的转型期。随着时局的变化,和中国所有其他地方一样,江苏在19世纪中叶以后面临着一个前所未有的挑战,一个千百年来从未遇到的大变局。民间信仰受到新思想的冲击,成为落后、腐朽的代名词,反迷信成为社会思想的主流,但民间信仰仍然有着顽强的生命力,有着其独特的发展步伐。

　　其次,民间信仰依然对今天江苏文化发展有着重要的影响。

　　很多人认为民间信仰是过去传统社会思想蒙昧、科学落后的产物,只存在于过去,存在于故纸堆里,存在于老人脑海中,和现代经济社会格格不入,但其实并非如此。民间信仰是民众生活智慧的生动体现和反映,是人在和自然互动的关系中发展出的属于其文化的世界观。民间信仰其实是历史发展过程中的产物,并随着历史的发展而不断变化。

也正是因为民间信仰有其顽强的生命力,近年来,民间信仰在各地以不同的形式得以恢复和发展。据江苏有关部门统计,全省共有民间信仰活动场所11121个。民间信仰活动场所供奉的主要神祇有佛教道教神、行业神、名医、地方神等。活动形式主要有敬香、跪拜、念经、神像巡游、烧纸钱、唱戏等。信众有50余万人,主要分布在乡村和城郊接合地带。① 曾有学者认为,民间信仰是中华传统文化的重要组成部分,正由于民间信仰的兴盛和发展,中华民族才拥有自己完整的世界观、生活态度、信仰价值、象征符号等,民间信仰是中华民族文化的多样性和复杂性的重要体现。对于民间信仰的价值,必须从文化有机体的意义上来认识,否则将导致对中华文化有机整体的阉割。所以直到今天,民间信仰依然是当今中国民众日常生活的重要内容,是中国社会结构的组成部分,同时也是社会治理的新内容和新挑战。② 在很多地方,民间信仰仍然能为民众提供精神与社会方面的支持,成为社会和谐稳定的重要因素,并非所谓保守落后思想的卷土重来。因此,作为研究者,需要的是耐心的观察、思考和善意的引导,而不是贬低、嘲讽,更不是粗暴的干涉。唯此,我们才能准确理解民间信仰的历史和现实意义,方能充分认识和发掘民间信仰的现代价值。今天,像姜堰溱潼会船、金坛抬阁、茅山会船、泰伯庙会、靖江圣堂庙会、吴地宝卷等江苏民间信仰中最富特色和生命力的部分相继进入国家级非物质文化遗产名录。2020年,江苏省印发了《江苏省民间信仰活动场所编号建档工作指南(试行)》,并公布了首批411家全省核准编号建档的民间信仰活动场所名单。落实民间信仰分类管理举措,推进基层社会治理能力和治理体系现代化,新时代民间信仰治理的江苏实践探索正走出越来越坚实的步伐,有着越来越广阔的前景。

316

---

① 参见江苏省民族业务宗教委员会:《〈江苏省民间信仰活动场所编号建档工作指南(试行)〉规范性文件解读》。
② 参见范丽珠、陈纳:《中国民间信仰的现状及其管理问题》,《中国民族报》2013年10月22日。

主要参考文献

正史

（汉）司马迁：《史记》，中华书局 1982 年版。

（汉）班固：《汉书》，中华书局 1962 年版。

（晋）陈寿：《三国志》，中华书局 1959 年版。

（北齐）魏收：《魏书》，中华书局 1974 年版。

（梁）沈约：《宋书》，中华书局 1974 年版。

（梁）萧子显：《南齐书》，中华书局 1972 年版。

（唐）房玄龄等：《晋书》，中华书局 1974 年版。

（唐）李百药：《北齐书》，中华书局 1972 年版。

（唐）李延寿：《南史》，中华书局 1975 年版。

（唐）魏徵：《隋书》，中华书局 1973 年版。

（唐）姚思廉：《陈书》，中华书局 1972 年版。

（后晋）刘昫等：《旧唐书》，中华书局 1975 年版。

（宋）欧阳修：《新唐书》，中华书局 1975 年版。

（宋）欧阳修：《新五代史》，中华书局 1974 年版。

（元）脱脱：《宋史》，中华书局 1977 年版。

（明）宋濂：《元史》，中华书局 1976 年版。

（清）张廷玉：《明史》，中华书局 1975 年版。

赵尔巽：《清史稿》，中华书局 1977 年版。

其他政书、史籍等

（唐）杜佑：《通典》，中华书局 1988 年版。

（唐）李吉甫：《元和郡县图志》，中华书局 1983 年版。

（唐）李林甫等：《唐六典》，中华书局 1992 年版。

（宋）李焘：《续资治通鉴长编》，中华书局 1995 年版。

（宋）李心传：《建炎以来系年要录》，上海古籍出版社 1989 年版。

（宋）王存：《元丰九域志》，中华书局 1984 年版。

（宋）王溥：《唐会要》，中华书局 1955 年版。

（宋）王象之：《舆地纪胜》，中华书局 1992 年版。

（宋）司马光：《资治通鉴》，中华书局 1956 年版。

（宋）谢深甫：《庆元条法事类》，中国书店 1990 年版。

（宋）徐梦莘：《三朝北盟会编》，上海古籍出版社 1987 年版。

（宋）郑樵：《通志二十略》，中华书局 1995 年版。

《宋大诏令集》，中华书局 1962 年版。

（明）黄光昇：《昭代典则》，上海古籍出版社 2008 年版。

（明）李东阳等撰，申时行等重修：《大明会典》，中华书局 1989 年版。

（明）刘惟谦：《大明律》，《续修四库全书》史部第 862 册，上海古籍出版社 1995 年版。

（明）俞汝楫等：《礼部志稿》，《景印文渊阁四库全书》第 598 册，台北商务印书馆 1986 年版。

《太常续考》，《景印文渊阁四库全书》第 599 册，台北商务印书馆 1986 年版。

《明实录》，台北“中央研究院”历史语言研究所校印本，1962 年版。

（清）陈梦雷等：《古今图书集成》，中华书局、巴蜀书社 1985 年版。

（清）嵇璜等：《钦定续文献通考》，《景印文渊阁四库全书》第 628 册，台北商务印书馆 1986 年版。

（清）昆冈等修：《钦定大清会典事例》，《续修四库全书》第 809 册，上海古籍出版社 1995 年版。

（清）刘锦藻：《皇朝续文献通考》，《续修四库全书》史部第 816 册，上海古籍出版社 1995 年版。

（清）徐松辑：《宋会要辑稿》，中华书局 1957 年版。

（清）朱寿朋编：《光绪朝东华录》，中华书局 1958 年版。

清世宗，周振鹤集，顾美华点校：《圣谕广训》，上海书店出版社 2006 年版。

《清实录》，中华书局 1987 年版。

《钦定皇朝文献通考》,《景印文渊阁四库全书》第 636 册,台北商务印书馆 1986 年版。

文集

(唐)韩愈著,马其昶校注:《韩昌黎文集校注》,上海古籍出版社 1986 年版。

(唐)刘长卿著,储仲君笺注:《刘长卿诗编年笺注》,中华书局 1996 年版。

(唐)刘禹锡著,瞿蜕园笺证:《刘禹锡集》,上海古籍出版社 1989 年版。

(唐)柳宗元著,曹明纲标点:《柳宗元全集》,上海古籍出版社 1997 年版。

(唐)罗隐著,李之亮笺注:《罗隐诗集笺注》,岳麓书社 2001 年版。

(唐)欧阳询撰,汪绍楹校:《艺文类聚》,中华书局 1965 年版。

(唐)颜真卿:《颜鲁公文集》,《丛书集成续编》集部第 99 册,上海书店出版社 1994 年版。

(宋)包恢:《敝帚稿略》,《景印文渊阁四库全书》第 1178 册,台北商务印书馆 1986 年版。

(宋)陈淳:《北溪字义》,中华书局 1983 年版。

(宋)陈造:《江湖长翁文集》,《景印文渊阁四库全书》第 1166 册,台北商务印书馆 1986 年版。

(宋)范成大:《石湖集》,上海古籍出版社 1981 年版。

(宋)方勺:《泊宅编》,《景印文渊阁四库全书》第 1037 册,台北商务印书馆 1986 年版。

(宋)韩琦:《安阳集》,《景印文渊阁四库全书》第 1089 册,台北商务印书馆 1986 年版。

(宋)胡宿:《文恭集》,《景印文渊阁四库全书》第 1088 册,台北商务印书馆 1986 年版。

(宋)黄庭坚著,刘琳等校点:《黄庭坚全集》,四川大学出版社 2001 年版。

(宋)刘宰:《漫塘文集》,《景印文渊阁四库全书》第 1170 册,台北商务印书馆 1986 年版。

(宋)楼钥:《攻媿集》,《景印文渊阁四库全书》第 1152 册,台北商务印书馆 1986 年版。

(宋)陆九渊:《陆九渊集》,中华书局 1980 年版。

(宋)陆游:《陆游集》,中华书局 1976 年版。

（宋）秦观：《淮海后集》，《景印文渊阁四库全书》第 1115 册，台北商务印书馆 1986 年版。

（宋）苏轼：《苏轼文集》，中华书局 1986 年版。

（宋）苏颂：《苏魏公文集》，《景印文渊阁四库全书》第 1092 册，台北商务印书馆 1986 年版。

（宋）孙觌：《鸿庆居士集》，《景印文渊阁四库全书》第 1135 册，台北商务印书馆 1986 年版。

（宋）田锡：《咸平集》，《景印文渊阁四库全书》第 1085 册，台北商务印书馆 1986 年版。

（宋）王禹偁：《小畜集》，《景印文渊阁四库全书》第 1086 册，台北商务印书馆 1986 年版。

（宋）杨时：《龟山集》，《景印文渊阁四库全书》第 1125 册，台北商务印书馆 1986 年版。

（宋）叶适：《水心文集》，《景印文渊阁四库全书》第 1164 册，台北商务印书馆 1986 年版。

（宋）余靖：《余襄公奏议》，《丛书集成续编》史部第 45 册，上海书店出版社 1994 年版。

（宋）张载：《张载集》，中华书局 1978 年版。

（宋）郑虎臣辑：《吴都文粹》，《景印文渊阁四库全书》第 1358 册，台北商务印书馆 1986 年版。

（宋）朱熹：《朱熹集》，四川教育出版社 1996 年版。

（宋）朱熹：《朱子语类》，中华书局 1986 年版。

（元）程端学：《积斋集》，《景印文渊阁四库全书》第 1212 册，台北商务印书馆 1986 年版。

（元）方回：《桐江续集》，《景印文渊阁四库全书》第 1193 册，台北商务印书馆 1986 年版。

（元）郝经：《陵川集》，《景印文渊阁四库全书》第 1192 册，台北商务印书馆 1986 年版。

（元）袁桷：《清容居士集》，《景印文渊阁四库全书》第 1203 册，台北商务印书馆 1986 年版。

（元）郑元祐：《侨吴集》，《景印文渊阁四库全书》第 1216 册，台北商务印书馆 1986 年版。

（明）海瑞：《海瑞集》，中华书局 1981 年版。

（明）胡应麟：《少室山房集》，《丛书集成续编》第 172 册，上海书店出版社 1994 年版。

（明）陆楫：《蒹葭堂稿》，《续修四库全书》集部第 1354 册，上海古籍出版社 1995 年版。

（明）倪岳：《青溪漫稿》，《景印文渊阁四库全书》第 1251 册，台北商务印书馆 1986 年版。

（明）钱毂编：《吴都文粹续集》，《景印文渊阁四库全书》第 1385 册，台北商务印书馆 1986 年版。

（明）钱谦益：《牧斋有学集》，《续修四库全书》集部第 1391 册，上海古籍出版社 1995 年版。

（明）丘濬：《大学衍义补》，《景印文渊阁四库全书》第 712 册，台北商务印书馆 1986 年版。

（明）桑悦：《思玄集》，《四库全书存目丛书》集部第 39 册，齐鲁书社 1997 年版。

（明）史鉴：《西村集》，《景印文渊阁四库全书》第 1259 册，台北商务印书馆 1986 年版。

（明）宋懋澄：《九籥集》，《续修四库全书》集部 1372 册，上海古籍出版社 1997 年版。

（明）唐顺之：《荆川先生文集》，《四部丛刊初编》第 262 册，上海书店 1989 年影印本。

（明）王世贞：《弇州山人四部稿》，《景印文渊阁四库全书》第 1283 册，台北商务印书馆 1986 年版。

（明）吴宽：《匏庵家藏集》，《景印文渊阁四库全书》第 1255 册，台北商务印书馆 1986 年版。

（明）薛应旂：《方山先生文录》，《四库全书存目丛书》集部第 102 册，齐鲁书社 1997 年版。

（明）杨士奇：《东里续集》，《景印文渊阁四库全书》第 1239 册，台北商务印书馆 1986 年版。

（明）杨士奇等辑：《历代名臣奏议》，《景印文渊阁四库全书》第 438 册，台北商务印书馆 1986 年版。

（明）杨循吉：《松筹堂集》，《四库全书存目丛书》集部第 43 册，齐鲁书社

1997 年版。

（明）赵宽：《半江赵先生文集》，《四库全书存目丛书》集部第 42 册，齐鲁书社 1997 年版。

（明）祝允明：《怀星堂集》，《景印文渊阁四库全书》第 1260 册，台北商务印书馆 1986 年版。

（清）陈宏谋：《培远堂偶存稿》，《清代诗文集汇编》第 280 册，上海古籍出版社 2010 年版。

（清）邓汉仪：《慎墨堂诗拾》，《泰州文献》第 4 辑第 46 册，凤凰出版社 2015 年版。

（清）董诰等编：《全唐文》，中华书局 1983 年版。

（清）端方：《端忠敏公奏稿》，《近代中国史料丛刊》第 10 辑，台北文海出版社 1967 年版。

（清）洪亮吉：《洪亮吉集》，中华书局 2001 年版。

（清）胡聘之：《山右石刻丛编》，《续修四库全书》史部第 907 册，上海古籍出版社 1995 年版。

（清）黄达：《一楼集》，《四库未收书辑刊》第 10 辑第 15 册，北京出版社 2000 年版。

（清）黄鼎铭：《望江南百调》，《扬州文库》第 55 册，广陵书社 2015 年版。

（清）黄宗羲辑：《明文海》，《景印文渊阁四库全书》第 1455 册，台北商务印书馆 1986 年版。

（清）康有为著，汤志钧编：《康有为政论集》，中华书局 1981 年版。

（清）李超琼：《石船居公牍剩稿》，光绪二十二年刻本。

（清）卢文弨辑：《常郡八邑艺文志》，《续修四库全书》史部第 917 册，上海古籍出版社 1995 年版。

（清）陆继辂：《崇百药斋文集》，《续修四库全书》集部第 1496 册，上海古籍出版社 1995 年版。

（清）潘振华：《瓯舫诗文钞》，《近代中国史料丛刊》正编第 645 册，台北文海出版社 1971 年版。

（清）邵松年辑：《海虞文征》，光绪三十一年鸿文书局石印本。

（清）邵长蘅：《邵子湘文集》，《四库存目丛书》集部 247 册，齐鲁书社 1997 年版。

（清）沈钦韩：《幼学堂文稿》，《续修四库全书》集部第 1499 册，上海古籍出版社 1997 年版。

（清）汤斌：《汤子遗书》，《景印文渊阁四库全书》第 1312 册，台北商务印书馆 1986 年版。

（清）汤成烈：《古藤书屋文集》，清钞本。

（清）汤修业：《赖古斋文集》，道光九年刻本。

（清）王猷定：《四照堂文集》，《四库未收书辑刊》第 5 辑第 27 册，北京出版社 1998 年版。

（清）魏禧：《魏叔子文集》，《续修四库全书》集部第 1408 册，上海古籍出版社 1995 年版。

（清）严可均：《全上古三代秦汉三国六朝文》，中华书局 1958 年版。

（清）杨士凝：《芙航诗撷》，雍正元年刻本。

（清）尤侗著，杨旭辉点校：《尤侗集》，上海古籍出版社 2015 年版。

（清）袁枚：《袁枚全集》，江苏古籍出版社 1993 年版。

（清）恽敬：《大云山房文稿》，《续修四库全书》集部第 1482 册，上海古籍出版社 1995 年版。

（清）张之洞著，苑书义等主编：《张之洞全集》，河北人民出版社 1998 年版。

（清）赵翼：《瓯北集》，上海古籍出版社 1997 年版。

（清）朱彝尊：《曝书亭集》，《景印文渊阁四库全书》第 1318 册，台北商务印书馆 1986 年版。

（清）朱方增：《求闻过斋诗集》，《续修四库全书》本。

（新罗）崔致远著，党银平校注：《桂苑笔耕集校注》，中华书局 2007 年版。

袁世凯著，廖一中、罗真容整理：《袁世凯奏议》，天津古籍出版社 1987 年版。

章炳麟：《訄书》第四十七《鬻庙》，生活·读书·新知三联书店 1998 年版。

周葆贻：《企言诗存》，1935 年铅印本。

周绍良主编：《全唐文新编》，吉林文史出版社 2000 年版。

笔记、传记、年谱

（汉）应劭著，王利器校释：《风俗通义》，中华书局 1981 年版。

（晋）干宝著，李剑国辑校：《搜神记》，中华书局 2019 年版。

（晋）葛洪著，胡守为校释：《神仙传校释》，中华书局 2010 年版。

（晋）葛洪著，王明校释：《抱朴子内篇校释》，中华书局 1980 年版。

（宋）刘义庆著，（梁）刘孝标注，徐震堮校笺：《世说新语校笺》，中华书局 1984 年版。

（宋）刘敬叔：《异苑》，中华书局 1996 年版。

（梁）释慧皎：《高僧传》，中华书局 1992 年版。

（梁）陶弘景：《真诰》，《景印文渊阁四库全书》第 1059 册，台北商务印书馆 1986 年版。

（梁）王琰：《冥祥记》，王国良：《冥祥记研究》，文史哲出版社 1999 年版。

（唐）李肇：《唐国史补》，上海古籍出版社 1979 年版。

（唐）刘餗：《隋唐嘉话》，中华书局 1979 年版。

（唐）裴孝源：《贞观公私画史》，《景印文渊阁四库全书》第 812 册，台北商务印书馆 1986 年版。

（唐）释道世：《法苑珠林》，《景印文渊阁四库全书》第 1049 册，台北商务印书馆 1986 年版。

（唐）徐坚等：《初学记》，中华书局 1961 年版。

（宋）费衮：《梁溪漫志》，《景印文渊阁四库全书》第 864 册，台北商务印书馆 1986 年版。

（宋）高承：《事物纪原》，中华书局 1989 年版。

（宋）龚明之：《中吴纪闻》，《全宋笔记》第三编第 7 册，大象出版社 2008 年版。

（宋）郭彖：《睽车志》，中华书局 1985 年版。

（宋）洪迈：《夷坚志》，中华书局 1981 年版。

（宋）黄幹：《黄氏日抄》，《景印文渊阁四库全书》第 708 册，台北商务印书馆 1986 年版。

（宋）黄震：《古今纪要》，《景印文渊阁四库全书》第 384 册，台北商务印书馆 1986 年版。

（宋）乐史著，王文楚等点校：《太平寰宇记》，中华书局 2007 年版。

（宋）李昉：《太平广记》，中华书局 1961 年版。

（宋）李昉等：《太平御览》，中华书局 1960 年版。

（宋）李俊甫：《莆阳比事》，《续修四库全书》史部第 734 册，上海古籍出版社 1995 年版。

（宋）李元弼：《作邑自箴》，《续修四库全书》史部第 453 册，上海古籍出版社 1995 年版。

（宋）陆游：《老学庵笔记》，中华书局 1979 年版。

（宋）邵伯温：《邵氏闻见录》，中华书局 1983 年版。

（宋）沈括：《梦溪笔谈》，上海书店 2003 年版。

（宋）陶穀：《清异录》，《全宋笔记》第一编第 2 册，大象出版社 2003 年版。

（宋）陶潜著，李剑国辑校：《搜神后记》，中华书局 2019 年版。

（宋）吴曾：《能改斋漫录》，《全宋笔记》第五编第 4 册，大象出版社 2012 年版。

（宋）释志磐：《佛祖统纪》，《续修四库全书》子部第 1287 册，上海古籍出版社 1995 年版。

（宋）徐铉：《稽神录》，《全宋笔记》第八编第 7 册，大象出版社 2017 年版。

（宋）叶梦得：《石林燕语》，中华书局 1984 年版。

（宋）叶绍翁：《四朝见闻》，中华书局 1989 年版。

（宋）岳珂：《金佗续编》，中华书局 1989 年版。

（宋）赞宁：《宋高僧传》，中华书局 1987 年版。

（宋）张邦基：《墨庄漫录》，中华书局 2002 年版。

（宋）张君房纂辑，蒋力生等校注：《云笈七签》，华夏出版社 1996 年版。

（宋）赵彦衡：《云麓漫钞》，中华书局 1996 年版。

（宋）朱熹：《家礼》，《景印文渊阁四库全书》第 142 册，台北商务印书馆 1986 年版。

（宋）朱彧：《萍洲可谈》，《全宋笔记》第二编第 6 册，大象出版社 2006 年版。

（宋）庄绰：《鸡肋编》，中华书局 1983 年版。

《名公书判清明集》，中华书局 2002 年版。

（元）方回续：《古今考》，《景印文渊阁四库全书》第 853 册，台北商务印书馆 1986 年版。

（元）谢应芳：《辨惑编》，《景印文渊阁四库全书》第 709 册，台北商务印书馆 1986 年版。

（元）佚名：《湖海新闻夷坚续志》，中华书局 1986 年版。

（明）顾起元：《客座赘语》，中华书局 1987 年版。

（明）刘侗、于奕正：《帝京景物略》，北京古籍出版社 1983 年版。

（明）陆粲：《庚巳编》，中华书局 1987 年版。

（明）陆容：《菽园杂记》，中华书局 1985 年版。

（明）沈德符：《万历野获编》，中华书局 1959 年版。

（明）谈迁：《北游录》，中华书局 1960 年版。

（明）王稚登：《吴社编》，《四库全书存目丛书》子部第 241 册，齐鲁书社 1997 年版。

（明）谢肇淛：《五杂俎》，上海书店 2009 年版。

（明）徐光启著，石声汉校注：《农政全书校注》，上海古籍出版社 1979 年版。

（明）叶绍袁：《启祯记闻录》，《明清史料八种》，北京图书馆出版社 2005 年版。

（明）叶盛：《水东日记》，中华书局 1980 年版。

（明）张萱：《西园闻见录》，《续修四库全书》子部第 1169 册，上海古籍出版社 1995 年版。

（清）褚人获：《坚瓠集》，《续修四库全书》子部第 1261 册，上海古籍出版社 1995 年版。

（清）崔应榴等辑：《关帝事迹征信编》，《关帝文化集成》第 5 册，线装书局 2009 年影印本。

（清）董含：《三冈识略》，辽宁教育出版社 2000 年版。

（清）顾公燮：《消夏闲记摘抄》，《涵芬楼秘笈》第 2 册，北京图书馆出版社 2000 年影印本。

（清）顾禄：《清嘉录》，江苏古籍出版社 1999 年版。

（清）顾禄：《桐桥倚棹录》，中华书局 2008 年版。

（清）顾祖禹：《读史方舆纪要》，中华书局 1995 年版。

（清）胡文炳：《折狱龟鉴补》，《续修四库全书》子部第 973 册，上海古籍出版社 1995 年版。

（清）黄伯录：《集说诠真续编》，光绪三十二年铅印本。

（清）黄印：《锡金识小录》，《无锡文库》第 19 册，凤凰出版社 2012 年版。

（清）欧阳兆熊、金安清：《水窗春呓》，中华书局 1997 年版。

（清）金捧阊：《客窗偶笔》，同治七年刻本。

（清）金武祥：《陶庐杂记》，粟香室丛书本。

（清）金武祥：《金湉生日记》，上海图书馆藏稿本。

（清）金武祥：《陶庐六忆》，粟香室丛书本。

（清）金友理撰，陈正兴校点：《太湖备考》，江苏古籍出版社 1998 年版。

（清）李斗：《扬州画舫录》，中华书局 1960 年版。

（清）厉秀芳：《真州风土记》，《扬州文库》第 55 册，广陵书社 2015 年版。

（清）陆心源辑：《新编分门古今类事》，清十万卷楼丛书本。

（清）陆增祥辑：《八琼室金石补正》，《续修四库全书》经部第 898 册，上海古籍出版社 1995 年版。

（清）潘衍桐辑：《两浙輶轩续录》，《续修四库全书》集部第 1685 册，上海古籍出版社 1995 年版。

（清）齐学裘：《见闻随笔》，《续修四库全书》子部第 1181 册，上海古籍出版社 1995 年版。

（清）阮元编：《两浙金石记》，《续修四库全书》史部第 910 册，上海古籍出版社 1995 年版。

（清）盛康编：《皇朝经世文续编》，《近代中国史料丛刊》正编第 831 册，文海出版社 1971 年版。

（清）汤用中：《翼駉稗编》，文物出版社 2017 年版。

（清）汪应庚：《平山堂揽胜》，《扬州文库》第 40 册，广陵书社 2015 年版。

（清）王昶：《金石萃编》，中国书店 1985 年版。

（清）王叶衢辑：《海安考古录》，1922 年《海陵丛刻》铅印本。

（清）徐昆：《遯斋偶笔》，光绪七年刻本。

（清）徐谦芳：《扬州风土记略》，《扬州文库》第 55 册，广陵书社 2015 年版。

（清）徐书受：《教经堂谈薮》，《丛书集成续编》子部第 91 册，上海书店出版社 1994 年版。

（清）严观等：《江宁金石记》，《续修四库全书》史部第 910 册，上海古籍出版社 1995 年版。

（清）俞正燮：《癸巳存稿》，辽宁教育出版社 2003 年版。

（清）袁栋：《书隐丛说》，《四库全书存目丛书》子部第 116 册，齐鲁书社 1997 年版。

（清）袁景澜：《吴郡岁华纪丽》，江苏古籍出版社 1998 年版。

（清）恽毓鼎：《澄斋日记》，浙江古籍出版社 2004 年版。

（清）张骥：《后汉书华佗传补注》，成都双流张氏 1935 年刻本。

（清）佚名：《杭俗怡情碎锦》，《中国方志丛书·华中地方·浙江省》第 136 册，台北成文出版社 1970 年版。

（清）佚名：《天妃显圣录》，《中国华东文献丛书》第八辑第 196 册，学苑出版社 2010 年版。

丁传靖辑：《宋人轶事汇编》，中华书局 1981 年版。

潘宗鼎：《金陵岁时记》，南京出版社 2006 年版。

徐珂：《清稗类钞》，中华书局 1986 年版。

淮安市楚州区历史文化研究会、淮安市楚州区文化局编：《淮安楚州金石录》，2007 年。

俞扬辑注：《泰州旧事撷拾》，江苏古籍出版社 1999 年版。

袁珂：《山海经校注》，上海古籍出版社 1980 年版。

朱恒夫、黄文虎搜集整理：《江淮神书》，上海古籍出版社 2011 年版。

方志

（宋）范成大撰，陆振岳校点：《吴郡志》，江苏古籍出版社 1999 年版。

（宋）凌万顷：《淳祐玉峰志》，《宋元方志丛刊》影印本，中华书局 1990 年版。

（宋）卢宪：嘉定《镇江志》，《宋元方志丛刊》影印本，中华书局 1990 年版。

（宋）马光祖修，周应合纂：《景定建康志》，《宋元方志丛刊》影印本，中华书局 1990 年版。

（宋）潜说友：咸淳《临安志》，《宋元方志丛刊》影印本，中华书局 1990 年版。

（宋）史能之：《咸淳毗陵志》，《宋元方志丛刊》影印本，中华书局 1990 年版。

（宋）孙应时等：宝祐《重修琴川志》，《宋元方志丛刊》影印本，中华书局 1990 年版。

（宋）朱长文：《吴郡图经续记》，江苏古籍出版社 1999 年版。

（元）俞希鲁：《至顺镇江志》，江苏古籍出版社 1999 年版。

（元）张铉：《至正金陵新志》，《宋元方志丛刊》影印本，中华书局 1990 年版。

（明）赵钦汤辑撰：《汉前将军关公祠志》，《关帝文化集成》第 15 册，线装书局 2009 年影印本。

（明）杨大伸：《淮阴龙兴禅寺志》，1933 年汪铭生抄本。

洪武《京城图志》，《北京图书馆古籍珍本丛刊》第 24 册，北京图书馆出版社 1989 年版。

洪武《苏州府志》,《中国方志丛书·华中地方·江苏省》第 135 册,台北成文出版社 1970 年版。

永乐《常州府志》,广陵古籍刻印社标点本 2007 年版。

成化《重修毗陵志》,《四库全书存目丛书》史部第 180 册,齐鲁书社 1997 年版。

成化《中都志》,《四库全书存目丛书》史部第 76 册,齐鲁书社 1997 年版。

弘治《常熟县志》,《四库全书存目丛书》史部第 185 册,齐鲁书社 1997 年版。

弘治《徽州府志》,《天一阁明代方志选刊》第 21 册,上海书店出版社 1981 年版。

弘治《江阴县志》,《无锡文库》第一辑,凤凰出版社 2011 年版。

弘治《太仓州志》,《日本藏中国罕见地方志丛刊续编》第 3 册,北京图书馆出版社 2003 年版。

正德《姑苏志》,《天一阁明代方志选刊续编》,上海书店 1990 年版。

嘉靖《宝应县志略》,《天一阁藏明代方志选刊》第 15 册,上海古籍书店 1981 年版。

嘉靖《常熟县志》,《北京图书馆藏古籍珍本丛刊》第 27 册,书目文献出版社 1997 年影印版。

嘉靖《重修如皋县志》,《天一阁藏明代方志选刊续编》第 10 册,上海书店出版社 1990 年版。

嘉靖《海门县志》,《天一阁藏明代方志选刊续编》第 18 册,上海书店出版社 1990 年版。

嘉靖《昆山县志》,《天一阁藏明代方志选刊》第 9 册,上海古籍书店 1981 年版。

嘉靖《六合县志》,《天一阁藏明代方志选刊续编》第 8 册,上海书店出版社 1990 年版。

嘉靖《沛县志》,《天一阁藏明代方志选刊续编》第 9 册,上海书店出版社 1990 年版。

嘉靖《太仓州志》,《天一阁藏明代方志选刊续编》第 20 册,上海书店出版社 1990 年版。

嘉靖《惟扬志》,《天一阁藏明代方志选刊》第 12 册,上海古籍书店 1981

年版。

嘉靖《吴江县志》，《中国史学丛书三编》第四辑，台北学生书局 1987 年影印版。

嘉靖《吴邑志》，《四库全书存目丛书》史部第 181 册，齐鲁书社 1997 年版。

嘉靖《宿州志》，《天一阁藏明代方志丛刊》第 23 册，上海书店出版社 1981 年版。

嘉靖《徐州志》，《中国方志丛书·华中地方·江苏省》第 133 册，台北成文出版社 1970 年版。

隆庆《宝应县志》，《天一阁藏明代方志选刊续编》第 9 册，上海书店出版社 1990 年版。

隆庆《丰县志》，丰县地方志办公室、丰县档案局 1985 年铅印本。

隆庆《海州志》，《天一阁藏明代方志选刊》第 14 册，上海古籍书店 1981 年版。

隆庆《长洲县志》，《天一阁藏明代方志选刊续编》第 23 册，上海书店出版社 1990 年版。

万历《常熟私志》，民国瞿氏抄本。

万历《淮安府志》，《天一阁藏明代方志丛刊续编》第 8 册，上海书店 1990 年版。

万历《江都县志》，《四库全书存目丛书》史部第 202 册，齐鲁书社 1997 年版。

万历《兴化县新志》，《泰州文献》第 7 册，凤凰出版社 2014 年版。

万历《宿迁县志》，《天一阁藏明代方志选刊续编》第 8 册，上海书店出版社 1990 年版。

万历《盐城县志》，《中国方志丛书·华中地方·江苏省》第 154 册，台北成文出版社 1970 年版。

万历《扬州府志》，《扬州文库》第 1 册，广陵书社 2015 年版。

天启《淮安府志》，《淮安文献丛刻》本，方志出版社 2009 年版。

崇祯《泰州志》，《四库全书存目丛书》史部第 210 册，齐鲁书社 1997 年版。

崇祯《吴县志》，《天一阁藏明代方志选刊续编》第 16 册，上海书店出版社 1990 年版。

康熙《常州府志》，《中国地方志集成·江苏府县志辑》第 36 册，江苏古籍出版社 1990 年版。

康熙《淮南中十场志》，康熙十二年刻本。

康熙《昆山县志》，江苏科学技术出版社 1994 年版。

康熙《淞南志》，《中国地方志集成·乡镇志专辑》第 4 册，江苏古籍出版社 1990 年版。

康熙《泰兴县志》，《泰州文献》第 1 辑第 5 册，凤凰出版社 2014 年版。

康熙《吴郡甫里志》，《中国地方志集成·乡镇志专辑》第 5 册，江苏古籍出版社 1990 年版。

康熙《武进县志》，清康熙二十三年刻本。

康熙《仪征县志》，《扬州文库》第 2 册，广陵书社 2015 年版。

乾隆《淮安府志》，《续修四库全书》史部第 700 册，上海古籍出版社 1995 年版。

雍正《安东县志》，《复旦大学图书馆藏稀见方志丛刊》第 5 册，国家图书馆出版社 2010 年版。

雍正《江都县志》，《扬州文库》第 9 册，广陵书社 2015 年版。

雍正江阴《泾里志》，《中国地方志集成·乡镇志专辑》第 14 册，江苏古籍出版社 1990 年版。

乾隆《江都县志》，《中国地方志集成·江苏府县志辑》第 66 册，江苏古籍出版社 1990 年版。

乾隆《江南通志》，乾隆元年刻本。

乾隆《菉溪志》，《中国地方志集成·乡镇志专辑》第 8 册，江苏古籍出版社 1990 年版。

乾隆《沛县志》，乾隆五年刻本。

乾隆《茜泾记略》，《中国地方志集成·乡镇志专辑》第 8 册，江苏古籍出版社 1990 年版。

乾隆《如皋县志》，乾隆十五年刻本。

乾隆《沙头里志》，《中国地方志集成·乡镇志专辑》第 8 册，江苏古籍出版社 1990 年版。

乾隆《山阳县志》，乾隆十四年刻本。

乾隆《唐市志》，《中国地方志集成·乡镇志专辑》第 9 册，上海书店出版社 1990 年版。

乾隆《通州直隶州志》，乾隆四十八年刻本。

乾隆《吴江县志》，《中国地方志集成·江苏府县志辑》第 60 册，江苏古籍出版社 1990 年版。

乾隆《盐城县志》,乾隆十二年刻本。

乾隆《支溪小志》,《中国地方志集成·乡镇志专辑》第 10 册,江苏古籍出版社 1990 年版。

嘉庆《重修扬州府志》,《中国地方志集成·江苏府县志辑》第 41 册,江苏古籍出版社 1990 年版。

嘉庆《大清一统志》,《续修四库全书》史部第 614 册,上海古籍出版社 1995 年版。

嘉庆《东台县志》,《中国方志丛书·华中地方·江苏省》第 27 册,台北成文出版社 1970 年版。

嘉庆《高邮州志》,《中国地方志集成·江苏府县志辑》第 46 册,江苏古籍出版社 1990 年版。

嘉庆《海州直隶州志》,《中国方志丛书·华中地方·江苏省》第 35 册,台北成文出版社 1970 年版。

嘉庆《黎里志》,《中国地方志集成·乡镇志专辑》第 12 册,江苏古籍出版社 1990 年版。

嘉庆《如皋县志》,《中国方志丛书·华中地方·江苏省》第 9 册,台北成文出版社 1970 年版。

嘉庆《同里志》,《中国地方志集成·乡镇志专辑》第 12 册,江苏古籍出版社 1990 年版。

嘉庆《增修赣榆县志》,嘉庆元年刻本。

嘉庆《直隶太仓州志》,《续修四库全书》史部第 697 册,上海古籍出版社 1995 年版。

道光《刘河镇纪略》,《中国地方志集成·乡镇志专辑》第 9 册,上海书店出版社 1990 年版。

道光《梅里志》,《中国地方志集成·乡镇志专辑》第 10 辑,江苏古籍出版社 1990 年版。

道光《双凤里志》,《中国地方志集成·乡镇志专辑》第 9 册,江苏古籍出版社 1992 年版。

道光《泰州志》,《中国地方志集成·江苏府县志辑》第 50 册,江苏古籍出版社 1990 年版。

道光《铜山县志》,道光十年刻本。

道光《武进阳湖县志》,光绪十二年刻本。

道光《重修宝应县志》，《中国方志丛书·华中地方·江苏省》第109册，台北成文出版社1970年版。

道光《震泽镇志》，《中国地方志集成·乡镇志专辑》第13册，江苏古籍出版社1990年版。

咸丰《古海陵县志》，《中国地方志集成·江苏府县志辑》第53册，江苏古籍出版社1990年版。

咸丰《甘棠小志》，《中国地方志集成·乡镇志专辑》第16册，江苏古籍出版社1990年版。

同治《重修山阳县志》，《中国地方志集成·江苏府县志辑》第55册，江苏古籍出版社1990年版。

同治《苏州府志》，《中国地方志集成·江苏府县志辑》第8册，江苏古籍出版社1990年版。

同治《宿迁县志》，《中国方志丛书·华中地方·江苏省》第59册，台北成文出版社1970年版。

同治《续纂江宁府志》，《中国地方志集成·江苏府县志辑》第2册，江苏古籍出版社1990年版。

光绪《重修丹阳县志》，《中国地方志集成·江苏府县志辑》第31册，江苏古籍出版社1990年版。

光绪《阜宁县志》，光绪十二年刻本。

光绪《海门厅图志》，《中国地方志集成·江苏府县志辑》第53册，江苏古籍出版社1990年版。

光绪《海盐县志》，《中国地方志集成·浙江府县志辑》第12册，上海书店出版社1990年版。

光绪《江都县续志》，《扬州文库》第12册，广陵书社2015年版。

光绪《江阴县志》，《中国地方志集成·江苏府县志辑》第26册，江苏古籍出版社1990年版。

光绪《靖江县志》，《中国地方志集成·江苏府县志辑》第5册，江苏古籍出版社1990年版。

光绪《六合县志》，《中国地方志集成·江苏府县志辑》第6册，江苏古籍出版社1990年版。

光绪《平望续志》，《中国地方志集成·乡镇志专辑》第13册，江苏古籍出版社1990年版。

光绪《武进阳湖县志》,《中国地方志集成·江苏府县志辑》第 37 册,江苏古籍出版社 1990 年版。

光绪《武阳志余》,《中国地方志集成·江苏府县志辑》第 38 册,江苏古籍出版社 1990 年版。

光绪《吴山伍公庙志》,光绪二年刻本。

光绪《盱眙县志稿》,《中国地方志集成·江苏府县志辑》第 58 册,江苏古籍出版社 1990 年版。

光绪《续纂淮关统志》,《四库全书存目丛书》史部第 273 册,齐鲁书社 1997 年版。

光绪《杨舍堡城志稿》,《中国地方志集成·乡镇志专辑》第 14 册,江苏古籍出版社 1990 年版。

光绪《增修甘泉县志》,《中国地方志集成·江苏府县志辑》第 43 册,江苏古籍出版社 1990 年版。

(清)吴鼎科辑,吴恩培点校:《至德志》,上海古籍出版社 2013 年版。

光绪《周庄镇志》,《中国地方志集成·乡镇志专辑》第 6 册,上海书店出版社 1990 年版。

(清)王光伯原辑,程景韩增订,荀德麟等点校:《淮安河下志》,方志出版社 2006 年版。

民国《重修沭阳县志》,《中国地方志集成·江苏府县志辑》第 57 册,江苏古籍出版社 1990 年版。

民国《阜宁县新志》,《中国地方志集成·江苏府县志辑》第 60 册,江苏古籍出版社 1990 年版。

民国《甘泉县续志》,《扬州文库》第 16 册,广陵书社 2015 年版。

民国《黄埭志》,《中国地方志集成·乡镇志专辑》第 7 册,上海书店出版社 1990 年版。

民国《江阴县续志》,江苏古籍出版社 1991 年版。

民国《沛县志》,《中国方志丛书·华中地方·江苏省》第 82 册,台北成文出版社 1970 年版。

民国《邳志补》,《中国地方志集成·江苏府县志辑》第 63 册,江苏古籍出版社 1990 年版。

民国《铜山县志》,《中国方志丛书·华中地方·江苏省》第 32 册,台北成文出版社 1970 年版。

民国《吴县志》,《中国地方志集成·江苏府县志辑》第 11 册,江苏古籍出版社 1990 年版。

民国《乡志类稿》,《中国地方志集成·乡镇志专辑》第 8 册,上海书店出版社 1990 年版。

民国《相城小志》,《中国地方志集成·乡镇志专辑》第 8 册,上海书店出版社 1990 年版。

民国《续修兴化县志》,《中国地方志集成·江苏府县志辑》第 48 册,江苏古籍出版社 1990 年版。

民国《元和唯亭志》,《中国地方志集成·乡镇志专辑》第 7 辑,江苏古籍出版社 1990 年版。

民国《盛湖志》,《中国地方志集成·乡镇志专辑》第 11 册,江苏古籍出版社 1990 年版。

胡朴安:《中华全国风俗志》,《中华民俗方言文献选编》影印本,台北文海出版社 1985 年版。

李长傅:《分省地志·江苏》,中华书局 1936 年版。

吴玉揩:《山阳志遗》,1922 年刻本。

殷惟龢编:《江苏六十一县志》,商务印书馆 1936 年版。

张澹庵编:《武进指南》,武进建设协会 1948 年铅印本。

常州市民族宗教事务局编:《常州市宗教志》,1991 年。

成章乡编史修志领导小组:《成章乡志》,1984 年。

横山桥公社编史修志领导小组:《横山桥公社志》,1985 年。

洪泽湖志编纂委员会编:《洪泽湖志》,方志出版社 2003 年版。

《淮安金石录》编纂委员会:《淮安金石录》,南京大学出版社 2008 年版。

厚余乡编史修志领导小组:《厚余乡志》,1985 年。

湟里乡编史修志领导小组:《湟里乡志》,1986 年。

嘉泽乡编史修志领导小组:《嘉泽乡志》,1984 年。

龙虎塘乡编史修志办公室:《龙虎塘乡志》,1985 年。

庙桥乡编史修志领导小组:《庙桥乡志》,1986 年。

中国戏曲志编辑委员会、《中国戏曲志·江苏卷》编辑委员会:《中国戏曲志·江苏卷》,中国 ISBN 中心 2000 年版。

档案、资料汇编

《江苏省自治公报类编》,《近代中国史料丛刊》三编第 53 辑,台北文海出版社 1971 年版。

《江阴社会调查》,1935 年,江阴市档案馆藏档案。

常州纺织工业局编史修志办公室编:《常州纺织史料》第二辑,1983 年。

江苏省博物馆编:《江苏省明清以来碑刻资料选集》,生活·读书·新知三联书店 1959 年版。

江苏省民政厅秘书处编:《江苏省民政年刊》第 4 编《教育类》,苏州印务处 1941 年版。

雷梦水等编:《中华竹枝词》,北京古籍出版社 1997 年版。

立法院编译处编:《中华民国法规汇编》,中华书局 1934 年版。

彭泽益编:《中国近代手工业史资料》,中华书局 1984 年版。

苏州博物馆编:《明清苏州工商业碑刻集》,江苏人民出版社 1981 年版。

王国平、唐力行编:《明清以来苏州社会史碑刻集》,苏州大学出版社 1998 年版。

武利华、王黎琳:《徐州汉画象石》,江苏美术出版社 1985 年版。

吴县劝学所编:《七年度吴县学事年报》,商务印书馆 1920 年版。

徐秀丽编:《中国近代乡村自治法规选编》,中华书局 2004 年版。

徐中舒:《甲骨文字典》,四川辞书出版社 1989 年版。

徐州博物馆:《徐州汉画像石》,江苏美术出版社 1985 年版。

许嘉璐主编:《中国古代礼俗辞典》,中国友谊出版公司 1991 年版。

中国第二历史档案馆编:《中华民国史档案资料汇编·第三编·文化》,江苏古籍出版社 1991 年版。

中国画像石全集编委会:《中国画像石全集》,山东美术出版社、河南美术出版社 2000 年版。

中国人民大学清史研究所、档案系中国政治制度教研室编:《康雍乾时期城乡人民反抗斗争资料》,中华书局 1979 年版。

朱有瓛主编:《中国近代学制史料》,华东师范大学出版社 1989 年版。

研究著作

[德]恩格斯:《路德维希·费尔巴哈和德国古典哲学的终结》,《马克思恩格斯选集》第 4 卷,人民出版社 2012 年版。

[德]恩格斯:《家庭、私有制和国家的起源》,中华书局 1984 年版。

[德]恩斯特·卡西尔著,甘阳译:《人论》,上海译文出版社 1985 年版。

［德］韦伯著,洪天富译:《儒教与道教》,江苏人民出版社 2014 年版。

［法］爱弥尔·涂尔干著,渠东汲喆译:《宗教生活的基本形式》,上海人民出版社 1999 年版。

［美］杜赞奇著,王宪明等译:《从民族国家拯救历史:民族主义话语与中国现代史研究》,社会科学文献出版社 2003 年版。

［美］韩森著,包伟民译:《变迁之神:南宋时期的民间信仰》,浙江人民出版社 1999 年版。

［美］施坚雅主编,叶光庭等译,陈桥驿校:《中华帝国晚期的城市》,中华书局 2000 年版。

［美］巫鸿著,施杰译:《黄泉下的美术:宏观中国古代墓葬》,生活·读书·新知三联书店 2010 年版。

［美］巫鸿著,郑岩、王睿编,郑岩等译:《礼仪中的美术——巫鸿中国古代美术史文编》,生活·读书·新知三联书店 2016 年版。

［美］巫鸿著,柳扬、岑河译:《武梁祠:中国古代画像艺术的思想性》,生活·读书·新知三联书店 2006 年版。

［美］杨庆堃著,范丽珠等译:《中国社会中的宗教:宗教的现代社会功能及其历史因素之研究》,上海人民出版社 2007 年版。

［日］滨岛敦俊著,朱海滨译:《明清江南农村社会与民间信仰》,厦门大学出版社 2008 年版。

［日］渡边欣雄著,周星译:《汉族的民俗宗教——社会人类学研究》,天津人民出版社 1998 年版。

［日］小林正美著,李庆译:《六朝道教史研究》,四川人民出版社 2001 年版。

［英］爱德华·泰勒著,连树声译,谢继胜等校:《原始文化》,上海文艺出版社 1992 年版。

［英］王斯福著,赵旭东译:《帝国的隐喻:中国民间宗教》,江苏人民出版社 2018 年版。

曹琳:《潮声集:灵魂与文明的对话》,中国戏剧出版社 2004 年版。

常建华:《明代宗族研究》,上海人民出版社 2005 年版。

陈春会:《前诸子时代的思想学说》,陕西人民出版社 2011 年版。

陈独秀:《陈独秀著作选》,上海人民出版社 1993 年版。

陈荣捷:《现代中国的宗教趋势》,台湾文殊出版社 1987 年版。

陈寅恪:《金明馆丛稿初编》,上海古籍出版社 1980 年版。

戴文葆:《射水纪闻》,河北教育出版社 2005 年版。

邓宏海:《中国科技与文明的起源》,安徽教育出版社 2017 年版。

范荧:《上海民间信仰研究》,上海人民出版社 2006 年版。

费孝通:《江村经济》,商务印书馆 2001 年版。

高国藩:《中国巫术通史》上,凤凰出版社 2015 年版。

葛兆光:《道教与中国文化》,上海人民出版社 1987 年版。

顾潮:《顾颉刚年谱》,中国社会科学出版社 1993 年版。

顾颉刚:《妙峰山》,上海文艺出版社 1988 年版。

郭东旭:《宋朝法律史论》,河北大学出版社 2001 年版。

胡适纪念馆编:《论学谈诗二十年:胡适杨联升往来书札》,安徽教育出版社 2001 年版。

黄芝岗:《中国的水神》,上海文艺出版社 1988 年版。

贾二强:《唐宋民间信仰》,科学出版社 2020 年版。

贾艳红:《汉代民间信仰与地方政治研究》,山东大学出版社 2011 年版。

姜彬主编:《稻作文化与江南民俗》,上海文艺出版社 1996 年版。

金泽:《中国民间信仰》,浙江教育出版社 1995 年版。

雷闻:《郊庙之外:隋唐国家祭祀与宗教》,生活·读书·新知三联书店 2009 年版。

李殿元:《"禹"身份研究》,西南交通大学出版社 2019 年版。

李殿元编著:《天神地祇:道教诸神传说》,四川人民出版社 2012 年版。

李芬:《徐州汉代石刻画像造型艺术》,中国矿业大学出版社 2018 年版。

李洪甫:《连云港地方史稿》,上海社会科学院出版社 1990 年版。

李华瑞:《宋代救荒史稿》,天津古籍出版社 2014 年版。

李文海、程歗、刘仰东、夏明方:《中国近代十大灾荒》,上海人民出版社 1994 年版。

李小红:《宋代社会中的巫觋研究》,光明日报出版社 2010 年版。

梁其姿:《施善与教化:明清的慈善组织》,河北教育出版社 2001 年版。

梁启超:《中国历史研究法》,东方出版社 2012 年版。

林富士:《中国中古时期的宗教与医疗》,台北联经出版事业股份有限公司 2008 年版。

刘锡诚:《中国原始艺术》,上海文艺出版社 1998 年版。

刘兴顺：《泰山国家祭祀史》，山东人民出版社 2017 年版。

龙虬庄遗址考古队编著：《龙虬庄：江淮东部新石器时代遗址发掘报告》，科学出版社 1999 年版。

鲁迅：《鲁迅全集》，人民文学出版社 2005 年版。

栾丰实：《海岱地区考古研究》，山东大学出版社 1997 年版。

吕思勉：《两晋南北朝史》，上海古籍出版社 1983 年版。

马昌仪：《中国神话学文论选萃》，中国广播电视出版社 1994 年版。

马新、贾艳红、李浩：《中国古代民间信仰：远古—隋唐五代》，上海人民出版社 2010 年版。

中共中央文献研究室、中共湖南省委《毛泽东早期文稿》编辑组编：《毛泽东早期文稿(1912.6—1920.11)》，湖南出版社 1990 年版。

牟钟鉴、张践：《中国宗教通史》，中国社会科学出版社 2007 年版。

南京博物院：《赵陵山——1990～1995 年度发掘报告》(上、下)，文物出版社 2012 年版。

南京博物院、泗洪县博物馆：《顺山集：泗洪县新石器时代遗址考古发掘报告》，科学出版社 2016 年版。

南京博物院、江苏省考古研究所、无锡市锡山区文物管理委员会编著：《邱承墩——太湖西北部新石器时代遗址发掘报告》，科学出版社 2010 年版。

南京博物院：《北阴阳营：新石器时代及商周时期遗址发掘报告》，文物出版社 1993 年版。

牛天伟、金爱秀：《汉代神灵图像考述》，河南大学出版社 2017 年版。

彭安玉：《明清苏北水灾研究》，内蒙古人民出版社 2006 年版。

皮庆生：《宋代民众祠神信仰研究》，上海古籍出版社 2008 年版。

蒲慕州：《追寻一己之福——中国古代的信仰世界》，上海古籍出版社 2007 年版。

钱穆：《国史新论》，生活·读书·新知三联书店 2001 年版。

乔启明：《江宁县淳化镇乡村社会之研究》，金陵大学农学院 1934 年版。

秦家懿、[德]孔汉思著，吴华译：《中国宗教与基督教》，生活·读书·新知三联书店 1990 年版。

全泽荣、武利华：《睢宁汉画像石》，山东美术出版社 1998 年版。

任继愈：《中国佛教史》第 1 卷，中国社会科学出版社 1981 年版。

任继愈主编：《中国道教史》，中国社会科学出版社 2001 年版。

芮传明:《淫祀与迷信:中国古代迷信群体研究》,广东人民出版社 2005 年版。

宋兆麟:《中国风俗通史·原始社会卷》,上海文艺出版社 2001 年版。

孙机:《汉代物质文化资料图说》,文物出版社 1991 年版。

孙跃:《清代长江三角洲地区民间信仰研究》,民族出版社 2012 年版。

孙云年:《江南感旧录》,江苏古籍出版社 2000 年版。

孙中山:《革命与共和》,天津人民出版社 2017 年版。

谭其骧:《长水粹编》,河北教育出版社 2000 年版。

谭嗣同:《谭嗣同全集》,生活·读书·新知三联书店 1954 年版。

汤用彤:《汉魏两晋南北朝佛教史》,《民国资料丛刊续编》第 771 册,大象出版社 2012 年版。

施中一编:《旧农村的新气象》,商务印书馆 1933 年版。

陶阳、钟秀:《中国创世神话》,上海人民出版社 1989 年版。

唐长孺:《唐长孺社会文化史论丛》,武汉大学出版社 2001 年版。

王聪明:《双城记:明清清淮地区城市地理研究》,社会科学文献出版社 2020 年版。

王国维:《观堂集林》,中华书局 1959 年版。

王见川、皮庆生:《中国近世民间信仰:宋元明清》,上海人民出版社 2010 年版。

王健:《江苏通史·先秦卷》,凤凰出版社 2012 年版。

王健:《利害相关:明清以来江南苏松地区民间信仰研究》,上海人民出版社 2010 年版。

王健:《多元视野下民间信仰与国家权力的互动:以明清江南为中心》,上海辞书出版社 2019 年版。

王明珂:《华夏边缘:历史记忆与族群认同》,浙江人民出版社 2013 年版。

王铭铭:《社会人类学与中国研究》,生活·读书·新知三联书店 1997 年版。

王小盾:《原始信仰和中国古神》,上海古籍出版社 1989 年版。

王永平:《中古士人流迁与南北文化传播》,江苏人民出版社 2019 年版。

王仲荦:《魏晋南北朝史》,上海人民出版社 1979 年版。

《闻一多全集》第 1 册,生活·读书·新知三联书店 1982 年版。

吴成国:《六朝巫术与社会研究》,武汉出版社 2007 年版。

吴汝康、李星学主编:《南京直立人》,江苏科学技术出版社 2002 年版。

赵克生:《明朝嘉靖时期国家祭礼改制》,社会科学文献出版社 2006 年版。

辛德勇:《辛德勇说中国历史地理:湮没的过往》,万卷出版公司 2017 年版。

信立祥:《汉代画像石综合研究》,文物出版社 2000 年版。

徐国荣编著:《魏晋玄学会要》,江苏人民出版社 2014 年版。

周耀明、丁建中、陈华文:《汉族风俗史·秦汉魏晋南北朝汉族风俗》,学林出版社 2004 年版。

徐旭生:《中国古史的传说时代》,广西师范大学出版社 2003 年版。

徐永生:《徐国史研究》,中国文联出版社 2002 年版。

徐铸成:《旧闻杂忆》,辽宁教育出版社 2000 年版。

许辉:《江苏通史·魏晋南北朝卷》,凤凰出版社 2012 年版。

杨伯达:《中国史前玉器史》,故宫出版社 2016 年版。

杨华:《楚国礼仪制度研究》,湖北教育出版社 2012 年版。

杨俊峰:《唐宋之间的国家与祠祀:以国家和南方祀神之风互动为焦点》,上海古籍出版社 2019 年版。

杨向奎:《中国古代社会与古代思想研究》上册,上海人民出版社 1962 年版。

叶至善、叶至美、叶至诚编:《叶圣陶集》第 3 卷,江苏教育出版社 1987 年版。

余欣:《神道人心——唐宋之际敦煌民生宗教社会史研究》,中华书局 2006 年版。

余英时:《东汉生死观》,上海古籍出版社 2005 年版。

张承宗:《六朝民俗》,南京出版社 2002 年版。

张崇旺:《明清时期江淮地区的自然灾害与社会经济》,福建人民出版社 2006 年版。

张传玺:《中国历代契约会编考释》,北京大学出版社 1995 年版。

张光直:《中国考古学论文集》,生活·读书·新知三联书店 1999 年版。

张乃格:《江苏民性研究》,江苏人民出版社 2004 年版。

赵世瑜:《狂欢与日常——明清以来的庙会与民间社会》,生活·读书·新知三联书店 2002 年版。

赵益:《六朝南方神仙道教与文学》,江苏人民出版社 2019 年版。

浙江民间信仰调查研究课题组:《浙江民间信仰事务社会化治理研究》,宗教文化出版社 2019 年版。

钟敬文:《民俗学概论》,上海文艺出版社 1998 年版。

朱存明主编:《方花与翼兽:汉画像的奇幻世界》,文化艺术出版社 2020 年版。

朱海滨:《祭祀政策与民间信仰变迁:近世浙江民间信仰研究》,复旦大学出版社 2008 年版。

朱天顺:《中国古代宗教初探》,上海人民出版社 1982 年版。

小田:《吴地庙会》,南京大学出版社 1994 年。

小田:《在神圣与凡俗之间——江南庙会论考》,人民出版社 2002 年版。

朱偰:《金陵古迹图考》,商务印书馆 1936 年版。

邹厚本主编:《江苏考古五十年》,南京出版社 2000 年版。

论文

[韩]曹永宪:《徽州商人的淮、扬进出和水神祠庙》,刘海平主编:《文化自觉与文化认同:东亚视角》,上海外语教育出版社 2008 年版。

[美]万志英:《太湖盆地民间宗教的社会学研究》,李伯重、周生春主编:《江南的城市工业与地方文化(960—1850)》,清华大学出版社 2004 年版。

[日]内藤湖南:《概括的唐宋时代观》,刘俊文主编:《日本学者研究中国史论著选译》第 1 卷,中华书局 1992 年版。

白彬、代丽鹃:《试从考古材料看〈女青鬼律〉的成书年代和流行地域》,《宗教学研究》2007 年第 1 期。

包诗卿:《庇佑"敌国":明代江南地区关羽信仰的传播》,《史林》2014 年第 4 期。

蔡利民、陈俊才:《太湖渔民的保护神:夏禹》,《中国民间文化》第 18 辑,学林出版社 1995 年版。

蔡泰彬:《明代漕河四险及其保护神——金龙四大王》,《明史研究专刊》(台北)1992 年第 10 期。

曾凡:《楚辞"彭咸"考辨》,《殷都学刊》2016 年第 4 期。

曾宪波、刘平:《由汉画试析早期道教的主要来源》,《中国汉画学会第九届年会论文集》上册,中国社会出版社 2004 年版。

常州市博物馆:《江苏常州圩墩村新石器时代遗址的调查和试掘》,《考古》1974 年第 2 期。

车锡伦、周正良：《驱蝗神刘猛将军的来历和流变》，《中国民间文化：稻作文化与民间信仰调查》，学林出版社 1992 年版。

车锡伦：《江苏的香火神会、神书和香火戏提纲》，《戏曲研究》2003 年第 1 期。

陈高华：《元代的天妃崇拜》，邱树森主编：《元史论丛》第 7 辑，江西教育出版社 1999 年版。

陈圣宇：《六朝蒋子文信仰探微》，《宗教学研究》2007 年第 1 期。

陈永清、张浩林：《徐州东汉纪年墓中出土蟾金铜佛造像考略》，《东南文化》2000 年第 3 期。

程民生：《宋代巫祝卜相的文化水平及数量》，《中州学刊》2019 年第 1 期。

储晓军：《巫佛道之争与魏晋南北朝民间佛教信仰》，《宝鸡文理学院学报（社会科学版）》2016 年第 2 期。

王根法：《姜堰迎神赛会》，《东南文化》1995 年第 2 期。

丁义珍、刘凤桂：《江苏沿海原始墓地红陶钵盖头葬俗初探》，《东南文化》1988 年第 2 期。

陈泳超：《互文形塑：刘猛将传说形象的历史辨析》，《民族艺术》2020 年第 2 期。

董越平：《吴楚文化概述》，《杭州师范学院学报》2000 年第 2 期。

杜正乾：《论史前时期"地母"观念的形成及其信仰》，《农业考古》2006 年第 4 期。

范纯武：《张巡信仰的历史、祀典封号及其影响》，《台湾宗教研究通讯》2003 年第 6 期。

范立舟：《宋元以民间信仰为中心的文化风尚及其思想史意义》，《江西社会科学》2003 年第 5 期。

范毅军：《明中叶以来江南市镇的成长趋势与扩张性质》，《"中研院"史语所集刊》2002 年第 3 期。

申浩：《明清民间信仰视域中的江南社会》，《徐州师范大学学报（哲学社会科学版）》2008 年第 2 期。

冯大北：《宋代封神制度考述》，《世界宗教研究》2011 年第 5 期。

高丙中：《作为非物质文化遗产研究课题的民间信仰》，《江西社会科学》2007 年第 3 期。

高广仁：《大汶口文化社会发展的两段论》，《海岱区先秦考古论集》，科学出版社 2000 年版。

高广仁：《花厅墓地"文化两合现象"的分析》，《东南文化》2000 年第 9 期。

谷建祥：《高淳县朝墩头新石器时代至周代遗址》，《中国考古学年鉴 1990》，文物出版社 1991 年版。

同人：《民俗发刊辞》，《民俗》1928 年第 1 期。

顾颉刚：《徐和淮夷的迁留》，《文史》第 32 辑，中华书局 1990 年版。

顾玉珉、林一璞：《记江苏泗洪首次发现森林古猿类化石》，《人类学学报》1983 年第 4 期。

哈恩忠编：《乾隆初年整饬民风民俗史料（上）》，《历史档案》2001 年第 1 期。

韩冠群：《亦祖亦神：古代江浙地区的徐偃王信仰》，《史林》2015 年第 2 期。

贺云翱：《徐国史初探》，《历史与文化》，中国人事出版社 1996 年版。

霍然：《巫咸原籍考》，《杭州电子科技大学学报（社会科学版）》2010 年第 4 期。

胡阿祥：《蒋山、蒋州、蒋王庙与蒋子文崇拜》，《南京师范专科学校学报》1999 年第 2 期。

胡梦飞：《明清时期苏北地区水神信仰的历史考察——以运河沿线区域为中心》，《江苏社会科学》2013 年第 3 期。

胡勇军：《"狂欢"中的"异声"：民国知识分子对民间祈雨信仰的态度与认知》，《兰州学刊》2017 年第 7 期。

华东文物工作队：《淮安县青莲岗新石器时代遗址调查报告》，《考古学报》第 9 册，1955 年。

黄留珠：《试论秦始皇对祭祀制度的统一》，《人文杂志》1986 年第 2 期。

黄启江：《泗州大圣僧伽传奇新论》，《台湾大学佛学研究中心学报》2004 年第 9 期。

黄文虎：《"马披"琐谈》，《傩苑：中国梵净山傩文化研讨会论文集》，中国戏剧出版社 2004 年版。

江苏省三星村联合考古队：《江苏金坛三星村新石器时代遗址》，《文物》2004 年第 2 期。

江苏省文物工作队：《江苏邳县刘林新石器时代遗址第一次发掘》，《考古学报》1962 年第 1 期。

江苏省文物管理委员会、南京博物院:《江苏徐州十里铺汉画像石墓》,《考古》1966 年第 2 期。

江苏圩墩遗址考古发掘队:《常州圩墩遗址第五次发掘报告》,《东南文化》1995 年第 4 期。

江苏文物管理委员会:《江苏高邮邵家沟汉代遗址的清理》,《考古》1960 年第 10 期。

江晓原:《天文·巫咸·灵台:天文星占与古代中国的政治观念》,《自然辩证法通讯》1991 年第 3 期。

姜生:《汉画像石所见的子路与西王母组合模式》,《考古》2014 年第 2 期。

姜士彬(David Johnson)著,蔡振念译:《伍子胥变文及其来源》第二部,《中国文学研究》1986 年第 8 辑。

蒋竹山:《宋至清代的国家与祠神信仰研究的回顾与讨论》,《新史学》1997 年第 2 期。

蒋竹山:《汤斌禁毁五通神——清初政治菁英打击通俗文化的个案》,《新史学》1995 年第 2 期。

金慎夫:《扬州司徒庙》,《扬州师院学报(社会科学版)》1982 年第 1 期。

孔令远:《徐偃王的传说及相关问题》,《重庆师范大学学报(哲学社会科学版)》2009 年第 1 期。

李传夔:《江苏泗洪中新世长臂猿化石》,《古脊椎动物与古人类》1978 年第 3 期。

李丰楙:《行瘟与送瘟:道教与民众瘟疫观的交流和分歧》,《民间信仰与中国文化国际研讨会论文集》上册,台北汉学研究中心 1994 年版。

李洪甫:《论中国东南地区的岩画》,《东南文化》1994 年第 4 期。

李鉴昭:《江苏睢宁九女墩汉墓清理简报》,《考古通讯》1955 年第 2 期。

李军、孟强、耿建军:《江苏邳州车夫山前埠汉画像石墓的复原研究》,《华夏考古》2003 年第 3 期。

李凯:《"祭不越望"探析》,《云南社会科学》2008 年第 4 期。

李利安:《试论古代观音信仰的四种形态》,《南海菩萨杂志》1998 年第 1 期。

李玲:《玉蝉的分类与时代特征》,《中原文物》1998 年第 2 期。

李学勤:《〈博局占〉与规矩纹》,《文物》1997 年第 1 期。

李银德:《汉代的玉棺:镶工漆棺》,徐州市两汉文化研究会编:《两汉文化研究》第三辑,文化艺术出版社 2004 年版。

李昭鉴、王志敏:《江苏新沂炮车镇发现汉墓》,《文物参考资料》1955 年第 6 期。

李之龙:《良渚文化社会形态探析》,《考古》2002 年第 9 期。

梁满仓:《论蒋神在六朝地位的巩固与提高》,《汉唐间政治与文化探索》,贵州人民出版社 2000 年版。

廖咸惠:《唐宋时期南方后土信仰的演变:以扬州后土崇拜为例》,《汉学研究》1996 年第 2 期。

林富士:《六朝时期民间社会所祀"女性人鬼"初探》,《新史学》1996 年第 4 期。

林一璞、顾玉珉、葛治功:《1981 年江苏泗洪考察与发掘简报》,《人类学学报》1983 年第 1 期。

刘宝才:《巫咸事迹小考》,《西北大学学报(哲学社会科学版)》1982 年第 4 期。

刘洪石:《东海尹湾术数类简解读》,《东南文化》1997 年第 4 期。

刘乐贤:《尹湾汉墓出土数术文献初探》,连云港市博物馆、中国文物研究所编:《尹湾汉墓简牍综论》,科学出版社 1999 年版。

刘浦江:《宋代宗教的世俗化与平民化》,《中国史研究》2003 年第 2 期。

刘雅萍:《中国古代民间神灵的兴衰更替——以南京蒋子文祀为例》,《世界宗教研究》2011 年第 4 期。

刘屹:《王凝之之死与晋宋天师道的渊源》,《中国史研究》2011 年第 2 期。

刘屹:《敬天与崇道:中古经教道教形成的思想史背景》,中华书局 2005 年版。

刘玉堂、曾浪:《巫咸源流新证:兼及与楚文化之间的关系》,《江汉论坛》2018 年第 8 期。

刘月莲:《妈祖信仰与元代漕运》,邱树森主编:《元史论丛》第 7 辑,江西教育出版社 1999 年版。

刘振永:《淮安市博物馆藏几件青莲岗文化玉石器》,《中原文物》2018 年第 4 期。

刘尊志、赵海洲:《试析徐州地区汉代墓葬的车马陪葬》,《江汉考古》2005 年第 3 期。

卢建英：《花厅墓地出土玉器浅析》，《华夏考古》2009 年第 3 期。

鲁西奇：《汉代买地券的实质、渊源与意义》，《中国史研究》2006 年第 1 期。

鲁西奇：《汉唐时期滨海地域的社会与文化》，《历史研究》2019 年第 3 期。

鲁迅：《科学与鬼话》，《新青年》1918 年第 4 期。

陆建方：《良渚文化墓葬研究》，《东方文明之光——良渚文化发现 60 周年纪念文集（1936—1996）》，海南国际新闻出版中心 1996 年版。

路遥：《中国传统社会民间信仰之考察》，《文史哲》2010 年第 4 期。

栾丰实：《花厅墓地初论》，《东南文化》1992 年第 1 期。

栾丰实：《中国史前文化中的八角星图案初探》，《南艺学报》2010 年第 1 期。

罗波：《汉代玉衣与升仙思想初探》，《文物春秋》1994 年第 3 期。

孟强、李祥：《江苏徐州大庙晋汉画像石墓》，《文物》2003 年第 4 期。

南京博物院：《1987 年江苏新沂花厅遗址的发掘》，《文物》1990 年第 2 期。

南京博物院：《昌梨水库汉墓群发掘简报》，《文物参考资料》1957 年第 12 期。

南京博物院：《江苏邳县刘林新石器时代遗址第二次发掘》，《考古学报》1965 年第 2 期。

南京博物院：《江苏邳县四户镇大墩子遗址探掘报告》，《考古学报》1964 年第 2 期。

南京博物院：《江苏铜山丘湾古遗址的发掘》，《考古》1973 年第 2 期。

邹厚本：《江苏盱眙东阳汉墓》，《考古》1979 年第 5 期。

南京博物院：《徐州青山泉白集东汉画象石墓》，《考古》1981 年第 2 期。

南京博物院花厅考古队：《江苏新沂花厅遗址 1987 年发掘纪要》，《东南文化》1988 年第 4 期。

南京博物院考古研究所：《江苏宜兴市骆驼墩新石器时代遗址的发掘》，《考古》2003 年第 7 期。

倪润安：《秦汉之际仙人思想的整合与定位》，《中原文物》2003 年第 6 期。

宁可：《五斗米道、张鲁政权和"社"》，汤一介主编：《中国文化与中国哲学 1987》，生活·读书·新知三联书店 1988 年版。

欧阳楠、张伟然：《清末至民国时期江南地区庙产兴学的时空分析》，《历史地理》第 24 辑。

齐陶等:《江苏溧阳上黄中始新世哺乳动物群的发现与意义》,《古脊椎动物学报》1996 年第 3 期。

乔启明:《中国农民生活程度之研究》,《社会学刊》1930 年第 1 卷第 3 期。

饶宗颐:《历史家对萨满主义应重新作反思与检讨——"巫"的新认识》,胡晓明、傅杰主编:《释中国》第 3 卷,上海文艺出版社 1998 年版。

沈洁:《"反迷信"话语及其现代起源》,《史林》2006 年第 2 期。

沈洁:《现代化建制对信仰空间的征用:以二十世纪初年的庙产兴学运动为例》,《历史教学问题》2008 年第 2 期。

沈洁:《反迷信与社区信仰空间的现代历程:以 1934 年苏州的求雨仪式为例》,《史林》2007 年第 2 期。

石兴邦:《我国东方沿海和东南地区古代文化中鸟类图像与鸟祖崇拜的有关问题》,田昌五、石兴邦主编:《中国原始文化论集:纪念尹达八十诞辰》,文物出版社 1989 年版。

宋彦丽:《中国古代玉器中的佩蝉、琀蝉与冠蝉》,《文物春秋》1996 年第 1 期。

苏州博物馆、昆山县文管会:《江苏省昆山县少卿山遗址》,《文物》1988 年第 1 期。

谭徐明:《古代区域水神崇拜及其社会学价值:以都江堰水利区为例》,《河海大学学报(哲学社会科学版)》2009 年第 1 期。

陶思炎、[日]铃木岩弓:《中日民间信仰研究的历史回顾》,《民间文学论坛》1997 年第 4 期。

田天:《江苏邗江胡场五号汉墓木牍的再认识》,《出土文献》第三辑,2012 年。

汪遵国、李文明、钱锋:《1982 年江苏常州武进寺墩遗址的发掘》,《考古》1984 年第 2 期。

王承文:《东晋南朝之际道教对民间巫道的批判——以天师道和古灵宝经为中心》,《中山大学学报(社会科学版)》2001 年第 4 期。

王聪明:《明清漕运与淮安天妃信仰的变迁》,《安徽史学》2014 年第 6 期。

王芬:《海岱和太湖地区宗教信仰与礼制的比较分析》,《江汉考古》2010 年第 1 期。

王峰均:《铜镜出土状态研究》,西安市文物保护考古所编:《西安文物考古研究》,陕西人民出版社 2004 年版。

王加华:《1934 年江南大旱灾中的各方矛盾与冲突:以农民内部及其与屠户、地主、政府间的冲突为例》,《中国农史》2010 年第 2 期。

王健:《明清江南士绅的祠祀观念:以苏松为中心的考察》,《传统中国研究集刊》第二辑,上海人民出版社 2006 年版。

王健:《明清以来江南民间信仰中的庙界:以苏、松为中心》,《史林》2008 年第 6 期。

王雷泉:《对中国近代两次庙产兴学风潮的反思》,《法音》1994 年第 12 期。

王雷泉:《世纪之交的忧思:"庙产兴学"百年祭》,《佛教文化》1998 年第 1 期。

王书敏:《史前太湖流域的原始宗教》,《中原考古》2006 年第 3 期。

王树槐:《中国现代化的区域研究:江苏省》,"中研院"近代史研究所 1984 年版。

王苏琦:《鲁南苏北地区汉画像石西王母图像系统释名》,《东方博物》2006 年第 6 期。

王英、尤振尧:《江苏连云港市二涧村遗址第二次发掘》,《考古》1962 年第 3 期。

王宇信、陈绍棣:《关于江苏铜山丘湾商代祭祀遗址》,《文物》1973 年第 12 期。

王煜、焦阳:《试析汉代图像中的风雨雷电四神》,华东师范大学艺术研究所编:《中国美术研究》第 28 辑,上海书画出版社 2019 年版。

王煜:《汉代伏羲、女娲图像研究》,《考古》2018 年第 3 期。

王元林、李华云:《东海神的崇拜与祭祀》,《烟台大学学报(哲学社会科学版)》2008 年第 2 期。

王元林:《明清淮安府相关水神祠庙分布初探》,《第二届"运河之都——淮安"全国学术研讨会论文集》,中国书籍出版社 2010 年版。

韦正:《试谈南朝墓葬中的佛教因素》,《东南文化》2010 年第 3 期。

魏斌:《句容茅山的兴起与南朝社会》,《历史研究》2014 年第 3 期。

魏文静:《明清时期江南泰伯信仰的儒家化:以苏、常二府为中心的考察》,《东南大学学报(哲学社会科学版)》2008 年第 5 期。

巫仁恕:《节庆、信仰与抗争:明清城隍信仰与城市群众的集体抗议行为》,《"中央研究院"近代史研究所集刊》第 34 期。

吴建华：《汤斌"毁淫祠"事件》，《清史研究》1999 年第 1 期。

吴林羽：《清末庙产兴学及其社会反应》，《济南大学学报（社会科学版）》2005 年第 3 期。

吴滔、周中建：《刘猛将信仰与吴中稻作文化》，《农业考古》1998 年第 1 期。

吴滔：《清代苏州地区的村庙和镇庙：从民间信仰透视城乡关系》，《中国农史》2004 年第 2 期。

武利华：《徐州汉画像石祠堂和祠堂画像》，徐州市两汉文化研究会编：《两汉文化研究》第三辑，文化艺术出版社 2004 年版。

夏超雄：《汉墓壁画、画象石题材内容试探》，《北京大学学报（哲学社会科学版）》1984 年第 1 期。

徐天基、罗丹：《西方汉学传统中的中国宗教研究》，《民族艺术》2012 年第 4 期。

徐州博物馆、沛县文化馆：《江苏沛县栖山汉画像石墓清理简报》，《考古学集刊》第 2 集，中国社会科学出版社 1982 年版。

徐州博物馆：《江苏铜山县凤凰山西汉墓》，《考古》2004 年第 5 期。

徐州博物馆：《江苏徐州市清理五座汉画像石墓》，《考古》1996 年第 3 期。

徐州博物馆：《徐州发现东汉元和三年画像石》，《文物》1990 年第 9 期。

徐州博物馆：《徐州贾汪官庄汉墓群发掘报告》，《东南文化》2008 年第 6 期。

严耀中：《解析〈元和郡县图志〉所载祠庙》，《华梵杂学集》，上海古籍出版社 2016 年版。

杨富学、张田芳：《从粟特僧侣到中土至尊：僧伽大师信仰形成内在原因探析》，《世界宗教研究》2018 年第 3 期。

杨孝军、郝利荣：《徐州新发现的汉画像石》，《文物》2007 年第 2 期。

姚潇鸫：《蒋子文信仰与六朝政治》，《学术研究》2009 年第 11 期。

叶舟：《民间信仰的多元图景——以武烈帝陈果仁为例》，《民俗研究》2009 年第 3 期。

尹增兴、淮阴市博物馆、泗阳县图书馆：《江苏泗阳打鼓墩樊石画像石墓》，《考古》1992 年第 9 期。

游彪：《佛性与人性：宋代民间佛教信仰的真实状态》，《北京师范大学学报（社会科学版）》2011 年第 5 期。

俞伟超:《龙山文化与良渚文化衰变的奥秘》,《文物天地》1992年第3期。

俞伟超:《铜山丘湾商代社祀遗迹的推定》,《考古》1973年第5期。

院文青:《楚帛书与中国创世纪神话》,《楚文化研究论集》第4集,河南人民出版社1994年版。

张帆:《1934年亢旱中的江南祈雨——以信仰、参与者和方式为中心的考察》,《宁波大学学报(人文科学版)》2015年第6期。

张海英:《"国权":"下县"与"不下县"之间——析明清政府对江南市镇的管理》,《清华大学学报(哲学社会科学版)》2017年第1期。

张怀通:《巫咸考:兼论良渚文化向中原的传播》,《东南文化》2000年第7期。

张雷:《乡土医神:明清时期淮河流域的华佗信仰研究》,《史学月刊》2008年第4期。

张磊:《大禹治水地域范围新论——以出土文献和考古发现为参照》,《古代文明》2015年第1期。

张敏:《从青莲岗文化的命名谈淮河流域与长江流域原始文化的相互关系》,《郑州大学学报(哲学社会科学版)》2005年第2期。

张秀清:《汉砖上的远古神话与动态形象》,《舞蹈》1997年第3期。

张政烺:《试释周初青铜器铭文中的易卦》,《考古学报》1980年第4期。

赵世超:《铸鼎像物说》,《史学新论:祝贺朱绍侯先生八十华诞》,河南大学出版社2005年版。

赵轶峰:《明朝国家祭祀体系的寓意》,《东北师范大学学报(哲学社会科学版)》2006年第2期。

赵轶峰:《明初城隍祭祀:滨岛敦俊"洪武三年改制"论商榷》,《求是学刊》2006年第1期。

郑俊华:《民间信仰与地域社会变迁:以衢州徐偃王崇拜为例》,《地方文化研究》2019年第1期。

周保平:《徐州洪楼两块汉画像石考释》,《中原文物》1993年第2期。

周欣:《江苏区域文化划分研究综述》,《扬州大学学报(人文社会科学版)》2007年第5期。

周振鹤:《秦汉宗教地理略说》,复旦大学历史系中国思想文化史研究室编辑:《中国文化研究集刊》第3辑,复旦大学出版社1986年版。

周振鹤:《从"九州异俗"至"六合同风"——两汉风俗区划的变迁》,《中国文化研究》1997年冬之卷。

朱国平、梁建民等:《江苏阜宁县东园新石器时代遗址》,《考古》2004年第6期。

朱海滨:《民间信仰——中国最重要的宗教传统》,《江汉论坛》2009年第3期。

朱海滨:《明中期以降关羽信仰的普及——以东南地区为中心》,《历史地理》第三十三辑。

朱溢:《论唐代的山川封爵现象:兼论唐代的官方山川崇拜》,《新史学》2007年第4期。

左骏:《重说赵陵山遗址》,《中国文化遗产》2013年第1期。

学位论文

常雪瑞:《淮渎祭祀资料汇编与研究》,江西师范大学2011年硕士学位论文。

褚福楼:《明清时期金龙四大王信仰地理研究》,暨南大学2010年硕士学位论文。

储晓军:《魏晋南北朝民间信仰研究》,西北大学2009年博士学位论文。

崔英杰:《江淮东部史前文化与社会研究》,山东大学2007年博士学位论文。

董圣兰:《"惟其功德之宜":民间力量对清代苏州信仰文化的型塑》,南京大学2017年硕士学位论文。

范纯武:《双忠崇祀与中国民间信仰》,台湾师范大学历史系2003年博士学位论文。

傅杰:《蒋子文信仰研究》,上海师范大学2015年硕士学位论文。

高蒙河:《长江下游考古时代的环境研究》,复旦大学2003年博士学位论文。

何方:《唐至清代"双忠"信仰的地域扩展研究:以江淮与东南中心》,暨南大学2016年硕士学位论文。

黄厚明:《中国东南沿海地区史前文化中的鸟形象研究》,南京艺术学院2004年博士学位论文。

刘尊志:《徐州汉墓与汉代社会研究》,郑州大学2007年博士学位论文。

马晓林:《元代国家祭祀研究》,南开大学2012年博士学位论文。

毛娜:《汉画西王母图像研究》,郑州大学2016年博士学位论文。

沈洁:《现代中国的反迷信运动:1900—1949》,中国人民大学 2006 年博士学位论文。

宋永志:《城隍神信仰与城隍庙研究(1101—1164)》,暨南大学 2006 年硕士学位论文。

许效正:《清末民初庙产问题研究(1898—1916)》,陕西师范大学博士论文 2010 年。

张传勇:《明清城隍庙建置考》,南开大学 2003 年硕士学位论文。

报刊

《崇民报》

《东方杂志》

《佛教月报》

《行政院公报》

《江苏省政府公报》

《教育杂志》

《政府公报》

《内政公报》

《申报》

《时代公论》(南京)

《新闻报》

《盐阜大众》

《正觉杂志》

《政府公报》

《中央日报》

《南方报》

外文文献

[韩]金相范:《战神의 탄생-唐末五代时期陈果仁信仰의 전개와 그 특징》,《全北史学会》2011 年 4 月。

[日]宫川尚志:《六朝の巫俗》,《史林》1961 年第 1 号。

[日]小岛毅:《城隍廟制度の确立》,《思想》1990 年第 792 号。

[日]小岛毅:《嘉靖の礼制改革について》,《东洋文化研究所纪要》第 117

册,1992 年。

　　［日］须江隆:《徐偃王廟考:宋代の祠廟に関する一考察》,《集刊东洋学》1993 年第 69 卷。

　　David Johnson, "The City-God Cults of T'ang and Sung China", *Harvard Journal of Asiatic Studies*, 1985,45.

　　Erik Zurcher, "Buddhist Influence on Early Taoism: A Study of Scriptural Evidence", *T'oung Pao*, 1980,66(1-3).

　　Robert Hymes, *Statesmen and Gentlemen: The Elite of Fu-chow, Chiang-his*, in *Northern and Southern Sung*, NY: Cambridge University Press,1986.

后 记

　　本书由叶舟负责苏南部分，王聪明负责苏北部分，最后由叶舟与高明进行全书统稿。本书从课题的立项到撰写，整个过程一直得到江苏省哲学社会科学界联合会及三位作者的工作单位的关心和支持，在此表示衷心的感谢。近30年来，民间信仰研究领域的众多学者取得了卓越的成绩，我们在撰写过程中多有参考，在此一并表达谢意。古人有"百里不同风，千里不同俗"的说法，可见，一个地域甚至一个小地区，都会有自己独特的风俗习尚。江苏是一个有着悠久的历史和丰富多彩的文化的省份，其民间信仰同样有着悠久的历史，同时，省内各个地方的民间信仰也有着属于自身的鲜明特色。对江苏民间信仰的历史进行梳理和深入研究，并作恰当描述，对我们来说确实是一个不小的挑战。由于学识所限，书中疏漏乃至错误在所难免，而且书出众手，各人的学术观点、识见和思考肯定有所差异，故全书不免驳杂，这些不足之处，有待我们日后改进，亦尚祈海内外专家不吝斧正。

叶舟　王聪明　高明

2024 年 10 月